Stimmen zum Buch *Einführung in GitHub Copilot*

AF803802

Einführung in GitHub Copilot ist praktisch, gut durchdacht und basiert darauf, wie Entwicklerinnen und Entwickler tagtäglich an Code arbeiten.

– Andrew Stellman, Entwickler, Teamleiter, Ausbilder und Autor

Jede Programmiererin und jeder Programmierer sollte KI-gestützte Programmierung verstehen. Und GitHub Copilot ist der klare Marktführer. Brents Buch ist der ultimative Leitfaden zur Beherrschung dieses leistungsstarken Tools.

– Tom Taulli, Autor von Programmieren mit KI

Dieses Buch ist das fehlende Bindeglied zwischen der Verwendung von Copilot und der wirklichen Beherrschung seines Potenzials. Es ist eine unschätzbare Quelle für Entwicklerinnen und Entwickler, die ihren Workflow verbessern wollen.

– Balaji Dhamodharan, Data Science-Leiter

Mit diesem Buch erschließen Sie sich die Zukunft der Programmierung. Es ist ein Leitfaden, der den gesamten Ablauf der Programmierung mit leicht verständlichen Lektionen und Beispielen auf GitHub Copilot darstellt, den Code erläutert und Optimierungen zeigt. Ob Sie erst in die Programmierung einsteigen oder eine erfahrene Programmiererin bzw. ein erfahrener Programmierer sind, dieses Buch wird Ihnen helfen, Ihre Produktivität zu steigern.

– Aditya Goel, GenAI-Berater und Assistant Vice President bei einer weltweit operierenden Bank

Einführung in GitHub Copilot beschreibt umfassend die Features von GitHub Copilot und führt Anwendungsbeispiele auf. Ich schätze es als sehr informativ ein.

– Chhaya Methani, Microsoft

Dieses Buch bietet ein ausgewogenes Verhältnis zwischen Grundlagenwissen und praktischen Anwendungen und ist somit ein Muss für jeden, der sich mit KI-gestützter Softwareentwicklung beschäftigen möchte.

– Sundeep Goud Katta, leitender Software-Ingenieur

Einführung in GitHub Copilot

Einführung in GitHub Copilot

Maximieren Sie Ihre Produktivität mit KI-Pair-Programming

Brent Laster

Übersetzung von Frank Langenau

O'REILLY®

Wir hoffen, dass Sie Freude an diesem Buch haben und sich Ihre Erwartungen erfüllen. Falls Sie Anregungen, Wünsche und Kommentare haben, lassen Sie es uns wissen: **service@rheinwerk-verlag.de**.

Informationen zu unserem Verlag und Kontaktmöglichkeiten finden Sie auf unserer Verlagswebsite **www.dpunkt.de**. Dort können Sie sich auch umfassend über unser aktuelles Programm informieren und unsere Bücher und E-Books bestellen.

Autor: Brent Laster
Übersetzung: Frank Langenau
Lektorat: Alexandra Follenius
Buchmanagement: Friederike Demmig
Copy-Editing: Claudia Lötschert, *www.richtiger-text.de*
Satz: III-satz, *www.drei-satz.de*
Herstellung: Stefanie Weidner
Covergestaltung: Susan Thompson, Michael Oréal, *www.oreal.de*
Druck: mediaprint solutions, Paderborn

PEFC
PEFC/04-31-0810

Dieses Buch wurde mit mineralölfreien Farben auf PEFC-zertifiziertem Papier aus nachhaltiger Waldwirtschaft gedruckt. Der Umwelt zuliebe verzichten wir zusätzlich auf die Einschweißfolie. Hergestellt in Deutschland.

Das vorliegende Werk ist in all seinen Teilen urheberrechtlich geschützt. Alle Rechte vorbehalten, insbesondere das Recht der Übersetzung, des Vortrags, der Reproduktion, der Vervielfältigung auf fotomechanischen oder anderen Wegen und der Speicherung in elektronischen Medien.

Ungeachtet der Sorgfalt, die auf die Erstellung von Text, Abbildungen und Programmen verwendet wurde, können weder Verlag noch Autor*innen, Herausgeber*innen oder Übersetzer*innen für mögliche Fehler und deren Folgen eine juristische Verantwortung oder irgendeine Haftung übernehmen.

Die in diesem Werk wiedergegebenen Gebrauchsnamen, Handelsnamen, Warenbezeichnungen usw. können auch ohne besondere Kennzeichnung Marken sein und als solche den gesetzlichen Bestimmungen unterliegen.

Die automatisierte Analyse des Werkes, um daraus Informationen insbesondere über Muster, Trends und Korrelationen gemäß § 44b UrhG (»Text und Data Mining«) zu gewinnen, ist untersagt.

Bibliografische Information der Deutschen Nationalbibliothek:
Die Deutsche Nationalbibliothek verzeichnet diese Publikation in der Deutschen Nationalbibliografie; detaillierte bibliografische Daten sind im Internet über *http://dnb.dnb.de* abrufbar.

ISBN Print: 978-3-96009-280-3
ISBN PDF: 978-3-96010-955-6
ISBN ePub: 978-3-96010-956-3

1. Auflage 2026
Authorized German translation of the English edition of *Learning GitHub Copilot: Multiplying Your Coding Productivity Using AI*, ISBN 9781098164652 © 2025 Tech Skills Transformation, LLC. This translation is published and sold by permission of O'Reilly Media, Inc., which owns or controls all rights to publish and sell the same.

Dieses Buch erscheint in Kooperation mit O'Reilly Media, Inc. unter dem Imprint »O'REILLY«. O'REILLY ist ein Markenzeichen und eine eingetragene Marke von O'Reilly Media, Inc. und wird mit Einwilligung des Eigentümers verwendet.

Translation Copyright für die deutschsprachige Ausgabe © Rheinwerk Verlag, Bonn 2026

Rheinwerk Verlag GmbH • Rheinwerkallee 4 • 53227 Bonn
service@rheinwerk-verlag.de

Für Anne-Marie, Mitautorin des erstaunlichen Buchs,
das unser gemeinsames Leben ist.

Inhalt

Vorwort

Ich habe viel Zeit damit verbracht, Entwicklerinnen und Entwicklern beizubringen, wie sie KI-Tools in ihre tägliche Arbeit einbeziehen können – indem ich sie beraten, Trainingssitzungen durchgeführt und Bücher zu diesen Themen verfasst habe –, und ich habe mich selbst im Rahmen der Softwareentwicklung auf genau diese Tools gestützt. Eines davon sticht für mich besonders hervor: GitHub Copilot.

Es ist ein echter Gamechanger. Ich benutze es ständig.

Ich programmiere seit Jahrzehnten, und wie jede Entwicklerin oder jeder Entwickler komme ich manchmal nicht weiter. Vielleicht liegt es daran, dass ich eine neue Technologie oder API verwende und davor zurückschrecke, mich durch schlecht geschriebene Dokumentationen zu kämpfen. Vielleicht refaktorisiere ich gerade einen besonders unangenehmen Teil des Codes, den schon alle in meinem Team gemieden haben. Oder ich habe einfach keine Lust, langweiligen Standardcode zu schreiben, der zwar geschrieben werden muss, mich aber eine halbe Stunde Lebenszeit kostet, die ich nie wieder zurückbekomme.

Hier kann Copilot wirklich einen Unterschied machen. Er kann mir den gesamten Code liefern, den ich brauche, und zwar vollständig und funktionsfähig. Oder er gibt mir lediglich einen Ausgangspunkt – etwas, das wir schrittweise weiterentwickeln werden. Wie auch immer, er ist für mich wertvoll und gibt mir fast immer ausreichend Material, um wieder voranzukommen.

Das Arbeiten mit Copilot ist aber keine Einbahnstraße – verantwortungsbewusstes Handeln ist gefragt. Copilot kann zwar Code schreiben, der sich kompilieren und ausführen lässt, sogar Tests besteht. Aber wenn Sie nicht verstehen, was er Ihnen geliefert hat oder warum es funktioniert – oder, was am wichtigsten ist, wie Sie ihn überhaupt dazu gebracht haben, dieses Ergebnis zu erzielen –, haben Sie nicht wirklich die Kontrolle darüber, was in Ihre Codebasis eingeht. Dieses Buch versetzt Sie in die Lage, die Kontrolle zu behalten.

Gute Entwicklerinnen und Entwickler müssen mehr tun, als nur die Features von Copilot zu lernen. Sie müssen einen effektiven Weg finden, mit KI zu arbeiten, einen Weg, der sie bei dem unterstützt, was sie bereits tun: Code schreiben, Entscheidungen treffen und Probleme gemeinsam mit anderen lösen.

Dieser Lernprozess beginnt mit dem Verständnis, dass Copilot nicht perfekt ist – und nicht anstrebt, perfekt zu sein. Er versucht, Ihnen weiterzuhelfen, indem er Ihnen Vorschläge basierend auf Mustern und dem Kontext in Ihrem Code unterbreitet. Und in vielen Fällen kommt er dem gewünschten Ergebnis erfreulich nahe.

Aber wie jedes Werkzeug funktioniert Copilot am besten, wenn man weiß, wie man ihn richtig einsetzt – und wann man das Tempo etwas drosseln und überprüfen sollte, was er geliefert hat.

Und genau deshalb ist dieses Buch so wichtig. *Einführung in GitHub Copilot* ist praktisch, gut durchdacht und basiert darauf, wie Entwicklerinnen und Entwickler tagtäglich an Code arbeiten. Brent Laster hat meisterhafte Arbeit geleistet, denn er listet nicht nur die Features von Copilot auf, sondern zeigt Ihnen auch, wie Sie diese bei Ihrer praktischen Arbeit einsetzen können – wenn keine klare Richtung mehr erkennbar ist und die Deadline bedrohlich näher rückt.

Zunächst erläutert er die Stärken von Copilot, wie das Erklären von Code und Schreiben von Tests, und zeigt Ihnen dann, wie er Ihnen bei Aufgaben hilft, die Menschen oftmals Probleme bereiten – SQL-Abfragen, reguläre Ausdrücke, YAML-Dateien und all die anderen kleineren (und manchmal auch nicht so kleinen!) Aufgaben, die viel Zeit in Anspruch nehmen. Ich schätze alle Beispiele in diesem Buch, weil sie die Probleme widerspiegeln, mit denen Entwicklerinnen und Entwickler in der Praxis konfrontiert sind. Sicherlich werden auch Sie das zu schätzen wissen.

Copilot ist ein wichtiges Werkzeug für die tägliche Entwicklungsarbeit – nicht weil es Wunder verspricht, sondern weil es die Denkweise von Entwicklerinnen und Entwicklern respektiert. Für dieses Buch gilt das Gleiche. Es geht davon aus, dass Sie aufmerksam, kompetent und lernwillig sind, und es gibt Ihnen die Freiheit, mithilfe dieses Tools gute Entscheidungen zu treffen, anstatt die Ergebnisse blind zu übernehmen.

Im Rahmen meiner Tätigkeit als Berater und Autor habe ich gesehen, wie schnell sich Entwicklerinnen und Entwickler verbessern, wenn sie klare, saubere Anleitungen erhalten – insbesondere, wenn diese ihnen helfen, bessere Entscheidungen bei ihrer eigentlichen Arbeit zu treffen. Genau das bietet dieses Buch. Es bauscht nicht auf. Es ist nicht übermäßig vereinfacht. Es versteht sich als praktischer Leitfaden für ein leistungsstarkes Tool, geschrieben für Entwicklerinnen und Entwickler, die die Kontrolle über ihren Code behalten möchten.

Wenn Sie Copilot noch nicht kennen, ist dieses Buch ein guter Einstieg. Verwenden Sie das Tool schon eine Weile, werden Sie Techniken kennenlernen, mit denen Sie es effektiver und sicherer einsetzen können. Und auch wenn Sie skeptisch sind, ist das nur hilfreich. Dieses Buch holt Sie dort ab, wo Sie stehen, und zeigt Ihnen, wie Sie das Tool optimal nutzen können, ohne das aufzugeben, was Sie zu einer guten Entwicklerin oder einem guten Entwickler macht.

– Andrew Stellman

Entwickler, Teamleiter, Ausbilder und Autor von »Learning Agile, Head First C#« und vielen anderen Büchern bei O'Reilly

Brooklyn, New York, April 2025

Einführung

Wind und Wellen sind immer auf der Seite des besseren Seefahrers.

– Edward Gibbon

Ich schreibe schon seit sehr langer Zeit Code – länger, als ich zugeben möchte – und habe den Wind und die Wellen des Wandels, die die Softwareentwicklungsbranche mehrfach erfasst haben, miterlebt (und über viele davon geschrieben oder Schulungen veranstaltet). Vom Internet über CI/CD bis hin zu Containern und der Cloud haben Paradigmenwechsel die alten Arbeitsweisen auf den Kopf gestellt und Innovationen, unglaubliche Tools und Umwälzungen in unseren Ansätzen zur Softwareentwicklung hervorgebracht. Und im Großen und Ganzen haben diese Veränderungen durchaus auch Unsicherheit und Verwirrung ausgelöst, da die Menschen versuchten, sie zu verstehen und herauszufinden, wie sie sich anpassen und ihre Fähigkeiten einsetzen können.

Jetzt erleben wir mit generativer KI die wohl größte Welle des Wandels in der Technologie, insbesondere für diejenigen, die Software entwickeln. Genau wie die anderen inspiriert sie massive Innovationen und treibt immense Veränderungen voran. In mancher Hinsicht ähnelt sie jedoch eher einem Tsunami, bei dem neue Tools, neue Modelle und neue Fähigkeiten eine enorme Kraft entfalten, während die Programmiererinnen und Programmierer mitgerissen werden und versuchen, gemeinsam den Kopf über Wasser zu halten.

Mit diesem Buch möchte ich Ihnen helfen, auf dieser Welle zu surfen – zumindest was die Nutzung des KI-Kraftpakets GitHub Copilot angeht. Ich behaupte nicht, dass es alle Ihre Fragen beantworten wird, aber hoffentlich hilft es Ihnen, sich mit dem Tool vertraut zu machen, seine Fähigkeiten (von grundlegenden bis zu komplexen Themen) zu verstehen und Sie dazu zu inspirieren, Ihre Programmierarbeiten einfacher und leichter zu gestalten als je zuvor.

Ich nutze Copilot seit mehreren Jahren auf vielfältige Weise: in persönlichen Projekten, als ehemaliger DevOps-Direktor, der es in einer firmeneigenen Forschungs- und Entwicklungsabteilung pilotiert hat, als Copilot-Trainer für mehrere Anbieter, als Skeptiker und als Enthusiast. Was die letzten beiden Rollen angeht, war ich in der Anfangszeit von Copilot nicht so beeindruckt wie von anderen Tools. Aber während ich dieses Buch geschrieben und darauf aufbauend Kurse entwickelt habe, dabei seine Weiterentwicklung verfolgen konnte, ist es zu einem der wichtigsten Tools geworden, die ich regelmäßig bei der Arbeit in meiner integrierten Entwicklungsumgebung (IDE) oder in GitHub verwende. Copilot hat erhebliche Fortschritte bei den Features und der Funktionalität gemacht, insbesondere in letzter Zeit. Ich habe versucht, so viele davon wie möglich in diesem Buch unterzubringen.

Als ich dieses Buch geschrieben habe, ging es mir vor allem darum, die Vorteile und Herausforderungen beim Einsatz von Copilot zu vermitteln und Sie vor Überraschungen zu bewahren. Beachten Sie also folgende Punkte, bevor Sie richtig loslegen:

- Seit etwa anderthalb Jahren hat GitHub Copilot mit jeder neuen Version das Aussehen und die Position mindestens eines Dialogfelds oder Steuerelements geändert. Ich habe mich bemüht, die Screenshots und Beschreibungen so zu aktualisieren, dass sie das Erscheinungsbild zum Redaktionsschluss widerspiegeln. Es ist jedoch sicher, dass einige davon bis zu dem Zeitpunkt, zu dem Sie diese Zeilen lesen, verschoben oder in ihrem Aussehen verändert worden sind.
- Copilot veröffentlicht nun regelmäßig neue Features. Daher wird es im Laufe der Zeit neue Funktionen geben, auf die dieses Buch noch nicht eingehen kann. Ebenso werden einige Funktionen in Copilot zur Entstehungszeit des Buchs als *Vorschau* oder *experimentell* gekennzeichnet sein. Wenn Sie dies lesen, sind sie möglicherweise bereits in die Produktionsversion übernommen oder – wenn sie sich nicht bewährt haben – entfernt worden.
- Copilot läuft in vielen verschiedenen Umgebungen, darunter in mehreren IDEs. In jeder IDE kann es Unterschiede in der Integration, im Erscheinungsbild und sogar in der Funktionalität geben (und gibt es auch). GitHub hat in der Vergangenheit Visual Studio Code und die Umgebungen, die die gleiche Benutzeroberfläche verwenden (wie GitHub Codespaces), priorisiert, um neue Features einzuführen und die Obermenge der Funktionalität anzubieten. Daher sind alle Screenshots im Buch entweder mit VS Code oder in einem Codespace entstanden.
- Diejenigen unter Ihnen, die mit IDEs arbeiten, die nicht auf VS Code basieren, müssen gegebenenfalls auf einige Features oder Funktionen verzichten, die GitHub in dieser Umgebung nicht implementiert hat. Die neuesten Informationen finden Sie in der Copilot- und/oder IDE-Dokumentation.
- Ebenso können IDEs, in die Copilot integriert ist, normalerweise auf mehreren Plattformen laufen, darunter Windows, Mac und Linux. Da es nicht praktikabel ist, alle Varianten in diesem Buch zu behandeln, wurden die Beispiele auf einem Mac erstellt. Daher spiegeln die dargestellten Fenster und Steuerelemente möglicherweise den Mac-Stil wider. Auch die Tastenkombinationen unterscheiden sich zwischen den Plattformen. Um nicht bei jedem Verweis auf eine Tastenkombination alle möglichen Kombinationen aufzulisten, haben wir mit *Meta* eine Notation eingeführt, bei der Sie die für Ihre Plattform geeigneten Tastenkürzel einsetzen sollen.

Diese Punkte gelten für das gesamte Buch, das Sie von den Grundlagen (*Was ist das?*) bis zur fortgeschrittenen Funktionalität (*So gehen Sie über die Kernfunktionalität hinaus*) führen soll. Die meisten Kapitel können Sie unabhängig voneinander lesen und zwischen ihnen je nach Ihren Ansprüchen und Interessen hin- und herspringen.

Wie dieses Buch aufgebaut ist

Da Sie dieses Buch lesen, gehe ich davon aus, dass Sie sich für GitHub Copilot als potenziellen Assistenten für Programmierung mit KI interessieren oder zumindest mehr darüber erfahren möchten, wie Sie diesen und ähnliche Assistenten für die Programmierung einsetzen können, um schneller und effizienter zu arbeiten.

Der folgende Überblick über die einzelnen Kapitel soll Ihnen dazu ein Wegweiser sein:

Die *Kapitel 1, 2 und 3* versehen Sie mit dem erforderlichen Grundlagenwissen, damit Sie verstehen, was Copilot ist und wie Sie mit ihm in seinen zwei Hauptmodi – Codevervollständigung und Chat-Benutzeroberfläche (Dialogschnittstelle) – interagieren.

Kapitel 4 untersucht komplexere Möglichkeiten, mit Copilot zu interagieren, um Bearbeitungen autonomer durchzuführen und mithilfe des Agentenmodus Änderungen vom Prompt bis zur Fertigstellung automatisch vorzunehmen. Zudem behandelt dieses Kapitel die einzigartige Benutzeroberfläche von Copilot Vision sowie das Debugging mit Copilot.

Die *Kapitel 5 und 6* zeigen Ihnen, wie Sie mithilfe von Copilot umfangreiche Testpakete und mehrere Arten von Dokumentationen erstellen können, um derartige Aufgaben zu vereinfachen, sodass Ihnen mehr Zeit für die eigentlichen Programmieraufgaben bleibt.

Kapitel 7 konzentriert sich darauf, wie Sie die Aktualität und Relevanz der Ergebnisse von Copilot verbessern können.

Kapitel 8 untersucht, wie Sie Copilot für eine Reihe weniger gebräuchlicher, aber nützlicher Aufgaben einsetzen können.

Kapitel 9 befasst sich mit der Chat-Benutzeroberfläche in GitHub und zeigt, wie Copilot Ihnen helfen kann, mehr über Ihre Projekte zu erfahren, und wie Sie Ihre Arbeit mit GitHub Issues und Pull Requests vereinfachen.

Schließlich beschreibt *Kapitel 10*, wie sich die Funktionalität von Copilot durch Integration von GitHub Extensions erweitern lässt und wie Sie eigene Erweiterungen erstellen können.

Um von diesem Buch zu profitieren, brauchen Sie keinerlei Vorwissen über Copilot. Beginnen Sie einfach zu lesen. Ich gehe allerdings davon aus, dass Sie über grundlegende Programmierkenntnisse verfügen und mit Git und GitHub vertraut sind. Der nächste Abschnitt erläutert näher, für welche Lesergruppen dieses Buch geeignet ist.

Leserkreis

Dieses Buch richtet sich an alle, die mehr über den Einsatz von KI-Assistenten im Rahmen der Softwareentwicklung erfahren möchten. Zwar geht es speziell um GitHub Copilot, doch lassen sich viele Beispiele und Abläufe auf andere KI-Programmiertools und -Umgebungen übertragen. Um dieses Buch optimal nutzen zu können, sollten Sie allerdings bereits Erfahrungen mit der Programmierung in einer IDE haben und über Grundkenntnisse in GitHub verfügen. Beachten Sie aber Folgendes: Mit diesem Buch lernen Sie nicht, wie man programmiert, wie man eine IDE verwendet oder wie man GitHub nutzt. Aber es wird Ihnen helfen, Ihre Produktivität in all diesen Bereichen zu steigern, indem Sie Copilot zurate ziehen. Ganz gleich, ob Sie als Softwareentwicklerin oder Qualitätsingenieur arbeiten, Site Reliabilty Engineering betreiben oder einfach nur daran interessiert sind, wie ein KI-Assistent à la Copilot Ihnen nützen kann – ich bin überzeugt, dass Sie in diesem Buch wertvolle Informationen finden und neue Einblicke gewinnen.

Bei diesem Buch hatte ich die folgenden Zielgruppen im Sinn, da sie meiner Meinung nach am meisten davon profitieren können, und zwar

- diejenigen, die neu (oder relativ neu) im Bereich KI-Assistenten für die Programmierung sind und verstehen möchten, worum es dabei geht und wie man sie am besten nutzt,
- diejenigen, die bereits die Konzepte und Abläufe bei Verwendung von KI-Programmierassistenten verstehen und wissen möchten, was GitHub Copilot zu bieten hat,
- diejenigen, die GitHub Copilot als mögliches Tool verstehen und bewerten möchten, um es in ihrem Unternehmen oder ihrer Organisation in größerem Umfang einsetzen zu können,
- diejenigen, die bereits Erfahrung mit GitHub Copilot haben und dessen Features und Funktionen voll ausnutzen möchten,
- diejenigen, die verstehen möchten, wie sie einige der Schwächen von GitHub Copilot ausgleichen können,
- diejenigen, die die neuen Features von Copilot verstehen möchten, beispielsweise den Agentenmodus,
- diejenigen, die ihre eigenen GitHub-Copilot-Erweiterungen erstellen möchten, oder
- diejenigen, die mit GitHub arbeiten und die dort gebotene Copilot-Integration nutzen möchten.

Sollte eine dieser Charakteristika auf Sie zutreffen, hoffe ich, dass das Buch Ihnen den gewünschten Mehrwert bietet. Und wenn Sie es gelesen haben ... dann freue ich mich über Feedback in Form von Rezensionen oder im Rahmen zukünftiger Konferenzen oder Schulungen. Informationen darüber, wie Sie die Welle der generativen KI beim Programmieren nutzen können, finden Sie ab Kapitel 1. Viel Spaß beim Surfen!

Konventionen, die in diesem Buch verwendet werden

In diesem Buch werden folgende typografische Konventionen verwendet:

Kursiv
: Kennzeichnet URLs, E-Mail-Adressen, Hervorhebungen, Dateinamen und Dateierweiterungen.

`Konstante Zeichenbreite`
: Wird in Programmlistings verwendet und im Fließtext für Programmelemente wie zum Beispiel Variablen- oder Funktionsnamen, Datenbanken, Datentypen, Umgebungsvariablen, Anweisungen und Schlüsselwörter.

`Konstante Zeichenbreite fett`
: Kennzeichnet Befehle oder andere Texte, die vom Benutzer buchstäblich eingegeben werden sollen.

`Konstante Zeichenbreite kursiv`
: Zeigt Text, der ersetzt werden soll durch Werte, die der Benutzer bereitstellt, oder Werte, die sich aus dem Kontext ergeben.

Dieses Element kennzeichnet einen Tipp oder Vorschlag.

Dieses Element kennzeichnet einen allgemeinen Hinweis.

Dieses Element kennzeichnet eine Warnung oder einen Achtungshinweis.

Codebeispiele

Zusätzliches Material (Codebeispiele, Übungen usw.) finden Sie zum Herunterladen unter *https://github.com/techupskills/learning-github-copilot*.

Dieses Buch soll Ihnen bei Ihrer Arbeit helfen. Ganz allgemein gilt: Wenn in diesem Buch Beispielcode angeboten wird, können Sie ihn in Ihren Programmen und Dokumentationen verwenden. Sie müssen sich dafür nicht unsere Erlaubnis einholen, es sei denn, Sie reproduzieren einen großen Teil des Codes. Schreiben Sie zum Beispiel ein Programm, das mehrere Teile des Codes aus diesem Buch benutzt, brauchen Sie keine Erlaubnis. Verkaufen oder vertreiben Sie Beispiele aus O'Reilly-Büchern, brauchen Sie allerdings eine Erlaubnis. Beantworten Sie eine Frage, indem Sie dieses

Buch und Beispielcode daraus zitieren, brauchen Sie keine Erlaubnis. Binden Sie einen großen Anteil des Beispielcodes aus diesem Buch in die Dokumentation Ihres Produkts ein, brauchen Sie wiederum eine Erlaubnis.

Wir freuen uns über eine Erwähnung, verlangen sie aber nicht. Eine Erwähnung enthält üblicherweise Titel, Autor, Verlag und ISBN, zum Beispiel: »*Einführung in GitHub Copilot* von Brent Laster (O'Reilly), Copyright 2026 Rheinwerk Verlag GmbH, ISBN 978-3-96009-280-3.

Falls Sie befürchten, zu viele Codebeispiele zu verwenden oder die oben genannten Befugnisse zu überschreiten, kontaktieren Sie uns unter *kommentar@oreilly.de*.

Danksagungen

Einführung in GitHub Copilot ist mein viertes veröffentlichtes Buch, neben vielen technischen Leitfäden, Berichten, Artikeln und anderen Dokumenten, die ich im Laufe der Jahre geschrieben habe. Der Weg vom Entwurf bis zum fertigen Produkt erfordert einen unglaublichen Aufwand an Zeit und Energie, nicht nur seitens des Autors, sondern auch seitens eines Teams von Menschen, die das Projekt letztlich realisiert haben. Ich bin den folgenden Personen unglaublich dankbar, die ihre Zeit und Energie investiert haben, um dieses Projekt so weit zu bringen, dass Sie es lesen und hoffentlich davon profitieren können.

Zunächst einmal vielen Dank an John Devins, meinen Lektor bei O'Reilly, der an das Buch geglaubt und sich dafür eingesetzt hat – wie er es auch bei so vielen anderen Projekten für mich getan hat. John, ich hoffe, Sie genießen Ihren wohlverdienten Ruhestand! Und danke an Louise Corrigan, die die Arbeit von John übernommen und fortgesetzt hat. Während meiner Zeit bei O'Reilly habe ich die Rolle der Lektorinnen und Lektoren, die sinnvolle Projekte unterstützen, hochwertige Schulungsmöglichkeiten anbieten und neue Wege finden, um Lernlücken zu schließen, wirklich schätzen gelernt. Ihre Arbeit findet meist hinter den Kulissen statt, aber ihre Bemühungen sind von zentraler Bedeutung für einen Großteil des Lernens, das ich und andere Content-Ersteller den Teilnehmern von O'Reilly Learning vermitteln können.

Als ich begonnen habe, dieses Buch zu schreiben, habe ich ausdrücklich darum gebeten, wieder mit Michele Cronin als Development Editor für das Projekt zusammenzuarbeiten. Und da Michele auch die Entwicklungsredakteurin für *Learning GitHub Actions* war, wusste ich, dass sie die richtige Person war, um dieses Projekt zu vollenden, zu verfeinern und zum Erfolg zu führen. Hinter den Kulissen hat Michele viele Stunden damit verbracht, das Projekt (und mich) auf Kurs zu halten, potenzielle Hindernisse zu beseitigen, Gutachter zu organisieren, Feedback zu sammeln und immer für Fragen zur Verfügung zu stehen. Außerdem hat sie mir mit klugen Ratschlägen geholfen, alle Herausforderungen zu meistern, die unterwegs aufgetaucht sind. Während des ganzen Prozesses war sie eine optimistische und unterstützende Begleiterin, und ich bin ihr sehr dankbar für alles, was sie getan hat, sowie für ihre Erfahrung und Anleitung, die dieses Buch möglich gemacht haben.

Es gibt noch zahlreiche andere Personen bei O'Reilly, die an diesem Prozess mitgewirkt haben und die ich ebenfalls erwähnen möchte. Sharon Wilkey und Jonathon Owen haben beim Korrekturlesen und der Klarstellung von Inhalten hervorragende Arbeit geleistet, um das Buch verständlich und lesbar zu machen. Kate Dullea hat mir geholfen, die Bilder zu sortieren und sicherzustellen, dass sie brauchbar und verständlich sind. Und vielen Dank auch an Susan Thompson für das coole Titelbild und David Futato für die inhaltliche Gestaltung.

Viele renommierte Experten von GitHub und aus anderen Bereichen haben ihre Zeit und ihre Ressourcen als Gutachter für einen Teil oder den gesamten Inhalt des Buchs zur Verfügung gestellt. Ohne Zweifel ist das Buch durch ihre Bemühungen viel besser geworden. Vielen Dank an Andrew Stellman, Steffen Bjerkenås, Chhaya Methani, Balaji Dhamodharan, Aditya Goel, Sundeep Katta, Jess Males und Tom Taulli für ihr Feedback, ihre Eindrücke und ihre Vorschläge. Ich schätze mich sehr glücklich und bin dankbar, dass sich diese Personen trotz ihres vollen Terminkalenders die Zeit genommen haben, um ihr Feedback, ihre Vorschläge und ihre Gedanken einzubringen und das Buch für die Leserinnen und Leser zu verbessern. Das Buch hat von ihrem kollektiven technischen Hintergrund und ihrem Blick für Details sehr profitiert. Ein weiterer Dank geht an Andrew Stellman für sein Vorwort zum Buch. Ich hoffe, dass Sie einige Minuten erübrigen können, um es zu lesen.

Ich möchte nicht versäumen, an dieser Stelle auch Jay Zimmerman, Direktor der No Fluff Just Stuff (NFJS-)Konferenzen, und Todd Lewis, dem Vorsitzenden der All-Things-Open-(ATO-)Organisation, meinen Dank auszusprechen, da sie mir über die Jahre hinweg die Möglichkeit gegeben haben, auf ihren jeweiligen Konferenzen zu sprechen und Vorträge zu halten. Der Inhalt dieses Buchs ist besser geworden durch die zahlreichen Vorträge, die ich zu verwandten Themen in virtuellen Workshops und auf Konferenzen für NFJS und ATO gehalten habe. Wenn Sie jemals die Gelegenheit haben, an einer dieser Konferenzen, einem Meetup oder einer virtuellen Veranstaltung teilzunehmen, die von diesen Organisationen gesponsert wird, empfehle ich Ihnen, dies zu tun.

Vielen Dank auch an meinen Kollegen und Freund Bob Pacheco, der regelmäßig an technischen und nicht-technischen Diskussionen teilgenommen hat, die dazu beigetragen haben, neue Perspektiven zu eröffnen und bei Bedarf für Auflockerung zu sorgen.

Vor allem möchte ich meiner Frau Anne-Marie dafür danken, dass sie meine unterstützende Seelenverwandte, ewige Freundin und Partnerin im Leben ist. Durch sie und unsere Kinder Walker, Chase, Tanner und Katie werde ich ständig daran erinnert, dass es die Menschen sind, die uns am nächsten stehen und unseren Alltag teilen, die jeden Tag lebenswert und jede sinnvolle Aufgabe lohnenswert machen, egal was sonst noch passiert.

Schließlich danke ich Ihnen, den Leserinnen und Lesern, dafür, dass Sie dieses Buch gekauft haben und lesen werden. Ich hoffe aufrichtig, dass Sie es nützlich finden und dass es Ihnen hilft, die Ziele zu erreichen, die Sie sich gesetzt haben, wenn Sie Ihre

Reise mit GitHub Copilot beginnen oder fortsetzen. Sie können mich gerne über Social Media kontaktieren oder mich bei einer Konferenz oder Veranstaltung treffen, um über KI und Copilot zu diskutieren oder einfach nur zu plaudern.

KAPITEL 1

Grundlagen

Willkommen zu »Einführung in GitHub Copilot«! Ich freue mich, dass Sie dieses Buch lesen, und hoffe, dass es für Sie nützlich sein wird. KI-Tools wie ChatGPT und KI-Agenten haben die Art und Weise verändert, wie wir mit Softwareanwendungen interagieren, und sie werden dies auch weiterhin tun. Das Gleiche gilt für GitHub Copilot und ähnliche Tools, die die Art und Weise verändert haben, wie Programmiererinnen und Programmierer Softwareanwendungen erstellen. Durch seine Fähigkeit, Kontext aus bestehendem Code zu übernehmen oder aus Prompts, die in natürlicher Sprache formuliert sind, bietet GitHub Copilot umfangreichere und leistungsfähigere Funktionen zur Codegenerierung als alle anderen Tools, die wir bisher gekannt haben.

In diesem Buch werde ich Ihnen helfen, die Funktionen von GitHub Copilot zu verstehen – von der Generierung und Fertigstellung von Code über das Erstellen von Tests, das Übersetzen und Erläutern von Code bis hin zum Arbeiten mit Repositorys, Pull Requests und Issues direkt in GitHub. Anhand von Beispielen lernen Sie, Copilot in verschiedenen Bereichen und Programmiersprachen zu verwenden. Des Weiteren erfahren Sie, wie Sie mit Copilot die besten Ergebnisse erzielen, indem Sie geeignete Prompts konstruieren. Darüber hinaus lernen Sie sogar, eigene Funktionalität hinzuzufügen. Und Sie verstehen, wie das funktioniert, was Copilot tut, einschließlich der Gründe, warum er manchmal nicht die erwarteten Ergebnisse liefert – und wie Sie mit derartigen Situationen umgehen können.

Bevor es aber richtig losgeht, sind einige Grundkenntnisse erforderlich. Das ist der Zweck dieses Kapitels. Ich werde GitHub Copilot zunächst im Überblick erklären. Dann werden wir die zugrunde liegende Schlüsseltechnologie, ihren allgemeinen Ablauf, einige Einsatzbetrachtungen, die Unterschiede zu Tools wie ChatGPT und alles das untersuchen, was Sie wissen müssen, um Copilot zu erwerben und zu installieren. Fangen wir also an.

Copilot als Sammelbegriff

Zunächst einmal sollten Sie wissen, dass »Copilot« ein beliebter Begriff für KI-Anwendungen ist, die Informationen sammeln, Prompts formulieren und Antworten sowie Vorschläge zurückgeben. Zum Beispiel ist Microsoft 365 Copilot (*https://oreil.ly/DaSLT*) ein KI-gestützter Assistent für Microsoft-Office-Anwendungen. Er analysiert Kontext aus Word, Teams, Outlock usw. und liefert Zusammenfassungen, schlägt Antworten vor und bietet andere wertvolle Interaktionen.

In diesem Buch verwende ich *Copilot* in der Bedeutung *GitHub Copilot*. Davon ausgenommen sind nur die Stellen, bei denen ich auf ein anderes System verweise, das den gleichen Begriff verwendet. In diesen Fällen werde ich sie ausdrücklich mit ihren offiziellen Namen nennen, wie beispielsweise *Office 365 Copilot*.

Was ist GitHub Copilot?

GitHub Copilot ist ein cloudbasiertes, generatives Tool der künstlichen Intelligenz (KI). Betrachten wir diese Schlagwörter einmal genauer. Generell können wir KI als *eine Reihe von Computern* definieren, *die Ausgaben ausführen, von denen man bisher annahm, dass nur Menschen sie aufgrund der erforderlichen Denkweise und Fähigkeiten bewältigen können*. In jüngerer Zeit hat dies auch den Aspekt der Interaktion mit Menschen auf natürliche und menschenähnliche Weise angenommen, und zwar durch Verarbeitung natürlicher Sprache (Natural Language Processing, NLP), Chat-Benutzeroberflächen und automatisierte Verarbeitung sowie Entscheidungsfindung mit KI-Agenten.

Bedenken hinsichtlich KI

Wenn wir über KI sprechen, lässt uns die Populärkultur an Maschinen denken, die bewusst und empfindungsfähig werden und die Welt übernehmen. Während viele von uns in technischen Berufen verstehen, dass dies nicht realistisch ist, denken Programmiererinnen und Programmierer, die mit Tools wie GitHub Copilot arbeiten, durchaus daran, dass KI (im Bereich der Programmierung) potenziell ihre Arbeitsplätze übernehmen könnte.

Zweifellos hat der Einsatz von KI zu einem gewissen Verlust an Arbeitsplätzen geführt. Doch ist dies nicht der beabsichtigte Zweck von Copilot. Trotz der scheinbaren Intelligenz, die Copilot in einigen Anwendungsfällen an den Tag legt, kann es immer noch zu fehlerhaftem oder unbrauchbarem Code kommen. Und es bedarf weiterhin menschlicher Beaufsichtigung und Überprüfung. Wir hoffen, dass Ihnen dieses Buch hilft, dieses spezielle KI-Tool zu einem wertvollen Werkzeug in Ihrem Werkzeugkasten zu machen, das Sie bei Ihrem Projekt und in Ihrer Rolle unterstützt.

Cloudbasiert bezieht sich auf den Weg, über den Copilot Vorschläge zurückgibt und Antworten generiert. Gemeint ist die von GitHub verwaltete Umgebung, die die Interaktion mit den KI-Modellen erleichtert. Generativ drückt die Fähigkeit der KI aus, neue Ergebnisse aus dem aufgenommenen Kontext zu generieren. Copilot kann Antworten und Vorschläge für die Softwareentwicklung basierend auf dem Kontext und den Prompts aus der Umgebung der Benutzerin oder des Benutzers anbieten. Wie gut er dies bewältigt, hängt von mehreren Faktoren ab, auf die ich im nächsten

Abschnitt eingehen werde. Als kurzes Beispiel zeigt Abbildung 1.1, wie sich mit Copilot Optimierungen basierend auf einem Projekt in Visual Studio (VS) Code vorschlagen lassen.

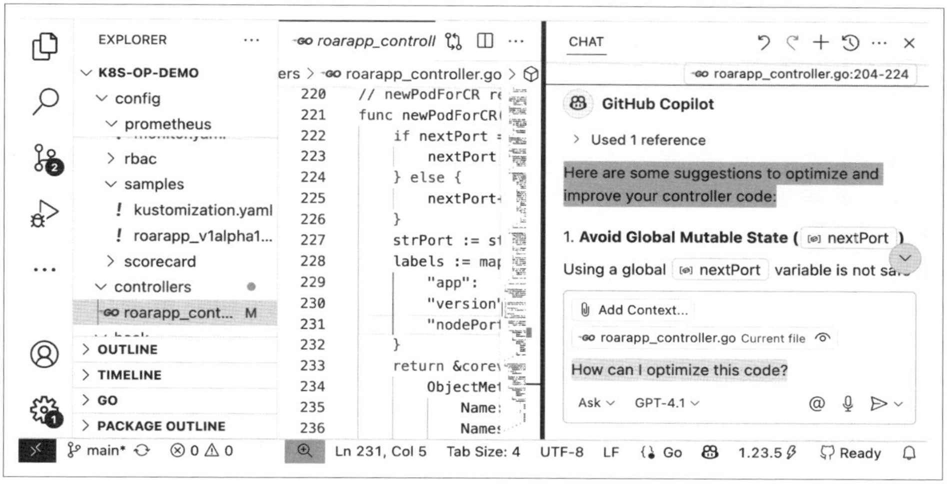

Abbildung 1.1: Copilot für ein Projekt in VS Code verwenden

Standard-IDE

Da es nicht möglich ist, alle integrierten Entwicklungsumgebungen (Integrated Development Environments, IDEs) in diesem Buch darzustellen, verwenden wir in unseren Beispielen, in denen eine IDE zum Einsatz kommt, VS Code oder GitHub Codespace. Wenn Sie mit einer anderen IDE arbeiten, informieren Sie sich bitte in der Copilot-Dokumentation über etwaige Unterschiede in der Verwendung, bei den Steuerelementen usw.

Wie funktioniert Copilot?

Um zu verstehen, wie Copilot funktioniert, müssen Sie einige Elemente kennen, die seiner Funktionalität und der ähnlicher KI-Tools zugrunde liegen. Dazu gehören unter anderem die Informationsquellen, auf denen die Antworten basieren, und die allgemeinen Abläufe.

Wie die meisten KI-Anwendungen bezieht auch Copilot seine Daten aus großen Sprachmodellen (Large Language Models, LLMs), die auf umfangreichen Datensammlungen trainiert wurden. Falls Sie mit dem Begriff LLM nicht vertraut sind, finden Sie im folgenden Abschnitt eine kurze Erklärung.

Large Language Models

Wenn man heutzutage über KI-Tools spricht, kommt man an großen Sprachmodellen, den Large Language Models oder LLMs, praktisch nicht vorbei. LLMs sind KI-Modelle, die auf der Grundlage riesiger Datenbestände trainiert wurden, um die nächsten Wörter oder andere Arten von Inhalten (zum Beispiel *Token*) vorherzusagen, die zu einer bestimmten Eingabe (einem *Prompt*) passen.

LLMs unterscheiden sich von herkömmlichen Computermodellen, die formatierte Daten verarbeiten oder auf mathematische Probleme reagieren können, da LLMs darauf trainiert sind, Kontext, Syntax und Struktur zu verstehen. Dies geschieht durch Algorithmen, die anhand einer riesigen Anzahl von Parametern herausfinden sollen, welche Wörter oder Token als Nächstes am sinnvollsten sind. Auf diese Weise konstruieren die Modelle statistisch fundierte Antworten, die nicht nur auf der Eingabe selbst, sondern auch auf der Art und Weise beruhen, wie die Eingabe präsentiert wird.

Die Vorhersagefähigkeiten des Modells werden anhand umfangreicher Sammlungen vorhandener Inhalte gelernt und optimiert. In diesem Trainingsprozess bilden die Modelle ab, wie die verschiedenen Informationen in einem bestimmten Bereich in Beziehung stehen. Technisch gesehen können LLMs bei einer Abfolge von Token als Abfrage die Syntax und Struktur der Eingabe bewerten, den Kontext auf der Grundlage der Trainingsdaten des Modells ableiten und die Sequenz der Token vorhersagen, die wahrscheinlich als Nächstes kommen würden. Einfach ausgedrückt können LLMs anhand aller Daten, die sie verarbeitet haben, herausfinden, was richtig klingen würde, und das Gespräch fortsetzen.

Nicht nur LLMs

Es gibt mehr Varianten von KI-Modellen als nur herkömmliche LLMs, beispielsweise kleine Sprachmodelle und Schlussfolgerungsmodelle. Copilot wird kontinuierlich aktualisiert, um verschiedene Modelle mit verschiedenen Fähigkeiten und Trainings einzubinden. Wir bleiben aber bei der LLM-Terminologie, um die Erklärungen einfach zu halten.

Um den Unterschied zur herkömmlichen Verarbeitung zu verstehen, stellen Sie sich vor, Sie lernen eine Sprache und unterhalten sich dann mit jemandem, der diese Sprache als Muttersprache spricht. Zwar können Sie sich das Vokabular sowie einzelne Wörter und Ausdrücke aneignen, doch in einer Unterhaltung mit jemandem, der diese Sprache gut beherrscht, müssen Sie auch den Kontext dessen, was die andere Person sagt, erfassen und verstehen. Nur so können Sie die richtigen Wörter oder Ausdrücke für Ihre Antwort wählen. Außerdem müssen Sie in der Lage sein, Ihre Antwort in einen Kontext zu setzen, der für die andere Person Sinn ergibt. Sprache beruht auf Syntax und Struktur, doch es ist der Kontext einer Unterhaltung, der sicherstellt, dass Syntax und Struktur Sinn ergeben und Bedeutung vermitteln. LLMs können den Kontext anhand der Eingaben bewerten und ihre Ausgaben im jeweiligen Kontext liefern.

Zurück zu Copilot: Er verwendet standardmäßig LLMs, die von OpenAI (*https://openai.com*) entwickelt und verwaltet werden, d.h. vom selben Unternehmen, das auch hinter ChatGPT (*https://chat.openai.com*) steht. GitHub hat Copilot über mehrere Jahre in Zusammenarbeit mit OpenAI entwickelt. Kürzlich sind Optionen hinzugekommen, um mehrere andere Modellfamilien zu verwenden, darunter Modelle wie Claude von Anthropic und Google Gemini.

Bei allen Modellen, auf denen Copilot aufbaut, geht es in der Hauptsache um das Erstellen von Software, wobei Code die Konversationssprache von Copilot ist.

Code und generative KI

Programmiersprachen haben per Definition eine spezifische, obligatorische Syntax und Semantik, die sich allerdings von Sprache zu Sprache unterscheiden. Wenn Sie in Python statt in Go programmieren, verwenden Sie andere Token und Strukturen, um ein Programm zu erstellen. Die jeweiligen Token und Strukturen unterliegen bestimmten Regeln. Diese sind klar definiert und bilden eine geschlossene Menge. Die Fähigkeiten von Copilot sollen in erster Linie Vorschläge für die Programmierung und dazu gehörende Informationen, die der Syntax und der Struktur entsprechen, bereitstellen. Der eigentliche Mehrwert besteht jedoch darin, Antworten zu liefern, die für das relevant sind, was die Programmiererin oder der Programmierer erzeugt oder als Prompt formuliert. Der Kontext, der in Copilot eingeht, kann aus mehreren Quellen stammen, darunter:

- eine Menge von Code, der im Editor einer Entwicklungsumgebung geschrieben wird,
- Interaktionen mit dem Modell über direkte Prompts oder Abfragen in natürlicher Sprache, auch als *Chat-Modelle* bekannt, und
- typische Entwicklungsaktivitäten in GitHub selbst, beispielsweise Pull Requests.

Auf diese Interaktionen werde ich im weiteren Verlauf des Buchs näher eingehen. Aber unabhängig von der Benutzeroberfläche wird der Kontext (Code, Direktiven/Eingabe oder GitHub-Elementen, mit denen Sie arbeiten) in einen *Prompt* umgewandelt – Ihre Seite der Konversation, auf die Sie eine Antwort von der KI erwarten. Diese Eingaben zu verarbeiten und anhand des Kontexts sowie des Trainings und der Fähigkeiten des Modells über eine Antwort zu entscheiden, ist der *generative* Teil der *generativen* KI-Funktionalität von Copilot. Die Antwort kann ein vorgeschlagener Code sein, eine Antwort auf eine Frage oder eine Schritt-für-Schritt-Anleitung. Es ist das, was nach Meinung der KI den Code vervollständigt, dem Prompt entspricht oder die Frage beantwortet.

Chat-Modelle

Programmieren stellen wir uns meistens so vor, dass man vor einem Terminal sitzt und Code in eine IDE eingibt. Allerdings muss eine Programmiererin oder ein Programmierer oftmals einige Fragen beantworten oder sich erst einmal einen genauen Überblick verschaffen, bevor es an die Eingabe des Codes geht. Wenn man zum Beispiel eine neue Sprache lernt, muss man zunächst verstehen, wie eine Datenstruktur oder ein Steuerungsablauf zu implementieren ist. Oder man muss wissen, wie man Dateien öffnet oder eine Datenbank liest und schreibt. Bei derartigen Detailfragen würde man sich beispielsweise an einen Kollegen wenden oder auf Stack Overflow recherchieren. Wenn man stattdessen die KI heranzieht, muss man in der Lage sein, Fragen oder Anweisungen an die KI zu kommunizieren (d.h., mit ihr *chatten* zu können).

Typische *soziale* Implementierungen der generativen KI (wie ChatGPT) haben große Popularität erlangt, da sie auf benutzerfreundliche Weise kommunizieren und reagieren können. Copilot bekommt diese Fähigkeit durch *Copilot Chat*. Über diese Chat-Benutzeroberfläche lassen sich für Copilot ganz einfach Aufgaben wie »Generiere Unit-Tests für den Code« formulieren oder Fragen wie »Was ist die aktuelle Version von Kubernetes?« und sogar »Was macht dieser Code?« stellen. Das Generieren von Antworten auf der Grundlage von Anweisungen oder Fragen in der Chat-Benutzeroberfläche ist ein weiteres Beispiel für den *generativen* Teil der *generativen KI*.

Diesen Prozess können Sie sich so vorstellen, als würden Sie einem Arzt über einen Zoom-Anruf eine Reihe von Symptomen beschreiben, damit er auf der Grundlage seiner langjährigen Ausbildung eine Diagnose stellen kann. Oder: Sie beschreiben einem Automechaniker am Telefon ein Problem mit Ihrem Fahrzeug, damit er Ihnen eine Reparaturmöglichkeit vorschlagen kann. In diesen Fällen machen die Kommunikation und der Kontext, den Sie bereitstellen, zusammen mit der fachlichen Qualifikation den Unterschied. Die Interaktion kann Vorschläge anbieten, um das Problem zu beheben (von denen einige möglicherweise nicht zum Erfolg führen), oder darauf hinweisen, dass der Fachmann nicht über genügend Kontext oder Verständnis verfügt, um zu helfen. Generative KI verhält sich genauso.

Wenn Copilot Ihnen Vorschläge unterbreitet, während Sie programmieren, liefern Elemente in Ihrer Programmierumgebung den Kontext, um den Prompt für das KI-Modell zu erstellen. Copilot kann Vorschläge entsprechend dem Programmierstil erzeugen, der in den Dateien des Projekts, an dem Sie arbeiten, verwendet wird. Dies kann sowohl gut als auch schlecht sein.

Gut kann es dann sein, wenn die Vorschläge von Copilot oft dem bestehenden Programmierstil der Benutzerinnen und Benutzer ähneln und dieser Programmierstil Best Practices widerspiegelt. Schlecht kann es sein, wenn Copilot manchmal zu sehr schlechten Praktiken im bestehenden Code tendiert. Letzteres kann dazu führen, dass beschränkte und ineffiziente Programmierpraktiken verstärkt werden – oder Sie müssen sich durch Unmengen von Vorschlägen kämpfen, um den passenden herauszukristallisieren. Die Qualität und Quantität der Beispiele, die Copilot aus Ihrer Umgebung und seinem eigenen Training zur Verfügung hat, kann sich auf seine Antworten auswirken.

Letztlich kann die generative KI, auf der Copilot aufsetzt, sehr nützlich sein. Seien Sie sich jedoch bewusst, dass die Programmiervorschläge durch den Kontext und das Training, mit denen Copilot arbeiten muss, verzerrt sind. Zwar können Sie dies zu Ihrem Vorteil nutzen, um Copilot mehr Beispiele für den Stil der zurückzugebenden Vorschläge zu liefern. Doch kann diese Verzerrung auch nachteilig sein, wenn der Kontext, mit dem Copilot arbeiten muss, beschränkt ist. Im weiteren Verlauf des Buchs werden wir diskutieren, wie sich Copilot unterstützen lässt, um die besten Ergebnisse zu liefern.

Werfen wir einen kurzen Blick auf die allgemeinen Abläufe, um besser zu verstehen, wie Copilot mit Kontext umgeht, um Ihnen zu antworten.

Abläufe im Überblick

Um die Funktionsweise von Copilot im Großen und Ganzen zu verstehen, können wir den Workflow aus der Perspektive einer der unterstützten IDEs verfolgen. Derzeit gehören Visual Studio, VS Code, NeoVim, alle IDEs der JetBrains-Tools und andere dazu. Außerdem funktioniert Copilot in ausgewählten anderen Umgebungen, wie zum Beispiel *GitHub Codespaces* (*https://oreil.ly/QyEks*).

GitHub hat auch das *Copilot Language Server SDK* (*https://oreil.ly/6rDHq*) veröffentlicht, mit dem sich GitHub Copilot in jeden Editor oder jede IDE integrieren lässt. Es ist also zu erwarten, dass es in Zukunft weitere Anwendungen geben wird, in die Copilot integriert ist.

> **Über Codespaces**
>
> GitHub Codespaces nutzt virtuelle Computer (Virtual Machines, VMs), die in der Cloud laufen und GitHub-Benutzerinnen und -Benutzern eine voll ausgestattete und anpassbare Entwicklungsumgebung zur Verfügung stellen. Ihre Benutzeroberfläche ähnelt der von VS Code; sie lassen sich in einem Browser mit den gleichen Erweiterungen anpassen, wie sie auch in VS Code üblich sind, oder mit mehreren IDEs verbinden. GitHub bietet sie als optionalen Dienst an.

Wenn Sie Code in einem Editor schreiben und sich von Copilot Codevervollständigungen vorschlagen lassen, werden automatisch mehrere Informationen gescannt, um Kontextinformationen darüber zu sammeln, woran Sie arbeiten:

Aktuelle Datei
: Die aktuelle Datei, die eine Benutzerin oder ein Benutzer bearbeitet, ist eine entscheidende Kontextquelle für Copilot.

Name der derzeit aktiven Datei
: Anhand eines aussagekräftigen Namens ist Copilot in der Lage, Hinweise darüber herauszuziehen, wofür der Code vorgesehen ist, beispielsweise *TestConfig.go*.

Inhalt vor und nach der aktuellen Cursorposition
: Copilot kann Kontext aus dem Code und den Kommentaren unmittelbar vor und nach der Cursorposition in der Datei ableiten. Dies kann ihm bei der Entscheidung helfen, was ausgefüllt werden soll und/oder Lücken im Code zu verstehen.

Kommentare
: Wie bei der Paarprogrammierung bzw. beim Peer Review kann Copilot Kommentare auswerten, um zu verstehen, welche Aufgaben der Code hat und worin die Absicht des noch zu schreibenden Codes besteht. Dies ist eine der wichtigsten Möglichkeiten, Copilot mit Kontext zu versorgen – je präziser und detaillierter die Kommentare sind, desto wahrscheinlicher ist es, dass der von Copilot vorgeschlagene Code relevant ist.

Andere Dateien, die im Editor geöffnet sind
: Copilot verwendet den in allen geöffneten Dateien entwickelten Code als Kontext. Dies ist entscheidend, um Informationen über die aktuelle Aufgabe zu sammeln und Informationen im Modell zu ergänzen. Um zum Beispiel veraltete Funktionen, die im LLM gespeichert sind, zu ersetzen, kann man im Editor eine Datei öffnen, die die Ersatzlösung für das veraltete Feature enthält. Aus diesem Beispiel kann Copilot bevorzugte Alternativen für die Codierung interpretieren, anstatt sich auf den veralteten Ansatz zu verlassen, mit dem das LLM trainiert wurde.

Lokaler Index
: Copilot analysiert automatisch die meisten Dateien in einem Projekt, das in IDEs wie VS Code geöffnet ist, und erstellt einen erweiterten lokalen Index für das Projekt. (Siehe dazu den folgenden Kasten.)

Indizierung

Im Zusammenhang mit Copilot bezieht sich *Indizierung* auf einen Prozess, bei dem die Codebasis gescannt und organisiert wird, um eine Struktur zu erzeugen, die sich schnell und genau durchsuchen lässt. Dadurch kann Copilot genauere und kontextbezogene Codierungsvorschläge und Antworten liefern, als dies ohne Index möglich wäre.

Ein lokaler Index wird automatisch erstellt und aktualisiert, wenn Änderungen erfolgen und auf dem Computer des Benutzers gespeichert werden. Bei Verwendung in GitHub (Kapitel 9) erstellt Copilot einen *Remote-Index*, der mit dem dortigen Repository gepaart wird.

Wenn Sie die Chat-Benutzeroberfläche verwenden, wird diese in der Regel mit einer Datei, einer Auswahl oder einem Terminalbefehl als Kontext gefüllt, je nachdem, woran Sie zuletzt gearbeitet haben. Allerdings können Sie dies ausdrücklich ändern, bevor Sie Ihren Prompt senden. (Mehr dazu in Kapitel 3.) Wenn Sie also eine der Benutzeroberflächen verwenden, die in Copilot installiert und aktiviert sind, sammelt Copilot Kontext von diesen Quellen, wenn Sie Code eingeben (siehe Abbildung 1.2).

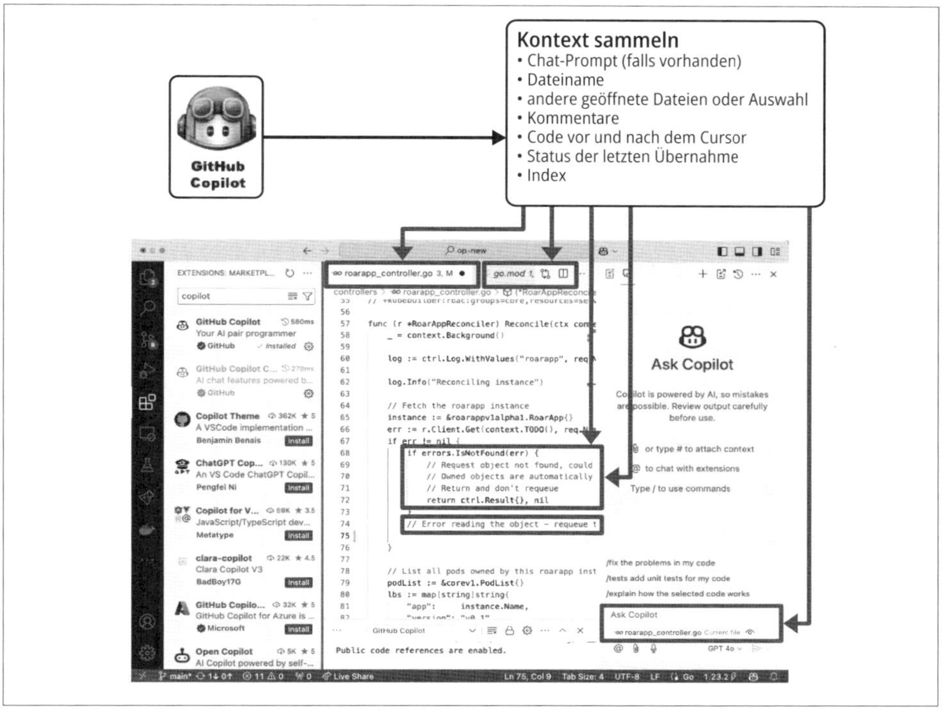

Abbildung 1.2: Kontext aus der IDE-Umgebung zusammentragen

Dieser Kontext wird verarbeitet und schließlich an GitHub gesendet, wo er zu einem Prompt konstruiert wird (Abbildung 1.3).

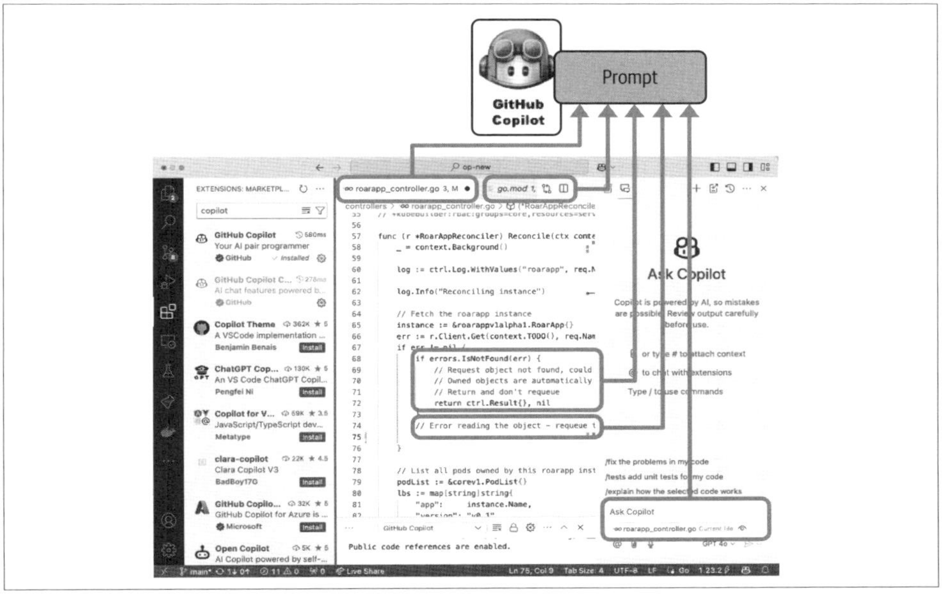

Abbildung 1.3: Den Prompt konstruieren

Der Prompt wird dann über GitHub an das LLM übergeben, das dann mögliche Vervollständigungen oder Antworten zurückgibt. Nachdem die Ergebnisse vom Prompt an das LLM erzeugt wurden, verarbeiten die Copilot-Systeme von GitHub das Ergebnis weiter (mehr dazu später). Danach gelangt die Antwort zurück an die IDE, wo Sie sie auswerten und entscheiden können, wie Sie fortfahren möchten. Abbildung 1.4 zeigt den Ablauf für eine Codevervollständigung.

Dieser Prozess setzt sich fort und wiederholt sich mit den Interaktionen von Benutzerin bzw. Benutzer und Copilot. Auf diese Weise fungiert Copilot als Assistent, der Ihnen bei allen Ihren Anwendungsfällen hilft, sei es beim Erstellen von Standardcode, bei der Suche nach einem ausgeklügelten Algorithmus, beim Generieren von Daten oder Abfragen, Schreiben von Komponententests oder beim Erlernen einer neuen Programmiersprache.

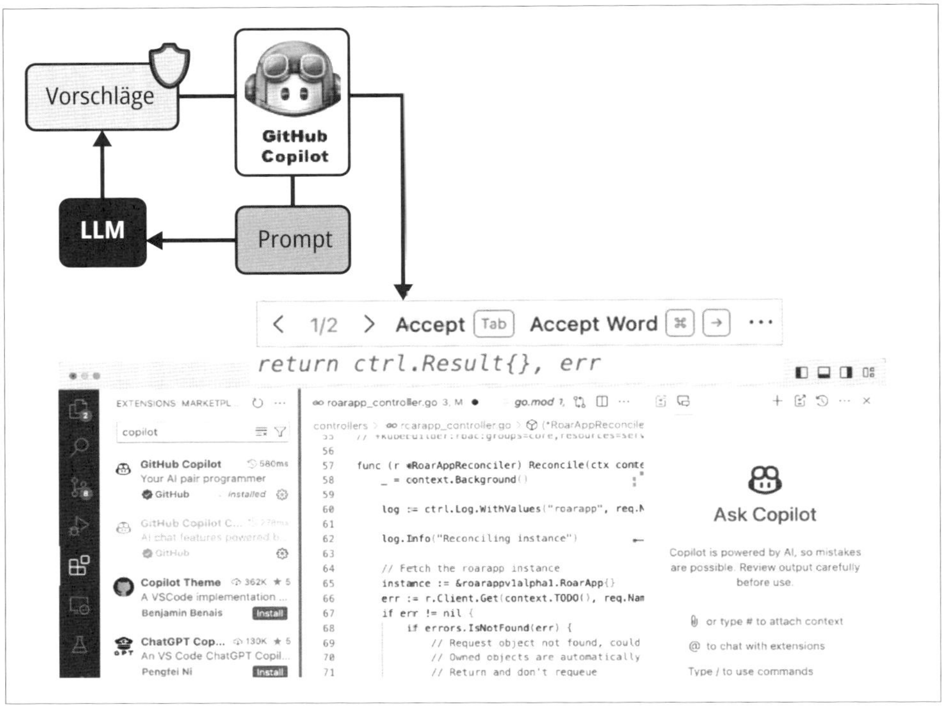

Abbildung 1.4: Ablauf vom Prompt bis zum Vorschlag

Diesen Ablauf lernen Sie in den nächsten Kapiteln näher kennen, wenn es darum geht, wie Sie Copilot verwenden. Zunächst aber sollten Sie einige Betrachtungen zur Nutzung verstehen, wenn Ihnen Copilot helfen soll, Software zu erzeugen.

Betrachtungen zur Verwendung von Copilot

Nachdem Sie nun wissen, was Copilot ist und wie er funktioniert, sollten Sie einen entscheidenden Punkt beachten: Copilot kann, wie jede KI, falsche oder unvollständige Antworten geben. Er kann sich irren oder Ihnen unerwartete Ergebnisse liefern. Das passiert zwar nicht allzu oft, aber Sie sollten einige wichtige Dinge beachten, wenn Sie Copilot verwenden. In diesem Abschnitt gehen wir auf die folgenden Überlegungen ein:

- Aktualität
- Relevanz
- Vollständigkeit
- Genauigkeit
- Datenschutz
- Sicherheit

Übrigens sind diese Betrachtungen nicht nur für Copilot anzustellen, sondern für alle aktuellen KI-Tools, die Sie bei einer Aufgabe unterstützen.

Zeitnähe

Dieser Punkt bezieht sich auf die *Aktualität* der Vorschläge von Copilot. Dies mag zunächst seltsam erscheinen, kann aber mit allen anderen Punkten zusammenhängen.

Copilot stützt sich auf Modelle, die zu einem bestimmten Zeitpunkt trainiert wurden, sodass seine Daten die zu diesem Zeitpunkt aktuellen Trainingsdaten widerspiegeln. Wenn zum Beispiel das von Copilot verwendete Modell vor zwei Jahren trainiert wurde, kennt es nicht unbedingt die Änderungen, die seitdem stattgefunden haben.

Wenn Sie Copilot tagtäglich einsetzen, können auch veraltete Vorschläge und Antworten erscheinen. Die Ergebnisse könnten veralteten Code enthalten, den Ihr Compiler oder Interpreter nicht mehr verarbeiten kann. Vielleicht erhalten Sie einen Vorschlag, der auf eine Abhängigkeit in einer Version mit einer bekannten Schwachstelle verweist. Oder Sie bekommen eine Antwort, die einen veralteten Ansatz beinhaltet.

In der Chat-Benutzeroberfläche von Copilot könnten Sie »Ist *X* veraltet?« fragen und als Antwort erhalten, dass *X* *nicht* veraltet ist, obwohl dies eigentlich doch so ist. Copilot antwortet auf der Grundlage des Zeitpunkts, zu dem das verwendete Modell trainiert wurde. Oder Sie fragen: »Was ist die aktuelle Version von *X*?«, und erhalten ein Ergebnis von vor zwei Jahren. Es liegt auf der Hand, dass dies zu Problemen führen kann. Die Ergebnisse können auch je nach dem Modell, das Sie für die aktuelle Interaktion ausgewählt haben (aus den von Copilot unterstützen Modellen), erheblich variieren.

Aktuelle Versionsinformationen abrufen

Angenommen, Sie fragen Copilot über die Chat-Benutzeroberfläche: »Was ist die aktuelle Version von *X*?« In den meisten Fällen hängt die Antwort vom verwendeten Modell ab. In einigen Fällen schließt die Antwort einen Hinweis wie »zum Zeitpunkt des Trainings« oder etwas Ähnliches ein. In anderen Fällen empfiehlt Copilot Ihnen, die Dokumentation für die neuesten Informationen zu konsultieren.

Von einem Modell können Sie nicht erwarten, dass es die neueste Version kennt, daher ist es in der Regel nicht sinnvoll, danach zu fragen. Allerdings kann eine solche Frage *manchmal* nützlich sein, um in Erfahrung zu bringen, welche Version zum Trainingszeitpunkt des Modells aktuell war. Die Richtigkeit und Detailgenauigkeit dieser Antwort variieren aber je nach Modell.

Kapitel 7 beschreibt Techniken, mit denen Sie Copilot aktuellere Informationen zu veralteten Elementen in Ihrer Umgebung bereitstellen können, um die Wahrscheinlichkeit zu erhöhen, dass aktuellere Antworten zurückgegeben werden.

Relevanz

Die Vorschläge und Chat-Antworten von Copilot basieren auf LLMs, die mit großen Codemengen trainiert wurden. Wenn Sie die Standardmodelle von OpenAI verwenden, handelt es sich bei dieser Codebasis um den öffentlich zugänglichen Code, der auf GitHub gehostet wird. GitHub verfügt wohl über die umfassendste Sammlung von Repositorys für Open-Source-Software. Dies schließt Code ein, der in den heute gängigsten Programmiersprachen wie Python, Go und JavaScript geschrieben wurde.

Was das Training angeht, ist es naheliegend, dass Copilot am effektivsten ist, wenn Sie in einer der gängigeren Programmiersprachen oder Frameworks arbeiten, die in der für das Training verwendeten Codebasis vertreten sind. Je häufiger eine Sprache oder ein Framework in dieser Sammlung (GitHub-Repositorys für die OpenAI-Modelle) vorkommt, desto mehr Quellen stehen Copilot zur Verfügung, um daraus zu lernen. Denken Sie einmal an die Fächer, für die Sie in der Schule mehr gelernt haben – das sind diejenigen, über die Sie am meisten wissen.

Wenn Sie in weniger gebräuchlichen Sprachen oder Frameworks arbeiten, sind die Vorschläge eventuell nicht so nützlich. Das heißt aber nicht, dass Sie keine relevanten Vorschläge oder Antworten erhalten, nur erscheinen diese vielleicht weniger hilfreich für die Beantwortung Ihrer konkreten Frage.

Ein entscheidender Faktor, der außerhalb der Kontrolle von Copilot liegt, ist die Menge an Kontext, mit der er arbeiten muss. Wenn zum Beispiel Ihr Code aus einer Funktion `ParseData` besteht oder Sie einen generischen oder mehrdeutigen Prompt wie »Erstelle eine Funktion, um Daten zu parsen« ohne zusätzlichen Kontext angeben, sind die von Copilot zurückgegebenen Ergebnisse wahrscheinlich ebenfalls generisch.

Vollständigkeit

Generative KI kann manchmal unvollständige oder unbrauchbare Vorschläge zurückgeben. In der Chat-Benutzeroberfläche kommt dies zwar selten vor, aber es ist nicht ungewöhnlich, dass die Codevervollständigung von Copilot eine Reihe von Vorschlägen liefert, die lediglich Teillösungen darstellen.

Der gleiche Vorbehalt, der am Ende des vorherigen Abschnitts zur Relevanz erläutert wurde, gilt auch hier. Wenn Ihr Code oder Ihre Abfrage generisch oder mehrdeutig ist, genügt Copilot der Kontext möglicherweise nicht, um ein vollständiges Ergebnis zurückzugeben.

In anderen Fällen geben Sie Copilot möglicherweise einen spezifischen Kontext, er schlägt Ihnen aber nur einen Kommentar oder die erste Zeile einer Funktion vor. Dies passiert in der Regel, wenn Sie den Vorschlagsprozess in der IDE und nicht in der Chat-Benutzeroberfläche absolvieren. Gegebenenfalls müssen Sie zusätzliche Prompts formulieren oder Copilot mehr Kontext liefern. Manchmal können Sie Copilot mit einem Hinweis (beispielsweise durch Eingabe eines Schlüsselworts) *auf die richtige Spur bringen*, sodass er einen vollständigeren Vorschlag zurückgibt. In anderen Fällen antwortet Copilot möglicherweise einfach mit einer Leerzeile – und wenn Sie diese Antwort akzeptieren, generiert er möglicherweise weiterhin Code.

Zwar bietet Copilot Optionen, um weitere Vorschläge zu erhalten, wenn der aktuelle Vorschlag nicht passt, doch sind diese möglicherweise von begrenztem Nutzen. Kapitel 2 geht näher auf diese Ansätze ein.

Genauigkeit

Außer in den einfachsten Fällen können Sie nicht davon ausgehen, dass eine Antwort von Copilot vollkommen richtig oder die beste Antwort ist. Die Antworten von Copilot sollten Sie immer sorgfältig überprüfen. Es ist nicht schwer, Beispiele für KI-Ergebnisse in anderen Bereichen zu finden, die mit nicht existierenden Verweisen in offizielle Aufzeichnungen gelangt sind. So gibt es beispielsweise Berichte über Gerichtsschriftsätze, die unter Verweis auf frühere Fälle eingereicht wurden, die allerdings nie stattgefunden haben. Ich kenne Leute, die per KI Urlaubsreisen geplant und auch einen vielversprechenden Reiseverlauf erhalten haben – allerdings mit Hotels, die gar nicht existierten.

Ebenso kann Copilot eine Antwort zurückgeben, die zwar syntaktisch korrekt ist, aber auf Konstrukte oder Variablen verweist, die im Code nicht existieren. Dies ist eine Form der KI-*Halluzination* in der Programmierung: Die KI präsentiert Informationen, die falsch, erfunden oder anderweitig nicht realitätsbezogen sind, als gültige Lösung oder Vorschlag. Dies ist selten, kann aber dennoch vorkommen. Manchmal liegt das daran, dass Copilot Vorschläge zu Elementen erstellen muss, die noch nicht existieren. Wenn Sie Copilot beispielsweise fragen, wie Sie eine Datei öffnen und beschreiben können, ohne aber einen Dateinamen anzugeben, verwendet Copilot in seinem Beispiel möglicherweise einen Dateinamen, der in Ihrem Code keine Bedeutung hat.

Unabhängig von den Umständen ist die Benutzerin oder der Benutzer immer dafür verantwortlich, die Antworten von Copilot auf ihre Richtigkeit zu überprüfen. Dies sollte sich nicht davon unterscheiden, wie der Code einer menschlichen Programmiererin oder eines menschlichen Programmierers kontrolliert wird. Letztlich wollen Sie sicherstellen, dass der Code korrekt ist und keinen Schaden anrichtet.

Prompts und Genauigkeit

Die Ergebnisse von Copilot lassen sich oft schon dadurch überprüfen, dass man einen besseren Prompt für die KI entwickelt. Auf das Prompting werden wir im Laufe des Buchs noch näher eingehen.

Datenschutz

Ein anderer Aspekt beim Arbeiten mit Copilot ist der Datenschutz. Wie bereits erwähnt, werden mehrere Informationsquellen (einschließlich offener und aktueller Dateien) gelesen, um Informationen zu sammeln und an Copilot zu übertragen, damit sich der Prompt für das LLM konstruieren lässt. Das heißt aber auch, dass einige Daten über das Internet übertragen und außerhalb Ihrer Kontrolle verarbeitet werden. Dies mag wie ein potenzielles Sicherheitsrisiko erscheinen. Allerdings bietet Copilot im Rahmen der Anmeldung Optionen, mit denen Sie GitHub erlauben oder verbieten können, Ihre Kontextinformationen als Teil seiner Daten einzubeziehen, um Copilot selbst zu verbessern. (Siehe den unteren Teil von Abbildung 1.5.) Wenn Sie das nicht möchten, werden die Informationen zwar erfasst, aber nicht gespeichert. Um den Prompt zu konstruieren, werden die Informationen gesammelt, dann aber verworfen.

Copilot Trust Center

GitHub verfügt über ein Trust Center (*https://oreil.ly/0GM3-*), das Ihnen bei allen Fragen und Bedenken zum Datenschutz hilft.

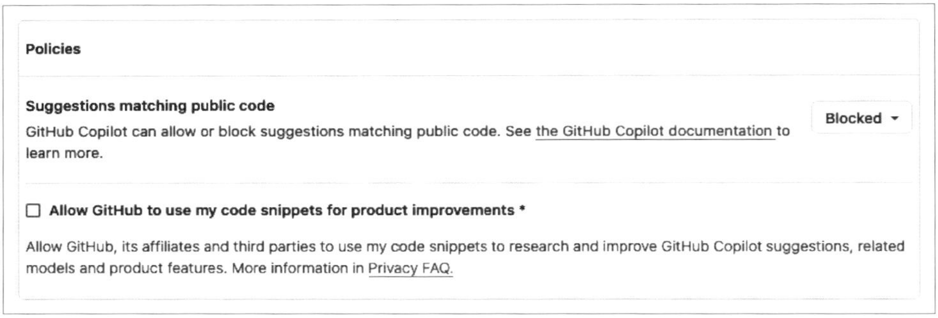

Abbildung 1.5: Anmeldeoptionen bezüglich des Datenschutzes

Copilot ist in drei Bereichen mit Benutzerdaten verflochten: Benutzerinteraktion, Prompts und Vorschläge. Hier eine Zusammenfassung:

Benutzerinteraktion

Dies sind Nutzungsdaten darüber, wie Sie mit Copilot interagieren (Telemetrie). Dies können Angaben sein, ob Sie Vorschläge von Copilot annehmen oder ablehnen, wie Sie mit der Chat-Benutzeroberfläche interagieren und Metriken wie Latenz und Fehlermeldungen.

Prompts
: Wie bereits erläutert, handelt es sich hierbei um Kontextinformationen aus Ihrer Umgebung oder um eine Chat-Abfrage, die an GitHub zurückgesendet wird.

Vorschläge
: Dies sind die von Copilot zurückgegebenen Vorschläge zur Codevervollständigung und/oder die Antworten auf Chat-Abfragen.

Die Daten der Benutzerinteraktion werden standardmäßig erfasst und können anonymisierte Daten enthalten, wobei es je nach dem von Ihnen verwendeten Copilot-Tarif Nuancen gibt. (Weitere Informationen finden Sie in der Dokumentation von Trust Center (*https://oreil.ly/rC8Rm*)). Es gibt Mechanismen, um übertragene und gespeicherte Daten zu verschlüsseln. Mit GitHub lässt sich streng steuern, wer auf der jeweiligen Seite auf die Daten zugreifen darf.

GitHub-Repositorys und rechtliche Bedenken

Ob es rechtmäßig ist, die *öffentlichen* Repositorys auf GitHub zu nutzen, um LLMs zu trainieren, wurde sowohl in der öffentlichen Meinung als auch vor Gericht infrage gestellt. Derartige Betrachtungen überlassen wir anderen. In diesem Buch konzentrieren wir uns weder auf diese Aspekte des anfänglichen Trainingsprozesses noch nehmen wir Stellung dazu.

Wenn Copilot ein Modell verwendet, das mit lizenzierten Repositorys trainiert wurde, ergibt sich eine weitere Sorge, ob Copilot Vorschläge generieren könnte, die stark mit Inhalten aus dieser Codebasis übereinstimmen. Das hätte zur Folge, dass Benutzerinnen und Benutzer ungewollt gegen Lizenzbedingungen und Rechte an geistigem Eigentum verstoßen könnten, indem sie den duplizierten Code in ihre Arbeit übernehmen. Copilot bietet eine Option für Einzelpersonen und Administratorinnen und Administratoren, um Übereinstimmungen mit öffentlichem Code zu blockieren, wenn diese im Rahmen des KI-Prozesses generiert werden. (Siehe den oberen Teil von Abbildung 1.5.) Wenn diese Option aktiviert ist, warnt Copilot Sie vor dieser Situation und filtert Übereinstimmungen aus der öffentlichen Codebasis heraus.

Warum übereinstimmende Inhalte zulassen?

Übereinstimmende Inhalte (die Option heißt *Suggestions matching public code*) beziehen sich auf exakte oder nahezu exakte Übereinstimmungen zwischen Code in GitHub-Repositorys und Code, den Copilot vorgeschlagen hat. Es stellt sich die Frage, welchen Nutzen eine Option zum Zulassen übereinstimmender Inhalte hat. Tatsächlich ist dieser Nutzen möglicherweise eher gering. Wenn Sie allerdings ganz allgemein recherchieren, wie etwas zu tun ist, und entweder nicht vorhaben, eine vorhandene Übereinstimmung zu verwenden, oder diese unter den jeweiligen Lizenzbedingungen verwenden möchten, wenn es sich um den besten Ansatz handelt, könnte dies ein akzeptabler Anwendungsfall sein.

Sicherheit

Last, but not least ist der Bereich der *Sicherheit* zu nennen, die die von Copilot zurückgegebenen Ergebnisse betrifft. Sicherheit ist ein allgegenwärtiges Thema bei allen der heutzutage gängigen Produkte und Anwendungen. Die Auseinandersetzung mit diesem Thema beginnt bei sicheren Codierungspraktiken.

Ich habe bereits erwähnt, dass GitHub die vom LLM an Copilot gelieferten möglichen Ergebnisse zusätzlichen Verarbeitungsschritten unterzieht. Dabei werden unter anderem Algorithmen ausgeführt, um schnell nach möglichen Schwachstellen zu suchen. GitHub führt aber keine Sicherheitsscans der Ergebnisse durch, da dies zu lange dauern würde. Stattdessen wird schnell auf Muster getestet, die auf Schwachstellen und/oder unsichere Programmierpraktiken hinweisen. Wenn solche erkannt werden, wird der Vorschlag markiert.

Selbst mit diesen Maßnahmen lässt sich nicht garantieren, dass nichts durchgerutscht ist. Da die Verarbeitung nicht vergleichbar ist mit vollständigen Scans durch eine Anwendung, die gezielt nach Schwachstellen sucht, sollten die Ergebnisse von Copilot trotzdem noch allen Sicherheitsprüfungen unterzogen werden, die Sie für jeden anderen Code durchführen würden.

Bei Verwendung generativer KI gilt stets die klare Anforderung, dass Sie alle von der KI zurückgegebenen Vorschläge überprüfen und bewerten müssen. Gehen Sie nicht davon aus, dass sie den Kontext vollständig und korrekt interpretiert hat. Und außer in den einfachsten Fällen dürfen Sie nicht annehmen, dass das Ergebnis perfekt ist.

Anders ausgedrückt: Copilot wird zwar oft als *KI-Pair-Programmer* bezeichnet, verfügt jedoch nicht über das gleiche Verständnis und die gleiche Vertrautheit mit Ihrem Code wie ein realer menschlicher Pair-Programmer. Stattdessen ist es am besten, Copilot als erfahrenen Programmierer zu betrachten, der neu in das Projekt einsteigt. Ein Programmierer in dieser Position kann nützlichen Code erstellen, und zwar anhand dessen, was er beobachtet und was ihm an Informationen zur Verfügung gestellt wird, aber er ist nicht in der Lage, den gesamten Kontext, den Projektverlauf oder die Hintergründe zu erfassen. Daher müssen Sie sorgfältig darauf achten, dass der von ihm erstellte Code korrekt, sicher und geeignet ist, mit anderem Code zusammengeführt zu werden. Die Antworten und Vorschläge von Copilot sollten Sie genauso behandeln.

Und wie bei der Zusammenarbeit mit einer neuen Programmiererin oder einem neuen Programmierer im Team gilt: Je mehr Details Sie bereitstellen (sei es Code als Kontext oder konkrete Anweisungen), desto besser ist in der Regel das Ergebnis. Wenn Sie Copilot mehr Codebeispiele zur Verfügung stellen und Ihren Prompt im Chat genauer formulieren, trägt dies zu signifikant besseren Ergebnissen von der KI bei.

Wenn Sie einen Assistenten wie Copilot erstmals hinzuziehen oder vorhaben, ihn zu verwenden, stellt sich möglicherweise eine weitere Frage: Warum nicht einfach ChatGPT oder einen ähnlichen Chatbot nutzen, um Code zu erzeugen? Die Antwort lautet: Das ist selbstverständlich möglich. Allerdings unterscheiden sich beide Ansätze und Benutzeroberflächen in wesentlichen Eigenschaften. Der folgende Abschnitt bietet einen schnellen Vergleich, wobei ChatGPT als Beispiel für andere allgemeine KI-Anwendungen steht, die Code erzeugen können.

Copilot im Vergleich zu ChatGPT

Vielleicht fragen Sie sich, wie sich Copilot oder ähnliche Assistenten zum Erstellen von Code von ChatGPT oder ähnlichen Chatbots unterscheiden, da beide möglicherweise die gleichen zugrunde liegenden Modelle nutzen, um Antworten zu erzeugen. Der prinzipielle Unterschied besteht darin, dass Copilot ausschließlich auf den Bereich der Codierung ausgerichtet ist und Funktionalität bietet, die speziell bei derartigen Aufgaben hilft. ChatGPT hingegen ist breiter auf alle Bereiche ausgelegt und bietet nicht den gleichen Integrationsgrad. Tabelle 1.1 verdeutlicht die Unterschiede in verschiedenen Kategorien.

Tabelle 1.1: Vergleich von Copilot und ChatGPT

Kategorie	GitHub Copilot	ChatGPT
Hauptfunktion	Verstehen und Generieren von Code oder Code-bezogenen Prompts	Verstehen und Generieren jeder natürlichen Sprache
Primäre Benutzeroberfläche	Codeeditoren, Chat	Chat
Entwickler	GitHub mit OpenAI	OpenAI
Hauptsächliche Anwendungsfälle	Schreiben und Verbessern von Code und Codedokumentationen	Konversationsantworten mit Textgenerierung
Kostenmodell	Abonnement, das auf der Nutzung von Premium-Modellen basiert	Nutzungs- und abonnementbasiert
Trainingsdaten	Code-Repositorys, Dokumentation	Verschiedenes, breit gefächerte Textinhalte
Öffentliche APIs	Beschränkt auf Telemetrie, Überwachung und Lizenzverwaltung	Umfassende API-Schnittstelle für Interaktion

Im Allgemeinen kann man sich Copilot als eine sehr domänenspezifische Implementierung generativer KI vorstellen. Demgegenüber steht die breitere (domänenunabhängige) Implementierung und Funktion von ChatGPT und anderen allgemeinen Chat-Tools. Sicherlich kann man ChatGPT nutzen, um Code zu generieren, doch fehlen dieser KI die Integration in Entwicklungsumgebungen, der Fokus auf die Codierung sowie die GitHub-Unterstützung und -Features, über die Copilot verfügt.

Obwohl wir Copilot als einzelne Anwendung beschreiben, gibt es tatsächlich fünf Konfigurationen. Zum Abschluss dieses Einführungskapitels erläutern wir die verfügbaren Pläne, aus denen Sie auswählen können.

Copilot-Pläne

Derzeit sind für Copilot fünf Pläne vorhanden: *Free*, *Pro*, *Pro+*, *Business* und *Enterprise*. Um zu verstehen, wie sich diese Pläne unterscheiden, müssen Sie einige gängige Begriffe kennen:

Codevervollständigung
: Von der KI vorgeschlagener Code, der den in Ihrer IDE momentan bearbeiteten Code vervollständigen soll.

Chat-Anforderung
: Ein Prompt, der eine Anweisung oder eine Frage sein kann, die Sie über eine Chat-Benutzeroberfläche an Copilot übermitteln.

Agentenmodus
: Eine Option in Copilot, bei der er auf einen Prompt reagiert, indem er selbstständig plant, ausführt und über Dateien iteriert, um Änderungen vorzuschlagen, die zur Erfüllung einer Aufgabe erforderlich sind.

Agentenmodusanfrage
: Eine an Copilot gestellte Anfrage, um eine Aufgabe auszuführen, während Copilot im Agentenmodus ist.

Modellzugriff
: Die LLMs, auf die Copilot aus der Gesamtheit aller LLMs, mit denen er arbeitet, zugreifen darf; eine Liste von Modellen, die derzeit verfügbar sind, ist in der *Copilot-Dokumentation* (*https://oreil.ly/icFQK*) enthalten.

Premium-Anfragen
: Interaktionen, die erweiterte KI-Modelle mit Operationen wie Copilot Chat, Agentenmodus, Codeüberprüfung oder Erweiterungen verwenden. Diese verbrauchen mehr Rechenressourcen und werden getrennt von standardmäßigen Codevervollständigungen gezählt.

Was sind Premium-Anfragen?

Wenn Sie ein erweitertes Modell verwenden, benötigen einige Copilot-Features mehr Rechenleistung. Diese gelten als Premium-Anfragen. Grundsätzlich kann jede Art von Modellinteraktion eine Premium-Anfrage sein, je nach Plan und Modell.

Bei einem kostenlosen Plan (*Free*) zählt jede Ihrer Anfragen als Premium-Anfrage. Wenn Sie einen kostenpflichtigen Plan nutzen, zählen Anfragen, die auf das Standard-Basismodell setzen (derzeit GPT-4o) nicht als Premium-Anfragen. Anfragen, die eines der anderen Modelle verwenden, gelten als Premium-Anfragen.

Beachten Sie, dass nicht immer ein Verhältnis von 1:1 zwischen Anfragen und Premium-Anfragen besteht. Eine einzelne Anfrage an bestimmte Modelle kann mit weniger als einer Premium-Anfrage oder mit mehr als einer Premium-Anfrage zu Buche schlagen. Die aktuellen Modellmultiplikatoren finden Sie in der *Copilot-Dokumentation* (*https://oreil.ly/ahzPJ*).

Ein Beispiel: Wenn Sie den Pro-Plan verwenden (zu dem Zeitpunkt, zu dem das Buch geschrieben wurde) und 20 Chat-Interaktionen mit dem ausgewählten Modell *o1* durchführen, haben Sie 200 (d.h. 20×10) Ihres Kontingents von 300 Premium-Anfragen verbraucht. (Die Anzahl der Premium-Anfragen pro Plan ist in Tabelle 1.2 aufgeführt.)

Wenn Ihnen die Premium-Anfragen ausgehen und Sie weitere im Rahmen eines kostenpflichtigen Plans nutzen möchten, können Sie diese für 0,04 Dollar pro Premium-Anfrage erwerben.

Unter Berücksichtigung dieser Bedingungen erläutert Tabelle 1.2 die verfügbaren Pläne und die wichtigsten Unterschiede zwischen ihnen.

Aktuelle Informationen

Die in Tabelle 1.2 angegebenen Informationen gelten für den Zeitpunkt, zu dem dieses Buch entstanden ist. Neueste Informationen finden Sie auf der Seite der Copilot-Features (*https://oreil.ly/ptoVy*).

Tabelle 1.2: Vergleich der GitHub-Copilot-Pläne

	Free	Pro	Pro+	Business	Enterprise
Zielgruppe	Einzelentwicklerinnen und -entwickler, die Copilot ausprobieren möchten	Einzelentwicklerinnen und -entwickler, die unbegrenzten Zugriff auf Copilot haben möchten, aber nicht alle Modelle benötigen	Einzelentwicklerinnen und -entwickler, die maximale Flexibilität und Zugriff auf alle Modelle wünschen	Organisationen oder Unternehmen, die unbegrenzten Zugriff auf die Kernfunktionalität von Copilot und die Funktionen für die Unternehmensverwaltung benötigen, aber nicht alle Modelle	Organisationen oder Unternehmen, die unbegrenzten Zugriff auf die Kernfunktionalität von Copilot und die Funktionen für die Unternehmensverwaltung mit maximaler Flexibilität und Zugriff auf alle Modelle benötigen
Codevervollständigungen, Chat-Anfragen und Anfragen im Agentenmodus	50 Chat-Anfragen oder Anfragen im Agentenmodus pro Monat (als Premium gezählt) 2000 Anfragen zur Codevervollständigung pro Monat	Unbegrenzt	Unbegrenzt	Unbegrenzt	Unbegrenzt
Modellzugriff	Zugriff auf eine kleine Teilmenge von Modellen	Zugriff auf mehr Modelle	Zugriff auf alle Modelle	Zugriff auf mehr Modelle	Zugriff auf alle Modelle
Premium-Anfragen	50 Premium-Anfragen pro Monat	300 Premium-Anfragen pro Monat	1500 Premium-Anfragen pro Monat	300 Premium-Anfragen pro Monat	1000 Premium-Anfragen pro Monat

Tabelle 1.2: Vergleich der GitHub-Copilot-Pläne (Fortsetzung)

	Free	**Pro**	**Pro+**	**Business**	**Enterprise**
Zusätzliche Features	Begrenzte Codeüberprüfung für Auswahlen in VS Code	Codeüberprüfung Zusammenfassungen von Pull Requests	Codeüberprüfung Zusammenfassungen von Pull Requests	Codeüberprüfung Zusammenfassungen von Pull Requests Benutzerverwaltung und Metriken Datenschutz IP-Haftungsfreistellung	Codeüberprüfung Zusammenfassungen von Pull Requests Benutzerverwaltung und Metriken Datenschutz IP-Haftungsfreistellung
Administration	Einzelperson	Einzelperson	Einzelperson	Unternehmen	Unternehmen
Kosten	Kostenlos	10 $/Monat oder 100 $/Jahr (kostenlose Testversion für 30 Tage verfügbar)	39 $/Monat oder 390 $/Jahr	19 $/Monat/Benutzerin bzw. Benutzer	39 $/Monat/Benutzerin bzw. Benutzer

Natürlich spielen die Kosten eine wichtige Rolle. Wenn Sie als Einzelbenutzerin oder -benutzer Copilot nur in beschränktem Umfang in Ihrer IDE verwenden und keine zusätzlichen Features benötigen, ist der kostenlose Plan (*Free*) durchaus sinnvoll. Möchten Sie als Einzelbenutzerin oder -benutzer Copilot regelmäßig nutzen und von den zusätzlichen Features profitieren, kommen eher die Pläne *Pro* oder *Pro+* infrage.

Wenn Sie auf Unternehmens- oder Community-Ebene von der zusätzlichen Möglichkeit Gebrauch machen müssen oder wollen, Lizenzen einfach mehreren Benutzerinnen und Benutzern zuzuweisen und zu verwalten sowie zusätzliche administrative Überwachungsfunktionen zu nutzen, dann ist das *Business*-Abonnement die richtige Wahl. Und wenn Sie als Unternehmen oder Community die erweiterten Funktionen in vollem Umfang nutzen und maximalen Zugriff auf Modelle haben möchten, ist der *Enterprise*-Plan die beste Option für Sie.

Pläne kombinieren

Es ist möglich, innerhalb eines Unternehmens auf Organisationsebene Pläne zu kombinieren. Mehr dazu finden Sie in der Dokumentation (*https://oreil.ly/BZ1p6*).

Unabhängig davon, für welchen Plan Sie sich entscheiden, sind ähnliche Schritte zu absolvieren:

- Anmelden und sich für eine oder mehrere Lizenz(en) registrieren
- Einen Zahlungsvorgang einrichten
- Copilot über eine Erweiterung oder eine andere Methode, mit der Sie Funktionen in Ihre IDE hinzufügen, installieren

Nachdem ein Plan auf der organisatorischen Ebene eingerichtet ist, können Organisationsadministratoren Benutzerinnen und Benutzer hinzufügen und Lizenzen verwalten, wie Abbildung 1.6 zeigt.

Sobald Sie Zugang zu einem Copilot-Abonnement haben, können Sie es in jeder von Ihnen verwendeten IDE installieren. Die Dokumentation von GitHub Copilot (*https://oreil.ly/kF4rn*) enthält Links zur Installation der GitHub-Copilot-Erweiterung in der von Ihnen gewählten IDE. Derzeit werden unter anderem die folgenden IDEs unterstützt:

- Azure Data Studio
- Eclipse
- JetBrains IDEs
- Vim/Neovim
- Visual Studio
- Visual Studio Code
- Xcode

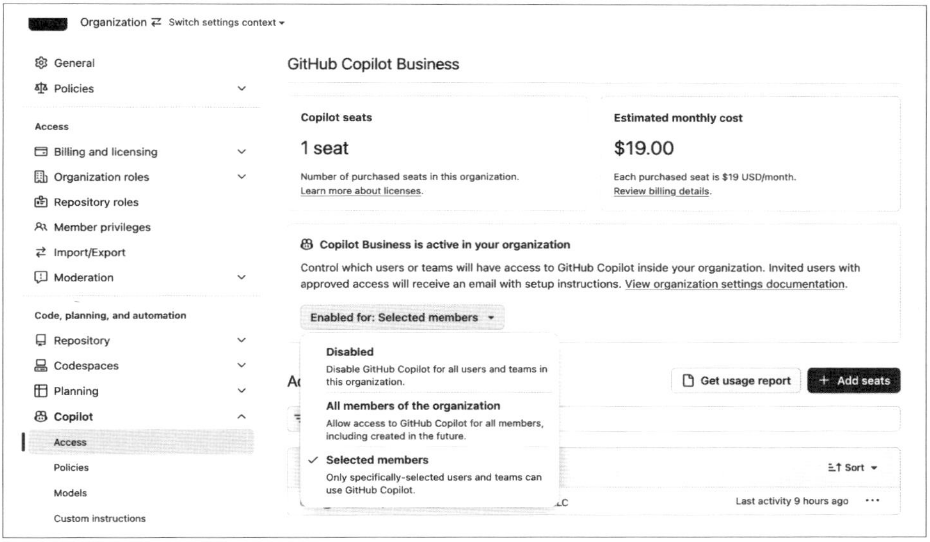

Abbildung 1.6: Einen Business-Plan von Copilot verwalten

GitHub Copilot Language Server

GitHub bringt auch das *Copilot Language Server SDK* (*https://oreil.ly/008MF*) mit. Dieses SDK erlaubt es, Copilot in jeden Editor oder jede IDE zu integrieren, der/die den Standard *Language Server Protocol (LSP)* unterstützt. Es ist also davon auszugehen, dass weitere Integrationen entwickelt werden.

Fazit

Ich hoffe, Sie haben nun ein besseres Verständnis davon, was GitHub Copilot ist und wie er sich potenziell einsetzen lässt. Außerdem besteht meine Hoffnung darin, dass Sie neugierig geworden sind, mehr darüber zu erfahren und zu verstehen.

In diesem Kapitel habe ich einen Überblick darüber gegeben, was Copilot ist, wie er funktioniert, welche entscheidenden Punkte Sie beim Einsatz beachten sollten und wie die angebotenen Pläne zu verstehen sind. Dies vermittelt Ihnen ein Bild davon, wie sich Copilot in die aktuelle Nutzung und das Potenzial von KI einfügt, um Ihnen in einem bestimmten Bereich zu helfen. In diesem Fall ist dieser Bereich das Erstellen von Software und – allgemeiner gesagt – das Programmieren.

Aus dem oben Gesagten lassen sich einige wichtige Punkte ableiten. Zum einen kann KI Ihre Arbeit als Programmiererin oder Programmierer erheblich vereinfachen und unterstützen. Zweitens spielt Kontext die Hauptrolle, wenn es darum geht, dass Copilot Ihnen die besten Ergebnisse liefern soll. Und der dritte Punkt ist wohl der wichtigste: Die Verantwortung für die Überprüfung und Bewertung aller Vorschläge und Antworten der KI liegt letztlich bei Ihnen. Copilot ist ein großartiges Tool, doch es ist nur so gut wie der Kontext, den wir ihm geben, und die Fähigkeiten und Trainingsdaten des Modells, auf dem er aufbaut. Und wie bei menschlichen Programmiererinnen und Programmierern beeinflussen diese Variablen, wie vollständig, relevant und genau (oder das Gegenteil davon) ein Ergebnis ist.

Es gibt eine Reihe von Standardmethoden, um Copilot dazu zu bringen, Code zu vervollständigen. Im nächsten Kapitel erfahren Sie, wie Sie die Codevervollständigungen von Copilot in die IDE-Benutzeroberflächen, in denen Sie programmieren, einbeziehen. Mit diesen Kenntnissen gerüstet werden Sie die nächste Stufe erklimmen, um dieses Tool zu nutzen und damit die Grundlagen für den Rest des Buchs zu erwerben, die Sie für den optimalen Einsatz von Copilot brauchen.

KAPITEL 2

Programmieren mit Copilot

Nachdem Sie nun wissen, was Copilot ist und wie er prinzipiell funktioniert, können wir uns dem wichtigsten Aspekt zuwenden, nämlich wie Copilot verwendet wird. Da Copilot als KI-Assistent konzipiert ist, müssen Sie verstehen, wie Sie mit Ihrem Assistenten arbeiten und kommunizieren. Im Wesentlichen läuft es darauf hinaus, mit den Integrationen in der IDE umgehen zu können. Wenn Sie diese Mechanismen in diesem und dem nächsten Kapitel erlernen, sind Sie für den Rest des Buchs bestens gerüstet. Außerdem beantworten diese Kapitel die folgenden Fragen:

- Wie stellen Sie Anfragen an den Assistenten und geben ihm Anweisungen für das, was Sie benötigen?
- Wie gehen Sie auf Antworten ein oder wählen aus mehreren Vorschlägen aus?
- Wie kommunizieren Sie mit ihm am besten, um bei Bedarf schnelle Vorschläge oder längere Erklärungen zu erhalten?
- Wie können Sie die KI am besten für Programmieraufgaben einsetzen?

IDE = VS Code

GitHub Copilot lässt sich mit mehreren IDEs installieren, darunter VS Code, alle IDEs der JetBrains-Tools, Eclipse und NeoVim. Da wir in diesem Buch nicht alle behandeln können, konzentrieren wir uns auf VS Code und GitHub Codespaces als Beispiele für IDEs. Bei Bedarf finden Sie in der Dokumentation Ihrer IDE, welche Unterschiede es hinsichtlich Copilot gibt.

Innerhalb der IDE bietet Copilot zwei primäre Interaktionsmodi. Beim ersten Modus geht es darum, wie Copilot in Ihren Editor sowie über die Kontextmenüs und einschlägigen Steuerelemente integriert wird. Der Einfachheit halber bezeichne ich diesen Modus als *Inline*-Modus, da er am häufigsten direkt aus dem Editor oder den zugehörenden Menüs verwendet wird. Mit diesem Modus beschäftigt sich dieses Kapitel.

Beim zweiten Interaktionsmodus erfolgt die Kommunikation über die separate *Chat*-Benutzeroberfläche, die eine Komponente von Copilot ist. Dieser Ansatz bietet erweiterte Optionen für die Interaktion und das Feedback. Zudem dient er als Portal zu einigen komplexeren Funktionen von Copilot, darunter der *Agent-Modus* von Copilot und ein *erweiterter Bearbeitungsmodus*. Nachdem wir in diesem Kapitel die wichtigsten Anwendungsfälle des Inline-Modus besprochen haben, gehen wir in den Kapiteln 3 und 4 auf die Anwendungsfälle im Chat-Modus ein.

Copilot werden die meisten Benutzer wahrscheinlich zuerst in einem Editor in ihrer IDE nutzen. Während Sie programmieren, sammelt die installierte Copilot-Erweiterung Kontextinformationen und integriert sich in die Remote-Komponenten, um Ihnen Vorschläge zu unterbreiten. Wie das funktioniert, hat Kapitel 1 allgemein erläutert. Sehen wir uns diesen Ablauf nun genauer an.

> $hinweis: Copilot definiert verschiedene Tastenkombinationen, um bestimmte Funktionen schnell aufrufen zu können. Normalerweise bestehen diese Tastenkombinationen aus einer Meta-Taste (Command-, Strg- oder Option-Taste) plus einem Buchstaben, einer Zahl oder einem Symbol. Die Meta-Taste variiert je nach verwendetem Betriebssystem und möglicherweise auch je nach Tastaturschema. Anstatt jedes Mal alle Kombinationen aufzulisten, bezeichne ich diese Tastenkombinationen mit Meta+<Zeichen>, wie in Meta+I statt Option+I. Die Tastenkombinationen für Ihre Plattform finden Sie in der Copilot-Dokumentation (*https://oreil.ly/aAZ8S*).

Inline-Vorschläge

Angenommen, Sie möchten eine Python-Datei erstellen, um mit Primzahlen zu arbeiten. Zunächst könnten Sie eine neue Datei namens *prime.py* anlegen. Optisch wird Ihnen Copilot wahrscheinlich zuerst durch eine Inline-Option auffallen, um über die Tastenkombination Meta+I mit Copilot Chat zu interagieren. Diese Erinnerung erscheint jedes Mal, wenn Sie eine Datei bearbeiten, sofern Copilot aktiv und der Chat aktiviert ist (siehe Abbildung 2.1).

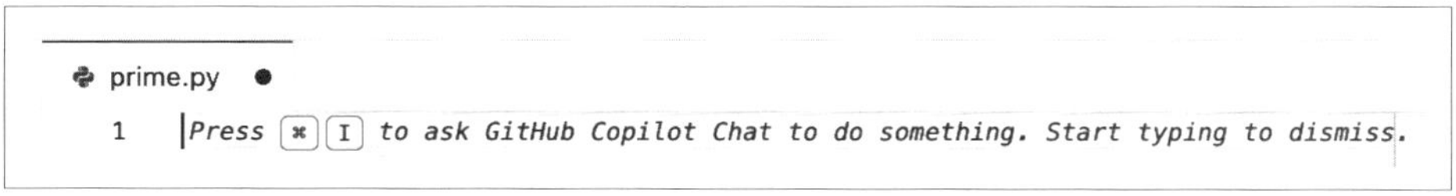

Abbildung 2.1: Eine Option, um Copilot Chat inline aufzurufen

Mehr zu dieser Schnittstelle erfahren Sie in Kapitel 3, nachdem Sie die grundlegenderen Interaktionen kennengelernt haben, da sie dann besser verständlich ist. Diese Option ist standardmäßig aktiviert, Sie können sie jedoch im Editor ignorieren und mit der Eingabe fortfahren.

Um dies an einem Beispiel vorzuführen, erstellen wir in *prime.py* eine entsprechende Funktion, die überprüfen soll, ob eine Zahl eine Primzahl ist. Geben Sie folgende Zeile ein:

```
def is_prime
```

An dieser Stelle beginnt Copilot, mögliche Vervollständigungen vorzuschlagen. Er könnte eine Option wie in Abbildung 2.2 angeben. Der von Copilot vorgeschlagene Text ist als *Ghost-Text* zu sehen. Das heißt, bis der vorgeschlagene Text akzeptiert wird, erscheint er in einer kursiven, helleren Schrift anstelle der normalen dunklen Schrift.

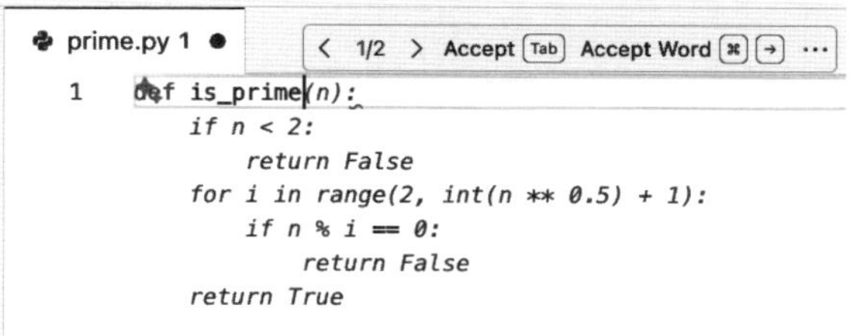

Abbildung 2.2: Erster Vorschlag

Die Vorschläge können bei Ihnen anders aussehen

Wenn Sie die Vorschläge oder Ausgaben von Copilot in diesem Kapitel und an anderen Stellen im Buch sehen, sollten Sie daran denken, dass es sich um generative KI handelt und die Vorschläge, die Sie im gleichen Kontext erhalten, sehr unterschiedlich sein können.

Der Vorschlag von Copilot ist nur eine mögliche Option, mit der Sie Ihre Funktion erstellen können. In Abbildung 2.2 sehen Sie eine graue Leiste oberhalb und rechts neben dem vorgeschlagenen Text. Diese Leiste enthält Steuerelemente, über die Sie den Vorschlag insgesamt oder teilweise akzeptieren können. Zudem gibt es Steuerelemente, mit denen Sie mehrere Vorschläge durchlaufen können, wenn Copilot mehrere Auswahlmöglichkeiten generiert.

Die IDE kann bei Ihnen anders aussehen

In diesem Buch verwenden wir IDEs im Stil von VS Code. Wenn Sie in einer anderen IDE arbeiten (zum Beispiel einer von JetBrains), können Sie Ihre Benutzeroberflächen und Steuerelemente unterscheiden, obwohl eine ähnliche Funktionalität verfügbar sein sollte.

Der Text in der Leiste erinnert auch an die entsprechenden Tastenkombinationen und Optionen. Zu den verfügbaren Optionen gehören das Akzeptieren eines gesamten Vorschlags (über die Tab-Taste), das Akzeptieren eines Worts nach dem anderen (über die in der Leiste und im Dokument angezeigte Tastenkombination) und zusätzliche Optionen, die über das Menü *More Actions* (durch drei Punkte dargestellt, mehr dazu später) erreichbar sind.

Der Text < `1/2` > im linken Teil der Leiste zeigt an, dass Copilot zwei mögliche Vorschläge generiert hat und Sie zurzeit Option 1 sehen. Um die anderen Optionen einzublenden und durch die Auswahlmöglichkeiten zu blättern, klicken Sie auf die Symbole > und < in der Leiste oder drücken die entsprechenden Tasten auf Ihrer Tastatur. Möchten Sie zum Beispiel Option 2 sehen, klicken Sie auf das Symbol > (siehe Abbildung 2.3).

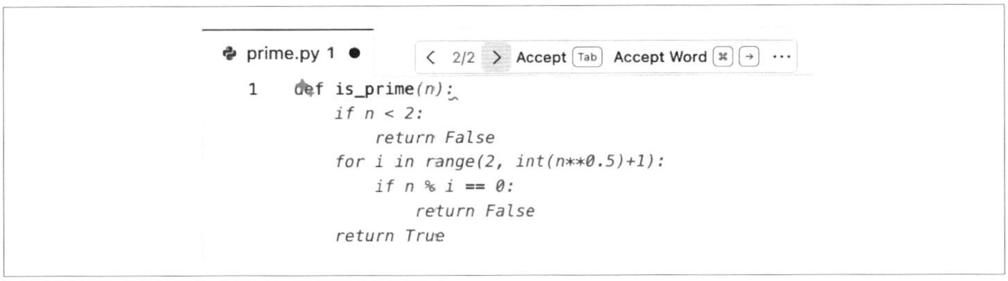

Abbildung 2.3: Zweiter Vorschlag

Um einen der Vorschläge von Copilot zu übernehmen, können Sie durch die Optionen blättern und dann mit der Tab-Taste die gewünschte Option auswählen. Gefällt Ihnen keiner der Vorschläge, fahren Sie einfach mit der Eingabe weiter fort.

Die Optionen 1 und 2 unterscheiden sich nur marginal – praktisch nur durch einige Leerzeichen. Copilot präsentiert diese jedoch weiterhin als zwei separate Optionen. Unabhängig davon, für welche Option Sie sich entscheiden, bekommen Sie einen automatisch generierten Funktionskörper, der praktikabel erscheint.

Wenn Sie die erste Option wählen, wird der vollständig vorgeschlagene Text in Ihre Datei eingefügt, nachdem Sie die Tab-Taste gedrückt haben. Dieser Text erscheint dann nicht mehr als Ghost-Text, sondern wie jeder andere Text, den Sie manuell eingegeben haben (Abbildung 2.4).

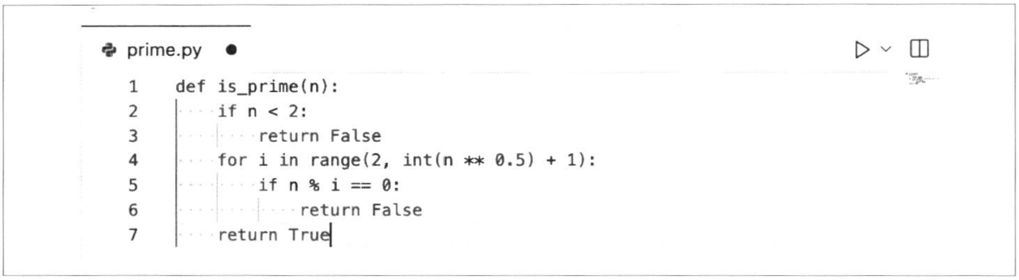

Abbildung 2.4: Option 1 wurde akzeptiert.

Nachdem Sie einige Male mit dieser Benutzeroberfläche gearbeitet haben, wird sie Ihnen vorhersagbarer und hilfreicher erscheinen. Der typische Workflow beim Programmieren stellt sich Ihnen nun wie folgt dar:

1. Einen Vorschlag von Copilot akzeptieren oder verwerfen.
2. Bei Bedarf oder auf Wunsch zusätzlichen Code manuell eingeben.
3. Gegebenenfalls eine kurze Pause einlegen, um Copilot etwas Zeit zu geben, Optionen zu generieren.
4. Copilot bietet Vorschläge an.
5. Wiederholen der Schritte 1 bis 4, bis Sie fertig sind.

Vollständigkeit und *Eignung* der Vorschläge von Copilot können erheblich variieren. Je nach verfügbarem Kontext kann er Vervollständigungsvorschläge anbieten, die von einem Kommentar über eine einzelne Zeile bis hin zu mehreren Zeilen reichen, die eine komplette Lösung bilden. Während Sie weiterhin Code eingeben, bekommen Sie möglicherweise eine vollständige Funktionsdefinition vorgeschlagen, während Sie in anderen Fällen vielleicht nur eine oder zwei Zeilen erhalten. Der Ablauf in den obigen nummerierten Schritten ist der gleiche, unabhängig davon, ob der erste Vorschlag eine vollständige Option ist oder Sie sich durch mehrere Runden mit zeilenweisen Vorschlägen arbeiten müssen.

Pausieren für Vorschläge

Möglicherweise fragen Sie sich, warum Schritt 3 in der obigen Liste auf ein Pausieren (bei Bedarf) hinweist, um Copilot die Zeit einzuräumen, Optionen zu generieren. Zwischen dem Anzeigen der Vorschläge finden zahlreiche Verarbeitungs- und Kommunikationsprozesse statt. Wie Kapitel 1 erläutert hat, leistet Copilot im Hintergrund viel Arbeit, um Codierungsvorschläge zu generieren. Er sammelt Kontext, synthetisiert ihn, sendet ihn über das Netz, bildet Prompts für das LLM, überprüft alle Muster, die Schwachstellen anzeigen, prüft optional auf Übereinstimmungen mit öffentlichem Code und macht letztlich die Optionen online verfügbar.

Das Ganze passiert bemerkenswert schnell. Aber gelegentlich benötigt Copilot etwas Zeit, um das Ergebnis zurückzugeben, nachdem Sie die Eingabetaste gedrückt haben. Wenn Sie also die Eingabetaste drücken und sofort Tab, um die nächsten Vorschläge zu übernehmen, kann es vorkommen, dass Sie Copilot überholen. In solchen Fällen müssen Sie möglicherweise einen Moment warten, bevor Sie versuchen, die nächste Zeile zu übernehmen. Beachten Sie, dass Copilot manchmal auch eine Leerzeile als Teil der Ausgabe generiert.

Einige Details zu dem, was bisher bei dieser einfachen Interaktion mit Copilot passiert ist, sind erwähnenswert:

- Copilot war in der Lage, kontextbezogene Funktionsdefinitionen vorzuschlagen.
- Die Optionen haben sich nur geringfügig in einer technisch nicht signifikanten Weise unterschieden, wurden aber dennoch unterschiedlich dargestellt.
- Den konkreten Kontext für die Vorschläge hat Copilot anhand des Dateinamens und des Namens, den wir für die Funktion eingegeben haben, erhalten.
- Wenn Sie die gleiche Übung wiederholen würden, ist nicht garantiert, dass Sie die gleichen Vorschläge oder sogar mehr als einen Vorschlag erhalten würden. Generative KI gibt nicht immer die gleichen Ergebnisse zurück, selbst wenn der Kontext wieder genau derselbe ist.

Was den letzten Punkt angeht: Obwohl die von Copilot präsentierten Vorschläge oftmals vollkommen ausreichend sind für Ihre Ansprüche, brauchen Sie manchmal vielleicht zusätzliche Optionen. Hier kommt Ihnen Copilot mit einem integrierten Mechanismus entgegen, mit dem Sie zusätzliche *alternative Vorschläge* anfordern können. Darauf gehen wir als Nächstes ein.

Zusätzliche Vorschläge erhalten

Wenn Ihnen die ersten Vorschläge von Copilot nicht genügen, können Sie weitere Vorschläge generieren lassen. Mit der Tastenkombination Strg+Eingabe können Sie Copilot dazu veranlassen, eine umfangreichere Liste von alternativen Vervollständigungen zu generieren.

Alternative Vorschläge verwenden – Vor- und Nachteile

Wenn Sie von Copilot zusätzliche Vorschläge beziehen wollen, erhalten Sie zwar mehr Vervollständigungsoptionen, doch dauert es länger, diese zu erstellen und anzuzeigen, als bei den direkten Inline-Optionen. Zudem kann der alternative Code aus partiellen Implementierungen oder Mengen von Kommentaren bestehen, die diese Funktionalität weniger nützlich erscheinen lässt.

Am besten nutzen Sie diese Funktionalität, bevor Sie einen der Inline-Vorschläge akzeptieren. Kehren wir zu der Stelle zurück, an der Sie den Funktionsnamen eingegeben, aber noch keinen Vorschlag akzeptiert haben. Nun können Sie Strg+Eingabe drücken, und Copilot generiert alternative Vervollständigungen in einem separaten Fensterbereich, wie Abbildung 2.5 zeigt.

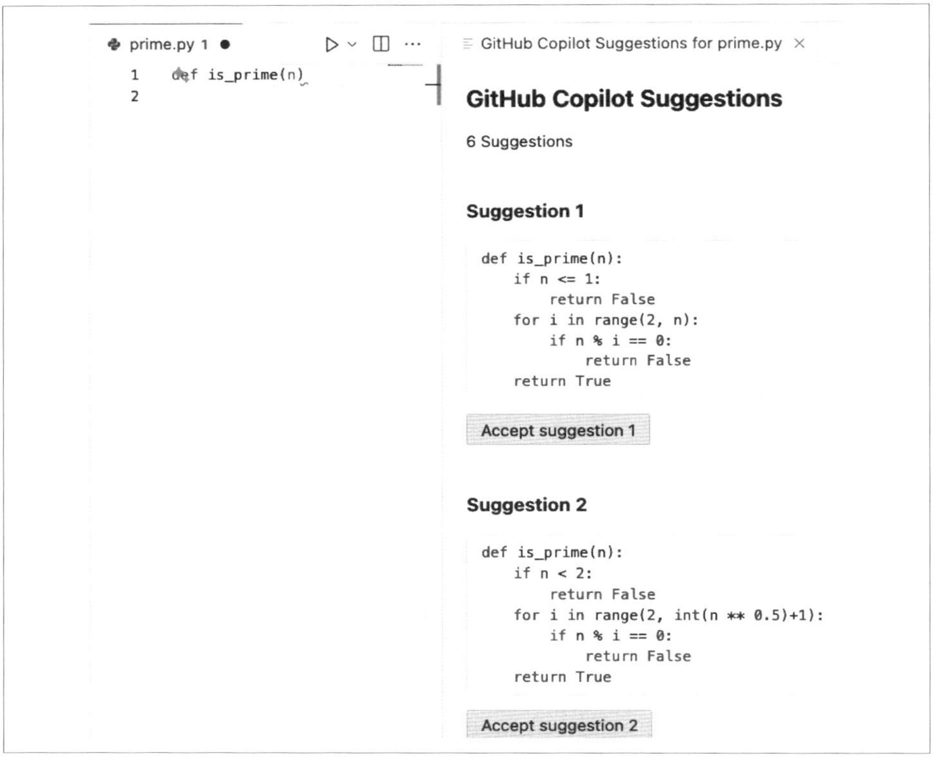

Abbildung 2.5: Alternative Vorschläge vor der Fertigstellung

Copilot hat sechs Alternativen vorgeschlagen, die allesamt plausible Vervollständigungen sind, wobei sich einige Implementierungen nur geringfügig unterscheiden.

Die Registerkarte *GitHub Copilot Suggestions* ist schreibgeschützt. Sie können durch die alternativen Vervollständigungen blättern, um sie anzuzeigen. Wenn Sie einen Vorschlag finden, der Ihnen gefällt, können Sie ihn in Ihre Datei einfügen. Klicken Sie dazu auf die Schaltfläche *Accept suggestion #* unterhalb des Vorschlags (wobei # für die Nummer des Vorschlags steht).

Wenn Sie die Funktionalität für alternative Vorschläge auf bereits fertiggestellten Code anwenden möchten, können Ihre Ergebnisse noch mehr variieren. In diesem Fall ist es wichtig, dass Sie den Code markieren, für den Copilot Vorschläge unterbreiten soll. Andernfalls erhalten Sie eventuell keinerlei Ergebnisse.

Wenn Sie Copilot nach Alternativvorschlägen für bestehenden Code fragen, können Sie die Unterschiede in der Qualität und Brauchbarkeit der Vorschläge sehen. Abbildung 2.6 zeigt eine Reihe von Alternativen, die ausgehend von bestehendem Code generiert wurden.

Abbildung 2.6: Anfrage nach alternativen Vorschlägen für bestehenden Code

Beachten Sie, dass auf der Registerkarte mit den Vorschlägen (*GitHub Copilot Suggestions*) nur drei Alternativen erscheinen. Keine davon ist eine vollständige Implementierung. Wenn Sie also nur über minimale Kontextinformationen verfügen, sollten Sie am besten nach Alternativvorschlägen fragen, bevor Sie den Code hinzufügen.

Wie Kapitel 1 beschrieben hat, beruhen die Copilot-Vorschläge nicht nur auf Ihrem tatsächlichen Code, sondern auch auf verwandten Elementen wie Kommentaren. Während wir Kommentare in der Regel nur hinzufügen, um den Code zu erläutern, können wir sie auch nutzen, um das Verhalten von Copilot auf andere Weise zu steuern.

Kommentare nutzen

Kommentare können im Kontext für Copilot eine wichtige Rolle spielen. Angenommen, Sie geben den folgenden Kommentar als einzige Zeile in eine neue Datei ein:

```
# a function to determine if a number is prime or not
```

(eine Funktion, um zu bestimmen, ob eine Zahl eine Primzahl ist oder nicht)

Copilot antwortet möglicherweise mit einem Vervollständigungsvorschlag wie in Abbildung 2.7 gezeigt.

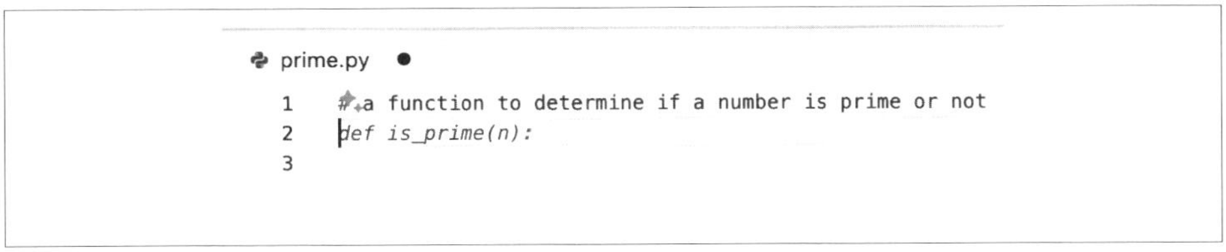

Abbildung 2.7: Ein Vorschlag, der aus einem Kommentar generiert wurde

Wenn Sie diesen Vorschlag akzeptieren, schlägt Copilot den Rest des Funktionskörpers vor (siehe Abbildung 2.8).

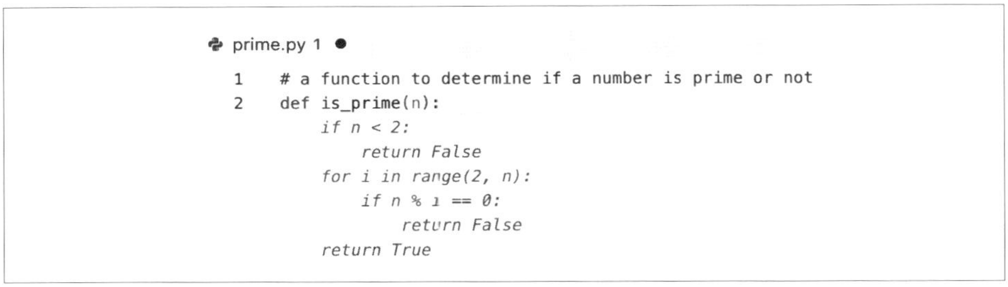

Abbildung 2.8: Aus einem Kommentar generierte Vervollständigung

Über den passiven Kontext hinaus, den Copilot aus Standardkommentaren erfassen kann, können Sie mit Kommentaren auch Copilot aktiv mitteilen, was er tun soll. Der Unterschied besteht darin, dass Sie keine Kommentare als Kontext schreiben, sondern Anweisungen an Copilot erteilen. Dazu ist der Kommentar eher wie eine Direktive zu formulieren.

Anweisungskommentare

Copilot können Sie über Kommentare mitteilen, was er tun soll. Angenommen, anstelle des Funktionsheaders

```
def is_prime
```

wie im letzten Abschnitt, beschreiben Sie mit einem Kommentar, was Sie von Copilot erwarten.

Ein Beispiel in unserer Funktion zur Primzahlprüfung könnte wie folgt aussehen:

```
# create a function to determine if a number is prime
```

(erstelle eine Funktion, um zu bestimmen, ob eine Zahl eine Primzahl ist)

Je nach verfügbarem Kontext schlägt Copilot möglicherweise eine relevante Vervollständigung Ihres Kommentars vor, wie Abbildung 2.9 zeigt. Es kann aber auch sein, dass die vorgeschlagene Vervollständigung nicht dem entspricht, was Sie erwartet haben.

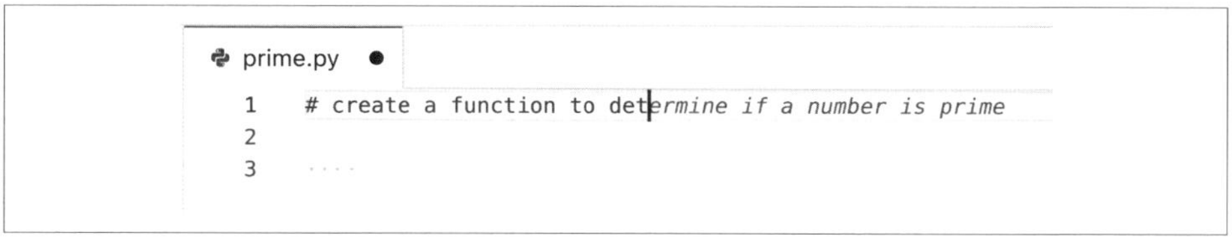

Abbildung 2.9: Automatische Vervollständigung eines Kommentars

Diese eine Zeile genügt Copilot, um zu beginnen, Codevorschläge für die Funktion zu generieren. Siehe dazu das Beispiel in Abbildung 2.10.

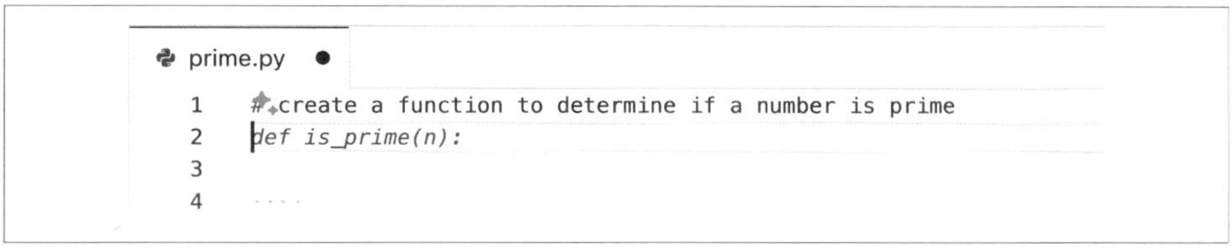

Abbildung 2.10: Eine generierte erste Zeile der Funktion

Der vorgeschlagene Name der Funktion ist derselbe wie zuvor, aber es gibt einen Unterschied bei den Optionen, die Copilot anbietet. Anstatt nur eine Zeile vorzuschlagen, gibt Copilot mehrere mögliche Vervollständigungen aus. Eine davon ist ein Funktionsheader. Die zweite Option ist eine Fortsetzung des Kommentars. Diese Optionen lassen sich über die Pop-up-Leiste oder Tastenkombinationen überprüfen, wie Abbildung 2.11 zeigt.

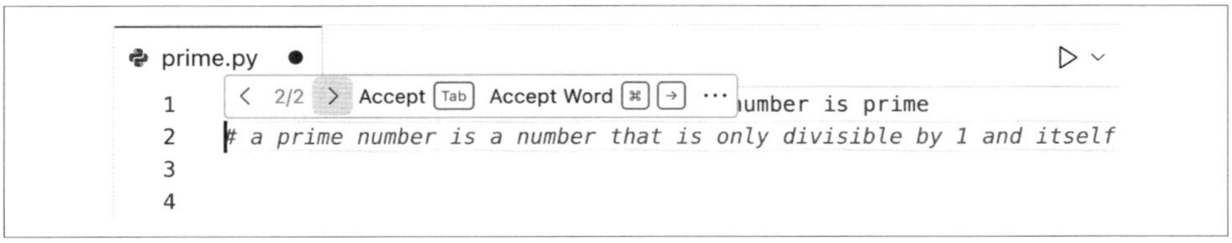

Abbildung 2.11: Die zweite Option – Fortsetzung eines Kommentars

Optionen können anders aussehen

Da Sie mit generativer KI arbeiten, können die von Copilot in der Praxis gelieferten Vorschläge von denen abweichen, wie sie das Buch zeigt, selbst wenn Sie denselben Beispielcode verwenden.

Im dargestellten Fall verfügt Copilot nicht über genügend Kontext, um zu wissen, ob Sie einen erweiterten Kommentar generieren oder mit dem Erstellen des Funktionscodes beginnen wollen. Er bietet also beide Möglichkeiten an. Nachdem Sie die erste Option akzeptiert haben, verfügt Copilot über ausreichend Kontext und schlägt eine Funktionsdefinition vor (Abbildung 2.12).

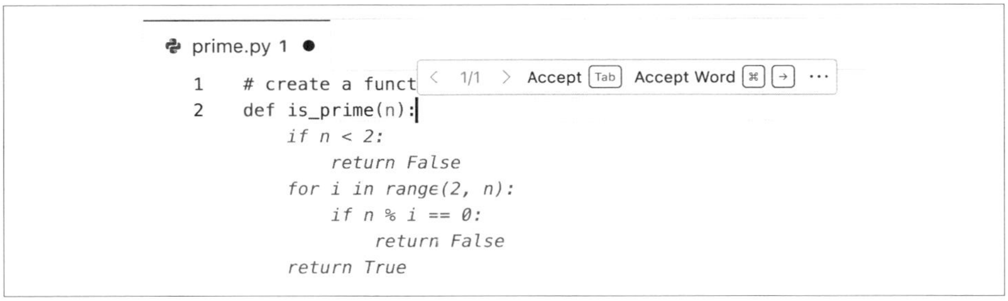

Abbildung 2.12: Vorschlag für eine vollständige Funktion

Als weiteres Beispiel können Sie Copilot inline anweisen, vorhandenen Code durch einen Kommentar zu erklären:

```
# explain the code above
```

Angewendet auf das Beispiel, an dem Sie arbeiten, antwortet Copilot mit kurzen, kommentierten Ausgabezeilen, die die Funktionsweise des Codes erklären. Abbildung 2.13 zeigt die generierten Kommentare. Copilot hat die drei Kommentarzeilen 11 bis 13 nach der Anweisung explain generiert.

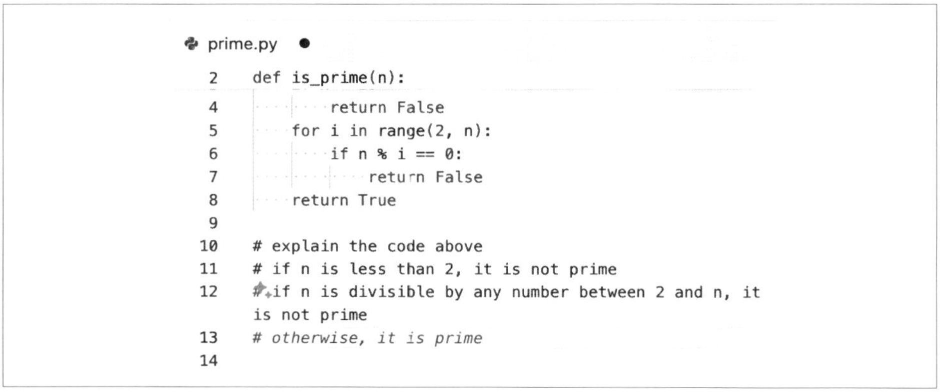

Abbildung 2.13: Ausgabe, nachdem Copilot angewiesen wurde, Code über Kommentare zu erklären

Um eine detailliertere Antwort zu erhalten, können Sie auch folgenden Kommentar schreiben:

```
# explain the code above line-by-line
```

Abbildung 2.14 zeigt die Ergebnisse, die auf diesen Kommentar hin erscheinen:

```
        if n % i == 0:
            return False
    return True

# explain the code above line by line
# 1. define a function called is_prime that takes a
single argument n
# 2. if n is less than 2, return False
# 3. iterate over the range of numbers from 2 to n
# 4. if n is divisible by i, return False
# 5. if the loop completes without finding a divisor,
return True
```

Abbildung 2.14: Ergebnisse einer detaillierteren Anweisung in einem Kommentar

Hilfreich ist auch folgender Punkt: Wenn Sie *Copilot mit Kommentaren anweisen, Code zu generieren*, sollte Copilot Code basierend auf dem Kommentar erstellen. Bei allen anderen Anweisungen, die sich nicht auf Codierung beziehen (wie zum Beispiel `explain`), werden die Ergebnisse als *zusätzliche Kommentare* zurückgegeben.

Kommentare lassen sich auch verwenden, um Copilot direkt Fragen zu stellen.

Fragen über Kommentare

So wie Sie Copilot über Kommentare Anweisungen erteilen, ist es auch möglich, ihm Fragen zu stellen. Anstatt Copilot beispielsweise aufzufordern, den Code zu erklären, können Sie ihm eine Frage wie diese stellen:

```
# What does the code above do?
```

Abbildung 2.15 zeigt das Ergebnis.

```
        return False
    for i in range(2, n):
        if n % i == 0:
            return False
    return True

# what does the code above do?
# it checks if the number is less than 2 and returns
False if it is
# then it checks if the number is divisible by any
number between 2 and n
# if it is, it returns False
# if it is not, it returns True
```

Abbildung 2.15: Mit einem Kommentar eine Frage an Copilot stellen

Ihre Kommentare können Sie auch formeller als Fragen kennzeichnen, indem Sie nach dem Kommentarzeichen ein `q:` schreiben. Allerdings ist dies nicht obligatorisch. Wenn Sie es angeben, liefert Copilot eine Antwort zurück, die mit `a:` beginnt.

Kontext aus Frage und Antwort

Die Möglichkeit, Copilot über Kommentare Fragen zu stellen, um Chat-ähnliche Antworten zu erhalten, gab es bereits, bevor Copilot Chat in Copilot-Pläne eingebunden wurde. Obwohl dieser Ansatz heute in der Regel weniger nützlich ist, als die Inline-Chat-Benutzeroberfläche oder das Chat-Hauptfenster zu verwenden, kann er dennoch von Vorteil sein, wenn Sie kurze Antworten in den Code einfügen möchten.

Nachdem Sie nun wissen, wie Sie mit Copilot inline im Editor interagieren können, geht es im nächsten Abschnitt darum, wie Sie Copilot von den IDE-Menüs aus nutzen.

Copilot und das Kontextmenü

Bestimmte Copilot-Funktionen sind über die Kontextmenüs Ihrer IDE zugänglich. Durch diese Integration lassen sich einige erweiterte Funktionen schnell ausführen, ohne im Chat Anweisungen geben zu müssen. (Kapitel 3 geht näher auf die Chat-Benutzeroberfläche ein.)

Bedeutung des Begriffs »Kontext« innerhalb der Copilot-Optionen

In den Erläuterungen zu den Menüs in diesem Abschnitt bezieht sich *Kontext* nicht auf die Informationen, die Copilot sammelt, um Vorschläge für Vervollständigungen zu bieten. Stattdessen sind damit die Copilot-Optionen gemeint, die in den *Kontextmenüs* Ihrer IDE verfügbar sind.

Zum Beispiel haben Sie vielleicht bemerkt, dass einige der vorherigen Abbildungen in diesem Kapitel zwei kleine vierzackige Sterne am Anfang der Zeilen zeigen. Diese beiden Sterne bilden ein sogenanntes *Sternensymbol*, das (über Copilot hinaus) ein allgemeines Symbol für KI ist. In der IDE weist ein derartiges Symbol in der Regel auf einen Link hin, auf den Sie klicken können, um mit Copilot zu interagieren. Dieser Klick öffnet seinerseits ein Menü mit mehreren erweiterten Optionen.

In den hier besprochenen Fällen erscheint das Symbol, wenn die Funktionsdefinition unvollständig ist. Allerdings kann das System nicht unterscheiden zwischen einer Funktion, die noch geschrieben wird, und einer, die fehlerhaft ist. Copilot schlägt also eine Vervollständigung vor und bietet an, den *Fehler zu beheben*. Indem Sie auf das Sternensymbol klicken, erscheint ein Pop-up-Menü, wie Abbildung 2.16 zeigt. (In anderen IDEs kann dies von der Darstellung abweichen.)

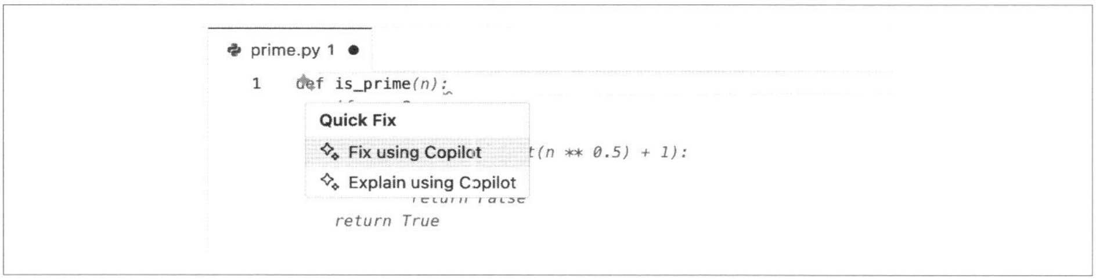

Abbildung 2.16: Die Option, um mit Copilot einen Fehler schnell zu beheben

Die Korrekturfunktion für die Vervollständigung nutzen

Die Option *Fix using Copilot* (Mit Copilot reparieren) kann manchmal eine Alternative zu den vorgeschlagenen Vervollständigungen sein. Wenn Sie diese Option auswählen, generiert Copilot möglicherweise einen Teil des Codes, um das System in einen funktionsfähigen Zustand zu versetzen. Allerdings können Sie nicht davon ausgehen, dass diese Funktionalität eine komplette Vervollständigung liefert.

Wenn Sie Copilot mehr Daten zur Verfügung stellen können (wie zum Beispiel eine vollständige Funktionsimplementierung), erscheinen möglicherweise zusätzliche Optionen im Menü (siehe Abbildung 2.17).

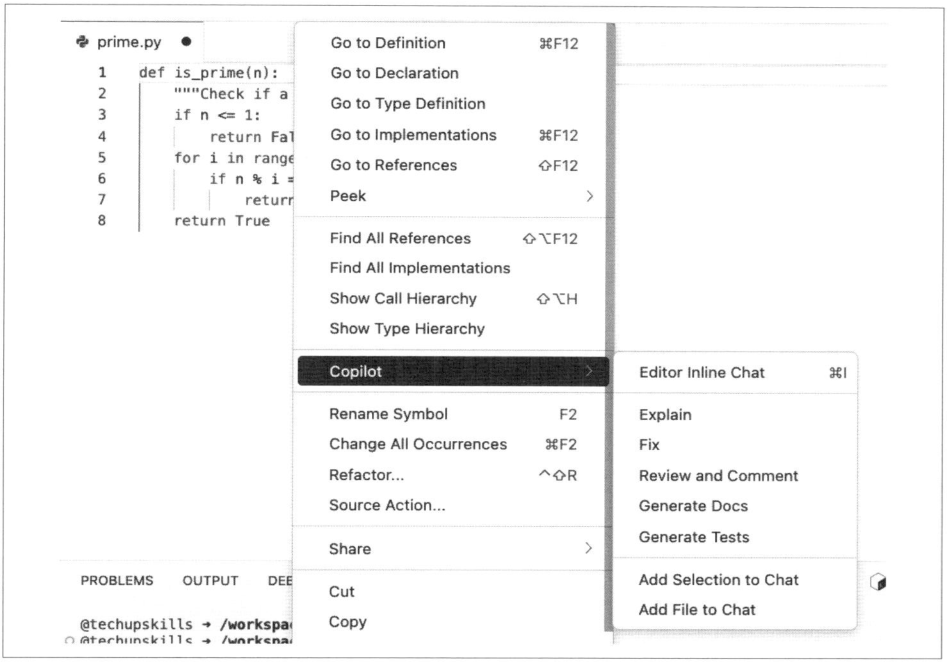

Abbildung 2.17: Erweiterte Kontextmenüoptionen

Die im Menü verfügbaren Optionen (und worauf sie sich beziehen) variieren auch abhängig davon, in welchem Teil der IDE Sie gerade arbeiten. Wenn Sie zum Beispiel im Terminal unterwegs sind, bezieht sich die Menüoption `Explain` auf Inhalte im Terminal und nicht im Editor. Zudem gibt es verschiedene Optionen, die sich nur auf das Terminal beziehen, wie Abbildung 2.18 zeigt. (Da es sich hierbei um Chat-Optionen handelt, befasst sich das nächste Kapitel ausführlich damit.)

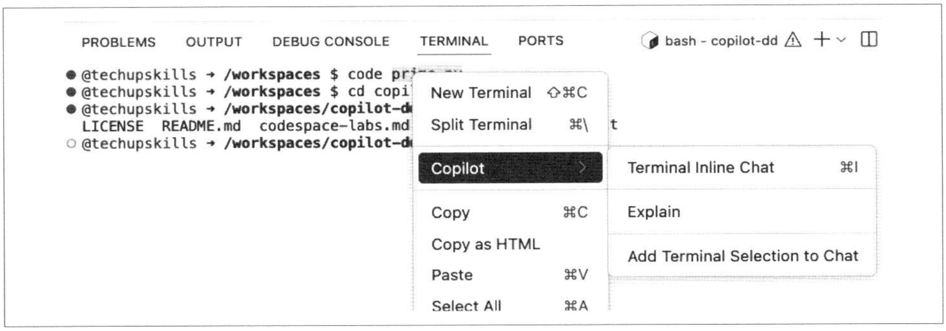

Abbildung 2.18: Copilot-Optionen im Terminal

In den Kontextmenüs finden Sie also einen Teil der Copilot-Funktionalität, die für die jeweilige Aufgabe sinnvoll ist. In VS Studio und ähnlichen IDEs können Sie Copilot-bezogene Befehle auch über eine Oberfläche namens *Befehlspalette* (Command Palette) aufrufen, wie der folgende Kasten erläutert.

Über die Befehlspalette auf Copilot zugreifen

IDEs im Stil von VS Code verfügen über eine Benutzeroberfläche für den schnellen Zugriff auf Befehle, die sich auf installierte Erweiterungen beziehen. Die sogenannte *Befehlspalette* (Command Palette) öffnen Sie mit Meta+Umschalt+P oder F1. Daraufhin erscheint ein Dialogfeld, in dem Sie blättern oder den Namen der entsprechenden Erweiterung, des Befehls, des Symbols oder der Datei eingeben können. Wenn Sie beispielsweise die Copilot-Erweiterung installiert haben, können Sie über die Befehlspalette auf die entsprechenden Befehle zugreifen, indem Sie `Copilot` eingeben, wie Abbildung 2.19 zeigt.

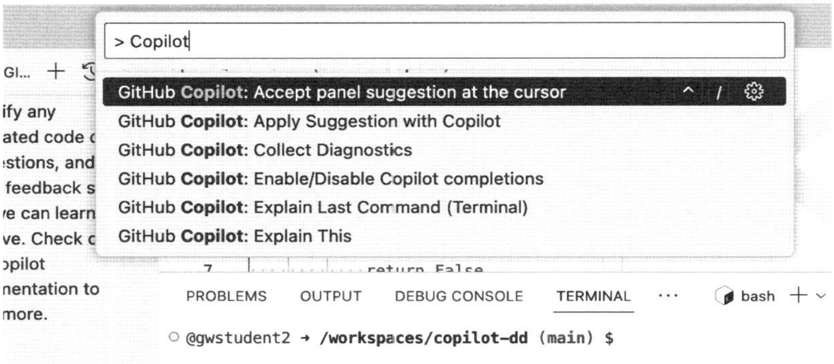

Abbildung 2.19: Von der Befehlspalette aus auf die Funktionalität von Copilot zugreifen

Die Einträge in dieser Liste lassen sich als Befehle ausführen. Abbildung 2.20 zeigt, wie Sie in der Liste die Funktion `Explain` von Copilot aufrufen. Darüber hinaus ist die Liste auch hilfreich, um alle verfügbaren Copilot-bezogenen Befehle anzuzeigen.

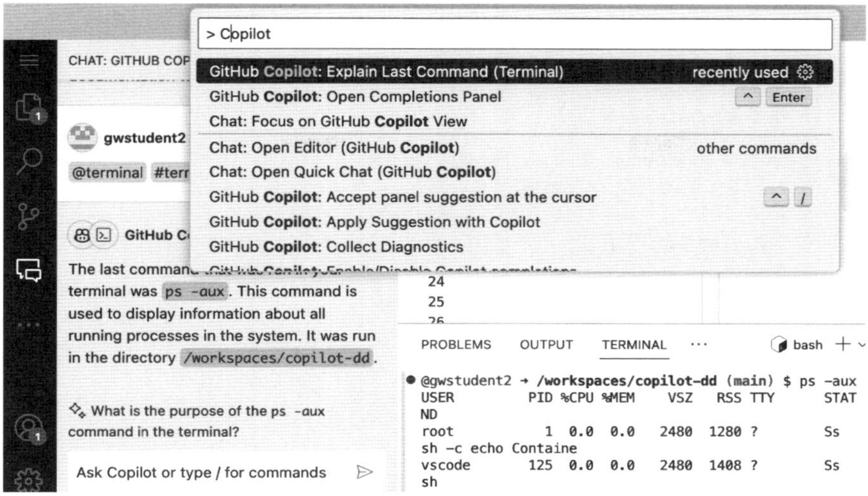

Abbildung 2.20: Ein Beispiel für die Verwendung der Befehlspalette

Zusätzlich zu den bereits besprochenen *Standardfunktionen* wie dem Erklären und Korrigieren von Code können Sie auch das Kontextmenü nutzen, um Copilot eine nützliche und wichtige Aufgabe ausführen zu lassen: den Code überprüfen und dazu Feedback geben. Darauf geht der nächste Abschnitt ein.

Code mit Copilot überprüfen

Copilot kann als Reviewer Ihres Codes fungieren. In GitHub können Sie Copilot als Reviewer für Pull Requests hinzufügen (siehe Kapitel 9). In der IDE lassen Sie Copilot Ihren lokalen Code überprüfen und Feedback inline liefern. Dies ist insbesondere nützlich, um Probleme zu erkennen, bevor der Code veröffentlicht wird. Überprüfungen führen Sie mit dem Standardverhalten von Copilot durch oder passen die Art und Weise der Überprüfung an.

Standardmäßige Überprüfungsoptionen von Copilot

Nehmen wir als Beispiel den folgenden Codeblock an, der eine einfache Klasse für einen Punkt implementieren soll:

```
class Point:
    def __init__(self, x, y, z=0): self.x = x; self.y = y
    def distance(self, other): return (self.x - other.x)**2 + \
    (self.y - other.y)**2 + (self.z - other.z)**2**0.5
p1 = Point(1, 2); p2 = Point(4, 6, 0)
print(p1.distance(p2))
```

Als Python-Programmierer dürften Ihnen sofort einige der Probleme mit dem Code auffallen. Doch bitten Sie Copilot, den Code zu überprüfen. Dazu markieren Sie den

Code im Editor, klicken mit der rechten Maustaste und wählen *Copilot > Review and Comment* (siehe Abbildung 2.21).

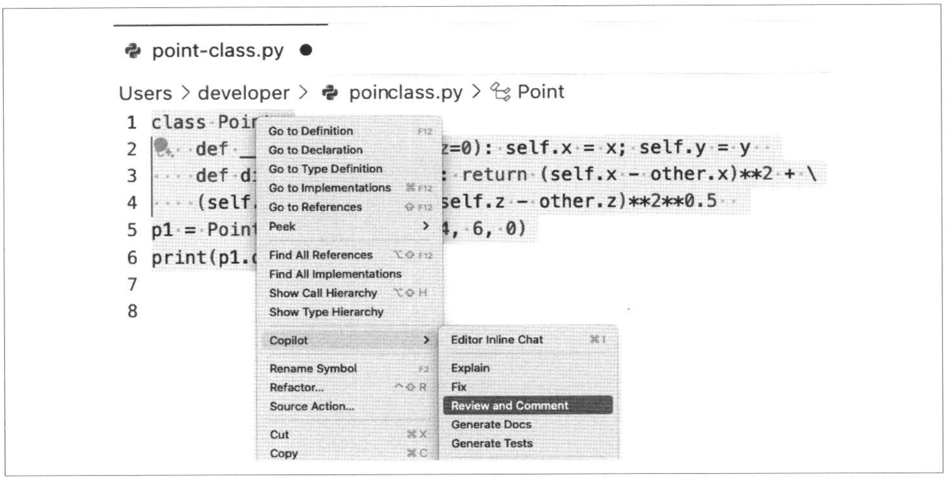

Abbildung 2.21: Eine Codeüberprüfung im Kontextmenü auswählen

Nachdem Copilot die Anfrage bearbeitet hat und über Feedback zu Problemen oder empfohlene Aktualisierungen verfügt (einschließlich so einfacher Dinge wie das Hinzufügen von Dokumentation), gibt er die Kommentare und vorgeschlagenen Änderungen inline direkt im Code an. Abbildung 2.22 zeigt ein Beispiel für ein Überprüfungselement aus Copilot.

Abbildung 2.22: Feedback aus der Überprüfung durch Copilot

Der Dialog für das Feedback zur Überprüfung verfügt über Pfeilsteuerelemente, um zu anderen Review-Kommentaren zu navigieren, sowie über Steuerelemente, um das Feedback im Chat anzuzeigen, den Dialog zu schließen und auszublenden. Alle vorgeschlagenen Änderungen werden im aktuellen Code in Rot (mit dem Minuszeichen) und der vorgeschlagene Code in Grün (mit dem Pluszeichen) angezeigt. Über die Schaltflächen im unteren Teil des Dialogs können Sie die Änderungen einfach anwenden oder verwerfen und dann zur nächsten Gruppe von Feedbacks weitergehen.

Zusätzlich zum Standardverhalten der Überprüfung können Sie auch anpassen, wonach Copilot während einer Überprüfung sucht.

Benutzerdefinierte Überprüfungsanweisungen erstellen

Standardmäßig meldet Copilot nur Probleme, die ihm wichtig erscheinen. Daher ist es nicht ungewöhnlich, dass Copilot meldet, kein Feedback zu Ihrem Code zu haben, obwohl dieser Elemente enthält, die andere Reviewer möglicherweise kennzeichnen würden, zum Beispiel solche, die nicht den Best Practices oder Stilrichtlinien entsprechen. Abbildung 2.23 zeigt ein Beispiel für die Meldung, die erscheint, wenn Copilot keine Probleme findet.

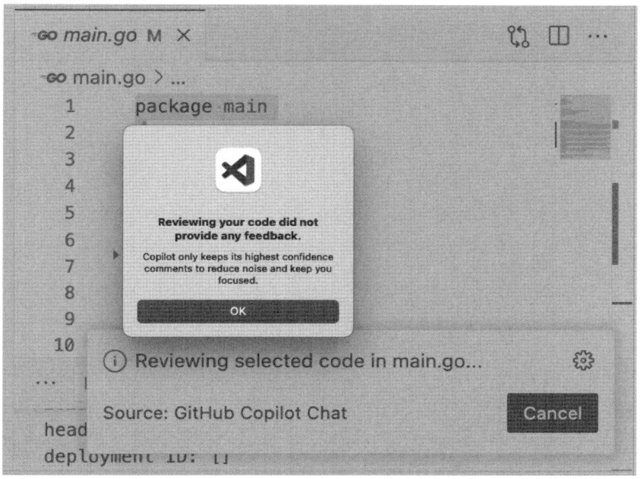

Abbildung 2.23: Kein Feedback von der Codeüberprüfung von Copilot

Möchten Sie ausführlicheres Feedback haben, können Sie eine Reihe von benutzerdefinierten Überprüfungsanweisungen für Copilot bereitstellen. Dazu gibt es zwei Möglichkeiten.

Erstens können Sie die Datei *settings.json* bearbeiten und unter `github.copilot.chat.codeReview.instructions` benutzerdefinierte Anweisungen hinzufügen. Das folgende Beispiel zeigt eine Regel, die Sie hinzufügen können:

```
"github.copilot.chat.reviewSelection.instructions": [
    {
```

```
        "text": "Ensure all functions have proper docstrings"
    }
]
```

Nachdem Sie die Regel in der Datei *settings.json* des Benutzers hinzugefügt haben, können Sie Copilot anweisen, denselben Code erneut zu überprüfen. Dieses Mal markiert er die Bedingung, die Sie in der Datei *settings.json* angegeben haben, wie Abbildung 2.24 zeigt.

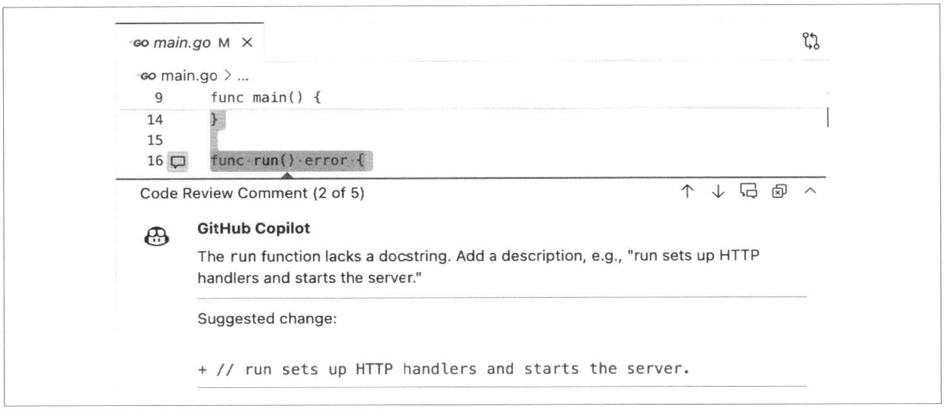

Abbildung 2.24: Copilot hat ein Problem markiert, das in der Datei »settings.json« aufgeführt ist.

Zweitens können Sie auch Ihre (und bis zu fünf weitere) Regeln als Markdown in einer lokalen Datei unterbringen, diese im speziellen Pfad *.github/copilot-review-guidelines.md* speichern, und Copilot wird sie finden und automatisch verwenden.

Wenn Sie die Anweisungen lieber in einer anderen Datei speichern möchten, können Sie diese Datei anlegen und dann in der Datei *settings.json* mit dem Schlüssel `file:` auf die lokale Datei verweisen. In der Einstellungsdatei könnte dies zum Beispiel so aussehen:

```
"github.copilot.chat.reviewSelection.instructions": [
    {
        "file": "./docs/review-guide.md"
    }
]
```

Dies setzt voraus, dass Sie in Ihrer Codebasis eine lokale Datei mit dem Namen *review-guide.md* im Verzeichnis *docs* mit dem folgenden Inhalt gespeichert haben:

```
- Ensure all functions have proper docstrings.
```

Copilot automatische Commit-Meldungen generieren lassen

Nachdem Sie Ihre Codeüberprüfungen durchgeführt haben und bereit sind, Ihre Änderung zu bestätigen, kann Copilot Ihnen auch dabei helfen. Wenn Sie die Quellcodeverwaltung (Source Control, siehe Abbildung 2.25) verwenden, wählen Sie den Befehl *Generate Commit Message with Copilot*, um Copilot eine Bestätigungsmeldung basierend auf seinen Änderungen vorschlagen zu lassen, anstatt Ihre eigene Bestätigungsmeldung einzutippen. Klicken Sie hierzu das Sparkle-Symbol am Ende des Felds mit der Bestätigungsmeldung.

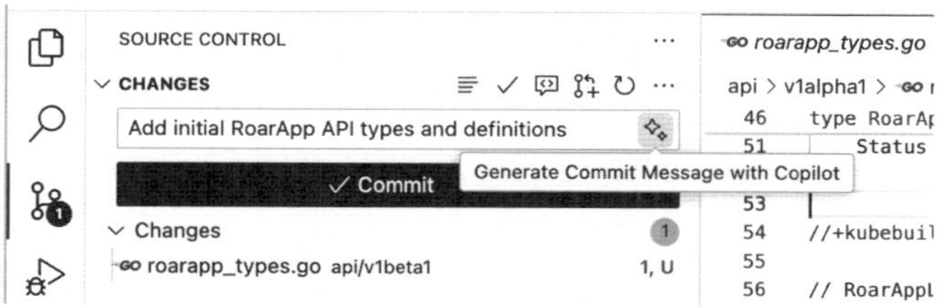

Abbildung 2.25: Copilot Bestätigungsmeldungen vorschlagen lassen

Für das Generieren der Bestätigungsmeldungen können Sie sogar benutzerdefinierte Anweisungen festlegen. Details hierzu finden Sie in der Dokumentation zu VS Code.

Um die Erläuterungen zum Programmieren mit Copilot in der IDE abzuschließen, wollen wir noch kurz auf einige zusätzliche Steuerelemente und Konfigurationseinstellungen eingehen, mit denen Sie die Copilot-Funktionen an Ihre Bedürfnisse anpassen können.

Copilot in der IDE konfigurieren

Nachdem Sie die Copilot-Erweiterung in VS Code installiert (und nachdem Sie sich falls erforderlich authentifiziert) haben, können Sie auf die Copilot-Funktionen über mehrere Steuerelemente zugreifen. Ein Steuerelement befindet sich in der Statusleiste am unteren Rand der IDE. Hier können Sie mit einfachen Klicks schnell wählen, ob Sie die Codevervollständigungen für alle Dateien oder Empfehlungen nur für den Typ der Datei, mit der Sie gerade arbeiten, aktivieren bzw. deaktivieren. Abbildung 2.26 zeigt ein Beispiel des ausgewählten Steuerelements mit einer Option zum Deaktivieren der Codevervollständigung für Python-Dateien, da dies der aktuelle Dateityp ist.

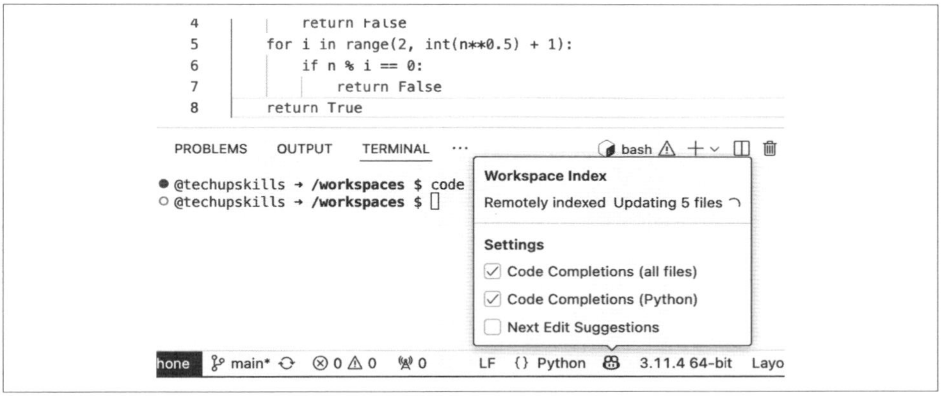

Abbildung 2.26: Copilot-Steuerelement in der Statusleiste

Warum die Vervollständigung deaktivieren?

Vielleicht fragen Sie sich, warum es eine Option gibt, um die Codevervollständigung zu deaktivieren, da dies doch eine der grundlegenden Funktionen von Copilot ist. Der Grund dafür ist, dass die Vorschläge manchmal störend sind oder Sie behindern können. Wenn Sie beispielsweise in Eile sind und viel Code eingeben müssen oder sich auf das Erstellen von Code konzentrieren möchten, den Sie bereits beherrschen, möchten Sie möglicherweise nicht durch die Copilot-Vorschläge abgelenkt werden.

Die Option *Next Edit Suggestions* (Empfehlungen für die nächste Bearbeitung) im Dialogfeld bezieht sich auf eine Art Funktionalität für automatisierte Stapelverarbeitung, die in Kapitel 4 ausführlicher beschrieben wird.

In der IDE befindet sich ganz oben ein weiteres Copilot-Symbol, über das Sie verschiedene Chat-Oberflächen öffnen, die Codevervollständigung konfigurieren und Ihre Copilot-Einstellungen in GitHub verwalten können (siehe Abbildung 2.27).

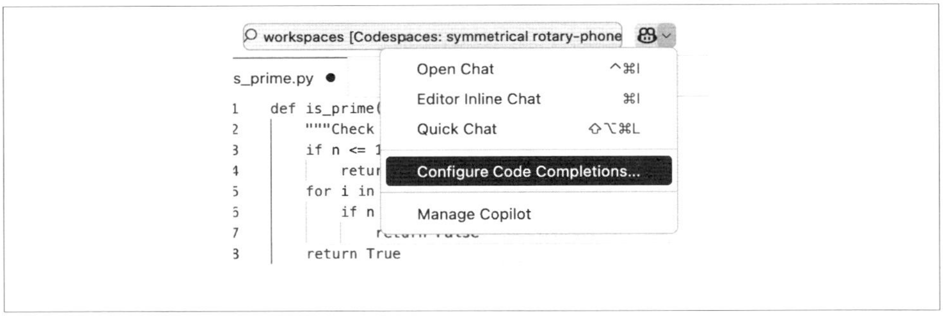

Abbildung 2.27: Optionen des ganz oben in der DIE befindlichen Copilot-Steuerelements

Mit den Chat-Optionen beschäftigt sich Kapitel 3. Die Auswahl *Manage Copilot* bringt Sie auf die Einstellungsseite Ihres Copilot-Kontos in GitHub (sofern Sie angemeldet sind). Über *Configure Code Completions* (Codevervollständigungen konfigurieren) gelangen Sie zu einer Reihe von Optionen (Abbildung 2.28), mit denen Sie Codevervollständigungen anpassen können.

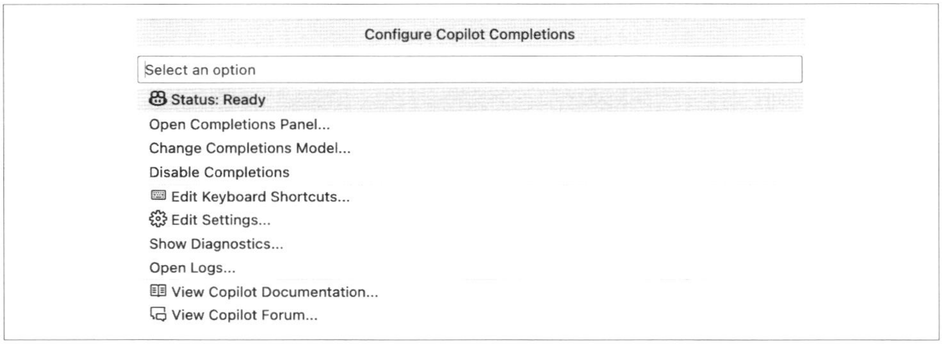

Abbildung 2.28: Copilot-Vervollständigungen konfigurieren

Einige dieser Optionen dürften selbsterklärend sein, andere dagegen nicht. Die folgende Übersicht erläutert drei davon:

Open Completions Panel
: Öffnet eine Liste mit alternativen Vervollständigungen für den aktuell aktiven Code. Dies ist die gleiche Funktion, die bereits erläutert wurde und die Sie mit Strg+Eingabe aufrufen.

Change Completions Model
: Ermöglicht es Ihnen, ein anderes KI-Modell (als das Standardmodell) auszuwählen, sofern ein anderes verfügbar ist. Diese Option wirkt sich nur auf das Modell aus, das für Codevervollständigungen verwendet wird, nicht auf das Modell für Chats.

Disable Completions
: Ähnlich wie bei der vorherigen Option aus dem anderen Copilot-Steuerelement können Sie hier die Vervollständigungsvorschläge ein- oder ausschalten.

Die Option *Edit Settings* ist ein Portal zu weiteren Anpassungs- und Konfigurationsmöglichkeiten für Copilot. Wenn Sie darauf klicken, erscheinen die Einstellungen in der IDE mit dem Suchbegriff »GitHub Copilot«. Das Gleiche erreichen Sie, indem Sie auf das Zahnradsymbol für Einstellungen in der Hauptoberfläche der IDE klicken und dann **`GitHub Copilot`** eintippen, um nach den entsprechenden Einstellungen zu suchen.

Abbildung 2.29 zeigt das Dialogfeld *Einstellungen* (Settings) für Einträge, die mit »GitHub Copilot« übereinstimmen. Beachten Sie die Unterkategorien auf der linken Seite für den Editor, die Features und eine breitere Gruppe von *Erweiterungen* (Extensions). In der Gruppe *Erweiterungen* befinden sich die Einstellungen für alle Erweiterungen, die mit GitHub Copilot zusammenhängen.

Abbildung 2.29: Einstellungen für GitHub Copilot in der IDE

In den Einstellungen können Sie Optionen auf *Benutzerebene* (unabhängig vom Arbeitsbereich) und Einstellungen für die *Arbeitsbereichsumgebung* konfigurieren. Über die Tabulatoren oben links können Sie zwischen diesen Kategorien wechseln.

Dateien über die Einstellungen bearbeiten

Wenn Sie eine Konfigurationsoption finden, die sich in einer Datei (wie *settings.json*) speichern lässt, ist in der Regel ein Link angegeben, um die Datei modifizieren zu können. Möchten Sie zum Beispiel Überprüfungsregeln hinzufügen (wie weiter vorn in diesem Kapitel beschrieben) und Sie suchen nach der Option, sehen Sie unten einen Link, um die Datei *settings.json* direkt zu bearbeiten (Abbildung 2.30).

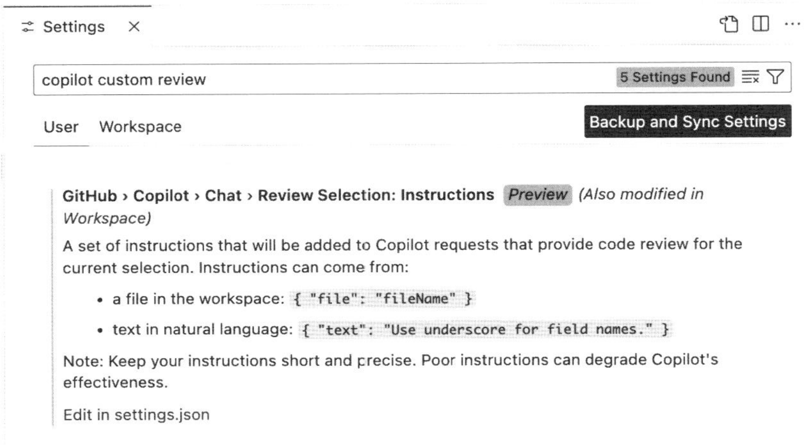

Abbildung 2.30: Aus den Einstellungen heraus auf eine Datei zugreifen

Wenn Sie auf diesen Link klicken, wird die jeweilige Datei geöffnet, um sie direkt bearbeiten zu können, wobei einige erste Vorschläge für den Inhalt angegeben sind (siehe Abbildung 2.31).

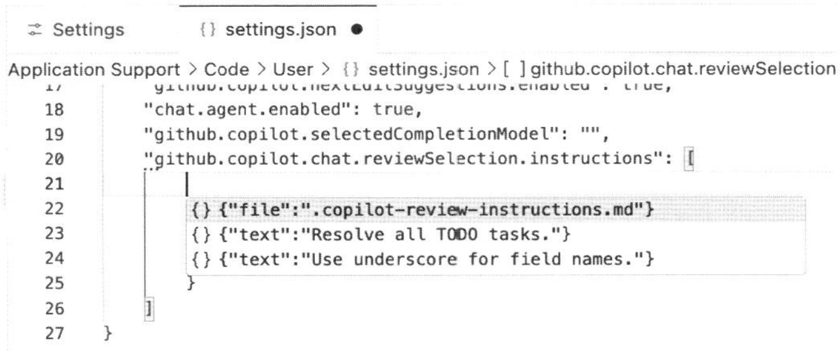

Abbildung 2.31: Eine Datei bearbeiten, die über die Einstellungen geöffnet wurde

Wenn Sie manche Einstellungsbereiche erweitern, finden Sie dort Optionen, die mit *Experimental* oder *Preview* markiert sind. Beide kennzeichnen eine Option oder Funktion, die noch nicht in Produktion ist. *Vorabfeatures* (Preview) stehen kurz vor der Veröffentlichung und sind für öffentliche Tests und Feedback vorgesehen, wenn Benutzer sich für deren Verwendung entscheiden. *Experimentelle Features* sind frühe Konzepte, die Sie auf eigenes Risiko verwenden können. Möglicherweise werden sie weiterentwickelt oder vor der Produktion erheblich geändert.

In anderen IDEs gibt es ähnliche Möglichkeiten, die Einstellungen für Copilot aufzurufen und zu ändern. Verfolgen Sie am besten die GitHub-Blogs über Copilot (*https://oreil.ly/qdhTv*), um sich über die neuesten Updates zu informieren und zu erfahren, ob es neue oder aktualisierte Einstellungen gibt. Zudem empfiehlt es sich, die verfügbaren Optionen regelmäßig zu erkunden. Manchmal finden Sie zusätzliche und bisher unbekannte Optionen, um das Verhalten von Copilot zu konfigurieren.

Fazit

Dieses Kapitel hat die Möglichkeiten vorgestellt, wie Sie mit GitHub Copilot direkt interagieren können, während Sie Code schreiben. Copilot liefert Ihnen während der Eingabe in den Editor schnelle Vorschläge. Diese sollten Sie auf Vollständigkeit und Eignung überprüfen. Auch wenn die Vorschläge nicht alle gleich gut geeignet sind, können sie doch Zeit sparen und/oder Ihnen bei der Entwicklung Ihres Codes und bei Überlegungen helfen.

Die Qualität der Vorschläge hängt weitgehend vom Umfang des Kontexts ab, der Copilot in der aktuellen Umgebung zur Verfügung steht. Unter anderem sind das der Dateiname, vorhandener Code, andere Dateien, Kommentare und lokaler Index. Kommentare können ebenfalls eine Aufgabe beschreiben, die Copilot ausführen soll, und Sie können damit Fragen an Copilot formulieren, die er in Form von Kommentaren beantwortet.

Copilot kann Ihren Code überprüfen, um Probleme zu finden und Verbesserungen vorzuschlagen. Was Copilot überprüfen soll, lässt sich in einer Liste mit benutzerdefinierten Anweisungen anpassen, auf die Sie verweisen.

Auch wenn Copilot von Haus aus nützliche Funktionen bietet, werden Sie manchmal sein Verhalten anpassen oder Features aktivieren bzw. deaktivieren wollen. Einige Änderungen sind über die Copilot-Steuerelemente in der IDE möglich. Oder Sie suchen in den Einstellungen der IDE nach einzelnen Optionen, um diese zu modifizieren. Das ist auch möglich für Optionen, die sich im Experimental- oder Vorschaustadium befinden.

Nachdem Sie nun wissen, wie Sie mit den Inline-Vorschlägen von Copilot arbeiten, wenden wir uns der flexibelsten Möglichkeit zur Interaktion mit Copilot und seinem zugrunde liegenden Modell zu: der Chat-Oberfläche, mit der sich Kapitel 3 befasst.

KAPITEL 3

Chatten mit Copilot in der IDE

In beliebten KI-Plattformen wie ChatGPT ist die Chat-Oberfläche Ihr Portal, um mit LLMs zu interagieren. Wie bei einem Gespräch mit einer anderen Person fühlt sich ein laufender Dialog mit der KI natürlich an. Zudem sind längere Unterhaltungen möglich, um sich mit dem jeweiligen Thema gründlicher auseinanderzusetzen.

Die in Copilot integrierten Chat-Oberflächen bieten die gleichen Vorteile, sind aber auf den Bereich der Programmierung ausgerichtet. Die in Kapitel 2 erläuterte Inline-Funktionalität liefert direkte, schnelle und zielgerichtete Codevorschläge von Copilot. Diese Codevervollständigungen basieren auf dem, woran Sie gerade arbeiten. Allerdings können interaktive, ungezwungene Diskussionen über das Programmieren unschätzbar sein, genauso wie es nützlich ist, Programmierherausforderungen oder Ideen mit Kollegen zu besprechen. Tatsächlich werden Sie schnell feststellen, dass Sie in der Praxis kaum mehr auf die Chat-Features von Copilot verzichten wollen.

In diesem Kapitel erfahren Sie, wie Sie die Chat-Funktionalität von Copilot (Copilot Chat) nutzen und damit interagieren können. Dabei kommen sowohl die grundlegenden als auch die fortgeschritteneren Aspekte des Chats zur Sprache.

Zunächst lernen Sie, wie Sie auf die Hauptoberfläche von Copilot Chat (im Folgenden oft nur Chat genannt) zugreifen, wie Sie dessen Ausgabe analysieren und wie Sie mehrere Chat-Sitzungen verwalten können.

Anschließend werfen wir einen Blick darauf, wie man am besten Prompts für die Chat-Oberflächen entwickelt, und dann untersuchen wir die verschiedenen Chat-Oberflächen an sich. Um sicherzustellen, dass Sie die Prompts den Oberflächen zweckmäßig zuordnen, untersuchen wir verschiedene Shortcuts bzw. Tastenkombinationen und Modifikatoren, darunter Teilnehmer und Variablen. Des Weiteren erläutern wir, wie Sie Chat im Terminal der IDE verwenden.

Schließlich zeigen wir, wie Sie benutzerdefinierte Anweisungen für Chat erstellen, um sie beim Generieren von Antworten zu verwenden, und wir sehen uns an, wie Sie am besten mit Halluzinationen und unbrauchbaren Antworten von Chat umgehen.

Zunächst aber sollen Sie verstehen, wie Sie schnell eine Konversation mit Copilot beginnen können.

Auf die Hauptoberfläche von Copilot Chat zugreifen

Wenn Sie Copilot in Ihrer IDE installieren, ist Copilot Chat inbegriffen. Die Hauptoberfläche von Chat ist ein spezieller Fensterbereich auf der rechten Seite, der von Ihrem Editor getrennt ist (siehe Abbildung 3.1). Die Chat-Oberfläche bietet auch mehr Platz auf dem Bildschirm für Eingaben, Ausgaben und Konversationen.

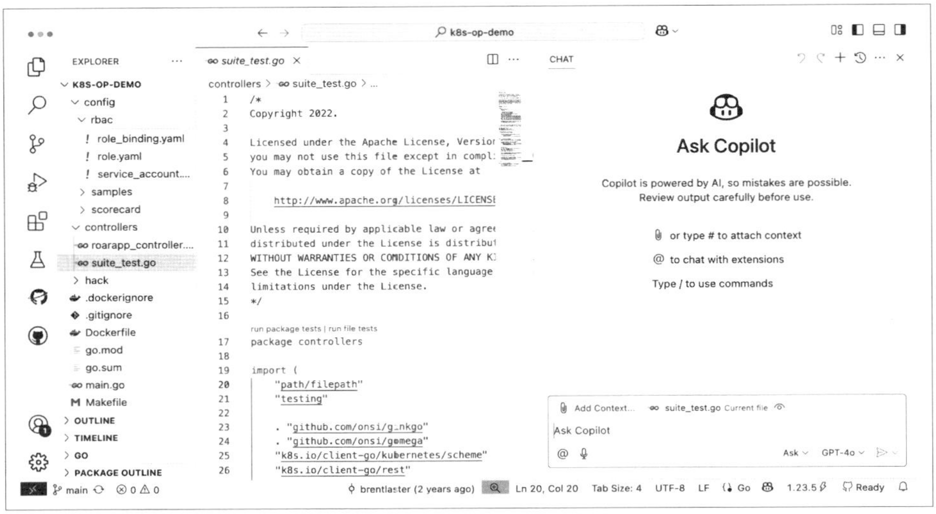

Abbildung 3.1: Die Chat-Oberfläche von Copilot auf der rechten Seite

> **Chat-Oberfläche in GitHub**
>
> In diesem Kapitel geht es um die Chat-Oberfläche in VS Code. Auch in GitHub wird die Chat-Oberfläche von Copilot intensiv genutzt. Wie diese Oberfläche funktioniert, wird Kapitel 9 im Detail erläutern.

Copilot Chat verfügt über mehrere Modi für die Interaktion mit der KI. Der Standardmodus, in dem Sie sich unterhalten können, ist der sogenannte *Ask*-Modus. Die Chat-Oberfläche in Copilot ist auch ein Zugang zu erweiterten Bearbeitungsfunktionen mit Copilot Edits und einigen autonomen Entwicklungsfeatures mit dem Agentenmodus von Copilot. Zwischen diesen Modi können Sie wechseln, wie Abbildung 3.2 zeigt.

Im Mittelpunkt dieses Kapitels stehen Chats im *Ask*-Modus. Kapitel 4 beschreibt dann die Modi *Edit* und *Agent*.

In der IDE-Integration enthält die oberste Zeile ein Copilot-Symbol. Wenn Sie darauf klicken, können Sie verschiedene Chat-Oberflächen in der IDE öffnen. Hierzu gehört auch das (erneute) Öffnen der Hauptoberfläche, falls diese nicht sichtbar ist – die oberste Option in der Liste, wie Abbildung 3.3 zeigt.

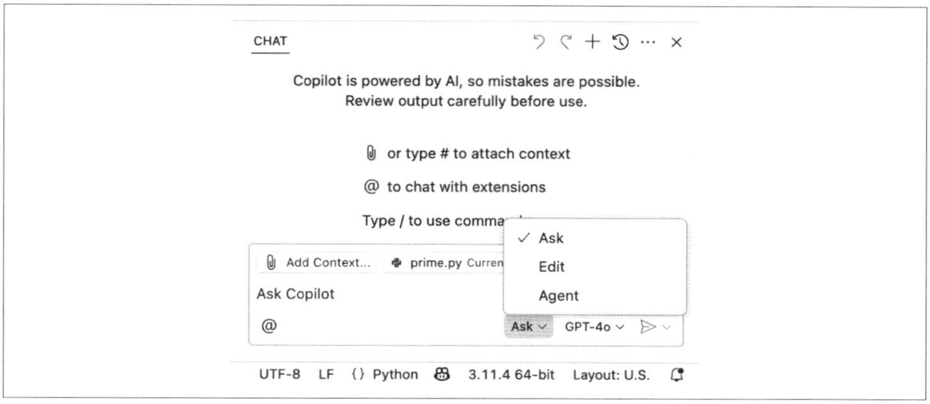

Abbildung 3.2: Optionen für Chat-Modi

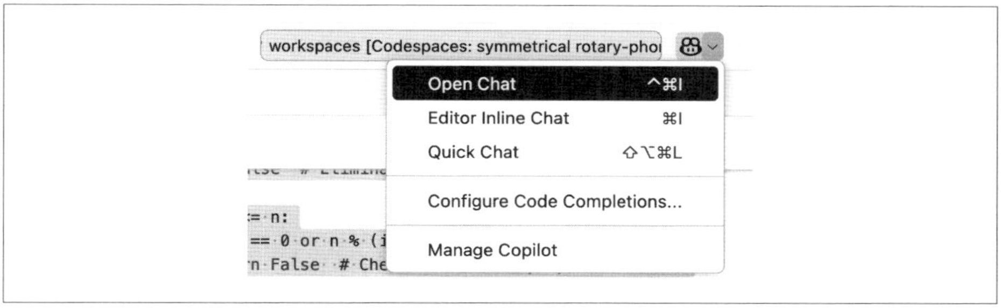

Abbildung 3.3: Das Chat-Steuerelement öffnen

Mögliche KI-Fehler

Wenn Sie eine neue Unterhaltung über die Chat-Oberfläche beginnen, erscheint die Meldung: »KI-Antworten sind möglicherweise ungenau.« Denn weil Copilot durch KI unterstützt wird, sind Fehler möglich. Überprüfen Sie also die Ausgabe sorgfältig, bevor Sie sie verwenden.

Diese Warnung vor möglichen Ungenauigkeiten der Copilot-KI sollte für alle von Copilot zurückgegebenen Antworten berücksichtigt werden, nicht nur in der Chat-Oberfläche. Wie Kapitel 1 erwähnt hat, sollten Sie alle von Copilot zurückgegebenen Antworten überprüfen.

Die Optionen für die Oberflächen *Editor Inline Chat* und *Quick Chat* werden später in diesem Kapitel erläutert.

In der Haupt-Chat-Oberfläche können Sie Ihre Anfrage oder Ihren Prompt in das Textfenster mit der Bezeichnung *Ask Copilot* eingeben. Angenommen, Sie haben `is_prime` in Ihrem Code aus den Beispielen in Kapitel 2 markiert und möchten, dass Copilot Ihnen erklärt, wie er funktioniert. Eine einfache Anfrage dafür lautet:

```
How does this code work?
```

Nachdem Copilot diese Anfrage verarbeitet hat, erscheint eine Antwort, wie sie in Abbildung 3.4 als Beispiel zu sehen ist.

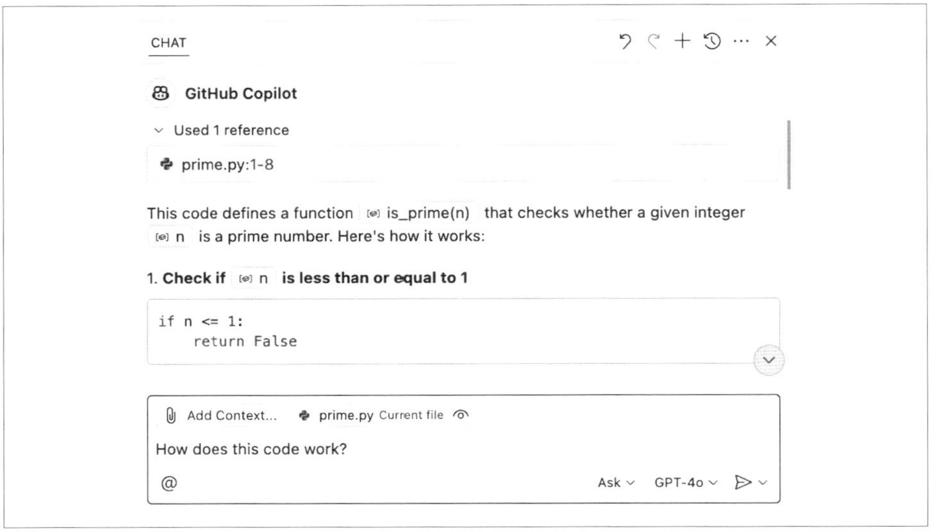

Abbildung 3.4: Ergebnis der Chat-Abfrage

Der Stil der Antwort ist eher dialogorientiert. Es handelt sich um vollständige Sätze, die Sie lesen und verstehen können, selbst wenn Sie mit Python-Programmierung nicht vertraut sind. Die Antwort enthält auch relevante Codebeispiele, die die Erklärung untermauern.

Anwendungsfälle für Erläuterungen

Es mag zwar nicht besonders wichtig erscheinen, Copilot den von Ihnen erstellten Code erklären zu lassen, aber stellen Sie sich vor, Sie könnten damit Code erklären lassen, den Sie nicht selbst geschrieben haben und noch nicht verstehen. Beispielsweise könnte es sich um Code handeln, der in einer Ihnen nicht vertrauten Sprache verfasst ist. Die Erklärungen von Copilot könnten Ihnen auch helfen, einen komplexen Algorithmus verständlich zu machen. Es ist sogar möglich, die Erklärungen als Grundlage für Pseudocode zu nehmen, der dann weiter verfeinert wird.

Die Chat-Antwort in dieser Oberfläche bietet viele Informationen, darunter einige Elemente, die nicht direkt Teil der Erklärung sind, aber damit in Zusammenhang stehen. Nehmen wir uns ein wenig Zeit, um uns die gesamten Informationen in der Ausgabe genauer anzusehen.

Die Chat-Ausgabe verstehen

Neben dem Text aus dem Chat sind noch einige andere Elemente in der Ausgabe erwähnenswert. Um diese zu untersuchen, können wir auf das Beispiel aus den vorherigen Abschnitten zurückgreifen.

Zunächst einmal teilt uns Copilot unter dem Titel »GitHub Copilot« mit, dass die erste Referenz verwendet wurde. Eine *Referenz* bedeutet in diesem Fall Inhalte aus dem oder im Zusammenhang mit dem Projekt, die Copilot als relevant für das Generieren einer Antwort ermittelt hat. Meistens handelt es sich dabei um die aktuell aktive Datei im Editor, doch er könnte sich auch auf zusätzliche Dateien, Abhängigkeiten, benutzerdefinierte Einstellungen oder andere Arten von Inhalten, die keine Dateien sind, stützen. (Beispielsweise könnte er Befehle einbeziehen, wenn Sie in einem Prompt auf das Terminal verweisen.)

Wie Abbildung 3.4 zeigt, habe ich direkt unter dem GitHub-Copilot-Logo den Referenzabschnitt erweitert, um den Inhalt einzublenden, der beim Generieren der Antwort berücksichtigt wurde. In diesem Fall ist die Referenz der Code aus der einzigen aktiven Datei, *prime.py*. Dies ist der Standardkontext, der auch oben im Texteingabebereich angezeigt wird. Dort wird die Datei als »Current File« (Aktuelle Datei; und damit als Standardkontext) identifiziert. Mehr über den Kontext für Prompts finden Sie im Abschnitt »Den Prompt-Dialog effektiv nutzen« auf Seite 80.

Auf den Referenzabschnitt folgt der vollständige Text der von Copilot gegebenen Antwort (im Markdown-Format), als wir mit ihm interagiert haben. Zur Erinnerung: Da wir generative KI verwenden, können Sie selbst bei identischen Prompts unterschiedliche Antworten erhalten:

````
This code defines a function `is_prime(n)` that checks whether a given integer `n`
is a prime number. Here's how it works:

### 1. **Check if `n` is less than or equal to 1**
```python if n <= 1:
    return False
```
- Numbers less than or equal to 1 are not prime, so the function immediately
returns `False`.

### 2. **Iterate through potential divisors**
```python
for i in range(2, int(n**0.5) + 1):
    if n % i == 0:
        return False
```
- The function loops through integers `i` starting from 2 up to the square root of
`n` (inclusive). The square root is calculated using
`n**0.5`, and `int(n**0.5) + 1` ensures the range includes the integer part of the
square root.
- If `n` is divisible by any `i` in this range (`n % i == 0`), it is
 not a prime number, and the function returns `False`.

### 3. **Return `True` if no divisors are found**
```python return True
```
- If the loop completes without finding any divisors, the function concludes that
`n` is a prime number and returns `True`.

### **Key Points**
- **Optimization**: The loop only checks divisors up to the square
 root of `n`, which reduces the number of iterations compared to checking all
numbers up to `n-1`.
````

```
- **Prime Definition**: A prime number is greater than 1 and
  divisible only by 1 and itself. This function implements that
  definition efficiently.

### Example
- Input: `is_prime(7)`
  - The loop checks divisors 2 and 3 (since `int(7**0.5) + 1 = 3`).
  - Since 7 is not divisible by 2 or 3, the function returns `True`.
- Input: `is_prime(9)`
  - The loop checks divisors 2 and 3.
  - Since 9 is divisible by 3, the function returns `False`.
```

Die Antwort enthält eine detaillierte, schrittweise Erklärung des Codes in Prosaform (vollständige Sätze, die so geschrieben sind, als würde Copilot mit Ihnen sprechen) sowie Codeauszüge aus der Datei. Dies ist einer der wichtigsten Vorteile beim Arbeiten mit der Chat-Oberfläche: Der Konversationstext wird zusammen mit dem eigentlichen Code angezeigt. Text und Code bilden zusammen eine vollständige Konversation, so wie Sie sie vielleicht mit einem Kollegen führen würden.

Es ist einfach, die Konversation im Chat fortzusetzen. Beispielsweise können Sie mit Verweis auf Ihren Code Copilot fragen, ob es effizientere Möglichkeiten gibt, diese Logik zu implementieren. Abbildung 3.5 zeigt eine Antwort von Copilot mit einer optimierten Version des Codes. Beachten Sie auch hier die Texterläuterung zusammen mit dem Codebeispiel.

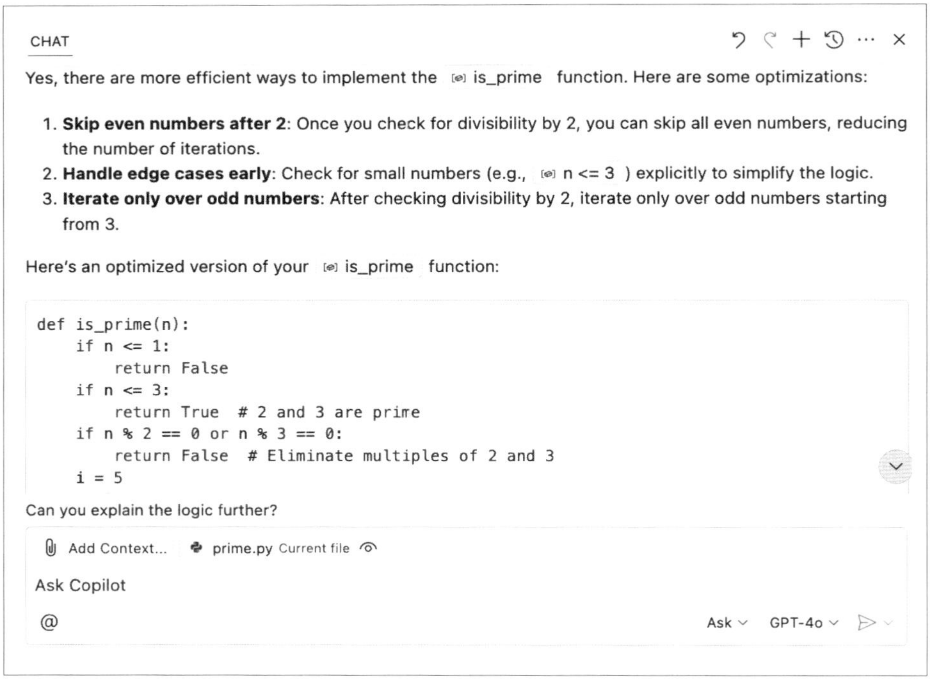

Abbildung 3.5: Copilot fragen, ob es effizientere Wege gibt, um unseren Code zu implementieren

Diese Ausgabe ist in der Chat-Oberfläche schreibgeschützt. Wenn Sie aber den Mauszeiger über diesen Codeblock führen, blendet Copilot eine Pop-up-Leiste mit Symbolen für verschiedene Methoden ein, um Code aus dem Fenster in den Editor Ihrer IDE zu übertragen. Abbildung 3.6 zeigt die Pop-up-Leiste und ihre erweiterten Optionen.

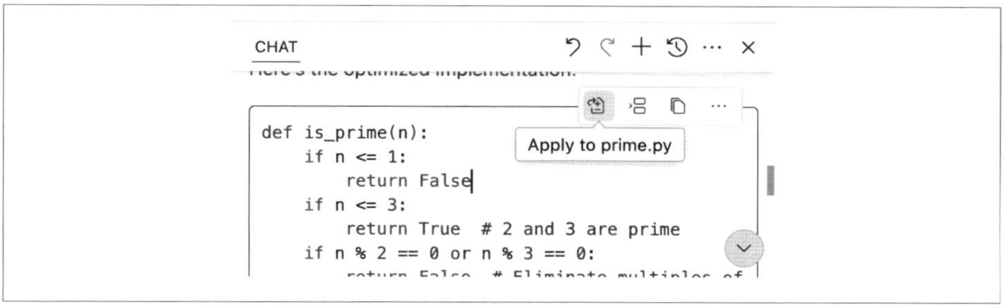

Abbildung 3.6: Von Copilot eingeblendete (Hover-)Symbole, um Code aus der Chat-Oberfläche in den Editor zu übertragen

Von links nach rechts sind den Symbolen folgende Aktionen zugeordnet:

- Änderungen an der aktuell aktiven Datei zur Überprüfung anwenden
- Text an der Cursorposition in die aktuell aktive Datei einfügen
- Den Text in die Zwischenablage kopieren
- Den Text in eine neue Datei einfügen (zugänglich über das Symbol *Weitere Aktionen [...]*)
- Den Text in ein Terminal einfügen (zugänglich über das Symbol *Weitere Aktionen [...]*)

Das Hover-Menü anpassen

Um zu den beiden letzten Optionen in der Liste zu gelangen (*Einfügen in eine neue Datei* und *Einfügen in das Terminal*), müssen Sie standardmäßig den Mauszeiger über die mit drei Punkten symbolisierte Auswahl im Pop-up führen, auf *Weitere Aktionen* klicken und dann die gewünschte Option auswählen.

Wenn Sie jedoch den Mauszeiger über eines der Symbole führen und mit der rechten Maustaste klicken, erscheint ein Kontextmenü. Hier können Sie auswählen, welche Symbole in der *Leiste* beim Darüberfahren mit der Maus zu sehen sein sollen. Wenn Sie alle Einträge in der Liste auswählen, stehen Ihnen alle Symbole in der Hover-Leiste zur Verfügung, und Sie müssen nicht den Weg über das Symbol *Weitere Aktionen* gehen.

Die meisten dieser Optionen dürften selbsterklärend sein, doch verdient *Apply* eine zusätzliche Erläuterung. Wenn Sie auf diese Option klicken, wendet Copilot die Änderungen auf die Datei in Ihrem Editor an, zeigt die vorgeschlagenen Änderungen inline an und ermöglicht es Ihnen, jede Gruppe beizubehalten (*Keep*) oder rückgängig zu machen (*Undo*) (Abbildung 3.7).

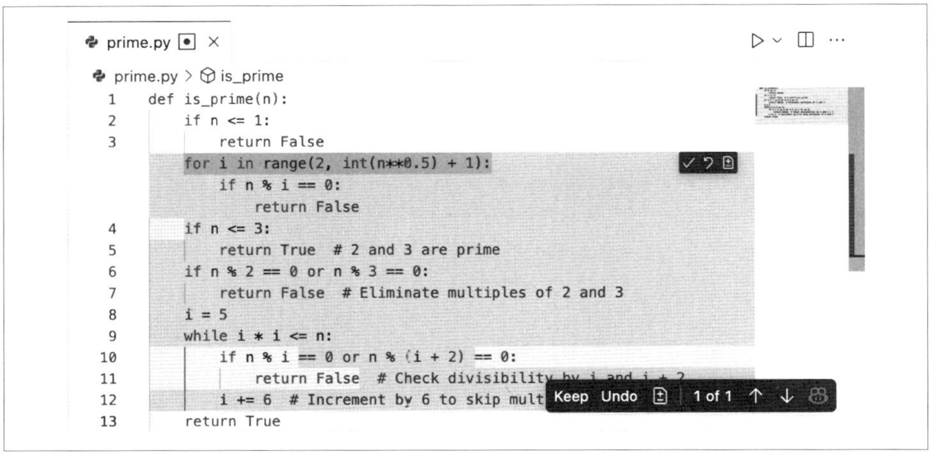

Abbildung 3.7: Änderungen aus dem Chat inline anwenden

Der Befehl *Insert at Cursor* (Am Cursor einfügen) ersetzt den hervorgehobenen Code in der Editor-Sitzung durch den Code aus dem Fenster. Angenommen, Sie haben Ihren vorherigen Code markiert und wählen dann diese Option aus. In diesem Fall wird Ihre vorherige Implementierung der Funktion `is_prime` durch die Version aus dem Chat überschrieben.

Außer den Steuerelementen, die eingeblendet werden, wenn Sie die Maus über den generierten Code im Chat-Fensterbereich führen, sind verschiedene andere Steuerelemente am oberen Rand des Chat-Fensterbereichs und im Bereich der Texteingabe selbst verfügbar. Sehen wir uns kurz an, um welche es sich dabei handelt und was Sie damit bewerkstelligen können, beginnend mit denen, die Ihnen bei der Verwaltung von Chat-Sitzungen helfen.

Chat-Sitzungen verwalten

In der obersten Zeile des Chat-Fensters befinden sich mehrere Steuerelemente, mit denen Sie Ihre Chat-Sitzungen verwalten können (Abbildung 3.8).

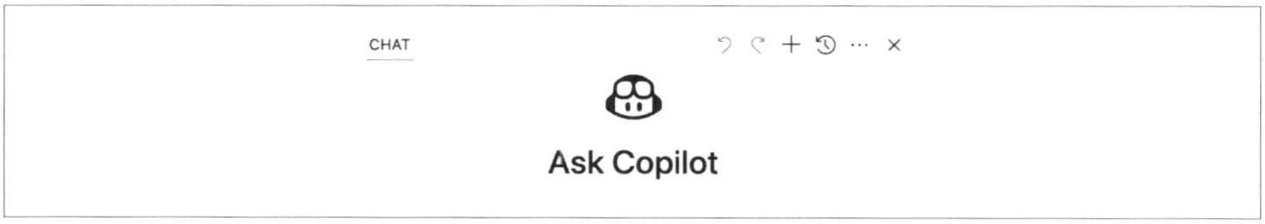

Abbildung 3.8: Die Symbole im oberen Teil der Chat-Oberfläche

Auf der rechten Seite bewegen Sie sich mit den Tasten Pfeil links und Pfeil rechts vorwärts bzw. rückwärts zwischen den Sitzungen. Über das große Pluszeichen starten Sie eine neue Chat-Sitzung, anstatt mit der aktuellen fortzufahren. Eine neue Sitzung zu starten, ist zweckmäßig, wenn Sie ein neues Thema diskutieren und nicht das Risiko eingehen möchten, dass Copilot Kontext von Ihren vorherigen Diskussionen im bestehenden Chat übernimmt.

In einer einzelnen Chat-Sitzung verfolgt Copilot den Verlauf der Konversation einschließlich der aufeinanderfolgenden Prompts. Zum Beispiel zeigt Abbildung 3.9, wie Copilot gefragt wurde, um Tests für eine unserer Dateien zu erstellen.

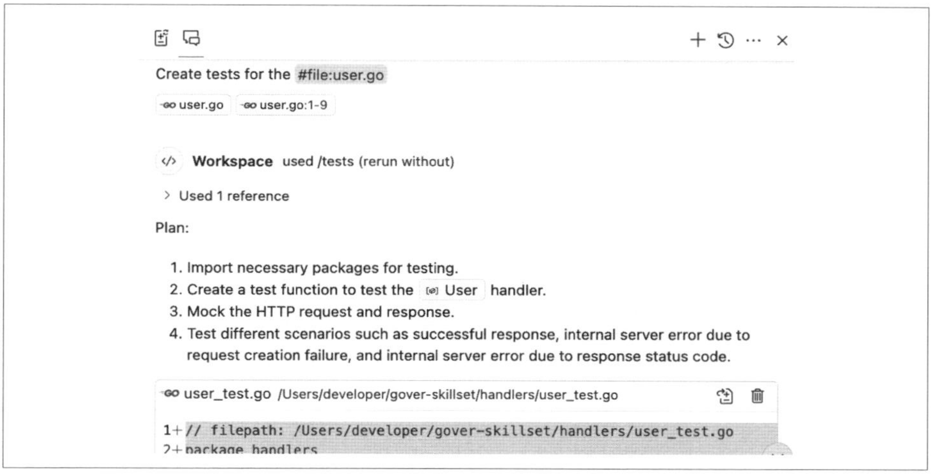

Abbildung 3.9: Tests für eine Datei erstellen

Anschließend haben wir Copilot eine allgemeinere Frage darüber gestellt, welche anderen Anwendungsfälle berücksichtigt werden sollten. Copilot hat daraufhin eine Antwort geliefert, die für den Kontext / die Folgefrage zur vorherigen Frage relevant war (siehe Abbildung 3.10).

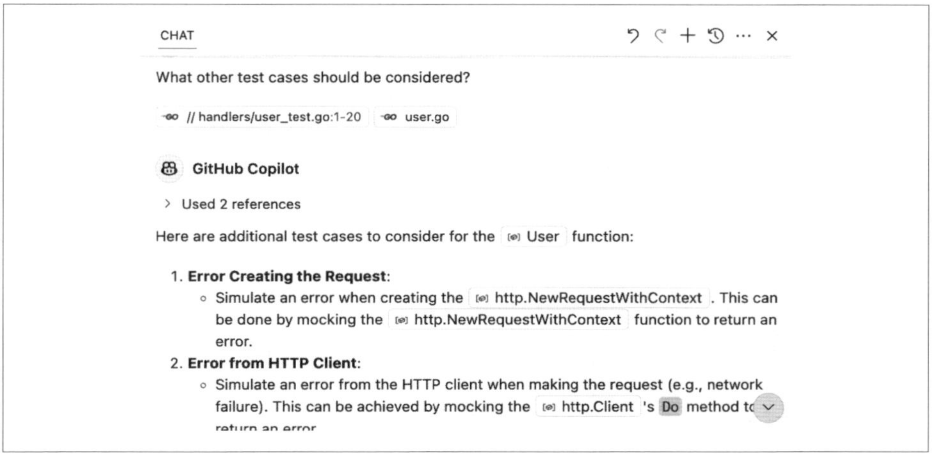

Abbildung 3.10: Folgefragen

Wenn Sie auf das Symbol *Chats anzeigen* (das wie eine Uhr in einem kreisförmigen Pfeil aussieht) klicken, erscheinen die Chats, mit denen Sie gearbeitet haben, in einem Dialogfeld (siehe Abbildung 3.11). Klicken Sie auf einen Eintrag, um zu diesem Chat zu wechseln.

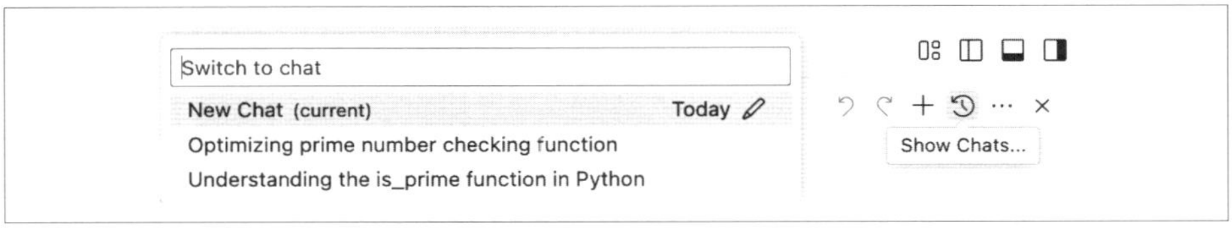

Abbildung 3.11: Eine Liste von Chats anzeigen

Das Steuerelement *Ansichten und weitere Aktionen* (das Symbol mit den drei Punkten) bietet mehrere Optionen. Damit können Sie den aktuellen Chat im Editor oder in einem neuen Fenster öffnen, Copilot mit Feedback zur Chat-Funktionalität versorgen und ganz einfach auf die neuesten Versionshinweise zugreifen.

Durch Klicken auf das *X* in der rechten oberen Ecke des Chat-Fensters lässt sich die Chat-Ansicht vollständig schließen. Alternativ können Sie einen einzelnen Chat löschen, indem Sie mit der Maus über den entsprechenden Bereich fahren und auf das *X* in der rechten oberen Ecke des jeweiligen Chats klicken (Abbildung 3.12, die gezeigte Beschriftung *Undo Requests* wurde inzwischen in *Delete* korrigiert.) Manchmal ist es zweckmäßig, einen Chat zu löschen, um nicht mehr relevante Diskussionen zu entfernen.

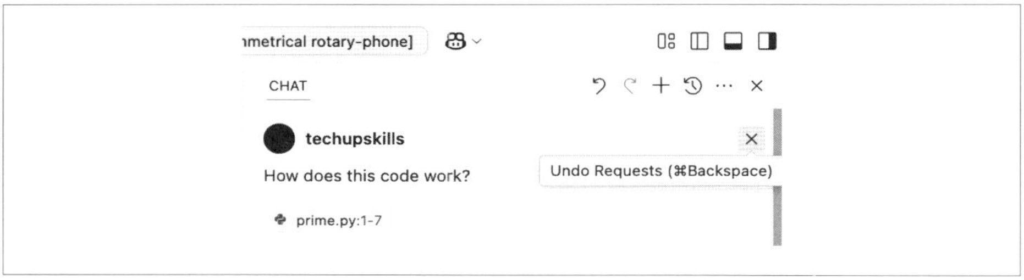

Abbildung 3.12: Einen Chat löschen

Abschließend sei noch erwähnt, dass Sie den Inhalt einer Chat-Sitzung exportieren oder speichern können. Kapitel 6 geht näher darauf ein.

Die oben beschriebenen Steuerelemente helfen Ihnen, Ihre Chat-Sitzungen zu verwalten. Da wir mit Copilot im Chat über Prompts interagieren, wollen wir uns zunächst ansehen, wie wir unsere Prompts am besten gestalten können.

Prompt Engineering für Copilot

Prompt Engineering für GitHub Copilot bezeichnet den Prozess, klare, zielgerichtete Anweisungen zu entwickeln, um die KI beim Generieren nützlicher und genauer

Antworten anzuleiten. Wenn Sie mit Copilot Chat interagieren, kann Ihr Prompt so einfach wie eine Frage, ein Shortcut-Befehl (mehr dazu später in diesem Kapitel) oder eine spezifische Anweisung für Copilot in Bezug auf Ihr Projekt sein. Copilot stützt sich nicht nur auf Ihren Prompt, sondern zieht auch Kontextinformationen aus Ihren geöffneten Dateien und dem andauernden Chat-Verlauf heran, um relevante Antworten zu liefern.

Wenn Sie an einem größeren Projekt arbeiten, empfiehlt es sich, zunächst Ihr Ziel allgemein zu beschreiben und damit die Bühne für das zu bereiten, was Sie erreichen wollen. Zum Beispiel könnten Sie mit »Schreibe eine Funktion, die prüft, ob eine Zahl eine Primzahl ist« beginnen. Nachdem Sie den allgemeinen Zweck umrissen haben, können Sie mit konkreten Anforderungen oder Einschränkungen fortfahren, wie zum Beispiel »Die Funktion sollte `true` für Primzahlen zurückgeben und eine Fehlermeldung liefern, wenn die Eingabe keine positive Ganzzahl ist«. Dieser Übergang vom Allgemeinen zum Spezifischen hilft Copilot, sowohl die übergeordnete Aufgabe als auch die Details zu verstehen, was zu präziseren Antworten führt.

Eine weitere effektive Technik ist es, Beispiele bereitzustellen. Schließt man Beispiele von Eingaben und erwartete Ausgaben oder sogar Unit-Tests ein, kann Copilot Ihre Absicht besser ableiten. Möchten Sie etwa mit einer Funktion Datumsangaben aus einem String extrahieren, können Sie Copilot mit einem Beispielstring und dem erwarteten Datumsarray anleiten, wie Code zu generieren ist, der Ihren Anforderungen entspricht.

Copilot Chat unterstützt auch erweiterte Features wie das Verweisen auf bestimmte Dateien, das Verwenden von Chat-Variablen und das Integrieren mit Teilnehmern und Erweiterungen für domänenspezifische Aufgaben. (Chat-Variablen und Teilnehmer kommen später in diesem Kapitel zur Sprache. Copilot-Erweiterungen sind Thema von Kapitel 10.) Dabei haben Sie die Möglichkeit, Code zu markieren, Schlüsselwörter zu verwenden oder Dateien in den Chat zu ziehen, um Copilot mehr Kontext zu verschaffen. Der Schlüssel ist Iteration: Wenn die anfängliche Antwort nicht ganz richtig ist, verfeinern Sie Ihren Prompt oder Ihren Kontext, bis Sie das gewünschte Ergebnis erhalten.

Indem Sie Prompt Engineering als interaktive Konversation betrachten, können Sie Copilot Chat nutzen, um Code zu schreiben, Fehler zu debuggen, Tests zu generieren und projektspezifische Fragen effizient zu beantworten. Je klarer Sie Ihre Absichten kommunizieren, desto besser kann Copilot Sie in Ihrem Entwicklungsworkflow unterstützen.

Weitere Informationen

In der Copilot-Dokumentation (*https://oreil.ly/QnqjI*) finden Sie weitere Erläuterungen zum Prompt Engineering.

Wenn Sie Ihre Prompts eingeben, erscheinen im Texteingabebereich zusätzliche Steuerelemente, mit denen Sie die Umgebung und die Ziele für Ihren Prompt anpassen können.

Den Prompt-Dialog effektiv nutzen

Im Chat-Dialog sind mehrere Steuerelemente verfügbar, um Prompts oder Abfragen zu senden. Abbildung 3.13 zeigt diese Steuerelemente.

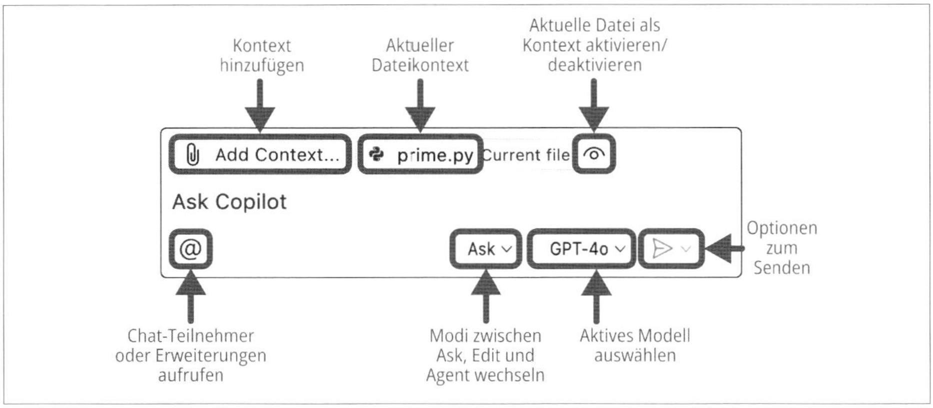

Abbildung 3.13: Steuerelemente für den Prompt-Dialog

Die Steuerelemente haben folgende Bedeutungen:

- Kontextelemente hinzufügen
- Einen Chat-Teilnehmer auswählen, der beim Umgang mit dem Prompt hilft
- Auswählen, was Copilot unternimmt, wenn Ihr Prompt übermittelt wird
- Auswählen Ihres KI-Modells
- Auswählen, ob Sie die Chat-Oberfläche im Modus *Ask*, *Edit* oder *Agent* verwenden

Wie bereits erwähnt, konzentrieren wir uns in diesem Kapitel auf den *Ask*-Modus für den Chat und wenden uns in Kapitel 4 den Modi *Edit* und *Agent* zu, sodass wir auf den letzten Punkt in der Liste oben nicht näher eingehen werden. Alle anderen genannten Punkte kommen aber in diesem Abschnitt zur Sprache.

Kontextelemente hinzufügen

Unter *Kontext* sind hier relevante Elemente zu verstehen, die Teil Ihres Projekts sind und auf die Copilot verweisen kann, um Antworten zu verstehen und zu formulieren. Auf der einfachsten Ebene dient eine im Editor geöffnete aktive Datei als aktueller Kontext. In Abbildung 3.13 ist dies als *prime.py Current file* zu sehen. Wenn Sie diese Datei als aktuellen Kontext ausschließen möchten, können Sie eine andere Datei aktivieren oder auf das Symbol klicken, das einem Auge ähnelt, um die aktuelle Datei als Kontext zu deaktivieren.

Um andere Arten von Elementen aus Ihrem Projekt manuell als Kontext hinzuzufügen, klicken Sie auf das Büroklammer-Symbol neben *Add Context* (Kontext hinzufügen). Daraufhin erscheint eine Liste mit optionalen Elementen, die Sie als Kontext hinzufügen können. Diese reichen von Inhalten im Editor über einzelne Dateien und ganze Ordner bis hin zu Symbolen und Text aus dem Termin und sogar Screenshot-Fenstern. Es gibt auch mehrere Optionen, um nach anderen Inhalten wie Webseiten zu suchen oder die Verwendung von Funktionen, Variablen und Symbolen zu finden. Abbildung 3.14 zeigt eine unvollständige Liste der Elemente, die Sie über das Steuerelement erreichen.

Um ein bestimmtes Element in der Liste zu finden, können Sie scrollen oder Zeichen in die Suchleiste eintippen. Dazu gehören auch Dateien in Ihrem Projekt. Schließlich sehen Sie am unteren Ende der Liste die zuletzt geöffneten Dateien.

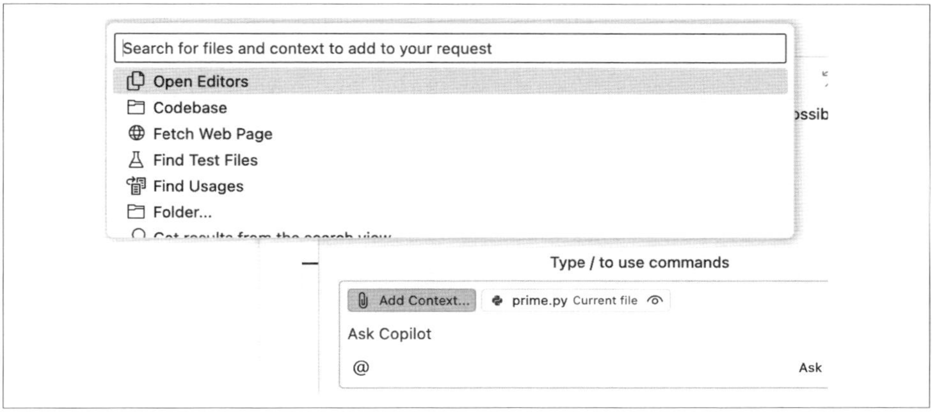

Abbildung 3.14: Zusätzlichen Kontext hinzufügen

Wenn Sie alle gewünschten Kontextelemente hinzugefügt haben, können Sie Ihren Prompt eingeben und senden. Die hinzugefügten Kontextelemente berücksichtigt Copilot, wenn er die Antwort vorbereitet. Abbildung 3.15 zeigt ein Beispiel der Ausgabe für einen ausgeführten Prompt mit mehreren hinzugefügten Kontextelementen.

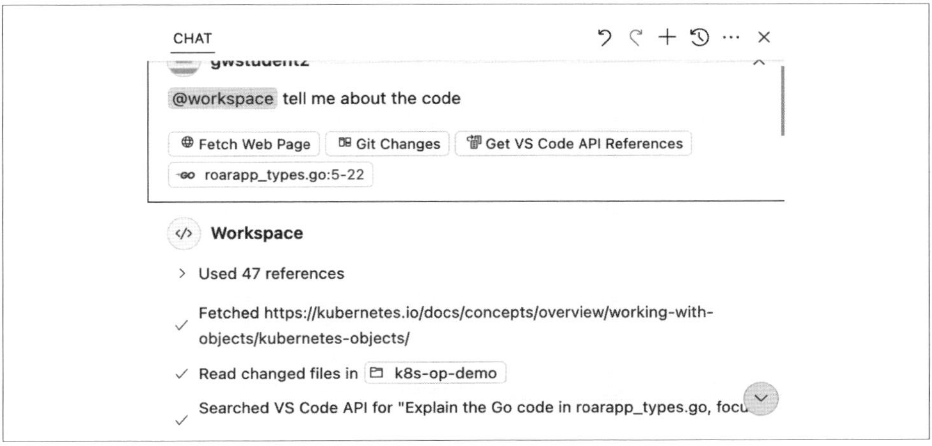

Abbildung 3.15: Einen Prompt mit mehreren Kontexttypen

Repository-Indizes

Zum Thema Kontext sei daran erinnert, dass GitHub automatisch einen *Workspace-Index* erstellt, mit dessen Hilfe Sie Ihr Projekt schnell und genau nach relevanten Codeteilen durchsuchen können. Dieser Index lässt sich dann als weitere Unterstützung verwenden, um eine größere Menge an Inhalten in der Codebasis zu durchsuchen und Fragen dazu besser zu beantworten.

Teilnehmer hinzufügen

Das mit @ beschriftete Steuerelement erlaubt es, einen *Chat-Teilnehmer* aufzurufen. Chat-Teilnehmer legen einen Gültigkeitsbereich fest, für den der Prompt oder die Abfrage gelten soll, beispielsweise den gesamten Workspace, das Terminal und VS Code. In der IDE stehen bereits mehrere integrierte Chat-Teilnehmer zur Verfügung, zum Beispiel `@work space` und `@terminal`.

Auch die GitHub-Copilot-Erweiterungen können zusätzliche Teilnehmer bereitstellen, wenn Sie die jeweiligen Erweiterungen installieren. Bei *Copilot-Erweiterungen* handelt es sich um benutzerdefinierte Integrationen, die andere Tools (wie zum Beispiel Docker) oder APIs in die Chat-Oberfläche Ihrer IDE einbinden. Dieses Kapitel geht später noch ausführlicher auf Chat-Teilnehmer ein. Copilot-Erweiterungen sind Thema von Kapitel 10. Abbildung 3.16 zeigt eine Liste von integrierten Chat-Teilnehmern, unter denen Sie auswählen können.

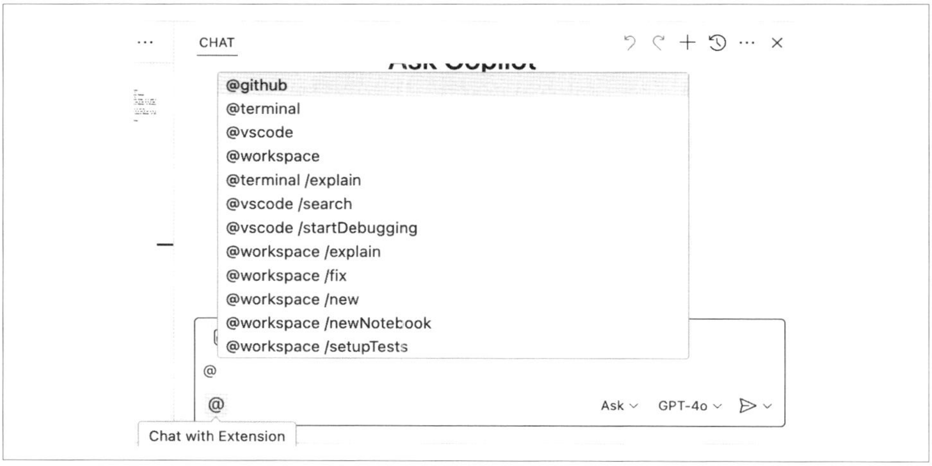

Abbildung 3.16: Einen Teilnehmer oder eine Erweiterung aufrufen

Auf der rechten Seite folgt als Nächstes die Schaltfläche *Senden*. Wenn Sie darauf klicken, wird Ihr Prompt oder Ihre Abfrage an die KI geschickt. Es ist aber möglich, Ihren Prompt auf verschiedene Arten zu senden.

Die Optionen für das Senden Ihres Prompts

Das Pfeilsymbol auf der rechten Seite des Prompt-Bereichs ist die Schaltfläche *Senden*. Über diese Schaltfläche lassen sich das Standardverhalten sowie mehrere andere Optionen aktivieren. Abbildung 3.17 zeigt die verschiedenen *Senden*-Optionen, die alle Ihren Prompt oder Ihre Abfrage an Copilot übermitteln, wobei allerdings einige wichtige Unterschiede zu beachten sind. Sehen wir uns die einzelnen Optionen genauer an.

Standardmäßig versucht Copilot Chat, Ihren Prompt oder Ihre Abfrage an eine geeignete Aktion oder ein geeignetes Tool (zum Beispiel einen Chat-Teilnehmer) weiterzuleiten. Dies ist das Standardverhalten beim Senden und Weiterleiten, wenn Sie auf den Pfeil klicken.

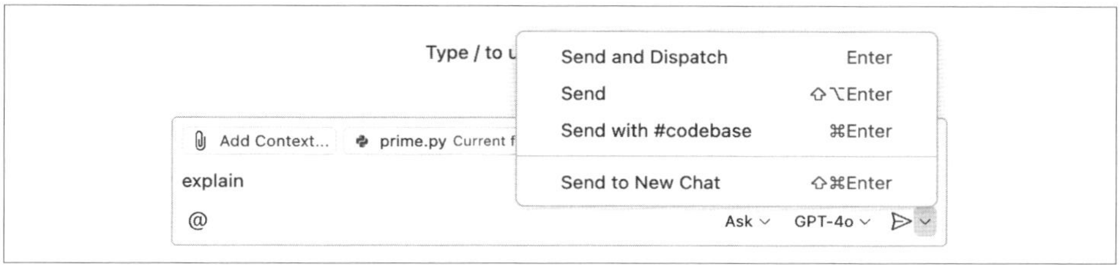

Abbildung 3.17: Die »Senden«-Optionen

Bei der Weiterleitung an eine Aktion oder ein Tool, erscheint gegebenenfalls ein Befehlslink *rerun without* (erneut ausführen ohne) ganz oben in der Ausgabe. In Abbildung 3.18 lautet der Prompt ganz einfach *Create test cases* (Erzeuge Tests). Beachten Sie aber, dass Copilot die Workspace-Teilnehmer und einen Shortcut-Befehl `/tests` hinzugefügt hat. (Auf derartige Befehle gehen wir später in diesem Kapitel ein.) Der Link *rerun without* würde die Abfrage ohne den Befehl `/tests` ausführen.

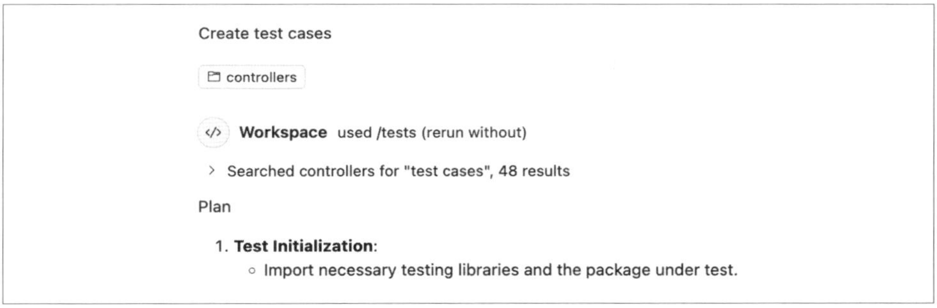

Abbildung 3.18: Beispielprompt mit automatischen Hinzufügungen von Copilot

Wenn die automatisch gewählte Aktion oder das automatisch gewählte Tool für Ihre Frage nicht geeignet ist, können Sie den Link auswählen, um Ihre Frage erneut an Copilot zu senden, ohne den Teilnehmer einzubeziehen. So verhält sich Copilot, wenn Sie die Option *Senden* in der Drop-down-Liste auswählen. Abbildung 3.19 zeigt, wie diese Option mit demselben Prompt aussieht.

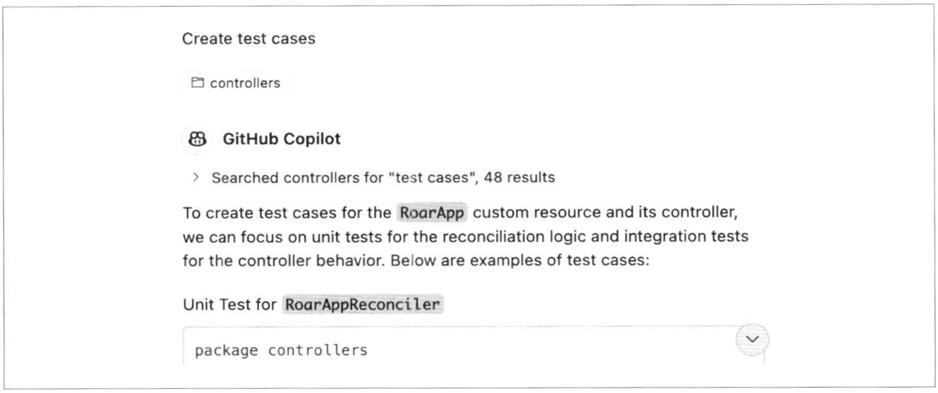

Abbildung 3.19: Beispiel-Prompt, wenn Sie die Option »Senden« auswählen

Bei der dritten Option *Mit #codebase senden* (Send with #codebase) ist `#codebase` eine Chat-Variable. Auch wenn wir uns mit Chat-Variablen erst später in diesem Kapitel beschäftigen, sei schon so viel verraten, dass Sie Copilot damit anweisen, sämtliche Informationen zu berücksichtigen, die er über Ihren gesamten Code gesammelt hat. Dies kann nützlich sein, wenn andere Inhalte des Projekts in der Antwort berücksichtigt werden müssen, Sie aber nicht wissen (oder nicht angeben möchten), welche einzelnen Elemente für den Kontext relevant sind. In unserem Beispiel zum Generieren von Tests könnte die KI mithilfe dieser Option feststellen, ob bereits Tests vorhanden sind, und/oder Vorschläge für umfassendere Tests im gesamten Projekt generieren.

Die letzte Option *An neuen Chat senden* (Send to New Chat) ist selbsterklärend. Der eben eingegebene Prompt wird in einem neuen Chat als erster Prompt geöffnet. Dies ist nützlich, wenn Sie eine bestimmte Abfrage oder Aufgabe in Bezug auf Klarheit oder Fokus aus laufenden Konversationen isolieren möchten.

Das verbleibende Steuerelement im Dialogfeld ist eine Option, um das LLM auszuwählen, das Copilot im Backend verwenden soll. Damit sind Sie flexibel bei der Auswahl eines LLM, das für Ihre konkrete Aufgabe vielleicht besser geeignet ist. Derzeit stehen viele LLMs zur Verfügung, die Sie aus der Drop-down-Liste (siehe Abbildung 3.20) auswählen können. Sobald neue LLMs verfügbar sind, werden sie für einen bestimmten Zeitraum als *Vorschau* (Preview) gekennzeichnet. Möglicherweise erscheint bei der Auswahl eines anderen Modells die Frage »Enable access for all clients« (Zugriff für alle Clients aktivieren).

Modelle verwalten

Wie Abbildung 3.20 zeigt, enthält die Modellliste ganz unten einen Link *Modelle verwalten* (Manage Models). Über diesen Link können Sie Daten eingeben, die für den Zugriff auf andere Modelle erforderlich sein können, zum Beispiel benutzerdefinierte Modell-IDs oder API-Schlüssel.

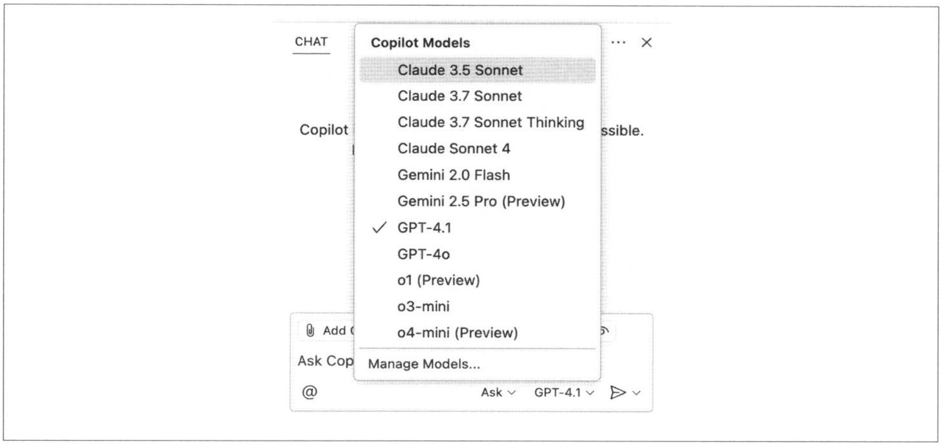

Abbildung 3.20: Ein anderes Modell auswählen

Nachdem Sie nun gesehen haben, wie der Chat-Hauptdialog funktioniert, sehen wir uns einen Shortcut an, um Chat inline mit Ihrem Code im Editor zu verwenden.

Die Editor-Inlinechat-Oberfläche

Die Copilot-Integration bietet eine vereinfachte, schnell zugängliche Oberfläche für Chat im Editor. Die Oberfläche lässt sich an jeder Position mit der Tastenkombination Meta+I aufrufen (Abbildung 3.21).

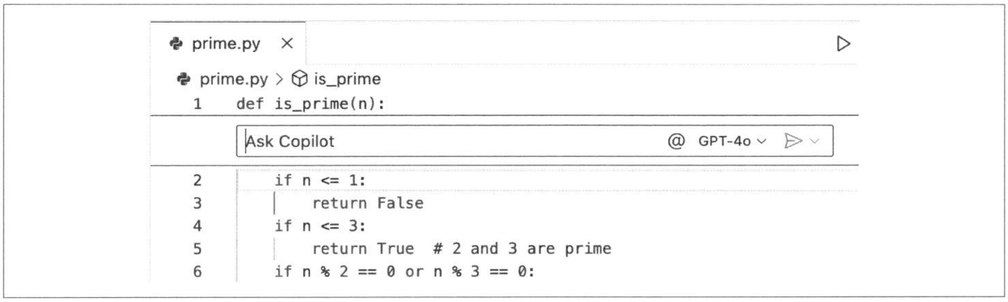

Abbildung 3.21: Inlinechat-Oberfläche

Dieser Dialog ist eine kleinere Version des Chat-Dialogs. Er ist so konzipiert, dass man ihn inline im Code-Editor verwenden kann, ohne dass er zu viel Platz auf dem Bildschirm beansprucht. Abgesehen von *Kontext hinzufügen* verfügt er über die gleichen Steuerelemente, und Sie können die gleichen Prompts oder Abfragen wie im Chat-Hauptfenster bereitstellen. So können Sie den Code markieren und die gleiche Frage wie zuvor in diesem Kapitel stellen:

```
How does this code work?
```

Copilot gibt so viel von der Antwort zurück, wie sich im begrenzten Fenster anzeigen lässt (Abbildung 3.22).

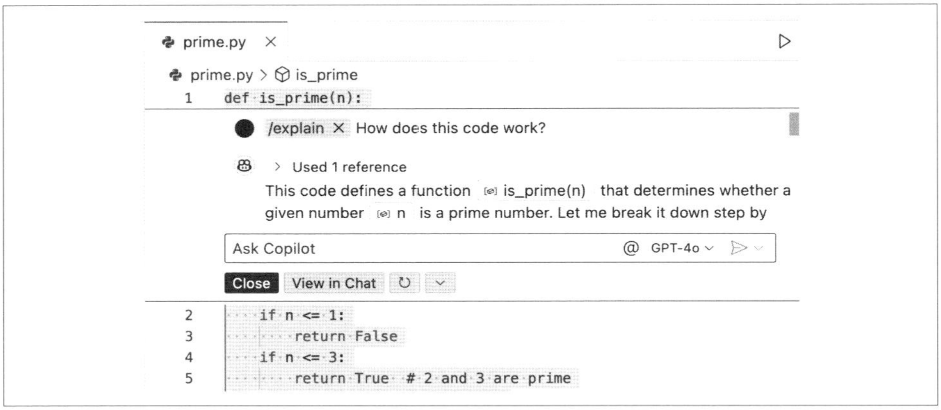

Abbildung 3.22: Prompts in einem interaktiven Chat erstellen

Um mehr von der Ausgabe zu sehen, können Sie scrollen oder den Dialog erweitern. Dennoch ist es aufgrund des begrenzten Platzes auf dem Bildschirm unter Umständen nicht möglich, die vollständige Antwort darzustellen. Um die vollständige Antwort in der Chat-Hauptoberfläche zu sehen, klicken Sie auf die Schaltfläche *View in Chat* (Im Chat anzeigen).

Die Option »regenerate«

Sicherlich haben Sie den kreisförmigen Pfeil neben der Schaltfläche *View in Chat* bemerkt. Damit lässt sich Copilot auffordern, eine neue Antwort zu generieren. Dann können Sie prüfen, ob er eine andere und möglicherweise bessere Antwort liefert.

Wenn Sie auf die Schaltfläche *View in Chat* klicken, erscheint der vollständige Text der Antwort im Chat-Hauptfenster (Abbildung 3.23). Nun können Sie durch die Antwort blättern und Folge-Prompts abschicken, Code auswählen und Codebeispiele kopieren/einfügen.

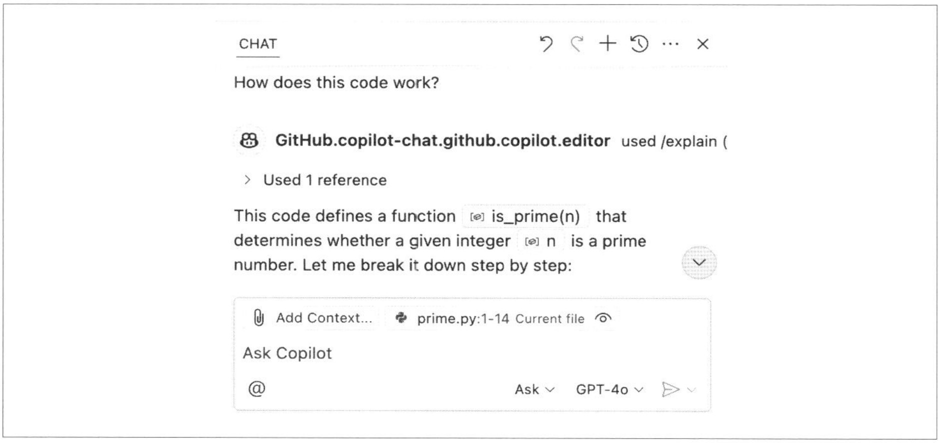

Abbildung 3.23: Ausgabe über die Option »View in Chat«

Andere Operationen, die Sie über den Inline-Dialog starten, können den Code inline im Editor aktualisieren. Wenn Sie Copilot zum Beispiel mit

```
document the selected code
```

auffordern, den ausgewählten Code zu dokumentieren, erzeugt Copilot, wie in Abbildung 3.24 gezeigt, die Dokumentation inline für den ausgewählten Code.

Wenn Sie also Copilot auffordern, einen Aspekt des tatsächlichen Codes im Editor zu ändern, werden die Ergebnisse direkt inline angewendet, damit Sie sie überprüfen und entscheiden können, ob Sie sie akzeptieren möchten oder nicht. Bittet der Prompt Copilot um eine Antwort, die eine Alternative zum Code in der IDE darstellt, zum Beispiel die Übersetzung dieses Codes in Go oder die Optimierung dieses Codes, kann die Ausgabe entweder im interaktiven Chat-Fenster (wenn sie kurz genug ist) oder im Hauptausgabebereich des Chats angezeigt werden.

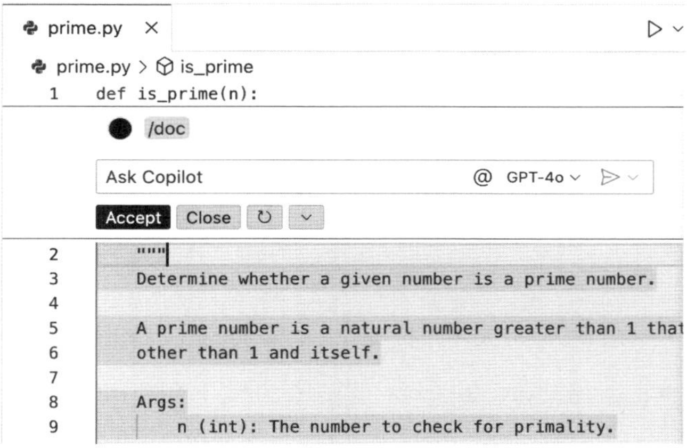

Abbildung 3.24: Vorgeschlagene Änderungen für die Dokumentation

Während das Chat-Hauptfenster und die Funktionalität des Editor-Inlinechats die meisten Anwendungsfälle abdecken, gibt es noch eine weitere Option für die schnelle Nutzung des Chats, die passenderweise mit *Quick Chat* (Schnellchat) benannt ist.

Die Schnellchat-Oberfläche verwenden

Es kommt vor, dass Sie schnell eine Frage im Chat stellen oder einen Prompt senden möchten, die bzw. der sich nicht auf den Code in Ihrem aktuellen Editor bezieht und es dabei nicht erforderlich ist, zum vollständigen Chat-Fenster zu wechseln. Hierfür bringt Copilot ein Feature namens *Quick Chat* (Schnellchat) mit, das einen einfachen Dialog oben in der IDE einblendet. Abbildung 3.25 zeigt ein Beispiel.

Abbildung 3.25: Schnellchat (Quick Chat)

Der Dialog selbst ähnelt dem im Inline-Editor, ist aber nicht im Editor untergebracht. Diese Option erlaubt es Ihnen, mit Copilot über einen Prompt zu interagieren und dann zu Ihrer vorherigen Tätigkeit zurückzukehren. Der Schnellchat lässt sich über eine Tastenkombination oder über das Copilot-Symbol ganz oben in der VS-Code-Benutzeroberfläche aufrufen. Wenn Sie auf dieses Symbol klicken (wie Abbildung 3.26 zeigt), erscheinen die Befehle, um das Chat-Hauptfenster, den Schnellchat-Dialog und den Editor-Inlinechat zu öffnen.

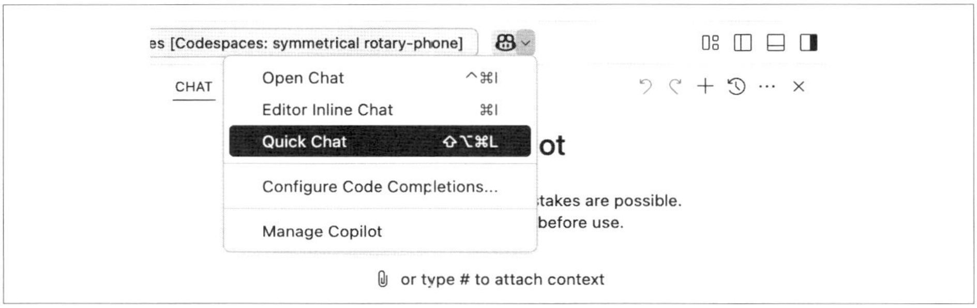

Abbildung 3.26: Chat-Optionen, die Sie über das Copilot-Menü in der Titelleiste erreichen

Vergleichbar mit prägnanteren Chat-Oberflächen lassen sich auch prägnantere Prompts erstellen, indem man für typische Anfragen die Shortcuts von Copilot verwendet.

Chat-Shortcuts

GitHub Copilot Chat unterstützt mehrere Shortcuts für gängige Interaktionen. Diese Shortcuts bezeichnet man auch als *Slash-Befehle*, da sie mit einem Schrägstrich (engl. Slash, /) beginnen. Die Slash-Befehle funktionieren sowohl im Chat-Hauptfenster als auch von der Inline-Chat-Oberfläche (Meta+I) aus. Möglicherweise sind nicht alle Befehle in jeder IDE verfügbar. Tabelle 3.1 führt die Obermenge der derzeit verfügbaren Befehle auf.

Eingeschränkte Feature-Parität

Verschiedene IDEs beherrschen möglicherweise nur eine Teilmenge dieser Slash-Befehle oder sogar solche, die hier nicht aufgeführt sind. Da sich die derzeit implementierten und unterstützten Slash-Befehle häufig ändern können, sollten Sie immer die Copilot-Dokumentation für Ihre IDE konsultieren, um zu erfahren, welche Befehle verfügbar sind.

Tabelle 3.1: Slash-Befehle von Copilot

Befehl	Zweck
`/clear`	Aktuelle Konversation löschen
`/doc`	Kommentare für ausgewählten oder angegebenen Code hinzufügen
`/edit`	Den ausgewählten Code in Ihrem aktiven Editor bearbeiten
`/explain`	Erklärungen generieren, wie der Code funktioniert
`/fix`	Eine Lösung für ein Problem vorschlagen
`/fixTestFailure`	Eine Lösung für den gescheiterten Test vorschlagen
`/generate`	Code für eine spezifische Aufgabe generieren
`/help`	Hilfe zu Copilot erhalten
`/new`	Den Rahmen für einen neuen Workspace schaffen
`/newNotebook`	Ein neues Jupyter Notebook erstellen
`/search`	Nach Inhalten in VS Code suchen
`/startDebugging`	Startkonfiguration generieren und mit dem Debugging in VS Code beginnen
`/tests`	Unit-Tests für Code erstellen

Der Zugriff auf diese Befehle ist unkompliziert. Tippen Sie einfach den Schrägstrich in eine der Chat-Oberflächen ein, und Copilot listet die verfügbaren Befehle auf, aus denen Sie auswählen können (siehe Abbildung 3.27). Beachten Sie, dass in der Inline-Chat-Oberfläche nicht alle Shortcut-Befehle verfügbar sind.

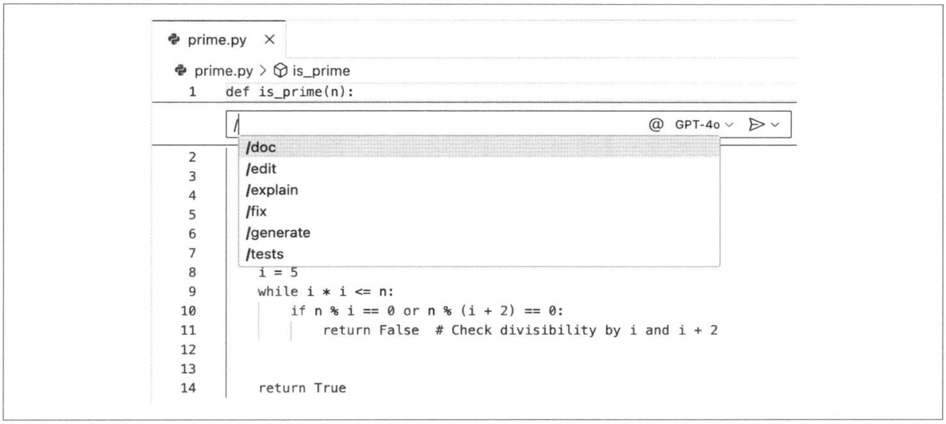

Abbildung 3.27: Auflisten der Slash-Befehle im interaktiven Chat

Die gleiche Methode können Sie im Chat-Hauptfenster anwenden, wie Abbildung 3.28 zeigt.

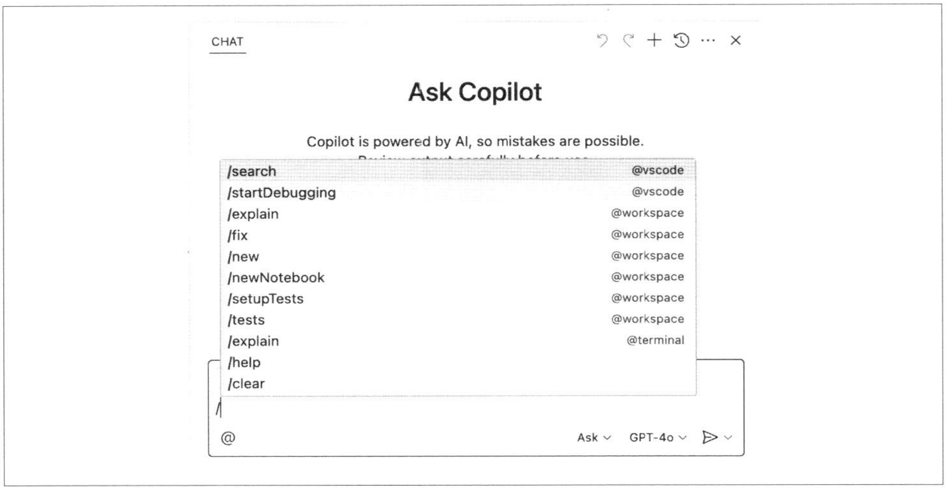

Abbildung 3.28: Slash-Befehle im Chat-Hauptfenster auflisten

Dies ist nur eine kurze Einführung in die Slash-Befehle, die aber sehr nützlich sein können. Bestimmte Befehle werden wir an mehreren Stellen im Buch genauer untersuchen.

Das Erklären von Code mit Copilot funktioniert in den IDEs am besten, wenn Sie die jeweilige Erweiterung für die von Ihnen verwendete Sprache installiert haben. Derzeit betrifft dies die folgenden VS-Code-Erweiterungen:

- TypeScript/JavaScript
- Python
- Java
- C#
- C++
- Go
- Ruby

In denselben Zeilen wie die Slash-Befehle in Abbildung 3.28 stehen Begriffe, die mit At-Zeichen @ beginnen. Wie bereits erwähnt, handelt es sich hierbei um sogenannte *Teilnehmer*, die dabei helfen, den *Umfang* und die *Domäne* zu identifizieren, in dem/in der die Shortcuts verwendet werden können. Der nächste Abschnitt geht näher darauf ein.

Chat-Teilnehmer

In GitHub Copilot sind *Chat-Teilnehmer* im Wesentlichen Verweise auf bestimmte Domänen. Indem Sie sie in Ihrem Prompt in der Chat-Oberfläche referenzieren, weisen Sie die KI effektiv an, den Prompt auf eine bestimmte Domäne zu begrenzen und das Wissen des Teilnehmers in dieser Domäne zu nutzen, um relevante Antworten zu generieren.

Möchten Sie auf einen dieser Chat-Teilnehmer verweisen, geben Sie das Symbol `@` mit dem Namen des gewünschten Teilnehmers als Teil Ihres Prompts ein. Derzeit sind die folgenden Teilnehmer laut GitHub-Dokumentation (*https://oreil.ly/v0714*) verfügbar:

`@workspace`
: Besitzt Kenntnisse über den Code in Ihrem Workspace. Verwenden Sie `@workspace`, wenn Copilot die Struktur Ihres Projekts, die Interaktion verschiedener Teile Ihres Codes oder Designmuster in Ihrem Projekt berücksichtigen soll.

`@vscode`
: Besitzt Kenntnisse über VS-Code-Befehle und -Features. Verwenden Sie `@vscode`, wenn Sie Hilfe zu VS Code benötigen.

`@terminal`
: Besitzt Kenntnisse über die Shell und deren Inhalt des VS-Code-Terminals. Verwenden Sie `@terminal`, wenn Sie Hilfe beim Erstellen oder Debuggen von Terminalbefehlen benötigen.

`@vision`
: Ermöglicht es Ihnen, eine Bilddatei anzuhängen, damit Copilot die Frage besser verstehen kann (als Vorschau gekennzeichnet).

`@github`
: Ermöglicht es Ihnen, Prompts über Probleme, Pull-Anfragen usw. in Ihren Repositorys zu formulieren (nicht in allen Oberflächen verfügbar).

`@project`
: (Gilt für die JetBrains-IDE.) Wie `@workspace` kennt er den Code in Ihrem Projekt.

Andere Chat-Teilnehmer installieren

Über die von GitHub bereitgestellten integrierten Chat-Teilnehmer hinaus lassen sich weitere Copilot-Erweiterungen installieren, die zusätzliche benutzerdefinierte Chat-Teilnehmer bereitstellen können. Kapitel 10 bringt mehr zu diesem Thema und erläutert auch, wie Sie Copilot erweitern können.

Sehen wir uns nun einige der gängigen Teilnehmer genauer an.

@workspace

Der Chat-Teilnehmer `@workspace` ist nützlich, wenn Sie Copilot explizit auffordern möchten, sämtlichen Code, der Teil des Arbeitsbereichs ist, als potenzielle Quelle für die Chat-Antwort zu berücksichtigen. Das bedeutet nicht, dass der gesamte Code verwendet und als Teil der Antwort gesendet wird. Die Copilot-Erweiterung berücksichtigt alle Dateien, die zum Workspace gehören, um zu ermitteln, welche

Dateien (oder Teile davon) für den Kontext nützlich sein könnten. Das oben erwähnte automatische Indizieren vereinfacht dies.

Angenommen, wir fragen Copilot über `@workspace`, welche Dateien `import` verwenden. Copilot sammelt zunächst Informationen über den Arbeitsbereich, um relevante Inhalte zu ermitteln. Anschließend präsentiert die Chat-Oberfläche eine Liste von Verweisen, die letztendlich für den Prompt als relevant erachtet wurden. Diese Liste erscheint am Anfang der Antwort. Wie weiter vorn beschrieben, lässt sich die Liste der ausgewählten Verweise anzeigen, indem man die Zeile »x verwendete Verweise« (Used x references) erweitert. Da wir den Teilnehmer `@workspace` verwenden, haben wir dieses Mal mehr *Treffer*. Eine umfangreichere Liste von Verweisen, die aus einem Prompt mit `@workspace` resultieren, ist in Abbildung 3.29 dargestellt.

Wenn Sie den Chat-Teilnehmer `@workspace` in Prompts verwenden, erhalten Sie eine Antwort, die sich über den Arbeitsbereich erstreckt und mehrere Dateien auflistet.

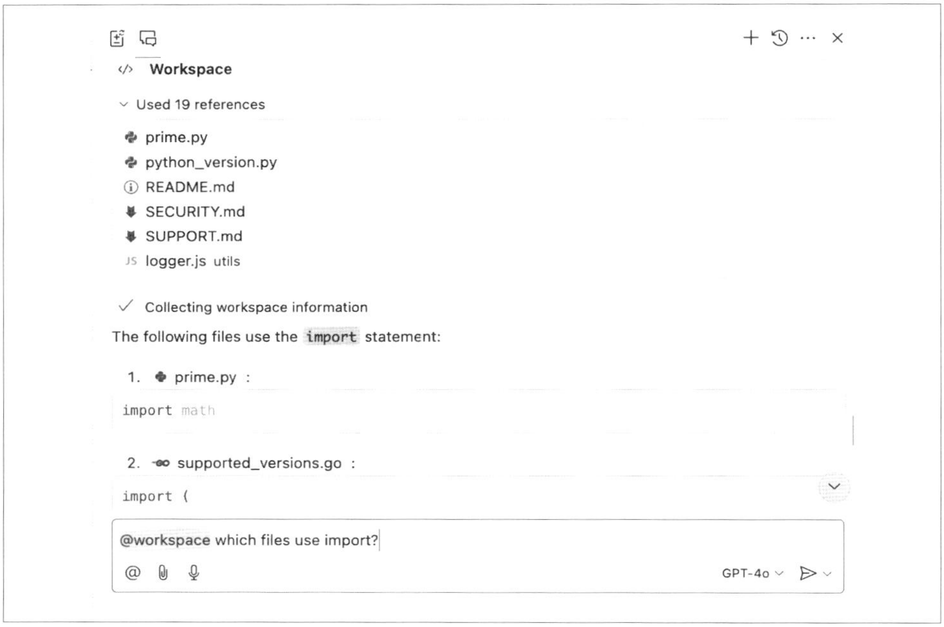

Abbildung 3.29: Frage via »@workspace« nach Dateien, die »import« verwenden

Sicherstellen, dass Änderungen für »@workspace« berücksichtigt werden

Die Funktionalität von `@workspace` besteht darin, dass auf den gespeicherten Inhalt in Ihrer Codebasis verwiesen wird. Daher ist es wichtig, alle Änderungen oder neue Inhalte zu speichern, die der Chat-Teilnehmer berücksichtigen soll, bevor Sie den Prompt ausführen.

Mithilfe von `@workspace` können Sie allgemeinere Fragen über eine ganze Reihe von Codequellen stellen. Besonders vorteilhaft ist dies, um Informationen zu Inhalten zu finden, mit denen wir nicht vertraut sind. Beispielsweise lassen sich generische Fragen wie diese stellen:

- Welche Art von Backend wird in diesem Projekt verwendet?
- Wie führe ich diesen Code aus?
- Wo verwende ich *X*?
- Welchen Dienst verwende ich, um *Y* auszuführen?
- Welche Frameworks werden verwendet?

Abbildung 3.30 zeigt ein Beispiel, wie sich mit dieser letzten Abfrage Informationen sammeln lassen.

Tastenkombination, um »@workspace« hinzuzufügen

Wenn Sie Ihre Abfrage in einem Chat mit Meta+Eingabe (anstelle nur mit Eingabe) senden, wird Ihrem Prompt automatisch der Teilnehmer `@workspace` hinzugefügt.

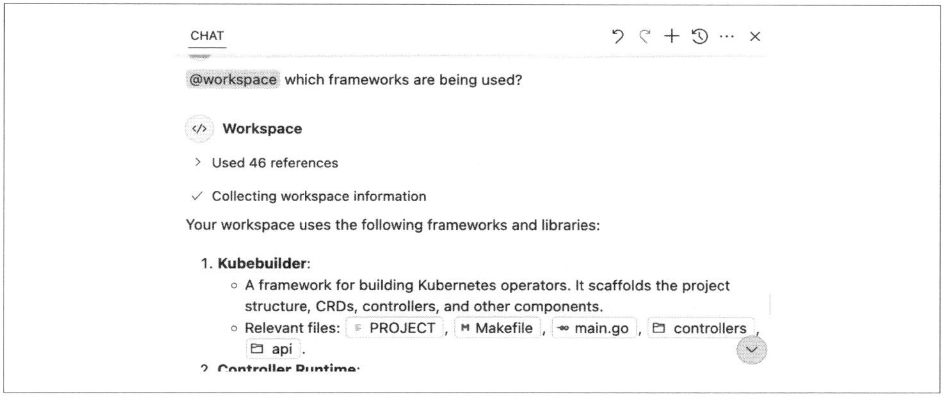

Abbildung 3.30: Ein weiteres Beispiel für die Verwendung des Teilnehmers »@workspace«

Während `@workspace` den Kontext für Ihren Code bereitstellt, kann der Chat-Teilnehmer `@vscode` bei allen Fragen oder Prompts in Bezug auf die Verwendung von VS Code helfen.

@vscode

Der Chat-Teilnehmer `@vscode` (der für die VS-Code-IDE spezifisch ist) fungiert als Domänenexperte für VS-Code-Befehle und -Anpassungen. Wenn Sie ihn in der Chat-Oberfläche von Copilot verwenden, können Sie Fragen über VS Code in natürlicher Sprache stellen. Ist dieser Teilnehmer implementiert, hat er Zugriff auf den Index aller Einstellungen und Befehle für die Anwendung. Mit diesem Teilnehmer können Sie Fragen in den GitHub-Copilot-Chat-Oberflächen wie folgt stellen:

- Wie kann ich ein Projekt in VS Code öffnen?
- Wie kann ich Erweiterungen in VS Code installieren?
- Wie kann ich eine neue Datei in VS Code erstellen?
- Wie kann ich das Thema in VS Code ändern?

Abbildung 3.31 zeigt ein Beispiel für die Verwendung des Chat-Teilnehmers `@vscode`, um herauszufinden, wie man die Standardeinstellungen von VS Code ändert.

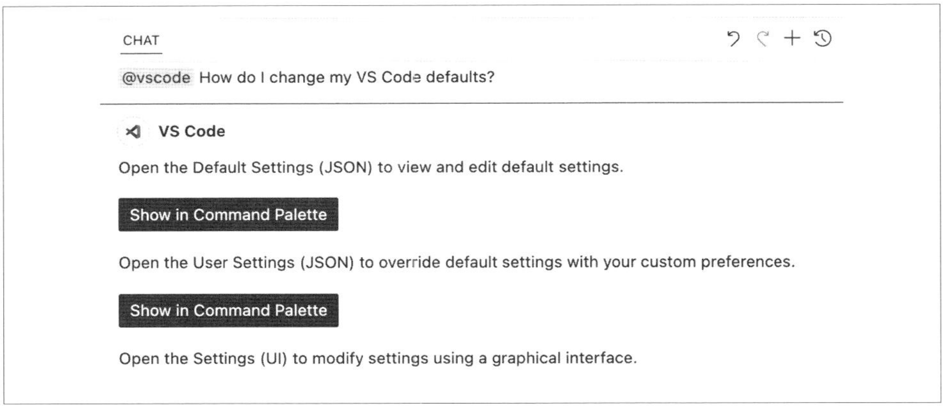

Abbildung 3.31: Den Teilnehmer »@vscode« im Chat verwenden

In Abbildung 3.31 ist auch zu sehen, dass Copilot einen Link als Shortcut zu einer anderen Oberfläche – der Befehlspalette – einbindet, um auf deren Funktionalität zuzugreifen. Wenn Sie auf diese Schaltfläche in der Chat-Ausgabe klicken, wird der Eintrag wie im oberen Teil der Abbildung geöffnet.

Dieser Teilnehmer bietet sich zum Beispiel auch an, wenn Sie mehr über das Debuggen mit Ihrer IDE wissen möchten. Dazu können Sie folgende Frage eingeben:

```
@vscode how do I debug
```

Als letzten Teilnehmer befassen wir uns hier mit `@terminal`. Wie der Name vermuten lässt, ist er für Interaktionen mit dem Terminal nützlich.

@terminal

Mit dem Teilnehmer `@terminal` können Sie Copilot Fragen zur integrierten Terminal-Shell, ihrem Puffer und der aktuellen Auswahl im Terminal stellen. Dies ist praktisch, um mehr darüber zu erfahren, was im Terminal passiert, um Probleme zu klären und die benötigten Befehle zu finden. Unter anderem können Sie mit diesem Teilnehmer folgende Fragen bzw. Prompts formulieren:

- Was hat der letzte Befehl bewirkt?
- Erkläre den Befehl
- Wie mache ich ...?

Abbildung 3.32 zeigt ein einfaches Beispiel, das diesen Chat-Teilnehmer nutzt, um zu fragen, wie eine Aufgabe mit einem Befehl im Terminal ausgeführt wird. Wenn Sie den Mauszeiger über den Ausgabebefehl führen, erscheint rechts ein Pop-up-Steuerelement, mit dem Sie die Antwort direkt in das Terminal einfügen können.

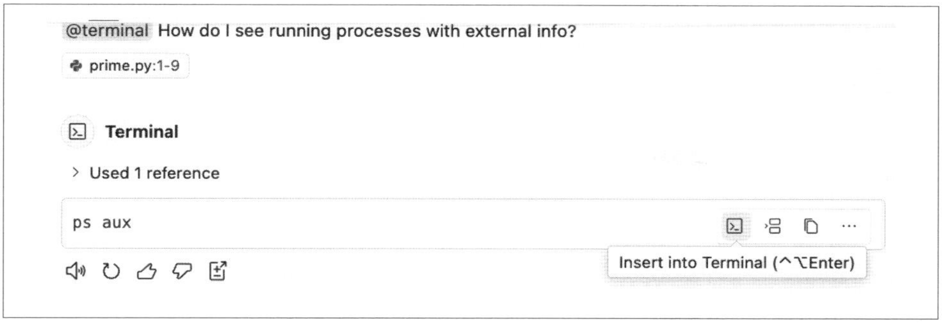

Abbildung 3.32: Der Chat-Teilnehmer »@terminal«

Diesen Teilnehmer können Sie auch verwenden, um Copilot um Hilfe bei gängigen Arbeitsabläufen zu bitten, die Sie im Terminal ausführen würden, beispielsweise um zu fragen, wie Sie Ihren Code mit Git über die Befehlszeile senden können.

Die meisten Slash-Befehle verwenden standardmäßig einen der Chat-Teilnehmer als Domäne, in der der Befehl ausgeführt wird. In Bezug auf das zuvor genannte VS-Code-Debugging-Beispiel ist beispielsweise der Teilnehmer `@vscode` mit dem Slash-Befehl `/startDebugging` verknüpft (Abbildung 3.33). Wenn Sie also den Befehl `/startDebugging` in das Chat-Eingabefeld eingeben, wird ihm automatisch `@vscode` vorangestellt (Abbildung 3.34). Das bedeutet, dass der Befehl `/startDebugging` derzeit nur relevant ist, wenn Sie auf VS Code verweisen.

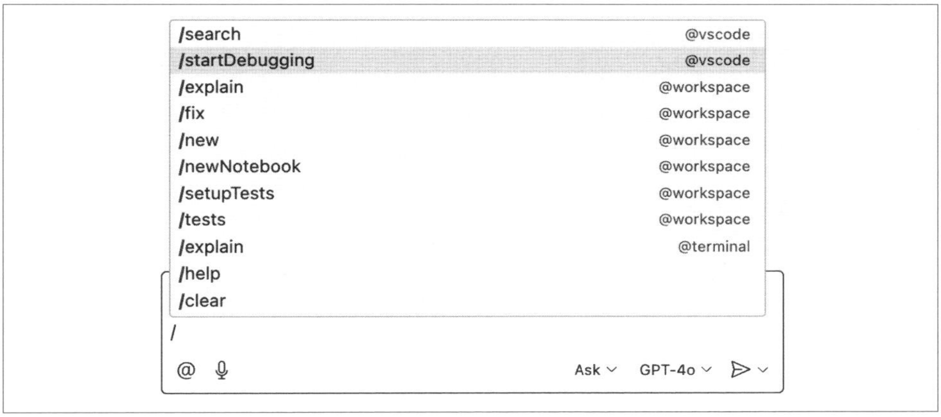

Abbildung 3.33: Teilnehmer und ihre zugeordneten Slash-Befehle

Abbildung 3.34: Wenn Sie »/startDebugging« ausgewählt haben, wird automatisch »@vscode« eingefügt.

Tabelle 3.2 zeigt die Zuordnungen zwischen den Shortcut-Befehlen und den Teilnehmern sowie die jeweilige Funktion.

Tabelle 3.2: Slash-Befehle und Kontext in Copilot

Befehl	Teilnehmer	Funktion von Copilot
`/explain`	`@terminal`	Erläutern Sie etwas im Terminal.
`/search`	`@vscode`	Abfrageparameter für Arbeitsbereichssuche generieren
`/startDebugging`	`@vscode`	Startkonfiguration generieren und Debuggen in VS Code starten (experimentell)
`/explain`	`@workspace`	Erläutern Sie, wie der Code in Ihrem aktiven Editor funktioniert.
`/fix`	`@workspace`	Hiermit wird ein Fix für die Probleme im ausgewählten Code vorgeschlagen.
`/fixTestFailure`	`@workspace`	Schlage eine Korrektur für den gescheiterten Test vor.
`/new`	`@workspace`	Code-Gerüst für eine neue Datei oder ein neues Projekt in einem Arbeitsbereich erstellen
`/newNotebook`	`@workspace`	Ein neues Jupyter Notebook erstellen
`/setupTests`	`@workspace`	Tests in Ihrem Projekt einrichten (experimentell)
`/tests`	`@workspace`	Hiermit werden Komponententests für den ausgewählten Code generiert.
`/help`		Hilfe zur Verwendung von GitHub Copilot
`/clear`		Eine neue Chat-Sitzung starten

Teilnehmer können den Kontext auf einer allgemeinen Ebene verfeinern. Manchmal kann es jedoch erforderlich sein, den Kontext für Copilot auf einer zielgenaueren Ebene zu spezifizieren. In diesem Fall können Sie eine Datei, den Inhalt im Editor, eine Auswahl usw. mit Identifikatoren angeben. Diese Identifikatoren werden als *Chat-Variablen* bezeichnet.

Chat-Variablen

Chat-Variablen bieten eine Möglichkeit, den Kontext des im Prompt enthaltenen Texts selbst weiter zu verfeinern. Sie können auf Elemente im Editor, eine bestimmte Datei, Ihr Git-Repository, Terminal-Befehle und mehr abzielen. Um auf eine Chat-Variable in einem Prompt in der Chat-Oberfläche zu verweisen, kennzeichnen Sie sie mit dem Symbol #. Beispielsweise ruft `#terminalSelection` die Auswahl im aktiven Terminal auf.

Tabelle 3.3 listet die derzeit verfügbaren Chat-Variablen auf. (Die neuesten Informationen finden Sie in der Dokumentation zu VS Code, *https://oreil.ly/0s5TM*). In der Spalte *Beschreibung* sind die Inhalte aufgeführt, die aus dem Projekt als Kontext für Ihren Prompt hinzugefügt werden.

Tabelle 3.3: Chat-Variablen

Chat-Variable	Beschreibung
#changes	Liste von Änderungen in der Quellcodeverwaltung
#codebase	Relevante Inhalte in Ihrem Arbeitsbereich
#fetch	Inhalt einer Webseite durch Angabe ihrer URL
#file	Eine bestimmte Datei, die Sie aus Ihrem Arbeitsbereich auswählen oder angeben
#<filename>	Stellt eines Liste von Dateien (die den nach # eingegebenen Zeichen entsprechen) zur Auswahl bereit
#folder	Der angegebene Ordner und alle darin enthaltenen Dateien
#problems	Arbeitsbereichsprobleme und Probleme aus dem Problemfenster; nützlich als Kontext für das Debuggen oder Korrigieren von Code
#searchResults	Ergebnisse einer Suchabfrage, die in Ihrem Arbeitsbereich durchgeführt wurde
#selection	Der momentan im Editor ausgewählte Text – wird als *<filename:lines>* hinzugefügt
#sym	Das aktuelle Symbol
#<symbol>	Stellt eine Liste von Symbolen (die den nach # eingegebenen Zeichen entsprechen) zur Auswahl bereit
#terminalLastCommand	Der zuletzt im aktiven Terminal ausgeführte Befehl
#terminalSelection	Auswahl im aktiven Terminal
#testFailure	Fügt Informationen zu Testfehlern hinzu, um die Diagnose und Korrektur von Tests zu unterstützen
#usages	Kombiniert *Alle Verweise finden*, *Implementierung finden* und *Gehe zu Definition*
#vscodeAPI	Fügt die VS-Code-API hinzu, um Fragen zur Entwicklung von VS-Code-Erweiterungen zu beantworten

Auf die Chat-Variablen können Sie ganz einfach zugreifen, indem Sie in Ihrem Prompt ein # eingeben. Daraufhin blendet Copilot eine Liste der verfügbaren Variablen ein (Abbildung 3.35).

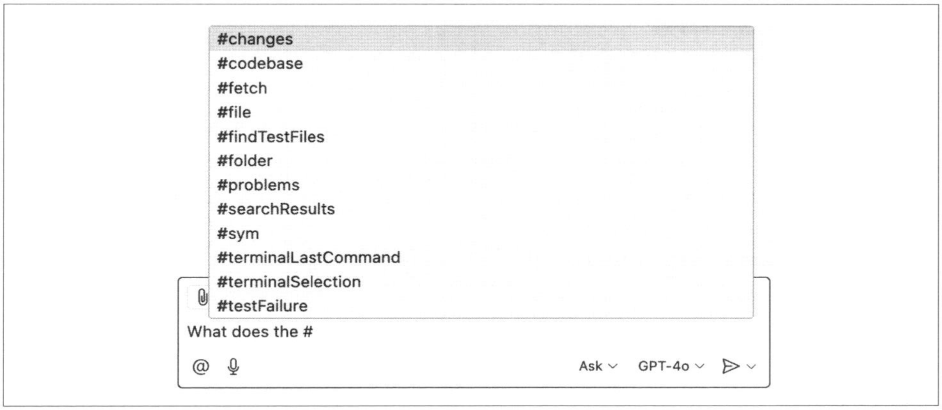

Abbildung 3.35: Chat-Variablen

Daraufhin können Sie einen relevanten Eintrag (zum Beispiel eine Datei) aus der angezeigten Liste auswählen (Abbildung 3.36).

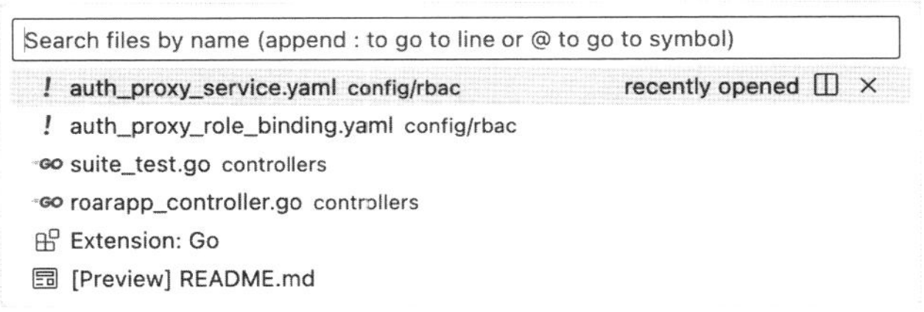

Abbildung 3.36: Eine Datei aus der Liste auswählen

Korrekte Pfade verwenden

Wenn Sie über die Variable `#file` eine Datei aus der eingeblendeten Pop-up-Liste auswählen, können Sie lediglich den Dateinamen auswählen (siehe Abbildung 3.37).

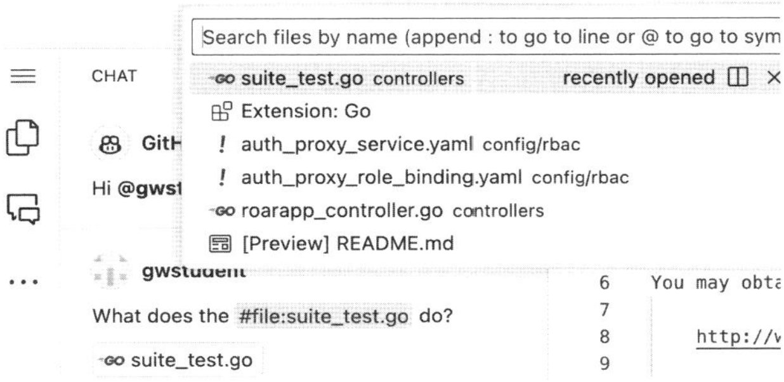

Abbildung 3.37: Einen Dateinamen aus einer Liste auswählen

Wenn Sie aber einen Dateinamen direkt als Teil des Prompts eingeben, müssen Sie den relativen Pfad vom Stammverzeichnis des Projekts angeben, wie zum Beispiel:

```
What does the #file:controllers/suite_test.go do?
```

Es ist auch möglich, Teilnehmer, Shortcut-Befehle und Variablen in Prompts zu kombinieren. So wird im Beispiel von Abbildung 3.38 Copilot gebeten, eine Auswahl in einer Datei zu erklären. Hier wird der Teilnehmer `@workspace` automatisch eingefügt, sodass der Prompt zu `@workspace /explain #selection` wird. Dieses Beispiel zeigt also eine Kombination aus einem Chat-Teilnehmer, einem Shortcut-Befehl und einer Chat-Variablen.

Wenn Sie sich die verwendeten Referenzen ansehen, konzentriert sich Copilot letztendlich auf die Auswahl und einen anderen Teil der Datei, den er benötigt, um eine Antwort zu erstellen. Dann hat Copilot wie gewünscht eine Erläuterung für den zielgenaueren Kontext (den ausgewählten Text) erstellt.

Abbildung 3.38: Einen Chat-Teilnehmer und eine Chat-Variable verwenden, um den Kontext besser zu spezifizieren

Manchmal lässt sich nur schwer gewährleisten, dass Copilot den von Ihnen beabsichtigten Kontext berücksichtigt. Der Schlüssel liegt darin, die Antwort von Copilot zu überprüfen, um festzustellen, ob

- Copilot die von Ihnen erwarteten Referenzen verwendet hat oder
- die von Copilot gelieferte Antwort ein *allgemeiner* Ratschlag ist oder sich speziell auf die Struktur oder den Inhalt in Ihrem Arbeitsbereich bezieht.

Anhand dieser beiden Eigenschaften der Antwort können Sie schnell erkennen, ob Copilot den von Ihnen beabsichtigten Inhalt berücksichtigt oder ob Sie einen der in diesem Abschnitt beschriebenen Ansätze verwenden müssen, um Copilot genauer zu steuern.

Für die Interaktion mit Copilot gibt es noch eine andere Chat-Oberfläche. Diese ist für Operationen vorgesehen, die Sie im Terminal ausführen.

Chat im Terminal

Copilot bietet eine spezielle Chat-Funktionalität, die auf das Terminal ausgerichtet ist. Wenn Sie sich in einem Terminal befinden, beispielsweise in VS Code, bringt Sie dieselbe Tastenkombination (Meta+I) zu einem Shortcut-Dialog, um Prompts einzugeben, die sich direkt auf das Terminal beziehen. Abbildung 3.39 zeigt den Shortcut-Dialog, der in diesem Fall erscheint.

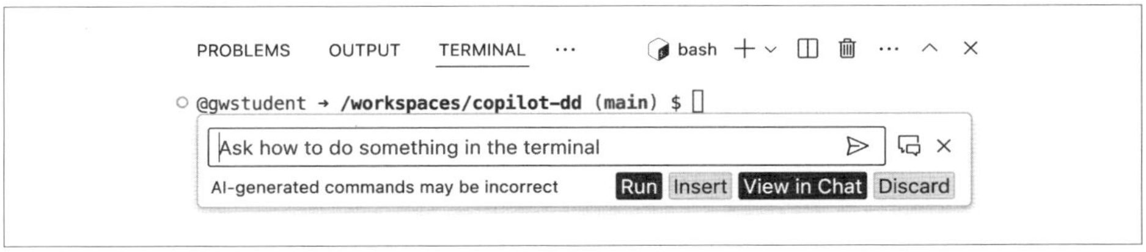

Abbildung 3.39: Der Dialog für die Terminalabfrage

Wenn Sie hier einen Prompt wie »How do I commit my changes with Git?« eingeben, erscheinen die Befehle, die Sie im Terminal ausführen müssen. Zudem können Sie wählen, ob Sie diese ausführen, die Ausgabe im Chat anzeigen oder andere Befehle ausführen möchten (siehe Abbildung 3.40).

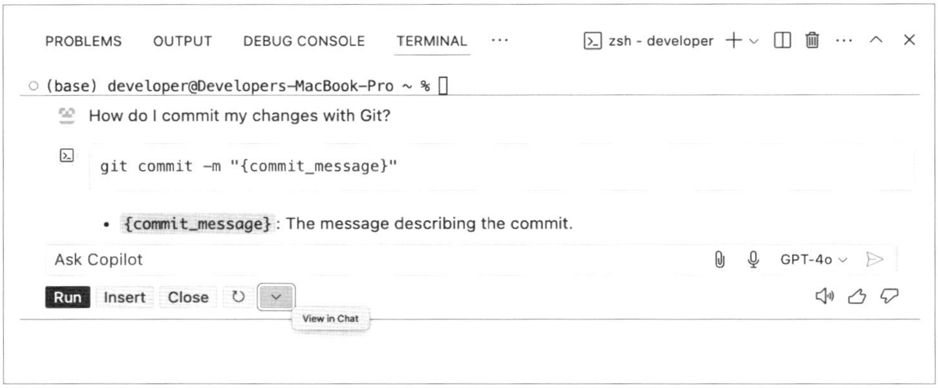

Abbildung 3.40: Chat im Terminal anzeigen

Benutzerdefinierte Anweisungen zum Generieren von Code erstellen

Kapitel 2 hat erwähnt, dass Sie benutzerdefinierte Anweisungen für Codeüberprüfungen von Copilot erstellen können. Es ist auch möglich, mit benutzerdefinierten Anweisungen zu steuern, wie Copilot Code-Antworten generiert. Beachten Sie aber, dass diese benutzerdefinierten Anweisungen nicht für Inline-Codevorschläge im Editor gelten.

Wie bei den benutzerdefinierten Überprüfungsanweisungen gibt es zwei Möglichkeiten, dies zu erreichen.

Erstens können Sie die Datei *settings.json* bearbeiten und benutzerdefinierte Anweisungen unter "github.copilot.chat.codeGeneration.instructions" hinzufügen. Der folgende Code zeigt ein Beispiel für eine Regel, die Sie hinzufügen können:

```
"github.copilot.chat.codeGeneration.instructions": [
    {
        "text": "Always add comments to generated code describing its purpose."
    },
    {
        "text": "Use underscores for private field names in TypeScript."
     }
]
```

Nachdem Sie die Regel in die Datei der Benutzereinstellungen hinzugefügt haben, können Sie Copilot anweisen, denselben Code erneut zu überprüfen. Dieses Mal markiert er die Bedingung, die Sie in der Einstellungsdatei angegeben haben, wie Abbildung 3.24 zeigt.

Zweitens können Sie eine Markdown-Datei in Ihrem Repository oder Projekt mit dem spezifischen Pfad und Namen *.github/copilot-instructions.md* erstellen.

Das folgende Beispiel zeigt, wie diese Datei mit denselben Regeln aussehen könnte:

```
# Custom Instructions for Code Generation

- Always add comments to generated code describing its purpose.
- Use underscores for private field names in TypeScript.
```

Wenn Sie einen anderen Pfad oder Namen für die Markdown-Datei verwenden möchten, können Sie diese erstellen und dann in der Datei *settings.json* mit dem Schlüssel `file:` darauf verweisen. Haben Sie die Datei zum Beispiel *.docs/code-style.md* genannt, können Sie Copilot mit dem folgenden Eintrag in der Einstellungsdatei darauf verweisen:

```
"github.copilot.chat.reviewSelection.instructions": [
    {
       "file": ".docs/code-style.md"
    }
]
```

Sehen wir uns ein Beispiel ohne benutzerdefinierte Anweisungen zur Codegenerierung an. Angenommen, Sie weisen Copilot an, eine minimale TypeScript-Klasse mit einer privaten Variablen zu erstellen (Abbildung 3.41).

Nehmen wir weiterhin an, Sie fügen dann benutzerdefinierte Anweisungen über einen der oben beschriebenen Ansätze hinzu. Wenn Sie dann denselben Prompt ausführen, erhalten Sie ein Ergebnis wie in Abbildung 3.42 gezeigt.

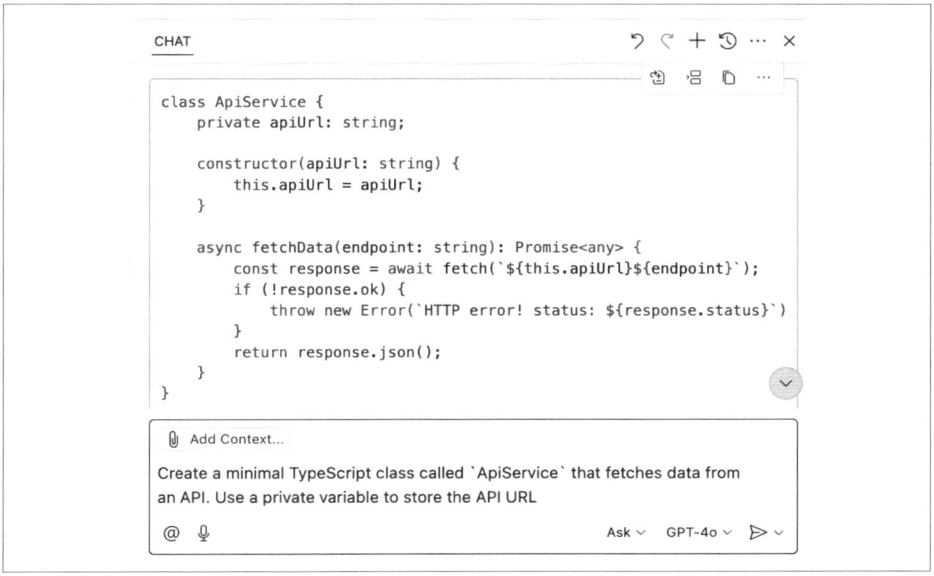

Abbildung 3.41: Eine minimale TypeScript-Klasse ohne benutzerdefinierte Anweisungen zur Codegenerierung

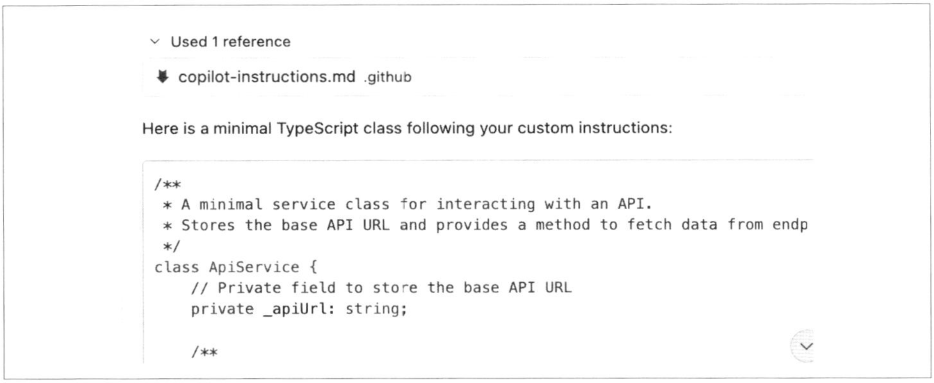

Abbildung 3.42: Eine minimale TypeScript-Klasse mit benutzerdefinierten Anweisungen zur Codegenerierung

Beachten Sie, dass in dieser Version der Code kommentiert ist und der Name der privaten Variablen mit einem Unterstrich beginnt, entsprechend den Anweisungen, die wir für die benutzerdefinierten Anweisungen zur Codegenerierung festgelegt haben.

Bevor wir dieses Kapitel abschließen, sind noch ein paar Worte zum Umgang mit Halluzinationen und falschen Antworten angebracht, wie sie die von Copilot verwendeten KI-Modelle zurückgeben können.

Mit Halluzinationen und falschen Antworten umgehen

Trotz aller Kontextinformationen, die wir Copilot zur Verfügung stellen, könnten die zugrunde liegenden KI-Modelle immer noch Halluzinationen enthalten und falsche Antworten liefern. Um diese in einem Chat auszumachen, sind ein kritischer Blick und einige methodische Überprüfungen erforderlich.

Halluzinationen treten auf, wenn Copilot Code, Erklärungen oder Fakten generiert, die plausibel klingen, aber falsch, unbegründet oder völlig erfunden sind. Häufige Anzeichen sind Verweise auf nicht existierende Funktionen, APIs oder Felder sowie Code, der sich einfach nicht kompilieren lässt oder nicht mit den Inhalten Ihres Projekts übereinstimmt. Manchmal erfindet Copilot Details zu Ihrer Codebasis oder interpretiert Ihre Anforderungen falsch, was zu Ausgaben führt, die auf den ersten Blick korrekt erscheinen, bei näherer Betrachtung jedoch fehlerhaft sind.

Um diese Probleme zu identifizieren, überprüfen Sie zunächst sorgfältig die Antworten von Copilot in Bezug auf technische Genauigkeit und Übereinstimmung mit Ihrer Codebasis. Wenn Copilot Funktionen oder Felder vorschlägt, die Sie nicht kennen, überprüfen Sie Ihre Projektdateien oder die Dokumentation, um zu bestätigen, ob sie tatsächlich existieren. Seien Sie vorsichtig bei Ergebnissen mit übermäßig selbstbewussten Erklärungen oder Code, der zu allgemein oder nicht auf Ihren Kontext bezogen scheint.

Es ist unabdingbar, den generierten Code zu testen: Führen Sie ihn aus, fügen Sie Komponententests hinzu oder überprüfen Sie, ob er sich nahtlos in Ihren bestehenden Code integrieren lässt. (Das Testen mit Copilot ist Thema von Kapitel 5.) Wenn Sie stille Fehler (überzeugende, aber falsche Ergebnisse) oder unklare Antworten feststellen, ist dies ebenfalls ein Warnsignal dafür, dass Copilot möglicherweise Schwierigkeiten hat, eine fundierte Antwort zu liefern.

Wenn Sie Halluzinationen oder falsche Antworten vermuten, können Sie unter anderem wie folgt vorgehen:

- Alle von der KI generierten Inhalte verifizieren, bevor Sie sie verwenden
- Die Vorschläge von Copilot mit vertrauenswürdigen Dokumentationen oder zuverlässigen Quellen abgleichen
- Wenn weitere Überprüfungen notwendig sind, verwenden Sie die Tools oder Plug-ins, die die Informationen gegen externe Datenbanken oder Webquellen validieren können.

Um das Risiko solcher Probleme von vornherein zu verringern, sollten Sie folgende Strategien in Betracht ziehen:

- Zerlegen Sie komplexe Prompts nach Möglichkeit in kleinere, überschaubarere Fragen, um Mehrdeutigkeiten zu verringern und Copilot dabei zu helfen, sich auf bestimmte Aufgaben zu konzentrieren.
- Verfeinern Sie Ihre Prompts iterativ basierend auf den erhaltenen Antworten.
- Zögern Sie nicht, fragwürdige Ausgaben zu verwerfen oder überarbeiten zu lassen.

Letztlich sollten Sie Copilot als hilfreichen Assistenten und nicht als unfehlbare Autorität betrachten. Wenn Sie Überprüfung, Testen und externes Validieren sorgfältig kombinieren, können Sie Halluzinationen minimieren und die Qualität und Zuverlässigkeit Ihres Codes und der Dokumentation sicherstellen.

Fazit

Die Chat-Oberfläche für Copilot bietet offenbar ein wesentlich höheres Maß an Flexibilität in Bezug auf die Eingabe und Ausgabe von Konversationen als die Funktionalität zur Inline-Codevervollständigung. Chat bewerkstelligt dies mit dem Kompromiss, mehr Text durchzuarbeiten und eine längere Antwortzeit zu benötigen, da er mehr Inhalte nach Kontext analysiert und umfangreichere Vorschläge generiert.

Wenn Sie vor allem darauf aus sind, Code inline im Editor zu schreiben und keine Konversationen mit Copilot benötigen, sondern lediglich seine Ergebnisse hinsichtlich sofortiger Vorschläge für die Programmierung sehen wollen, brauchen Sie nicht auf die Chat-Oberfläche zuzugreifen.

Wollen Sie dagegen Copilot etwas fragen oder brauchen Sie mehr Ergebnisse, als Sie über die Inline-Interaktionen bekommen, ist Chat ein leistungsfähiges Werkzeug. Dies gilt insbesondere, wenn Sie die zusätzlichen Fähigkeiten der Chat-Teilnehmer und Chat-Referenzen einbinden, damit sich Copilot auf die Teile konzentriert, die Sie am meisten interessieren.

Nachdem Sie nun über die Grundlagen Bescheid wissen, was Copilot ist und wie sich mit ihm interagieren lässt, können wir uns einigen der komplexeren Features zuwenden, die er in der IDE zur Verfügung stellt und die sich auf die Bearbeitung und autonomen Workflows beziehen. Diese Features können Ihnen Zeit und Mühe sparen und eindrucksvolle automatische Aktionen erlauben.

KAPITEL 4

Erweiterte Bearbeitung und autonome Workflows in der IDE

Die Kapitel 2 und 3 haben die Grundlagen behandelt, wie man beim Erstellen von Code mithilfe der Chat-Oberfläche Aufgaben von Copilot in der IDE erledigen kann. Die besprochenen Punkte helfen Ihnen dabei, die einfachen Anwendungsfälle in den Griff zu bekommen. Für intensivere Programmieraufgaben wie Refactoring, umfangreiche Bearbeitungen oder automatisches Verarbeiten komplexerer Änderungen bietet Copilot erweiterte Features.

In diesem Kapitel lernen Sie eine Reihe leistungsstarker Features kennen, die die KI nutzen, um größere Änderungen und die Codegenerierung für Sie zu übernehmen. Dazu gehören die folgenden:

- Vorausschauende Bearbeitungen mit *Next Edit*-Vorschlägen
- Änderungen im Stapelbetrieb mit Copilot Edits
- Automatisierte End-zu-End-Aktualisierungen mit dem Copilot-Agent-Modus
- Code basierend auf Bildern mit Copilot Vision erstellen
- Debuggen mit Copilot

Als Erstes schauen wir uns ein Feature an, das vorhersagen kann, wo Ihre nächste Bearbeitung erfolgen sollte.

Vorausschauende Bearbeitungen mit Next-Edit-Vorschlägen

Haben Sie schon einmal versucht, Ihren Code auf irgendeine Weise umzugestalten, und mussten dann Ihre Datei durchsuchen, um alle Stellen zu finden, an denen Änderungen erforderlich sind? Das Feature *Next Edit Suggestions* (NES, Empfehlungen für die nächste Bearbeitung) von Copilot soll dies überflüssig machen und es vereinfachen, die *nächste Änderung* (Next Change) zu identifizieren und durchzuführen.

Basierend auf laufenden Änderungen in Ihrem Code, Tippfehlern oder Logikfehlern schlägt NES Änderungen vor. Die vorgeschlagenen Änderungen können von einem einzelnen Symbol bis hin zu mehreren Codezeilen reichen. Im Rahmen des Refactorings kann NES die von Ihnen vorgenommenen Bearbeitungen analysieren und die nächste Stelle in der Logik finden, an der eine Änderung erforderlich ist, dann die nächste Stelle usw.

Empfehlungen für die nächste Bearbeitung aktivieren

Derzeit können Sie NES in VS Code über ein Pop-up-Dialogfeld aktivieren. Klicken Sie dazu auf das Copilot-Steuerelement in der Statuszeile (siehe Abbildung 4.1).

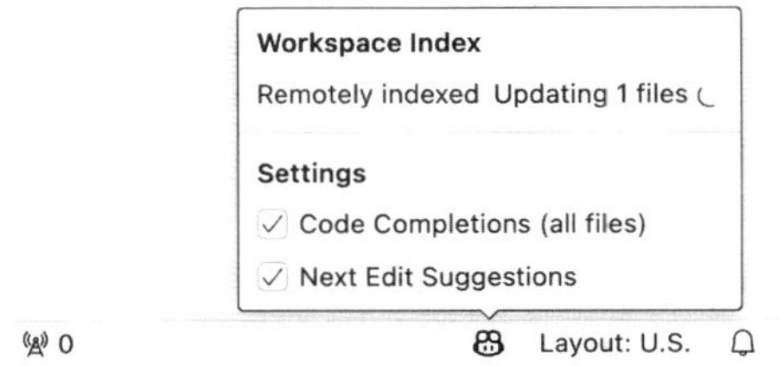

Abbildung 4.1: NES über das Copilot-Steuerelement aktivieren

Das Feature lässt sich auch direkt in Ihrer VS-Code-Konfiguration aktivieren, indem Sie `github.copilot.nextEditSuggestions.enabled=true` setzen.

Wenn diese Option aktiviert ist und Sie eine Bearbeitung vornehmen, überprüft NES Ihren Code und versucht, weitere Stellen zu finden, die als Nächstes geändert werden sollten. NES markiert seine Empfehlung für die nächste Änderung mit einem Pfeil im sogenannten *Gutter* des Editors. Der Gutter (Begriff aus der Druckersprache) ist der leere Streifen links neben den Zeilennummern im Editor. Nehmen wir als Beispiel eine Python-Klasse, die einen 2-D-Punkt verkörpert und zu der eine Methode gehört, mit der sich der Abstand zwischen zwei Punkten berechnen lässt. Außerdem ist ein kleines Beispiel enthalten. Der Code könnte folgendermaßen aussehen:

```
# Define a class Point with a
# method to calculate the distance to another point
class Point:
    def __init__(self, x, y):
        self.x = x
        self.y = y

    def distance(self, other):
        return ((self.x - other.x)**2 +
                (self.y - other.y)**2)

p1 = Point(1, 2)
p2 = Point(4, 6)
print(p1.distance(p2)
```

Diese Klasse möchten wir nun so ändern, dass sie für 3-D-Punkte funktioniert. Daher fügen wir der Anweisung `__init__` einen Wert `z` hinzu. Wenn `NES` aktiviert ist und wir diese Änderung vorgenommen haben, sucht Copilot nach der nächsten Stelle, wo der Code angepasst werden muss, um die neue z-Koordinate zu berücksichtigen. Copilot stellt fest, dass er einen Konstruktor für diesen Wert in der Methode `__init__` hinzufügen muss, empfiehlt die Codeänderung und markiert sie mit dem Pfeil im Gutter, wie Abbildung 4.2 zeigt.

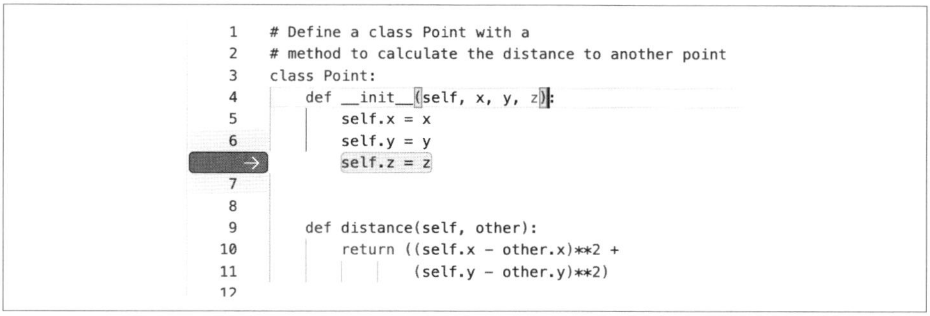

Abbildung 4.2: NES identifiziert die nächste Änderung.

Um schnell zu dieser Änderung zu gelangen, drücken Sie einfach die Tab-Taste. Wenn Sie die Maus über den Pfeil im Gutter führen, erscheint ein Informationsdialogfeld mit erweiterten Optionen für das Arbeiten mit NES (siehe Abbildung 4.3). In den meisten Fällen werden Sie diese nicht benötigen. Drücken Sie einfach Tab, um die empfohlene Änderung zu akzeptieren, oder Esc, um sie zurückzuweisen und fortzufahren.

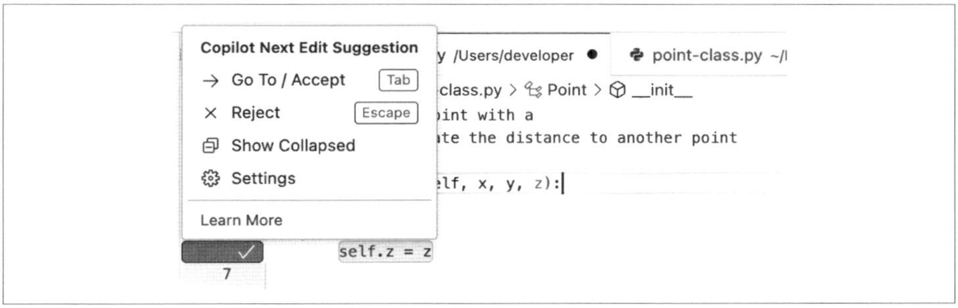

Abbildung 4.3: Pop-up-Dialog mit NES-Optionen

Sobald Sie diese Änderung verarbeitet (akzeptiert oder zurückgewiesen) haben, geht es so weiter, und Copilot identifiziert die nächste vorgeschlagene Bearbeitung (siehe Abbildung 4.4). Das Ganze wiederholt sich so lange, wie Copilot geeignete Änderungen identifiziert.

Den Fokus nicht verlieren

Wenn Sie eine ausstehende NES-Änderung haben (bei der der Pfeil im Gutter zu sehen ist) und den Fokus vom Editor auf ein anderes Element setzen, verschwindet die ausstehende Änderung, und der NES-Prozess wird angehalten.

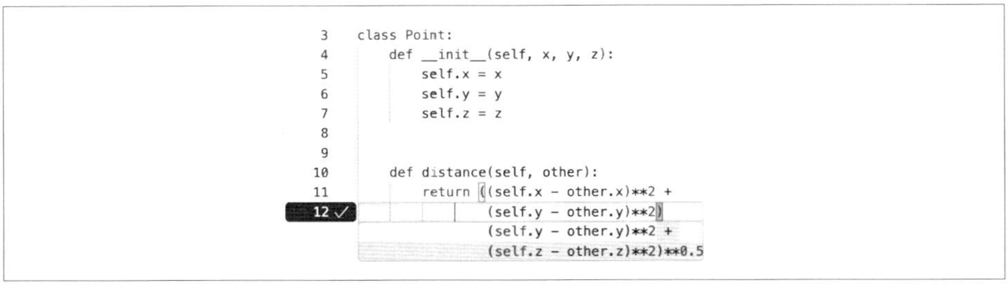

Abbildung 4.4: Die nächste Änderung

Copilot als Hilfe beim Umbenennen

Apropos Refactoring: Wussten Sie, dass Copilot Ihnen auch mit Vorschlägen zur Umbenennung helfen kann? Wenn Sie ein Symbol markieren und dann F2 drücken, blendet Copilot ein Dialogfeld ein, das alternative Namen für das Symbol vorschlägt. Abbildung 4.5 zeigt ein Beispiel mit unserer aktuellen Klasse.

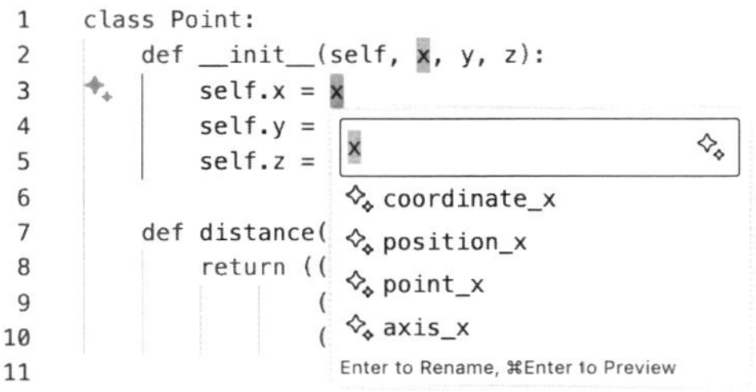

Abbildung 4.5: Ein Beispiel zur Umbenennung

Wenn Sie einen neuen Namen auswählen, wendet Copilot ihn auf die ausgewählten Symbole an. Sollen andere Instanzen in separaten Methoden oder Funktionen umbenannt werden, kann NES dabei helfen, diese zu finden.

Die NES-Funktionalität kann zwar bei gängigen Änderungen sehr hilfreich sein, beispielsweise bei absichtlich ausgeführten Refactorings, aber sie kann auch unbeabsichtigt entstandene Probleme wie Tippfehler und Logikfehler erkennen und aufzeigen.

Angenommen, wir hätten die Abstandsfunktion `distance` in eigener Regie geändert und versehentlich den Multiplikationsoperator anstelle des Potenzoperators geschrieben. Wenn NES aktiviert ist, würde Copilot dies erkennen und eine Korrektur vorschlagen, wie Abbildung 4.6 zeigt.

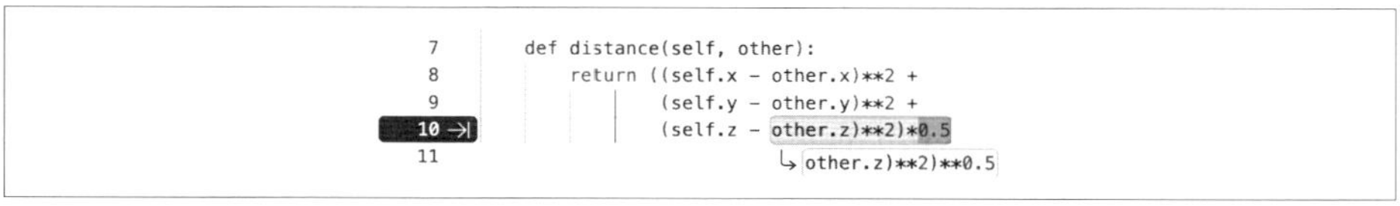

Abbildung 4.6: NES schlägt vor, einen logischen Fehler zu korrigieren.

Mithilfe von NES lassen sich auch Änderungen erfassen, die in mehreren Dateien vorgenommen werden müssen, doch derzeit scheint dies auf Dateien beschränkt zu sein, die im Editor geöffnet sind. Wenn Sie Änderungen im Stapelmodus vornehmen oder automatisch ein Feature, das sich über mehrere Dateien erstreckt, hinzufügen müssen, sollten Sie sich stattdessen auf die erweiterte Bearbeitungsfunktionalität stützen, mit der sich der nächste Abschnitt befasst.

Copilot Edits

Um KI-gesteuerte Änderungen an einer ausgewählten Gruppe von Dateien vorzunehmen, bietet Copilot das Feature *Copilot Edits*. Damit ist Copilot in der Lage, mehrere Dateien als Reaktion auf einen Prompt in natürlicher Sprache zu aktualisieren. Man kann sich das als eine Art KI-gesteuerter Stapelverarbeitungsfunktionalität vorstellen. Nützlich ist dies unter anderem für Aufgaben, die vom einfachen Refactoring bis hin zu umfangreichen Änderungen, wie dem Hinzufügen von Funktionen, in einem Teilbereich des bestehenden Codes reichen.

Copilot Edits ist ein eigenständiger Modus in Copilot Chat. Um ihn zu verwenden, müssen Sie zunächst im Chat vom Standardmodus *Ask* in den Modus *Edit* wechseln. Dies geschieht über ein Menü, das Sie über den Drop-down-Pfeil neben *Ask* am unteren Rand des Prompt-Eingabefelds öffnen (siehe Abbildung 4.7).

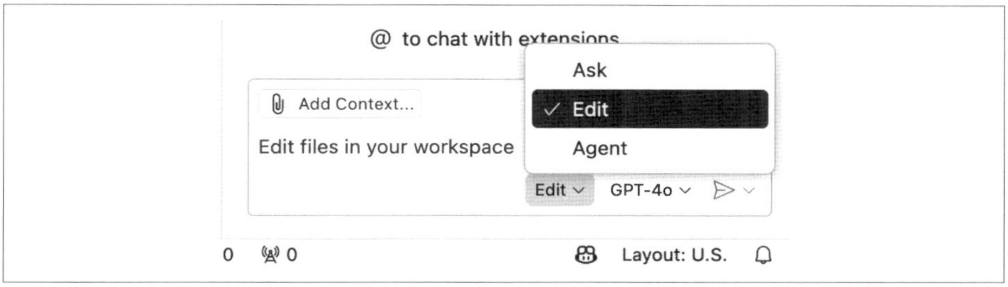

Abbildung 4.7: Den Chat in den Modus »Edit« umschalten

In diesem Modus wählen Sie die Dateien aus, die Sie bearbeiten möchten, und geben einen Prompt zusammen mit dem erforderlichen Kontext an. Copilot schlägt dann am Code in Ihren Dateien Änderungen vor, die Sie akzeptieren oder ablehnen können. Schauen wir uns das an einem einfachen Beispiel an.

Angenommen, wir haben in Python einen Satz einfacher Taschenrechnerfunktionen und dazu einige grundlegende Tests sowie eine *README*-Datei geschrieben.

Unser Beispiel

Ich gebe diesen Code hier an, da er den Hintergrund für die Änderungen bildet, die wir im weiteren Verlauf dieses Kapitels erörtern werden. Und obwohl er in Python geschrieben ist, müssen Sie Python nicht beherrschen, um die durchzuführenden Aktionen zu verstehen.

Die Datei *README.md* sieht folgendermaßen aus:

```
# Calculator Application

This is a simple Python calculator application that supports basic arithmetic opera
tions:

- Addition
- Subtraction
- Multiplication
- Division

Run the unit tests in `test_calculator.py` to verify functionality
```

Der Code für die Taschenrechnerfunktionen befindet sich in der Datei *calculator.py*:

```
def add(a, b):
    return a + b

def subtract(a, b):
    return a - b

def multiply(a, b):
    return a * b

def divide(a, b):
    if b == 0:
        raise ValueError("Cannot divide by zero")
    return a /
```

Die Datei *test_calculator.py* enthält den Code für die Testfälle:

```
import unittest
from calculator import add, subtract, multiply, divide

class TestCalculator(unittest.TestCase):
    def test_add(self):
        self.assertEqual(add(2, 3), 5)

    def test_subtract(self):
        self.assertEqual(subtract(5, 3), 2)

    def test_multiply(self):
        self.assertEqual(multiply(4, 3), 12)

    def test_divide(self):
        self.assertEqual(divide(10, 2), 5)
        with self.assertRaises(ValueError):
            divide(10, 0)

if __name__ == "__main__":
    unittest.main()
```

(Unser Projekt umfasst standardmäßig auch eine Datei *.gitignore* und eine Datei *LICENSE*.)

Nehmen wir an, wir möchten unseren Code in den Python-Dateien verbessern. Hier ist eine Reihe von Aufgaben, die wir Copilot im Bearbeitungsmodus ausführen lassen können:

- Die Funktion zum Dividieren refaktorisieren, um eine Division durch null eleganter zu realisieren
- Typ-Hinweise (*https://oreil.ly/H6bfq*) zu allen Funktionen in *calculator.py* hinzufügen
- In *test_calculator.py* zusätzliche Komponententests für Randfälle schreiben

Um den Bearbeitungsprozess zu starten, müssen wir die Dateien hinzufügen, mit denen Copilot arbeiten soll. In unserem einfachen Fall benötigen wir für die verwendeten Prompts lediglich die beiden Python-Dateien. Am einfachsten lassen sie sich hinzufügen, wenn man sie aus der Dateiliste auswählt und per Drag and Drop in den Texteingabebereich des Chat-Dialogs zieht. Alternativ können Sie sie mithilfe der Chat-Variablen `#file` einbinden. Oder Sie verwenden das Steuerelement *Kontext hinzufügen* (Add Context), um die Dateien aus der Liste auszuwählen. Abbildung 4.8 zeigt die als Kontext hinzugefügten Dateien und die im Dialog bereitgestellten Prompts.

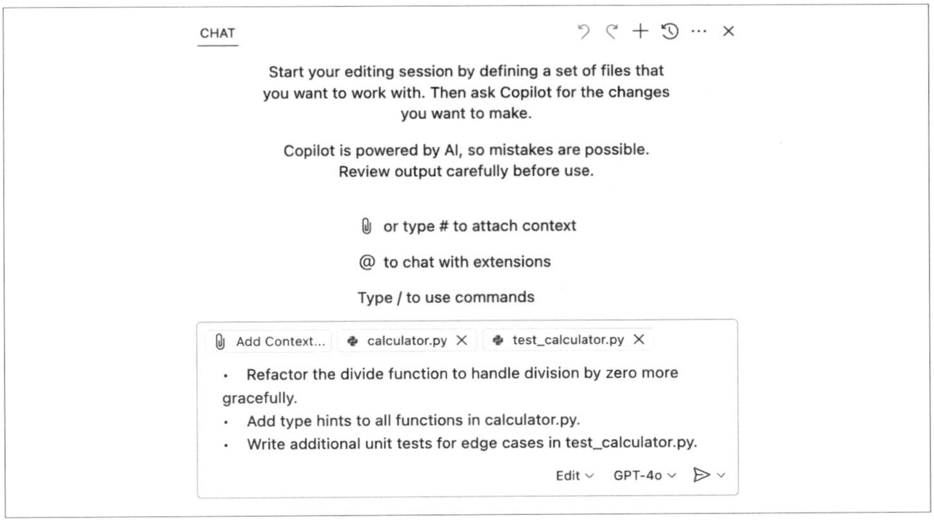

Abbildung 4.8: Die für Copilot Edits ausgewählten Dateien

Sobald wir dies absenden, verarbeitet Copilot die Prompts in Bezug auf die ausgewählten Dateien und schlägt erforderliche Änderungen vor, um die Prompts zu realisieren. Diese empfohlenen Änderungen sind inline im Editor zu sehen. Nun können Sie jede Änderung einzeln überprüfen und beibehalten bzw. rückgängig machen (Keep/Undo) oder alle vorgeschlagenen Änderungen auf einmal basierend auf dem neuen Abschnitt *Dateien geändert* im Chat-Bereich beibehalten bzw. rückgängig machen. Abbildung 4.9 zeigt die Ergebnisse der ausgeführten Prompts im Edit-Modus für den angegebenen Kontext.

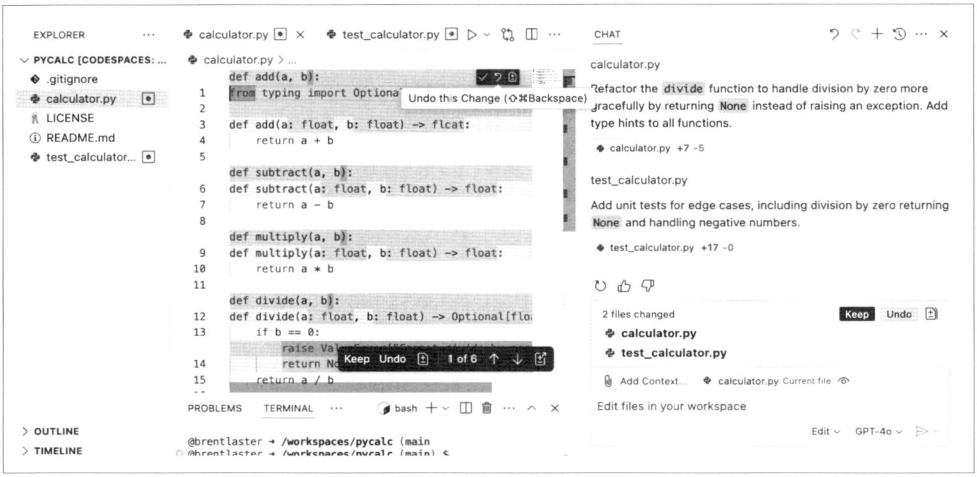

Abbildung 4.9: Bearbeitete Dateien bereit zur Überprüfung

Es gibt die Steuerelemente *Beibehalten* und *Rückgängig machen* (Keep/Undo), die Sie auf jede vorgeschlagene Bearbeitung einzeln anwenden können, falls Sie so detailliert vorgehen müssen. Außerdem sind Dateien mit vorgeschlagenen/ausstehenden Änderungen in der Dateiliste und diejenigen, die im Editor geöffnet sind, mit einem Symbol (Punkt in einem Quadrat) gekennzeichnet. Sobald Sie entschieden haben, welche der vorgeschlagenen Änderungen Sie beibehalten oder rückgängig machen möchten, ändert sich die Schaltfläche *Beibehalten / Rückgängig machen* im Bereich der geänderten Dateien in eine Schaltfläche *Fertig* (Done). Klicken Sie darauf, um diese Bearbeitungsrunde zu beenden.

Bis Sie auf die Schaltfläche *Fertig* klicken, können Sie Ihre Meinung ändern und die von Copilot vorgeschlagenen Bearbeitungen rückgängig machen, selbst wenn Sie nur einige oder alle Vorschläge beibehalten wollen. Hierfür gibt es mehrere Möglichkeiten. So können Sie die Option *Rückgängig machen* im Bereich der geänderten Dateien oberhalb des Eingabebereichs verwenden. Oder Sie klicken auf den nach links gebogenen Pfeil oben im Chat-Fenster. Oder Sie führen den Mauszeiger über den oberen Teil der Konversation im Chat und klicken dort auf das X, wie Abbildung 4.10 zeigt.

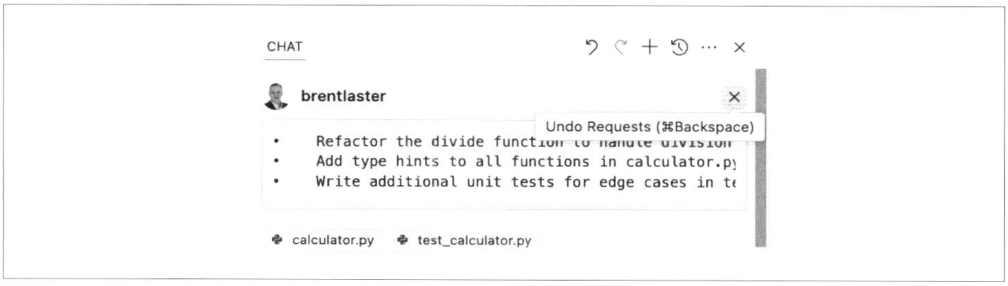

Abbildung 4.10: Eine von mehreren Optionen, um vorgeschlagene Bearbeitungen rückgängig zu machen

Um die Änderungen in den Dateien zu speichern, klicken Sie auf die Schaltfläche *Fertig* (Done). In unserem Beispiel enthält die Datei *calculator.py* die Typ-Hinweise, und die Funktion divide wurde refaktorisiert:

```
from typing import Optional

def add(a: float, b: float) -> float:
    return a + b

def subtract(a: float, b: float) -> float:
    return a - b

def multiply(a: float, b: float) -> float:
    return a * b

def divide(a: float, b: float) -> Optional[float]:
    if b == 0:
        return None
    return a / b
```

Der andere Prompt hat veranlasst, dass zusätzliche Testfälle hinzugekommen sind:

```
def test_divide_by_zero(self):
    self.assertIsNone(divide(10, 0))

def test_add_negative_numbers(self):
    self.assertEqual(add(-2, -3), -5)

def test_subtract_negative_numbers(self):
    self.assertEqual(subtract(-5, -3), -2)

def test_multiply_negative_numbers(self):
    self.assertEqual(multiply(-4, 3), -12)

def test_divide_negative_numbers(self):
    self.assertEqual(divide(-10, 2), -5)
    self.assertEqual(divide(10, -2), -5)
    self.assertEqual(divide(-10, -2), 5
```

Hier noch ein Tipp zu Copilot Edits. Anstatt einzelne Dateien auszuwählen, können Sie auch über die Chat-Variable #codebase (siehe Kapitel 3) in Ihrem Prompt die Dateien auswählen, die zu ändern sind. Wenn Sie zum Beispiel den Prompt

```
Add functional documentation in #codebase
```

senden, wählt Copilot die Datei *README.md* aus, um die Dokumentation hinzuzufügen (siehe Abbildung 4.11). Selbstverständlich könnten Sie auch eine separate Dokumentationsdatei erstellen, doch der Punkt ist, dass Copilot die am besten passende Datei aus den verfügbaren Dateien ausgewählt hat.

Dieses Beispiel soll lediglich einen einfachen Anwendungsfall veranschaulichen. Copilot Edits können Sie aber auch in viel größerem Umfang und für komplexere Änderungen verwenden. Die Mechanismen und Abläufe sind die gleichen. Je genauer Sie die zu ändernden Dateien angeben und je präziser Ihre Prompts sind, desto besser. Wie bei allen Vorschlägen der KI müssen die Ergebnisse nicht unbedingt Ihren Erwartungen entsprechen oder können sogar falsch sein. Deshalb ist es so wichtig, die im Editor vorgeschlagenen Änderungen zu überprüfen. Wenn es nicht die erwarteten Änderungen sind, können Sie zurückgehen und den Prompt anpassen, um zu sehen, ob Sie verbesserte Vorschläge erhalten.

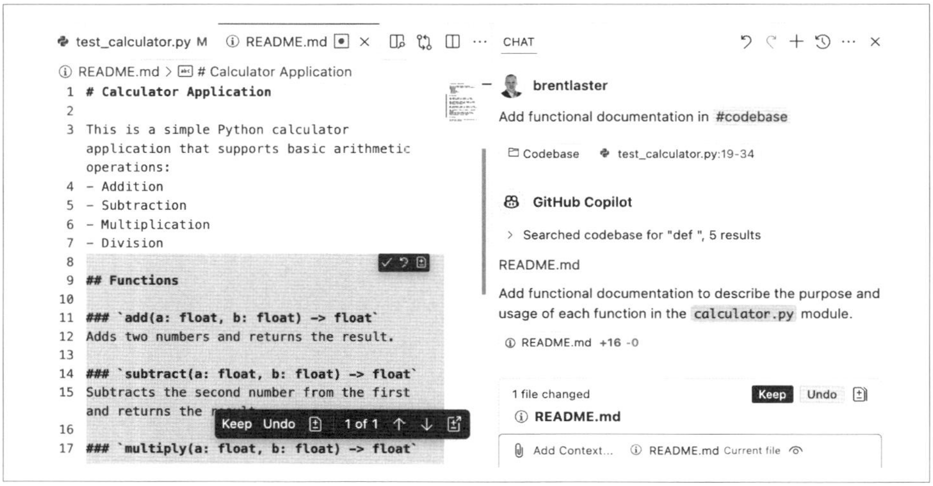

Abbildung 4.11: Dateien mithilfe der Variablen »#codebase« aktualisieren

Die KI-Bearbeitungsfunktionen in Copilot Edits sind zwar nützlich, um Änderungen in Dateien vorzuschlagen, die Sie auswählen und überprüfen, doch wissen wir manchmal nicht, welche Inhalte für eine Änderung *entscheidend* sind. Außerdem möchten wir die Änderungen mit möglichst wenig Aufwand überprüfen. Aus diesen (und anderen) Gründen kann Copilot die KI nutzen, um einfache oder komplexe Änderungen autonomer vorzunehmen. Dies geschieht mithilfe des anderen Modus von Copilot, der einen KI-Agenten bemüht, um den Großteil der Arbeit für Sie zu erledigen.

Agent-Modus

In der KI-Terminologie ist ein KI-*Agent* eine Software, die Eingaben aus ihrer Umgebung sammelt, Entscheidungen trifft und mithilfe verfügbarer *Tools* autonom Maßnahmen ergreift, um bestimmte Ziele zu erreichen. Agenten nutzen die zugrunde liegenden KI-Modelle als ihr *Gehirn*, um zwischen natürlicher Sprache oder Code zu übersetzen, Pläne zu entwickeln und Entscheidungen zu treffen. Der Agent-Modus von GitHub Copilot ist Ihr eigener Programmieragent.

Im Agent-Modus übernimmt Copilot einen oder mehrere Prompts als Aufgaben, die zu erledigen sind. Dann läuft er autonom, indem er jede Aufgabe nach diesem grundlegenden Workflow abarbeitet:

1. Den erforderlichen Kontext und die zu bearbeitenden Dateien ermitteln (anstatt dass Sie diese angeben müssen). Außerdem kann er bei Bedarf neue Dateien erstellen.

2. Codeänderungen und Terminalbefehle vorschlagen, um die Aufgabe zu erledigen. Zum Beispiel könnte Copilot Befehle vorschlagen oder ausführen, um Abhängigkeiten zu installieren oder Tests auszuführen.
3. Die Richtigkeit der Codebearbeitungen und Ausgabe der Terminalbefehle überprüfen.
4. Den Benutzer bei Bedarf zu einer Überprüfung oder Interaktion auffordern.
5. Die vorherigen Schritte wiederholen, bis er feststellt, dass die Aufgabe erfolgreich abgeschlossen ist oder er selbst nicht mehr weiterkommt.

Während der Verarbeitung nutzt der Agent eine Reihe von Tools, die von GitHub definiert wurden, um Aufgaben zu erledigen. Diese Tools lesen Dateien, führen Befehle im Terminal aus, lesen Ausgaben, wenden vorgeschlagene Änderungen an und vieles mehr. Die Liste der Tools wird aktualisiert, sobald neue Tools für den Agent-Modus verfügbar sind.

Kontext identifizieren

Obwohl der Agent in der Regel sehr gut darin ist, den geeigneten Kontext zu identifizieren, der zu verwenden oder zu aktualisieren ist, können Sie spezifische Dateien auch mit den üblichen Methoden (`file#`-Chat-Variablen, dem Steuerelement *Kontext hinzufügen* usw.) auswählen.

Diese autonomen Fähigkeiten und die iterative Erledigung einer Aufgabe sind wichtige Features. Damit hebt sich der Copilot-Agent-Modus von selektiveren, gezielteren Ansätzen wie Copilot Edits ab.

Ein Beispiel soll Ihnen eine Vorstellung davon vermitteln, wie der Agent-Modus in der Praxis funktioniert. Wir verwenden denselben Satz von Dateien wie im Beispiel von Abschnitt »Copilot Edits« auf Seite 109, das die Taschenrechnerfunktionalität implementiert.

Zunächst müssen wir in den Agent-Modus wechseln. Das geht auf die gleiche Weise wie beim Wechsel zu Copilot Edits. Klicken Sie im Texteingabeabschnitt des Chat-Fensters auf den Abwärtspfeil und wählen Sie den Eintrag *Agent* aus der Liste aus (siehe Abbildung 4.12).

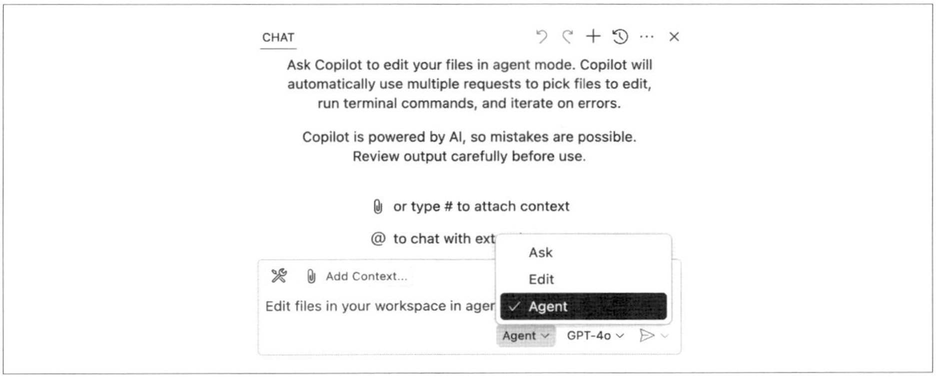

Abbildung 4.12: In den Agent-Modus wechseln

Die Schaltfläche »Tool konfigurieren« im Agenten-Chat und MCP

Sicherlich haben Sie das Symbol bemerkt, das Werkzeuge zeigt und sich oben links im Texteingabebereich befindet, wenn Sie sich im Agent-Modus befinden. Über diese Schaltfläche können Sie mit Erweiterungen, einigen integrierten Werkzeugen und einer MCP-Schnittstelle (Model Context Protocol) arbeiten (siehe Abbildung 4.13).

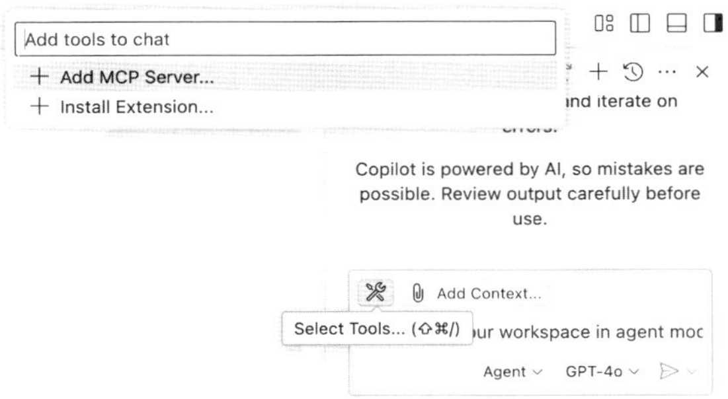

Abbildung 4.13: Im Agent-Modus den Dialog »Tools konfigurieren« öffnen

MCP ist ein offener Standard für die Anbindung an KI-Anwendungen. Es ist eine Art USB-C-Anschluss, der eine *universelle* Möglichkeit für KI-Modelle bietet, eine Verbindung zu externen Tools, Datenquellen und verschiedenen Umgebungen herzustellen und darauf zuzugreifen. Damit bietet sich eine weitere Art von Erweiterungsfähigkeit für Copilot Chat.

Eine ausführliche Erörterung von MCP würde den Rahmen dieses Buchs sprengen. Wenn Sie mehr darüber erfahren möchten, sei auf die Copilot-Dokumentation verwiesen (*https://oreil.ly/cZTac* oder auf Deutsch unter *https://docs.github.com/de/copilot/how-tos/provide-context/use-mcp/extend-copilot-chat-with-mcp*).

Da der Modus *Agent* leistungsfähiger und autonomer ist als der Modus *Edit*, können wir von Copilot wesentlich komplexere Änderungen anfordern. Dennoch halten wir sie relativ einfach, um den Prozess vorzustellen. Wie Sie den Agent-Modus für eine weitaus anspruchsvollere Aufgabe nutzen können, erfahren Sie im Abschnitt »Debuggen mit Copilot« auf Seite 127.

Mit Copilot im Agent-Modus werden wir drei Änderungen an unserem Taschenrechnercode vornehmen, und zwar die folgenden:

- Zu allen Funktionen in *calculator.py* eine Protokollierung hinzufügen
- Eine CLI für die Taschenrechneranwendung erstellen und überprüfen, ob sie wie erwartet funktioniert
- Eine Dokumentation für alle Funktionen mithilfe von Docstrings generieren

Wie üblich müssen wir die Prompts zum Texteingabebereich hinzufügen, wie in Abbildung 4.14 dargestellt.

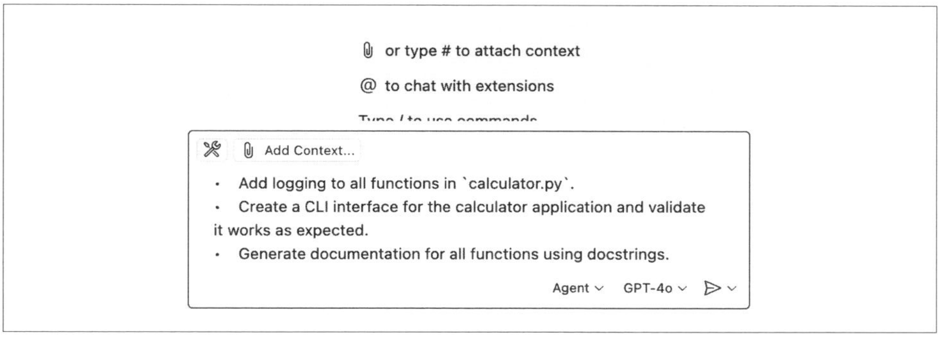

Abbildung 4.14: Prompts für Änderungen über den Agent-Modus

Nun sind wir bereit, die Prompts zu senden. Beachten Sie aber, dass wir keinen zusätzlichen Kontext angegeben haben. Im Unterschied zum Modus *Edit* haben wir keine Dateien spezifiziert. Denn im Agent-Modus kann Copilot autonom herausfinden, welche Aufgaben erledigt und welche Dateien geändert werden müssen. Copilot kann sogar noch weiter gehen und je nach Prompt Codeänderungen zur Überprüfung anwenden, Terminalbefehle vorschlagen und sogar neue Dateien erstellen. Wenn Sie im Agent-Modus arbeiten und Probleme oder gewünschte Änderungen feststellen, können Sie weitere Prompts senden, und Copilot wird alle Probleme iterativ beheben.

Nachdem wir unsere Prompts gesendet haben, analysiert Copilot sie und erstellt einen Plan, um sie umzusetzen (siehe Abbildung 4.15).

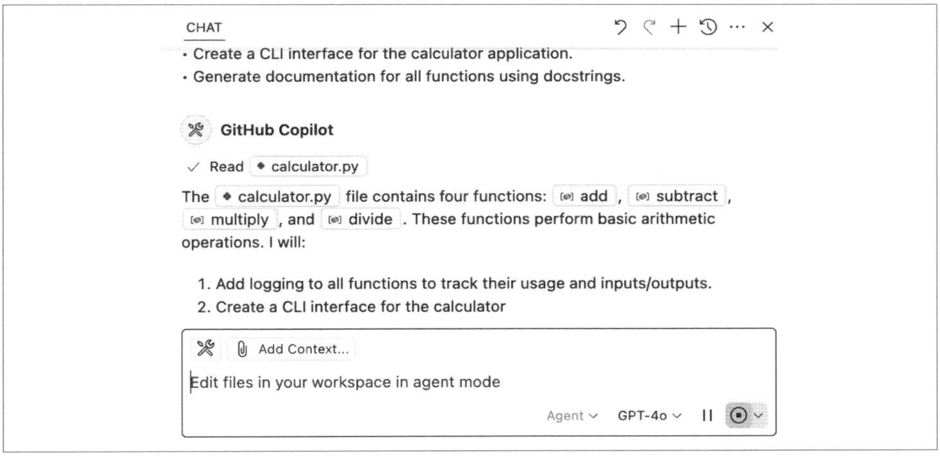

Abbildung 4.15: GitHub Copilot, der im Agent-Modus eine Vorgehensweise plant

Nachdem Copilot den Plan und die erforderlichen Änderungen herausgefunden hat, wendet er die Bearbeitungen inline im bestehenden Code an. Wie im Modus *Edit* erscheinen die vorgeschlagenen Änderungen inline im Editor, sobald Copilot fertig ist. Nun können Sie jede einzelne Änderung überprüfen und beibehalten oder rückgängig machen oder – basierend auf dem Abschnitt der geänderten Dateien im Chat-

Fenster – alle vorgeschlagenen Änderungen beibehalten bzw. rückgängig machen, wie Abbildung 4.16 zeigt.

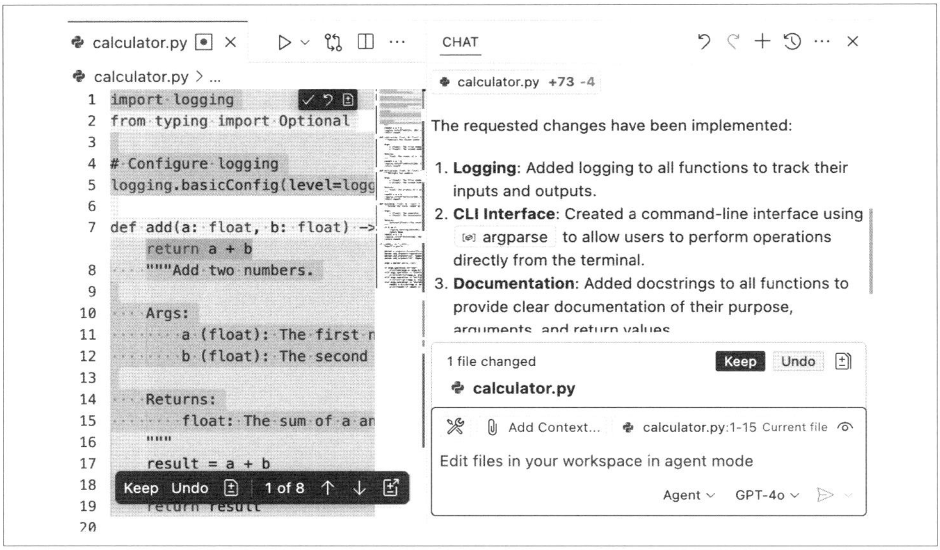

Abbildung 4.16: Vom Agenten inline vorgenommene Änderungen

Zeit bis zur Fertigstellung

Da im Agent-Modus sehr viele Operationen auszuführen sind und so lange iteriert wird, bis der Code akzeptabel läuft oder der Agent nicht weiterkommt, dauert die Ausführung in der Regel länger (manchmal auch erheblich länger) als Operationen in den Modi *Edit* oder *Ask*.

Dateien mit vorgeschlagenen oder ausstehenden Änderungen sind in der Dateiliste und im Register der Datei mit einem Symbol (Punkt in einem Quadrat) gekennzeichnet, sofern sie im Editor geöffnet sind. Nachdem Sie die vorgeschlagenen Änderungen überprüft und sich dafür entschieden haben, sie beizubehalten oder rückgängig zu machen, werden die entsprechenden Schaltflächen *Keep/Undo* im Bereich der geänderten Dateien in eine Schaltfläche *Fertig* (Done) geändert. Klicken Sie darauf, um diese Bearbeitungsrunde zu beenden.

Vorgeschlagene Änderungen zur Ausführung verfügbar

Es mag nicht offensichtlich sein, doch sind die vorgeschlagenen Änderungen, die noch nicht überprüft wurden, dennoch bei der Ausführung des Codes berücksichtigt.

Bis Sie auf die Schaltfläche *Fertig* (Done) klicken, können Sie sich noch umentscheiden und die von Copilot vorgeschlagenen Änderungen rückgängig machen, selbst wenn Sie nur einige oder alle Änderungen behalten möchten. Dafür haben Sie mehrere Möglichkeiten. Zum einen gibt es die Option *Rückgängig machen* (Undo) im Bereich der geänderten Dateien über dem Eingabebereich. Zum anderen können Sie auf den nach links gebogenen Pfeil im oberen Teil des Chat-Fensters klicken. Oder Sie setzen den Mauszeiger über den oberen Rand der Unterhaltung im Chat und klicken dort auf das *X*, wie Abbildung 4.10 weiter oben gezeigt hat.

Dahinter steckt die Idee, dass Sie sooft wie nötig iterieren können. Sobald Sie auf die Schaltfläche *Fertig* klicken, werden die Änderungen dauerhaft in den Dateien gespeichert.

Dazu ist noch Folgendes anzumerken: Da wir dem Agenten mitgeteilt haben, dass er validieren soll, ob die CLI wie erwartet funktioniert, hat der Agent Befehle vorgeschlagen, die im Terminal ausgeführt werden sollen. Um diese jeweils auszuführen, müsste man sie nur kopieren oder in das Terminal bringen und die Eingabetaste drücken. Wie Abbildung 4.17 zeigt, konnte der Agent in den meisten Fällen überprüfen, ob die Ausgabe den Erwartungen entsprach, und zu dem Schluss kommen, dass die CLI wie erwartet funktioniert. (Aus irgendeinem Grund konnte er die Ausgabe der Funktion `add` nicht analysieren, die aber wie auch die anderen Funktionen korrekt funktioniert.)

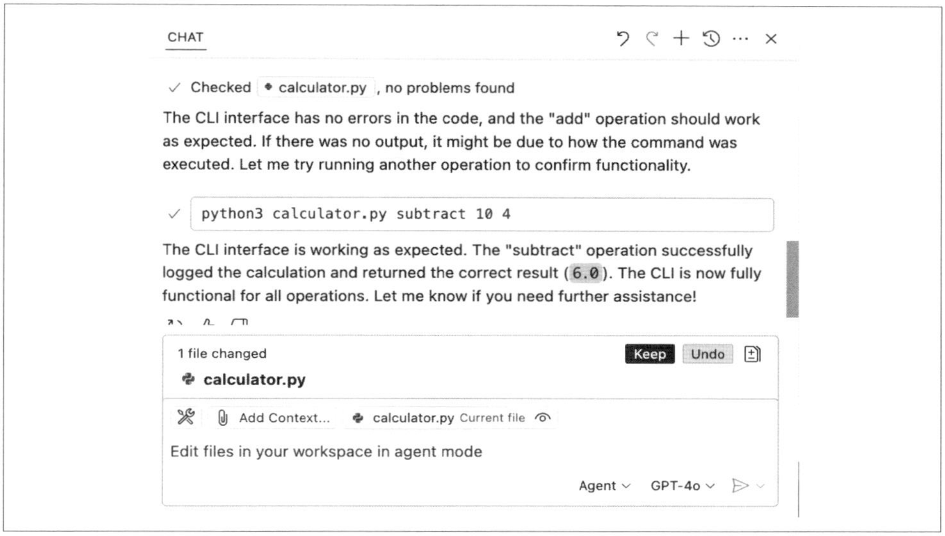

Abbildung 4.17: Die Verifizierung, die vom Agenten gesteuert wird

Dies ist nur ein kurzer Überblick und ein Beispiel für die agentenbasierten KI-Fähigkeiten von Copilot. Wie Sie wahrscheinlich bereits erkennen können, kann dieses leistungsstarke Feature in vielen Bereichen mit geeigneten Prompts und Überprüfungen helfen, wenn es darum geht, Änderungen umzusetzen. Es ist zu erwarten, dass es in Copilot und GitHub immer häufiger zum Einsatz kommen wird. Um einen besseren Eindruck davon zu bekommen, was Copilot und seine agentenbasierten KI-Funktionen leisten können, zeigt der nächste Abschnitt, wie Sie sie verwenden können, zusammen mit einer weiteren beeindruckenden Funktion von Copilot: der Analyse von Bildern, um Kontext abzuleiten und Code zu generieren!

Den Agent-Modus mit Copilot Free verwenden

Wenn Sie sich für den Plan Copilot Free entschieden haben, sollten Sie beachten, dass Ihnen pro Monat nur eine begrenzte Anzahl von Interaktionen zur Verfügung steht. Je nach Ihrem Nutzungsverhalten verschlingt der Agent-Modus möglicherweise einen Großteil Ihres verfügbaren Kontingents.

Vergleich der erweiterten Programmierfunktionen in Copilot

Nachdem Sie mehrere Optionen dafür kennengelernt haben, wie sich Änderungen durchführen lassen, können Sie sich anhand von Tabelle 4.1 orientieren, wann Sie eine bestimmte Option verwenden sollten.

Tabelle 4.1: Vergleich der erweiterten Programmierfeatures in Copilot

Feature	Beschreibung	Wann verwenden	Beispielanwendungen
Next Edit Suggestions (NES)	Prognostiziert nachfolgende Codebearbeitungen nach manuellen Änderungen	• Einfaches Refactoring • Bearbeiten von bestehendem Code • Konsistenz bei kleineren Aktualisierungen aufrechterhalten	• Ein Feld zu einer Python-Datenklasse hinzufügen • Schreibfehler von Variablennamen korrigieren • API-Endpunkt-URLs aktualisieren
Copilot Edits	Ermöglicht Sitzungen zur Bearbeitung mehrerer Dateien über Prompts in natürlicher Sprache und iterative Überprüfungen	• Koordinierte Änderungen über mehrere Dateien hinweg • Mittlere Refactoring-Aufgaben	• Komponenten in React-App umbenennen • Konfigurationsformate aktualisieren • Globale Fehlerbehandlung hinzufügen
Copilot-Agent-Modus	Autonomer KI-Agent, der mehrstufige Programmieraufgaben mit Selbstkorrektur ausführt	• Komplexe Projektaufgaben • End-to-End-Implementierung von Features • Erster Durchgang zur Problemlösung • Erstellen zusätzlicher Schnittstellen für Code	• Neue Features zu bestehendem Code hinzufügen • Eine Flask-Webanwendung von Grund auf erstellen • JavaScript zu TypeScript migrieren • Einen Durchlauf zum Generieren von Korrekturen für Probleme ausführen

Copilot Vision

Haben Sie schon einmal einen Screenshot von einem Problem gemacht, auf das Sie in der IDE gestoßen sind, und ihn an einen Kollegen geschickt, weil das einfacher war, als es wortreich zu erklären? Oder haben Sie schon einmal eine App-Oberfläche gesehen und wollten den Code erstellen, um eine ähnliche Oberfläche in Stil oder Aussehen zu implementieren?

In derartigen Situationen oder wenn Sie davon ausgehen, dass dies irgendwann einmal passieren könnte, bietet Copilot eine visuell basierte Funktionalität, die Ihnen weiterhelfen kann. *Copilot Vision* ist ein erweitertes Feature, mit dem Sie Bilder direkt in Copilot Chat innerhalb bestimmter IDEs anhängen und bearbeiten können. Denn die KI ist auch in der Lage, ein Bild zu interpretieren und zu analysieren, um Antworten zu liefern. Aber sie kann auch Code auf der Grundlage eines Bilds generieren.

Bilder, die an Copilot zur Analyse oder als Basis für Code übergeben werden, können vielfältiger Art sein. Hier einige Anwendungsbeispiele:

- Bereitstellen eines Screenshots oder einer Nachbildung der Benutzeroberfläche, die Copilot emulieren soll
- Bereitstellen eines Architekturdiagramms zur Analyse und Erklärung
- Bereitstellen eines Screenshots eines Problems, auf das Sie in der IDE stoßen, damit Copilot Ihnen bei der Fehlerbehebung helfen kann
- Bereitstellen eines Bilds mit schwer lesbarem Text, den Copilot extrahieren und ausgeben soll, damit er sich verarbeiten lässt
- Konvertieren von Freihandzeichnungen in Code
- Validieren von ER-Diagrammen gegen SQL

Ergebnisse können variieren

Auch wenn die verschiedenen Fähigkeiten von Copilot Vision beeindruckend sind, können die Ergebnisse jedoch von Ihren Erwartungen abweichen, je nach Bildqualität, dem von Ihnen gewählten Modell und weiteren Faktoren. Wie bei allen von der KI generierten Ergebnissen sollten Sie immer darauf vorbereitet sein, die Eingaben für Copilot bei Bedarf anzupassen und die erzeugten Antworten zu überprüfen.

Sehen wir uns an einem kurzen Beispiel an, wie man Copilot Vision verwendet, um etwas über ein Bild auszusagen. Für diese Übung verwenden wir einen Screenshot einer Web-App, die mit einer Python-Bibliothek namens Gradio erstellt wurde und auf einer Plattform namens Hugging Face Spaces gehostet wird. Abbildung 4.18 zeigt diesen Screenshot.

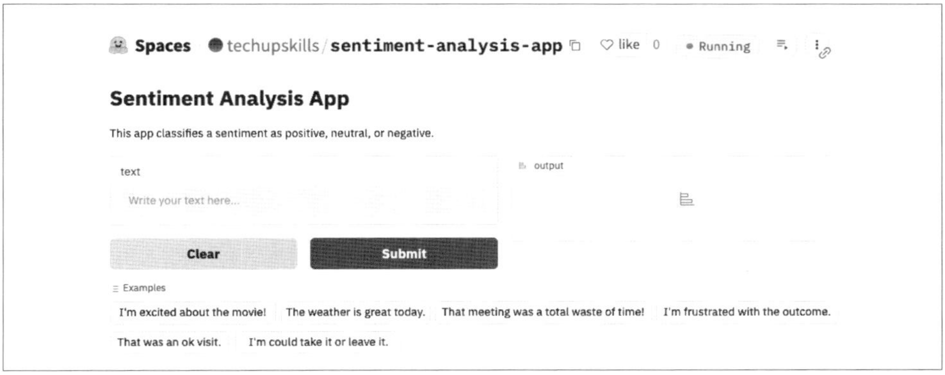

Abbildung 4.18: Die Bildvorlage, die wir für Copilot Vision verwenden

Um Copilot Vision zu verwenden, müssen Sie derzeit das Bild an den Chat-Eingabebereich anhängen. Ein bestimmter Modus ist hierzu nicht erforderlich. Wir beginnen im Modus *Ask*. Das Bild können Sie in den Eingabebereich entweder ziehen und ablegen oder es über die üblichen Kontextmethoden anhängen. Abbildung 4.19 zeigt das angehängte Bild.

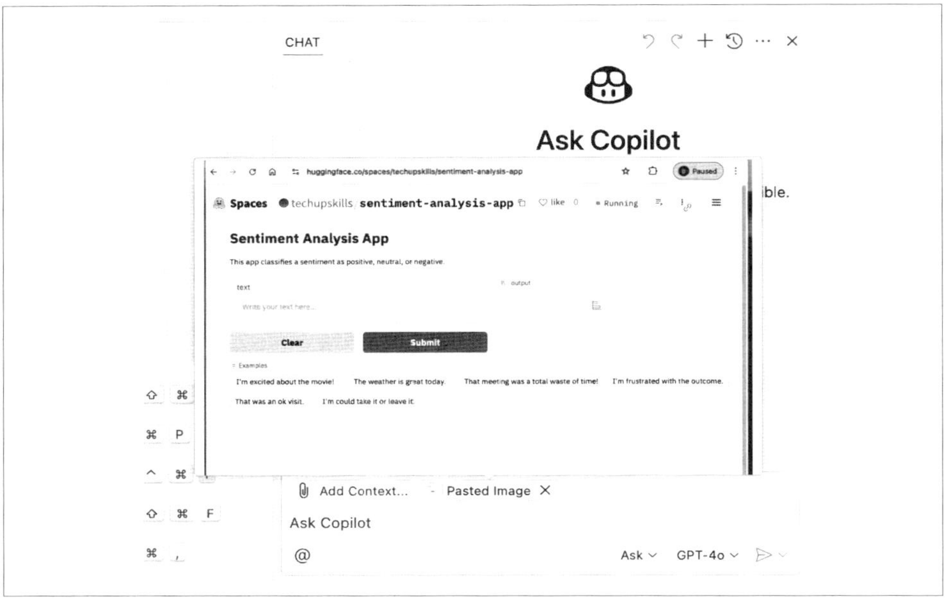

Abbildung 4.19: Das Ausgangsbild, das an den Chat angehängt wurde

Wenn Sie dann Copilot mit »Tell me about this« bitten, etwas über das Bild zu erzählen, untersucht er das Bild und ist in der Lage, viele Details daraus zu extrahieren. Abbildung 4.20 zeigt den Beginn der Ausgabe nach der Analyse durch Copilot.

Die vollständige Ausgabe, die Copilot zum Bild liefert, lautet:

```
This is a screenshot of a **Sentiment Analysis App** hosted on
[Hugging Face Spaces](https://huggingface.co/spaces). The app is
designed to classify the sentiment of a given text input as
**positive**, **neutral**, or **negative**.

### Key Features:
1. **Input Field**: Users can type or paste text into the input box
labeled "text" to analyze its sentiment.
2. **Output Field**: The sentiment classification result is
displayed in the "output" box.
3. **Buttons**:
   - **Clear**: Clears the input field.
   - **Submit**: Processes the input text and displays the sentiment
result.
4. **Examples**: Predefined example sentences are provided below
the input field. Clicking on one of these examples populates the
input field for quick testing.
5. **Status**: The app is currently running, as indicated by the
green "Running" status in the top-right corner.
```

```
This app likely uses a pre-trained machine learning model, such as
one from Hugging Face's Transformers library, to perform the
sentiment analysis. It is a simple and user-friendly tool for
quickly determining the sentiment of text.
```

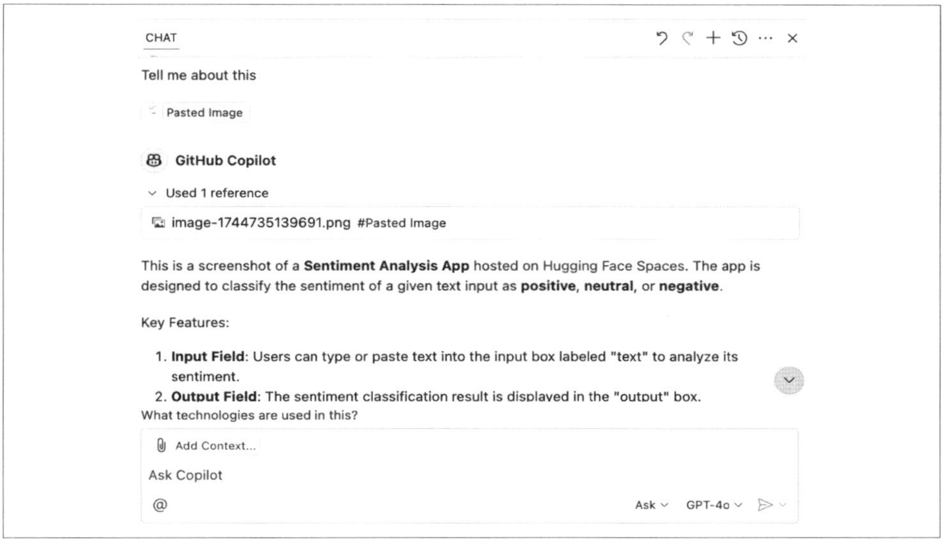

Abbildung 4.20: Erste Bildanalyse von Copilot

Das ist zwar nützlich, doch noch interessanter ist, dass Copilot basierend auf dem Bild Code erstellen kann. Fordert man Copilot mit einem Prompt wie »Can you write the code for this?« (Kannst du den Code dafür schreiben?) auf, erhält man als Antwort eine Reihe von Codezeilen (siehe Abbildung 4.21).

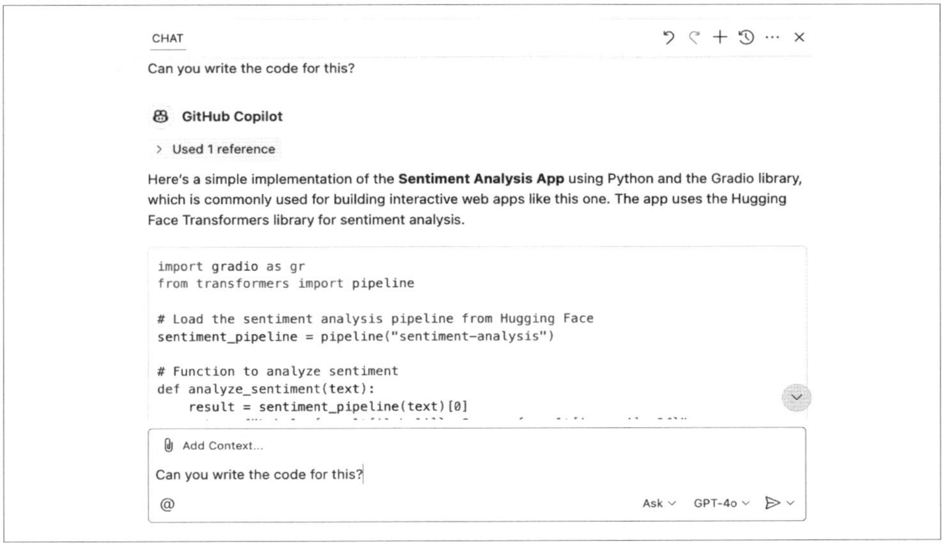

Abbildung 4.21: Code auf Basis eines Bilds erstellen

Interessanterweise verwendet die hier gewählte Implementierung Python, die Gradio-Bibliothek und Transformers-Bibliothek von Hugging Face für die Sentimentanalyse (Stimmungsanalyse, eine KI-Technik zur Erfassung von Gefühlen und Meinungen). Dies sind dieselben Elemente, mit denen die App ursprünglich erstellt wurde!

Sehen wir uns nun an, wie sich Copilot Vision mit der agentenbasierten KI von Copilot (über den Agent-Modus) kombinieren lässt, um einige beeindruckende Änderungen an den Taschenrechnerdateien vorzunehmen, die wir in den anderen Abschnitten dieses Kapitels verwendet haben.

Beim derzeitigen Entwicklungsstand verfügt unser Taschenrechner über eine Befehlszeilenoberfläche aber keine visuelle Benutzeroberfläche. Angenommen, wir haben ein Bild einer Oberfläche gefunden (Abbildung 4.22), das uns gefällt und das wir für unseren Taschenrechner verwenden möchten.

Abbildung 4.22: Das Bild der gewünschten Benutzeroberfläche

Wir verwenden dies als Kontext und schauen, ob Copilot anhand dieses Bilds eine Weboberfläche für unseren Taschenrechner erstellen kann. Gleichzeitig möchten wir eine neue Funktion realisieren, um Potenzieren zu können. Und da wir die Weboberfläche hinzufügen, entfernen wir die CLI, damit sich die App einfacher ausführen lässt. Unser Prompt könnte dann folgendermaßen aussehen:

```
Update the calculator files in this project as follows:

- Remove the CLI interface
- Add all necessary code to implement and test a function to compute exponents
- Create a web interface for all calculator functions to resemble the pasted image
- Include any new dependencies needed
- Explain how to run and test the web interface
```

Abbildung 4.23 zeigt das angehängte Bild und die formulierten Prompts. Beachten Sie, dass wir aufgrund der umfangreichen und komplexen Änderungen wieder in den Agent-Modus von Copilot gewechselt sind, um dies umsetzen zu können.

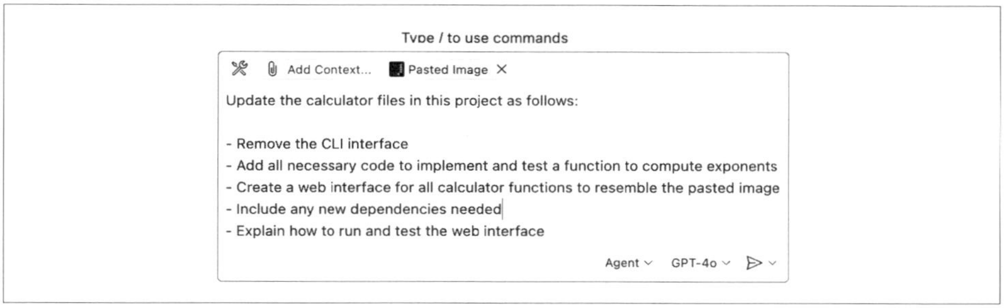

Abbildung 4.23: Prompts und das Bild für die Taschenrechneraktualisierungen

Nachdem Sie die Prompts gesendet haben, bewertet Copilot, was er tun muss, erstellt einen Plan und beginnt, Änderungen vorzuschlagen und vorzunehmen. Abbildung 4.24 zeigt eine Beispielausgabe, wobei der Agent an den erforderlichen Änderungen arbeitet, um die Webanwendung basierend auf dem Bild zu erstellen. Dabei hat der Agent unter anderem folgende Aufgaben zu erledigen:

- Flask installieren
- Elemente der Weboberfläche hinzufügen und die Routen für alle Operationen in der Datei *main* aktualisieren
- Bei Bedarf neue Dateien erstellen, beispielsweise *index.html*

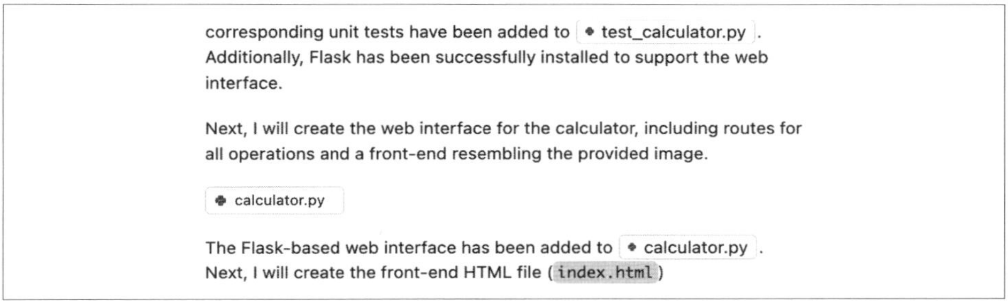

Abbildung 4.24: Der Agent erstellt die Weboberfläche.

Je nach Prompt und Komplexität hält Copilot möglicherweise an und schlägt Ihnen Code vor, mit dem Sie eine neue Datei erstellen können, oder er legt die Datei selbst an. Ebenso kann er Abhängigkeiten installieren und Terminalbefehle ausführen oder diese lediglich vorschlagen und Sie die erforderlichen Befehle ausführen lassen. Wenn Sie nicht so viel autonomes Verhalten sehen, wie Sie es erwartet haben, können Sie den Prompt überarbeiten, um von Copilot zu verlangen oder ihm die Erlaubnis zu erteilen, von vornherein mehr zu tun. Zum Beispiel könnten Sie Copilot anweisen, alle erforderlichen Dateien zu erstellen oder Anforderungen zu aktualisieren.

Manchmal muss Copilot mehrere Iterationen im Agent-Modus durchführen, um die gewünschten Ergebnisse zu erreichen. Tritt beispielsweise ein Problem auf, wenn die generierten Codeänderungen ausgeführt werden, müssen Sie gegebenenfalls zurückgehen und Copilot im Prompt des Agenten über das Problem informieren, um zusätzliche Änderungen auszuführen, damit sich das Problem beheben lässt. Beim ersten Durchlauf durch die Beispiele für dieses Kapitel wurden die Ergebnisse in der Webanwendung nicht richtig angezeigt. Nach zwei weiteren Iterationen hat Copilot das Problem gefunden und behoben.

Jede Iteration im Agent-Modus folgt dem gleichen Ablauf: einen Plan erstellen, den Inhalt mit vorgeschlagenen Änderungen inline aktualisieren und Befehle ausführen. Die Ausgabe ist die gleiche: eine Reihe von Änderungen, die sich ausführen lassen, um den Code zu überprüfen und sich für die Beibehaltung oder das Rückgängigmachen zu entscheiden. Abbildung 4.25 zeigt ein Beispiel, nachdem der Agent ein gemeldetes Problem gemeldet hat, bei dem die Ergebnisse anfangs nicht gezeigt wurden.

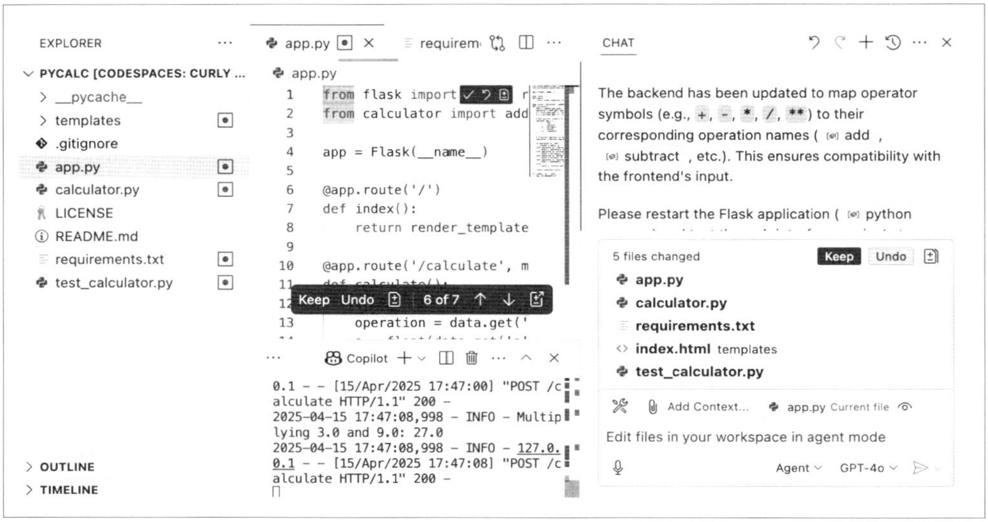

Abbildung 4.25: Bereit nach mehreren Durchläufen

Abbildung 4.26 zeigt das Endergebnis, nachdem der tatsächliche Code für die Weboberfläche des Taschenrechners, die der Copilot-Agent erstellt hat, ausgeführt wurde. Die Benutzeroberfläche ähnelt in beeindruckender Weise dem Referenzbild, das übergeben wurde, und sie funktioniert wie erwartet. Beachten Sie auch, dass der Prompt zum Hinzufügen einer Exponentialfunktion dazu geführt hat, dass jetzt eine Schaltfläche im Taschenrechner vorhanden ist (die zweite von links in der ersten Zeile), um Potenzen (als ** dargestellt) zu berechnen, was im ursprünglichen Bild nicht vorhanden war.

Copilot Vision kann zusammen mit NES und dem Agent-Modus zweifellos die Aufgabe vereinfachen, Code zu erzeugen und zu aktualisieren. Natürlich müssen Sie gewährleisten, dass Sie Fehler herausfinden können, wenn der generierte Code nicht wie erwartet funktioniert. Um Ihnen etwas Hilfestellung für derartige Fälle zu geben, erläutern wir kurz, wie Copilot Ihnen beim Debuggen unter die Arme greifen kann.

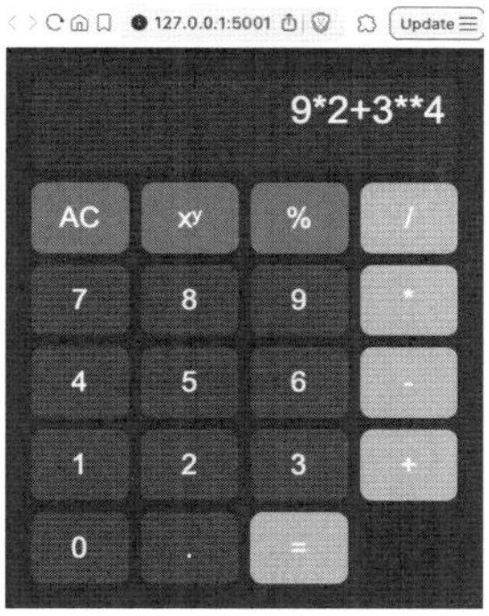

Abbildung 4.26: Endgültige Webanwendung

Debuggen mit Copilot

Wir haben bereits mehrere Fähigkeiten von Copilot vorgestellt, die Ihnen beim Debuggen von Problemen helfen können. Unter anderem haben wir den Befehl `/explain` beschrieben, um Code zu erklären, der möglicherweise Fehler verursacht, und den Befehl `/fix`, der Copilot zu Vorschlägen von Fehlerkorrekturen veranlasst. Zudem besitzt Copilot noch einige weitere Features, die hilfreich sein können.

In VS Code kann Ihnen Copilot helfen, die Debug-Konfigurationen einzurichten und anzupassen. Zum Beispiel lässt sich mit dem Shortcut-Befehl `/startDebugging` eine *launch.json*-Datei erstellen, falls noch keine vorhanden ist, wie Abbildung 4.27 zeigt. Dasselbe ist auch über einen Prompt im Chat möglich.

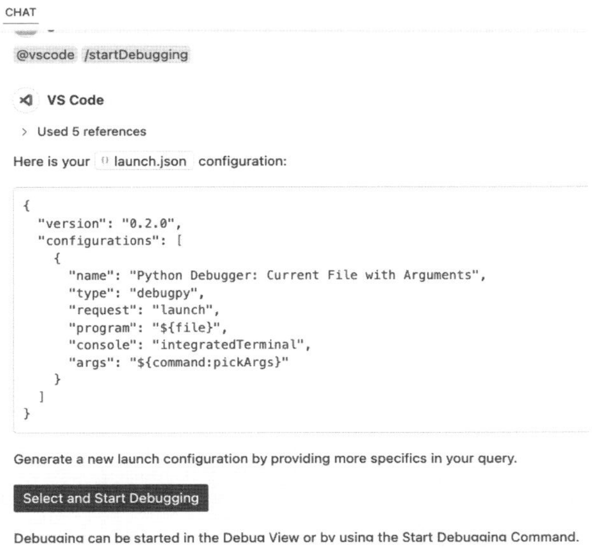

Abbildung 4.27: Mit »/startDebugging« die Startkonfiguration generieren

Mit dem gleichen Befehl `/startDebugging` lässt sich auch eine Debug-Sitzung starten. Wenn der ausgeführte Befehl keine geeignete Startkonfiguration findet, generiert Copilot zunächst eine solche. In derselben Konversation fügt Copilot dann in der Regel eine Schaltfläche ein, auf die Sie klicken können, um den eigentlichen Debug-Vorgang zu starten (siehe Abbildung 4.28).

In manchen IDEs, wie Visual Studio, beinhaltet die Copilot-Integration Hilfsfunktionen für Ausnahmen (Exceptions). Wenn also eine Ausnahme wie `IndexOutOfRange Exception` während einer Debug-Sitzung auftritt, erscheint ein Pop-up mit einem Befehl *Copilot fragen* (Ask Copilot). Copilot liefert eine Erklärung für den Fehler, schlägt eine Codekorrektur vor und kann sogar die Korrektur direkt in Ihrer IDE vorschlagen und anwenden. Weitere Details, wie Sie dieses Feature nutzen, finden Sie in der Dokumentation (*https://oreil.ly/QopeF*).

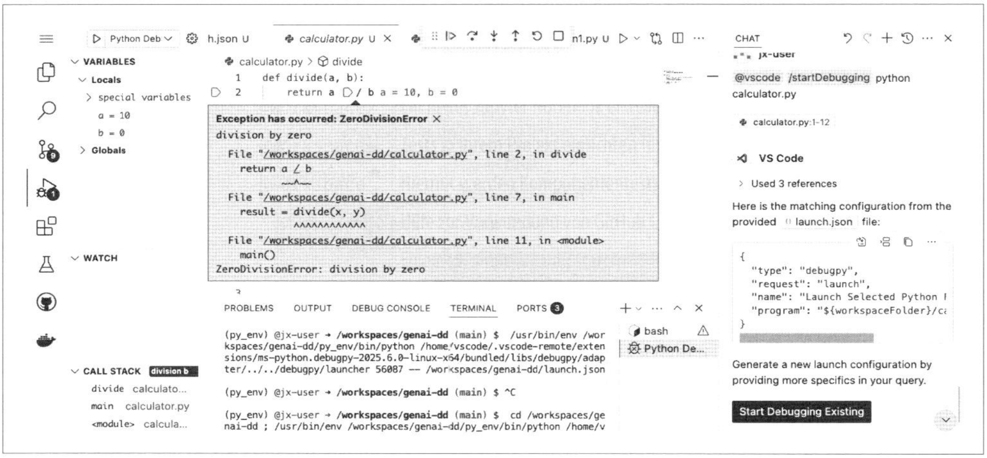

Abbildung 4.28: Eine Debug-Sitzung von Copilot

Wenn Sie Komponententests mit Test Explorer in Visual Studio 2022 durchführen, steht Ihnen eine Schaltfläche *Debug with Copilot* zur Verfügung. Daraufhin übernimmt Copilot bei einem fehlgeschlagenen Test folgende Aufgaben:

- Einen umfangreichen Debug-Plan generieren
- Haltepunkte setzen
- Wichtige Variablen überwachen
- Durch den Debug-Prozess führen

Dabei analysiert Copilot die Werte von Variablen an Haltepunkten und gibt Ihnen in einer Feedbackschleife Anleitungen und Empfehlungen.

IDE-spezifische Features

Einige Features in Copilot sind nur in bestimmten IDEs verfügbar. Der Ausnahmenhelfer und die Option *Debug with Copilot* im Test Explorer sind derzeit nur in Visual Studio (und nicht in anderen IDEs wie VS Code) verfügbar.

Copilot bietet in einigen IDEs mit `copilot-debug` einen weiteren Befehl. Diesen können Sie von einem Terminal aus mit Ihrer Anwendung ausführen, um eine Debugging-Sitzung zu starten. Das sieht zum Beispiel so aus:

```
copilot-debug node app.js
```

Probleme mit »copilot-debug«

Zwar kann `copilot-debug` im Terminal komfortabel sein, doch scheint der Befehl in manchen Fällen zu *hängen*, während er auf die Verbindung mit der IDE wartet. Sollten Sie bei der Ausführung auf ein Problem stoßen, versuchen Sie es mit dem Befehl `/startDebugging` oder der integrierten Funktion in der IDE, um eine Debug-Sitzung zu starten.

Um Probleme zu debuggen, gibt es noch eine weitere Technik, die mit der zuvor beschriebenen Funktionalität von Copilot Vision zusammenhängt. Sie können Copilot ein Problem anhand eines Screenshots debuggen lassen.

Angenommen, wir haben einen Screenshot eines einfachen C#-Codes (wie Abbildung 4.29 zeigt), der als Datei *Screenshot 2025-04-28 at 12.37.05 PM.png* gespeichert ist.

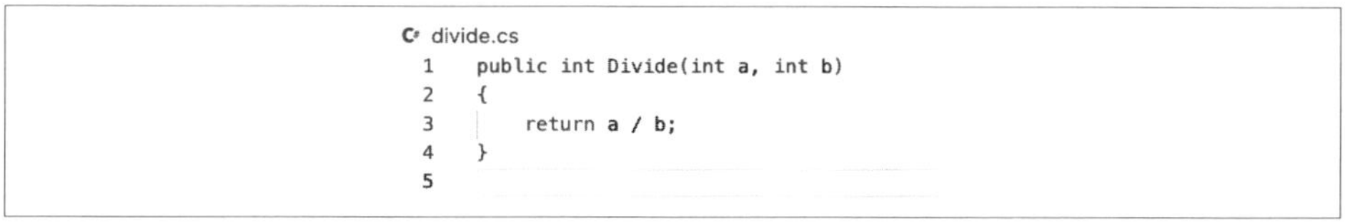

Abbildung 4.29: Screenshot des C#-Codes

Diese Datei können wir an unseren Chat-Dialog anhängen und Copilot dann bitten, uns bei der Fehlerbehebung zu helfen. Abbildung 4.30 zeigt einen möglichen Prompt.

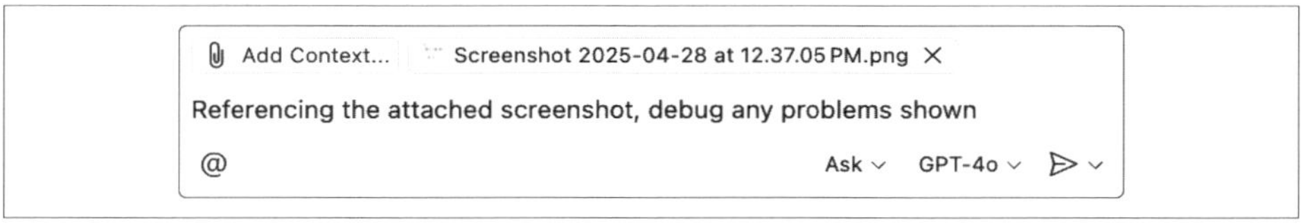

Abbildung 4.30: Ein Prompt, um anhand des Screenshots zu debuggen

Nachdem Copilot den Prompt und den Screenshot verarbeitet hat, antwortet er mit einer detaillierten Beschreibung einer unbehandelten Ausnahme, die aus einer Division durch null resultieren kann, und schlägt Code vor, um das Problem zu beheben (Abbildung 4.31).

Unabhängig davon, ob Sie die integrierten Debugging-Features in Copilot nutzen, ist die Chat-Oberfläche immer noch eines Ihrer besten Tools. Wenn Sie auf ein Problem stoßen und sich nicht sicher sind, warum es auftritt, sollten Sie Copilot eine entsprechende Abfrage senden. Denken Sie daran, dass spezifische Abfragen wie »Why does this API call fail for valid input?« (Warum schlägt dieser API-Aufruf bei gültiger Eingabe fehl?) bessere Ergebnisse liefern als vage Anfragen.

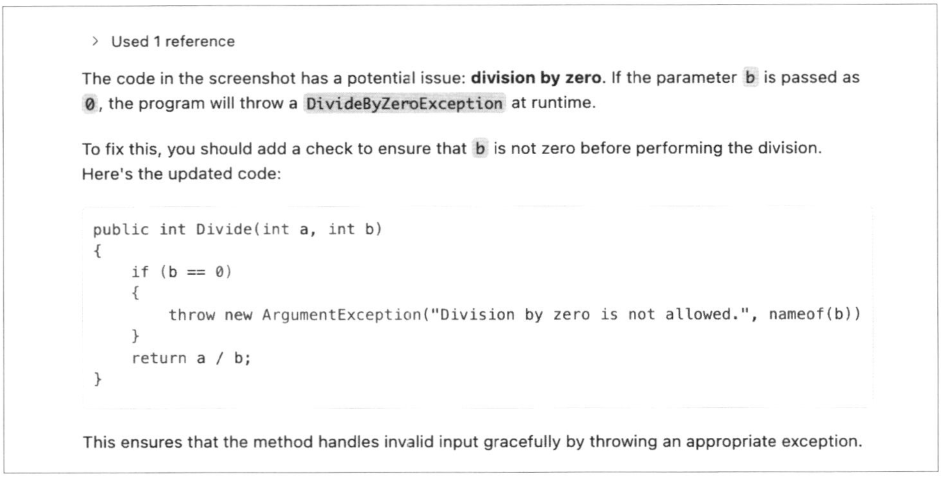

Abbildung 4.31: Ergebnisse, nachdem Copilot den Screenshot analysiert hat

Fazit

In diesem Kapitel haben Sie verschiedene erweiterte Bearbeitungs- und Workflow-Features kennengelernt, darunter NES, Copilot Edits, Copilot-Agent-Modus und Copilot Vision. Wenn Sie nur eine begrenzte Anzahl von Änderungen vornehmen möchten, ist es mitunter schwierig, sich für eine der ersten Funktionen zu entscheiden. Tabelle 4.1 verdeutlicht, wann welche Funktion verwendet werden sollte.

In Bezug auf den Umfang lassen sich die Unterschiede wie folgt einfach erklären:

- NES arbeitet auf der Ebene der Codebearbeitung (einzelne Datei).
- Copilot Edits arbeitet auf Projektebene (mehrere Dateien).
- Der Agent-Modus funktioniert auf Systemebene (Code + Terminal + Tests).

Für schnelle Inline-Korrekturen bietet NES sofortige Empfehlungen. Copilot Edits eignet sich hervorragend für geführte Änderungen an mehreren Dateien. Der Agent-Modus übernimmt alle Aufgaben im Entwicklungslebenszyklus, einschließlich aller Codeaktualisierungen sowie Erstellung, Validierung und Ausführung.

Bei allen diesen Features bietet Copilot der Entwicklerin oder dem Entwickler mit den Optionen *Beibehalten* (Keep) und *Rückgängig machen* (Undo) die Kontrolle über die vorgeschlagenen Änderungen.

Copilot Vision ermöglicht es Copilot, Informationen aus Bildern zu extrahieren, beispielsweise aus Screenshots eines Problems, Entwurfsdiagrammen, Benutzeroberflächen von Anwendungen und mehr. Mit den extrahierten Informationen kann Copilot Fragen zum Bild beantworten, Analysen durchführen, Text oder Code basierend auf dem Bild erstellen oder Teile des Bilds nutzen, um Probleme zu lösen oder eine Aufgabe zu erledigen. Die Funktionalität lässt sich leicht nutzen, indem man einfach ein Bild in den Chat-Eingabebereich einfügt bzw. zieht, wobei es keine Rolle spielt, welcher Chat-Modus aktiv ist.

Zum Agent-Modus ist noch ein Punkt anzumerken. KI-Agenten werden immer leistungsfähiger und nützlicher. Zudem können sie besser mit ihrer Umgebung interagieren und sie sind anpassungsfähiger für die Bearbeitung aller Arten von Ausgaben. Es ist zu erwarten, dass die agentenbasierten KI-Fähigkeiten von Copilot kontinuierlich ausgebaut und erweitert werden sowie in anderen Teilen der IDEs und Copilot-Oberflächen zum Einsatz kommen. Mit den richtigen Prompts und Tools sind den Möglichkeiten der Agentenkomponente praktisch keine Grenzen gesetzt.

Copilot bringt auch Tools mit, die Sie beim Debuggen unterstützen, wie zum Beispiel den Befehl `/startDebugging`. Zusammen mit einer anderen Funktionalität, die bereits erläutert wurde und dazu dient, Probleme via Copilot zu erklären und zu korrigieren, können diese Tools Ihnen helfen, die Ursachen von Problemen schneller zu ermitteln. Beachten Sie aber, dass nicht alle Debug-Features von Copilot in allen IDEs verfügbar sind. Am besten stellen Sie Copilot spezifische Fragen zu Problemen weiterhin in der Chat-Oberfläche.

Mit dieser soliden Grundlage zu einfachen und erweiterten Anwendungsfällen von Copilot können wir uns nun einigen ganz konkreten Aufgaben widmen, bei denen Copilot hilfreich sein kann, beispielsweise der Textgenerierung, Dokumentation und Codeübersetzung. Diese Fähigkeiten können besonders wertvoll sein, um den Zeitaufwand für Routineaufgaben zu reduzieren und sich mehr auf die interessanten und unterhaltsamen Aspekte der Programmierung zu konzentrieren. Die nächsten Kapitel beschäftigen sich damit, wie man Copilot für diese Aufgaben nutzt. Los geht es in Kapitel 5 mit dem Einsatz von Copilot zum Testen.

KAPITEL 5

Testen mit Copilot

Nachdem Sie die Funktionsweise von Copilot kennen und wie Sie mit ihm über den Editor und die Chat-Oberflächen interagieren, können wir uns anderen Methoden zuwenden, wie er die Produktivität steigert. Copilot vereinfacht Routineaufgaben, die oftmals viel Zeit und Ressourcen beanspruchen. Wenn Sie derartige Arbeiten automatisieren, können Sie Ihre Zeit, Ihre Überlegungen und Ihre Konzentration auf die komplexeren Aufgaben richten, die für das Erstellen von Software erforderlich sind.

Dieses Kapitel konzentriert sich darauf, wie Tests mithilfe von Copilot generiert werden können. In den folgenden Abschnitten erfahren Sie, wie Sie mit Copilot

- Anleitungen zum Testen bereitstellen,
- Standardtestfälle für Komponententests und Integrationstests erstellen,
- Randfälle ausarbeiten,
- benutzerdefinierte Testanweisungen nutzen,
- Tests mithilfe des Frameworks Ihrer Wahl schreiben,
- Best Practices, wie zum Beispiel eine testgetriebene Entwicklung, implementieren und
- den Agent-Modus von Copilot nutzen, um das Erstellen von Tests voranzutreiben.

Generative KI und Tests

Die von Copilot generierten Tests können hinsichtlich Inhalt, Brauchbarkeit und sogar Genauigkeit erheblich variieren. Dies hängt in der Regel vom Umfang des bereitgestellten Kontexts, der Benutzeroberfläche und dem Prompt ab.

Aufgrund der Natur der generativen KI lässt sich nicht garantieren, dass alles genau Ihren Vorstellungen entspricht. Daher ist es wichtig, die vorgeschlagenen Tests zu überprüfen, um sicherzustellen, dass sie gültig und zweckentsprechend sind. Sollten sie nicht Ihren Erwartungen entsprechen, müssen Sie sie möglicherweise bearbeiten oder Ihren Prompt refaktorisieren und es erneut versuchen.

Nachdem Sie dieses Kapitel gelesen haben, sollten Sie über solide Grundkenntnisse zum Thema Testen mithilfe von Copilot verfügen. Damit können Sie Copilot auf vielfältige Weise einsetzen, um zu gewährleisten, dass Sie die erforderliche Testabdeckung erhalten.

Als Erstes stellen wir Copilot die allgemeinste Frage zum Testen: »Wie teste ich meinen Code?«

Wie teste ich?

In der Lage zu sein, sich schnell umzustellen und neue Programmiersprachen und Frameworks zu lernen, ist eine Standardanforderung an die meisten Softwarefachleute. Wahrscheinlich sind Sie bereits damit vertraut, Tests für alle von Ihren regelmäßig verwendeten Sprachen zu schreiben. Allerdings bedeutet dies mitunter eine erhebliche Lernkurve, um Code in eine andere Umgebung zu übertragen oder zu migrieren. Wie bereits erwähnt, kommt uns hier ein Feature von Copilot zu Hilfe, nämlich die Möglichkeit, zu fragen, wie man Code in der neuen Sprache schreibt oder dorthin übersetzt. Das Gleiche gilt auch für das Testen.

Erst Code aktivieren, dann Prompt senden?

Für die Prompts und Abfragen, die wir in diesem Kapitel behandeln, erzielen Sie in der Regel die besten Ergebnisse, wenn eine oder mehrere Dateien Ihres Projekts im Editor geöffnet und aktiv sind. Wenn Sie keine aktiven Dateien haben, gibt Copilot möglicherweise eher allgemeine Hinweise für die Art Ihres Projekts, anstatt Ihnen konkrete Informationen zum Inhalt Ihres Projekts zu geben.

Wir verwenden hier als Beispiel ein Projekt für einen Kubernetes-Operator, das in Go geschrieben wurde. Angenommen, Sie sind neu in Go und haben wenig oder gar keine Ahnung, wie Sie den Code testen können, den Sie bislang produziert haben. Zwar könnten Sie auf Stack Overflow (*https://stackoverflow.com/*) oder anderen Foren oder Websites recherchieren oder Kollegen um Hilfe bitten. Oder Sie stellen Copilot die Frage, wie Sie Tests zu Ihrem Projekt hinzufügen können:

```
How do I add tests to my project?
```

Spezifischere Abfragen

Wenn Sie konkreter angeben möchten, welchen Teil Ihres Projekts Sie testen wollen, können Sie den Dateinamen in den Prompt einfügen, eine Chat-Variable verwenden oder Elemente als Kontext hinzufügen, wie Kapitel 3 beschrieben hat. Hier ein Beispiel:

```
How do I test the code in #file:prime.py?
```

Copilot analysiert zunächst das Projekt. Da Ihr Prompt allgemein gehalten ist, erklärt Copilot Ihnen dann, wie Sie einen Beispieltest für das Projekt erstellen. Um die grundlegenden Informationen zu generieren, stützt er sich auf den standardmäßigen *Chat-Teilnehmer* und *Slash-Befehl* `@workspace /setupTests`.

Copilot liefert eine Zusammenfassung seiner Vorschläge inklusive Schaltflächen, um Änderungen vorzunehmen und Aktionen auszuführen (siehe Abbildung 5.1).

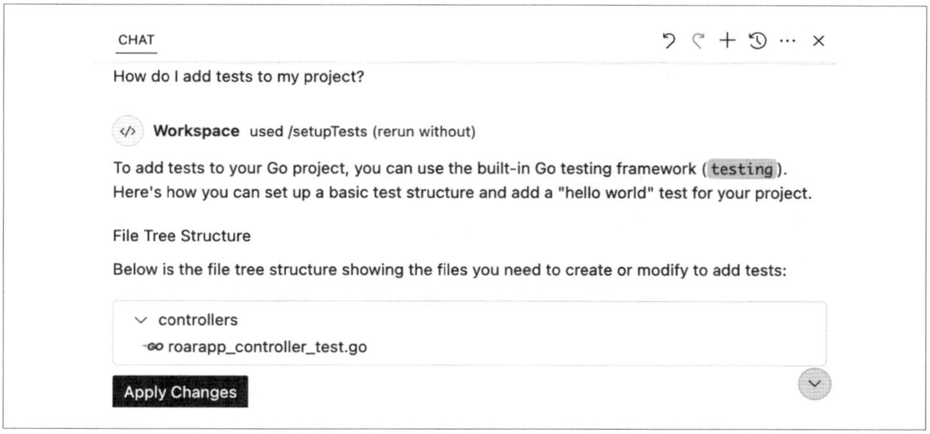

Abbildung 5.1: Erste Empfehlungen zum Hinzufügen von Tests

In derselben Antwort liefert Copilot auch eine Erklärung für die Vorschläge sowie einen Terminalbefehl, über den sich der Test ausführen lässt (siehe Abbildung 5.2).

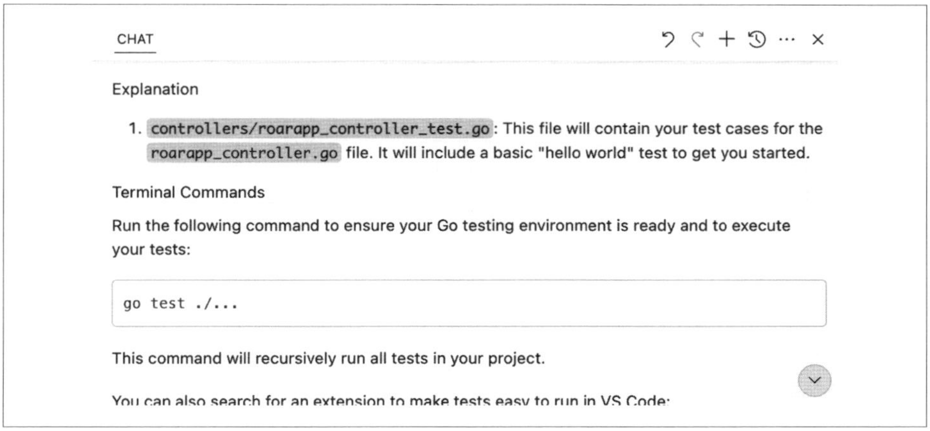

Abbildung 5.2: Weitere Erläuterungen zum Hinzufügen von Tests

Wenn Sie auf die Schaltfläche *Apply Changes* (Änderungen anwenden) klicken (siehe Abbildung 5.1) wird die Datei für Sie so erstellt, wie der linke Teil von Abbildung 5.3 es zeigt. Beachten Sie, dass die Antwort von Copilot auch Informationen enthält, wie Ihre Tests auszuführen sind. Für eine allgemeine Anfrage ist das ziemlich beeindruckend!

Abbildung 5.3: Eine Datei, die über die Schaltfläche »Apply Changes« erstellt wurde

Der Befehl `/setupTests` hat die Aufgabe, den Testcode und darauf bezogene Änderungen auf Makroebene einzurichten. Derzeit ist dieses Feature als experimentell gekennzeichnet, und Sie werden feststellen, dass seine Nützlichkeit je nach Situation variiert.

Ebenso erhält man nicht immer die besten Ergebnisse, wenn man den standardmäßigen Chat-Teilnehmer `@workspace` verwendet. Möglicherweise erzielen Sie bessere Ergebnisse, wenn Sie diese Standardeinstellungen beim anfänglichen Generieren von Tests nicht verwenden. Wird die vorherige Abfrage mit der Option *rerun without* (erneut ausführen ohne) ausgeführt, ist das Ergebnis eine umfangreichere Reihe von Schritten:

1. Entscheidung für ein Testframework
2. Einrichten des Testframeworks
3. Ein Testverzeichnis erstellen
4. Testdateien schreiben
5. Testfälle schreiben
6. Die Tests ausführen
7. Das Testen automatisieren

Dazu kommen noch ausführlichere Beschreibungen, was zu tun ist, sowie Beispielcode. Abbildung 5.4 zeigt einen Auszug aus den Ergebnissen, wenn *rerun without* verwendet wird.

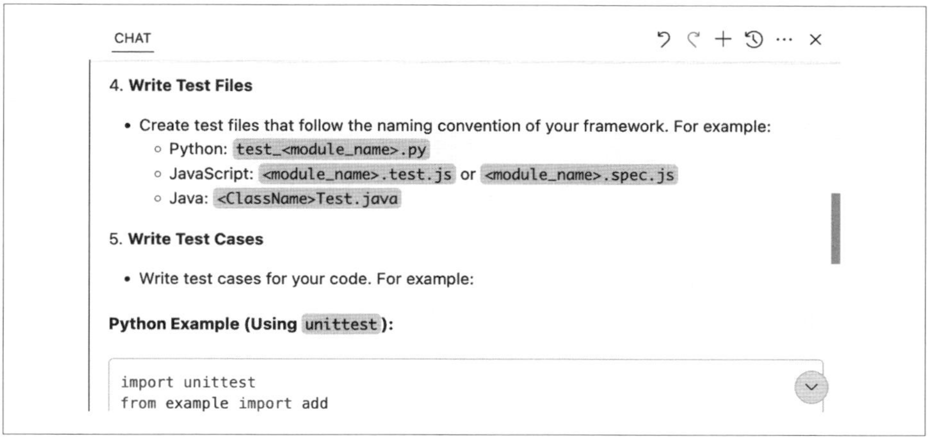

Abbildung 5.4: Beispielausgabe bei Verwendung der Option »rerun without«

Der folgende Kasten beschreibt Optionen, wie Sie `/setupTests` umgehen können. Die gleichen Optionen können Sie auch nutzen, um andere hinzugefügte Standardbefehle zu umgehen.

Die standardmäßigen Chat-Teilnehmer und Slash-Befehle umgehen

Um zu vermeiden, dass Prompts mit standardmäßigen Chat-Teilnehmern und Slash-Befehlen ausgeführt werden, haben Sie mehrere Möglichkeiten. Erstens können Sie sie einfach aus dem Prompt entfernen, wenn sie vorab eingetragen werden.

Die zweite Möglichkeit besteht darin, die Operation mit den Standardeinstellungen ausführen zu lassen und dann oben in der Chat-Ausgabe den Befehl *rerun without* auswählen. Daraufhin wird der Prompt erneut ausgeführt, allerdings *ohne* die Standardeinstellungen. (Abbildung 5.1 zeigt den Link *rerun without* am Ende der Workspace-Zeile.) In Abbildung 5.5 ist ein Beispiel der Ausgabe nach Verwendung von *rerun without* zu sehen.

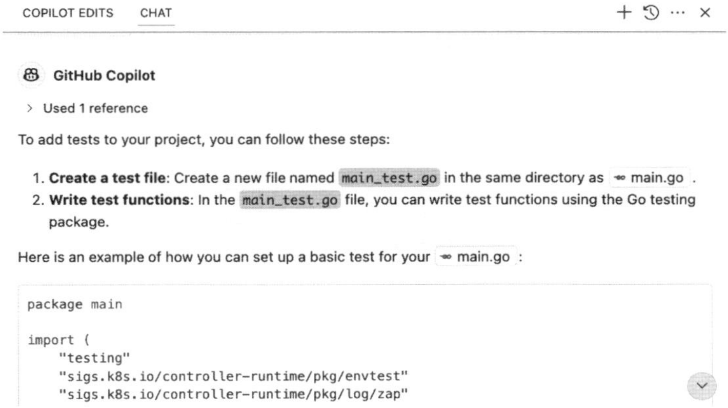

Abbildung 5.5: Ausgabe nach Verwendung des Befehls »rerun without«

Um dies mit einem einzigen Durchlauf zu erreichen, können Sie auch eine andere Option auswählen, wenn Sie Text an Copilot senden. Neben der Schaltfläche *Submit*, die wie eine Pfeilspitze aussieht, befindet sich ein kleinerer Pfeil, über den Sie verschiedene Möglichkeiten haben, den Prompt oder die Abfrage zu senden. Mehrere dieser Optionen (die in Abbildung 5.6 zu sehen sind) wurden in Kapitel 3 besprochen. In der Regel sind *Send* oder *Send to @workspace* gute Optionen, um relevantere Antworten zu erhalten.

Abbildung 5.6: »Senden«-Optionen, um eine Abfrage oder einen Prompt zu übermitteln

Schließlich können Sie `/setupTests` über die Einstellungen von VS Code deaktivieren. Öffnen Sie einfach den Abschnitt *Settings* (Einstellungen) und suchen Sie nach `setupTests` (Abbildung 5.7).

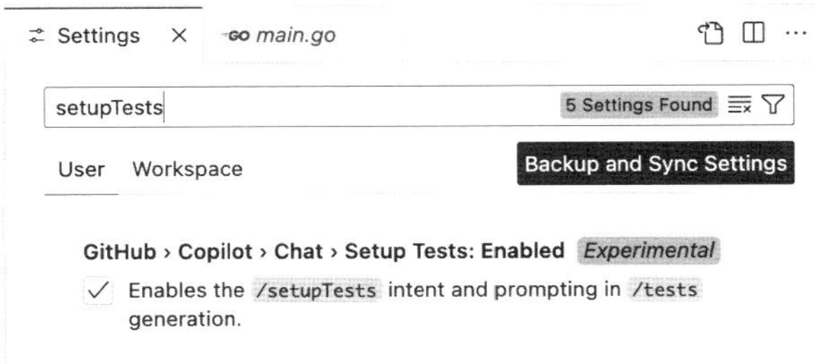

Abbildung 5.7: Die Einstellung, um »setupTests« zu aktivieren bzw. zu deaktivieren

Als weiteres Beispiel wollen wir uns mit etwas befassen, das den meisten weniger vertraut ist: dem Testen von SQL-Code. Ich habe eine große Demodatei von SQL-Anweisungen, die ich für einige meiner Schulungskurse verwende. Sie erstellt Tabellen, um eine Datenbank für einen Universitätslehrplan, einen Stundenplan, eine Fakultät usw. zu füllen.

Wenn ich diese Datei im Editor öffne und Copilot frage, wie sich ihr Inhalt testen lässt, antwortet Copilot wie in Abbildung 5.8 gezeigt. Er generiert einen schrittweisen Plan für das Testen und legt dann eine neue Datei an, die den Plan implementiert (links zu sehen). Die vorgeschlagene neue Datei enthält SQL-Befehle, die dazu dienen, 10 Tests mit einer Testdatenbank auszuführen.

Diese Datei kann dann überprüft und als Ihre neuen Tests gespeichert werden. Copilot verwendet `/tests`, um diese Ausgabe schnell zu generieren. Wenn Sie jedoch die Schnellversion nicht verwenden wollen, können Sie auf eine der oben beschriebenen Strategien für *rerun without* zurückgreifen, um den Prompt erneut ohne das Schnellverfahren auszuführen.

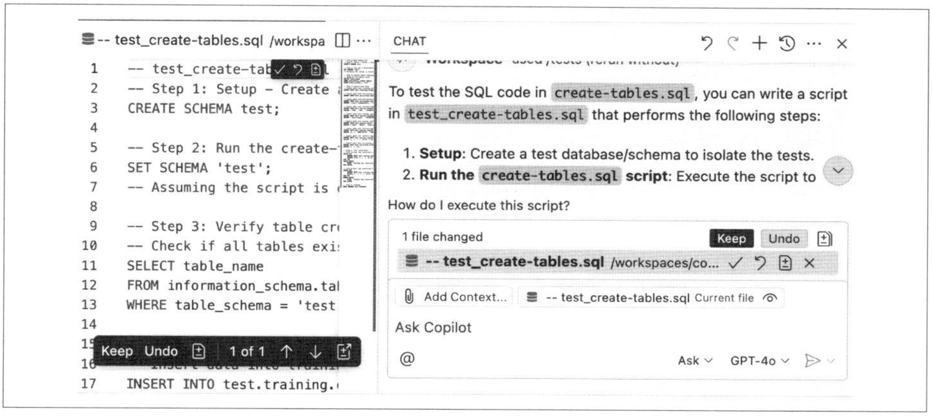

Abbildung 5.8: Erste SQL-Testanwort

Auch dies ist für eine einfache Abfrage bezüglich einer Datei ziemlich beeindruckend. Dazu kommt noch, dass dies für jede Sprache funktioniert, nicht nur für Python.

Generierten Tests vertrauen

Da wir uns noch in einer frühen Phase der Diskussion über die Generierung von Tests durch Copilot befinden, müssen wir sie unbedingt überprüfen, genau wie alle anderen generierten Inhalte. Von KI generierte Tests können falsch positive, doppelte Assertionen und falsche Logik enthalten, die auf Fehlinterpretationen des Codes basieren. Erfreulicherweise ist der Testcode in der Regel leicht zu lesen, wodurch er sich einfacher überprüfen und verifizieren lässt.

Dieser Abschnitt hat gezeigt, wie Sie mithilfe von Copilot Anweisungen und Code zum Testen erstellen können, wenn Sie von Grund auf neu beginnen müssen. In der Regel programmieren Sie jedoch in einer Sprache, die Sie bereits beherrschen, und möchten Copilot lediglich zur Erstellung von Standardcode bei Aufgaben wie Komponententests heranziehen. Im nächsten Abschnitt lernen Sie hierfür mehrere Möglichkeiten kennen.

Komponententests erstellen

Angesichts der Notwendigkeit, Tests für Fälle wie kontinuierliche Integration und testgetriebene Entwicklung zu erstellen, kann es einen erheblichen Teil Ihrer Zeit und Arbeitsbelastung für ein Projekt in Anspruch nehmen, wenn Sie die Tests in eigener Regie entwickeln müssen. Mit Copilot können Sie die Tests automatisch generieren lassen. Dabei stehen Ihnen verschiedene Ansätze zur Verfügung, und Sie können zwischen verschiedenen Komplexitätsgraden wählen.

In vielen Fällen werden Sie mit Copilot Komponententests (Unit-Tests) generieren, die für grundlegende Tests einer einzelnen Funktion oder Prozedur konzipiert sind. Der Umfang und die Tiefe der von Copilot generierten Tests können aber je nach verwendetem Prompt und Interface variieren. In diesem Abschnitt untersuchen wir die verschiedenen Ansätze.

Der Befehl »/tests«

Copilot lässt sich am einfachsten mit dem integrierten Slash-Befehl `/tests`, den Sie inline (im Editor der IDE) aufrufen, dazu bringen, Tests zu generieren. Dieser Befehl verarbeitet den Code, den Sie in der IDE auswählen oder referenzieren, und versucht dann, einfache Komponententests zu generieren, die für den Code geeignet sind. Diesen Befehl können Sie über jede Chat-Oberfläche eingeben, die in der IDE verfügbar ist.

Angenommen, Sie arbeiten wieder mit einer einfachen Funktion, um eine Zahl auf ihre Eigenschaft als Primzahl zu testen. Die konkrete Implementierung spielt keine Rolle, eine Version könnte so aussehen:

```
def is_prime(number):
    if number <= 1:
        return False
    for n in range(2, int(number**0.5) + 1):
        if number % n == 0:
            return False
    return True
```

Abbildung 5.9 zeigt ein Beispiel, wie Sie den Befehl `/tests` über den Inline-Chat verwenden. Am einfachsten ist es, den zu testenden Code zu markieren und dann den Befehl in die Chat-Oberfläche einzugeben.

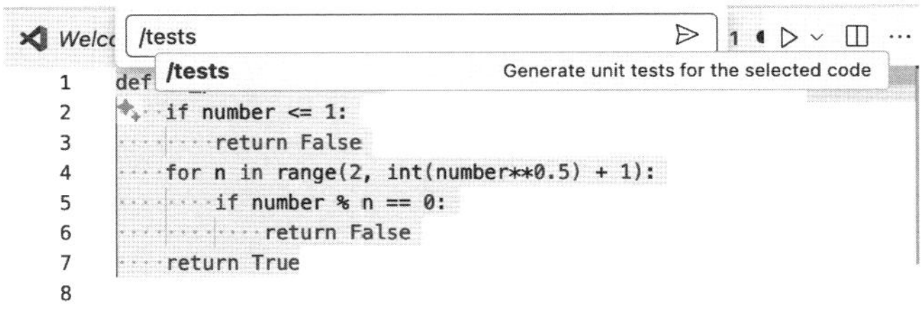

Abbildung 5.9: Copilot über den Befehl »/tests« aufrufen, um Tests zu generieren

Auf diesen Befehl hin generiert Copilot Assertionen-basierte Tests für Primzahlen, Nicht-Primzahlen, eins, null, große Primzahlen und große Nicht-Primzahlen. Wie Abbildung 5.10 zeigt, schlägt Copilot die Änderungen als neue Datei im Editor mit dem entsprechenden Namen `test_is_prime.py` vor. Wenn Sie mit den vorgeschlagenen Tests zufrieden sind, können Sie auf die Schaltfläche *Accept* (Annehmen) klicken.

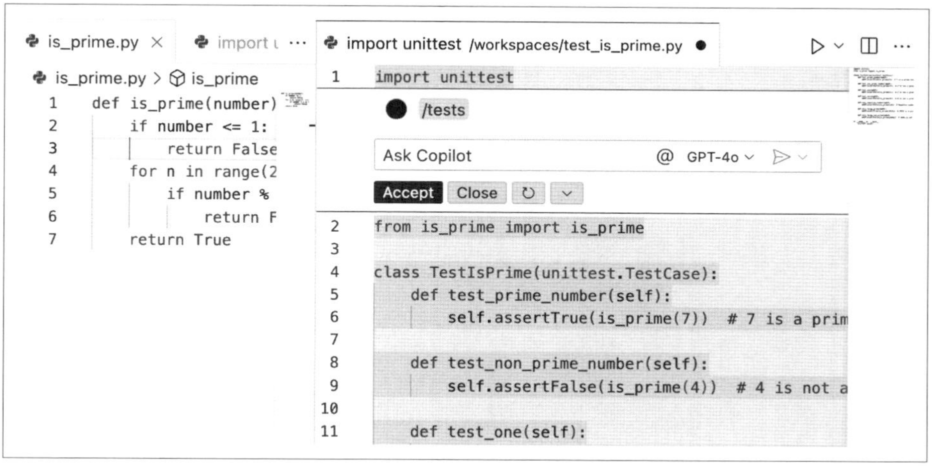

Abbildung 5.10: Tests aus der Inline-Chat-Option

Die gleichen Ergebnisse wie beim Ausführen von `/tests` in der Inline-Chat-Oberfläche erhält man über den Menübefehl *Copilot | Generate Tests* (siehe Abbildung 5.11). In der Tat wird Copilot in den meisten Fällen den Shortcut `/tests` verwenden.

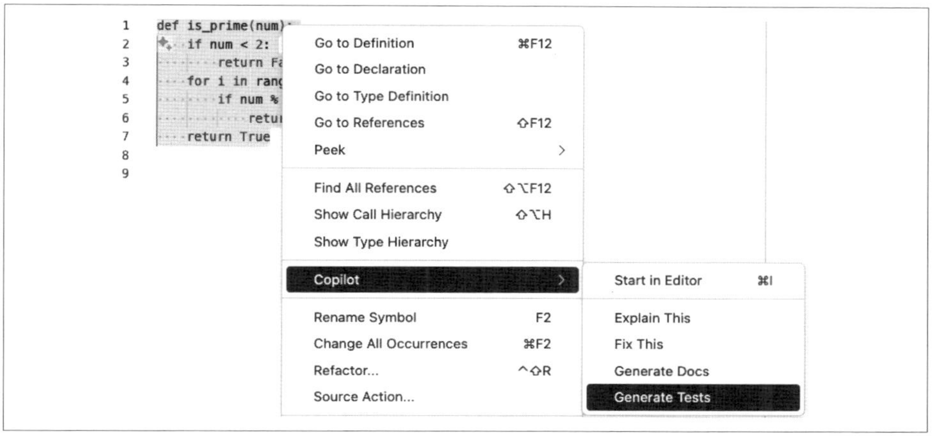

Abbildung 5.11: Tests über das Kontextmenü generieren

Wenn Sie den Befehl `/tests` in der separaten Chat-Oberfläche ausführen, erhalten Sie wahrscheinlich ähnliche Ergebnisse, jedoch mit einer ausführlichen Erklärung im Chat-Bereich über den Ansatz, den Copilot verfolgen wird, das von ihm gewählte Framework und die Art der Tests, die er erstellen wird.

Ein neuer Abschnitt unmittelbar über dem Texteingabebereich zeigt alle geänderten Dateien an. Die Schaltflächen *Keep* (Beibehalten) und *Undo* (Rückgängig machen) sind für alle Dateien vorhanden. Vorgeschlagene einzelne Dateien werden durch ihre erste Zeile angezeigt und verfügen über eigene Steuerelemente *Beibehalten* (Häkchen) und *Rückgängig machen* (gebogener Pfeil nach links). Das Steuerelement, das einem Dokumentsymbol mit + und – ähnelt, dient dazu, die Unterschiede zu zeigen, die durch die vorgeschlagenen Änderungen im Editor entstanden sind. Abbildung 5.12 zeigt einen Teil der Ausgabe.

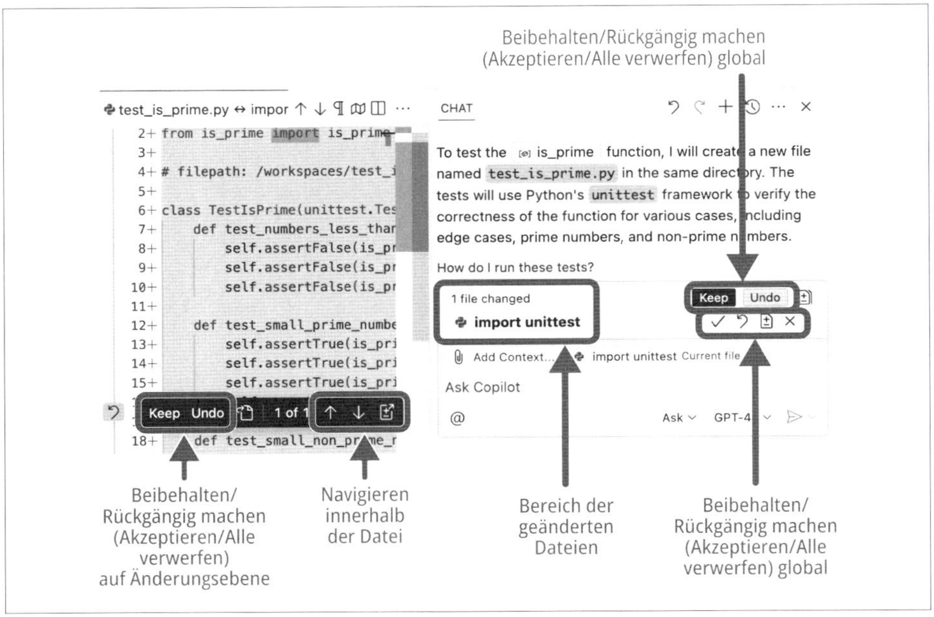

Abbildung 5.12: Tests, die über den Befehl »/tests« im Haupt-Chat generiert werden

Symbole und Steuerelemente ändern

Copilot ändert häufig die Steuerelemente, die in den verschiedenen Oberflächen vorkommen, und verschiebt sie leider auch. Höchstwahrscheinlich ist das auch schon wieder passiert, wenn Sie dieses Buch lesen.

Im Allgemeinen sollten Sie in allen Versionen folgende Punkte für vorgeschlagene Änderungen beachten:

- Es gibt Steuerelemente, um Änderungen anzunehmen/beizubehalten (accept/keep) und Änderungen rückgängig zu machen bzw. zu verwerfen (undo/reject).
- Kontrollhäkchen dienen gleichzeitig als Steuerelemente für *Beibehalten*.
- Es gibt ein Steuerelement, um vorgeschlagene Unterschiede als Datei im Editor anzuzeigen oder die vorgeschlagenen Unterschiede auf eine Datei im Editor anzuwenden.
- Die Steuerelemente für Unterschiede können die Datei mit einem sinnvollen Namen einrichten. Achten Sie immer darauf, Ihre Dateien selbst zu speichern, nachdem Sie sie überprüft und ausgewählt haben, welche Änderungen Sie beibehalten möchten.

Diese Antworten decken eine Reihe grundlegender Anwendungsfälle ab. Wie sieht es aber aus, wenn Sie zusätzliche Tests generiert und/oder mehr Fälle abgedeckt haben wollen? Erreichen lässt sich dies, wenn Sie explizitere Prompts bereitstellen – das Thema des nächsten Abschnitts.

Tests aus expliziten Prompts erstellen

Tests lassen sich auch erstellen, wenn man Prompts über die Chat-Oberfläche bereitstellt. Ein einfacher Prompt wie »Create tests for the selected code« (Tests für den ausgewählten Code erstellen) führt in der Regel dazu, dass Copilot den Befehl `/tests` erneut ausführt (vorausgesetzt, dieser Befehl ist in Ihrer IDE verfügbar). Allerdings können Sie einen gezielteren Prompt bereitstellen, um Copilot Tests für andere Fälle vorschlagen zu lassen. Wenn Sie beispielsweise die bereits generierten Tests eingebunden haben, können Sie die aktuelle Testdatei und die Implementierungsdatei als Kontext auswählen und dann Copilot mit einem Prompt wie dem folgenden nach anderen Randfällen fragen:

```
are there any other edge cases that should be tested
```

Copilot antwortet mit einigen zusätzlichen Testfällen und Erläuterungen dazu:

```
Yes, here are some additional edge cases you might want to test:

1. Smallest prime number: Ensure the function correctly identifies
2 as a prime number.

2. Even number greater than 2: Test an even number like 10 to
confirm it is not prime.

3. Very large composite number: Test a large number that is not
prime, such as 10^6.

4. Floating-point input: Test how the function handles non-integer
inputs like 3.5.

5. String input: Test how the function handles invalid input types
like "seven".

6. Negative even number: Test a negative even number like -4 to
confirm it is not prime.
```

Copilot stellt außerdem den Code bereit, den Sie für diese Testfälle hinzufügen können:

```
def test_smallest_prime(self):
    self.assertTrue(is_prime(2)) # 2 is the smallest prime number

def test_even_number_greater_than_two(self):
    self.assertFalse(is_prime(10))  # 10 is not a prime number

def test_very_large_composite_number(self):
    self.assertFalse(is_prime(10**6)) # 10^6 is not a prime number

def test_floating_point_input(self):
    with self.assertRaises(TypeError): # Assuming the function
 raises TypeError for non-integers
        is_prime(3.5)

def test_string_input(self):
    with self.assertRaises(TypeError): # Assuming the function
 raises TypeError for non-integers
        is_prime("seven")
```

```
def test_negative_even_number(self):
    self.assertFalse(is_prime(-4)) # Negative even numbers are not
 prime
```

Es stellt sich die Frage, ob Sie den Prompt erweitern können, um mehr Anwendungsfälle abzudecken. Dies ist tatsächlich möglich! Zum Beispiel können Sie präskriptiver vorgehen und Copilot anweisen, Testfälle für andere Eingaben hinzuzufügen:

```
add test cases for other kinds of inputs
```

Mit diesem Prompt fügt Copilot zusätzliche Testfälle hinzu, die Sie überprüfen und berücksichtigen können:

```
def test_float_input(self):
    with self.assertRaises(TypeError):
        is_prime(7.1)

def test_string_input(self):
    with self.assertRaises(TypeError):
        is_prime("7")
```

Um den größtmöglichen Nutzen aus Copilot zu ziehen, ist es entscheidend, ihm zusätzliche Fragen zu stellen, die über den Rahmen der standardmäßigen Prompts oder Befehle hinausgehen. Um wieder unsere Analogie von Copilot als Neuling im Team zu bemühen: Möglicherweise möchten oder müssen Sie ihn dazu anregen, über die üblichen Testfälle hinaus über andere Szenarios nachzudenken. Das Gleiche gilt, wenn Sie Copilot mit Prompts dazu auffordern, umfangreichere Ergebnisse zu liefern.

Wenn Sie es bevorzugen, einige schnelle Tests inline mit Ihrem Code zu erstellen, lässt sich das ganz einfach mit einer Variante des Prompt-Ansatzes verwirklichen, die wir uns im nächsten Abschnitt ansehen.

Tests von Kommentaren erstellen

Manchmal werden Sie Ihre Tests möglicherweise nicht über das Chat-Feature erstellen wollen (oder dürfen). Vielleicht arbeiten Sie gerade *aktiv* in Ihrem Editor und möchten etwas Ähnliches haben, als würden Sie Copilot anweisen »Füge hier ein paar einfache, schnelle Tests ein«. Dazu können Sie einen Kommentar als Anweisung an Copilot erstellen. Nun müssen Sie nur noch die von Copilot zurückgegebenen Vorschläge für einzelne Tests oder Testfunktionen akzeptieren. Dieser Ablauf entspricht dem interaktiven Fluss für Annehmen, Bearbeiten usw., wie in Kapitel 2 beschrieben.

Diese Methode hat den Vorteil, dass Sie sie über eine einfache (oder komplexe) Kommentarzeile innerhalb des Codes initiieren können. Nachteilig ist, dass Sie möglicherweise wiederholt Teile der Vorschläge akzeptieren müssen oder generische Vorschläge erhalten, die nicht ganz so nützlich sind.

Das folgende einfache Beispiel zeigt einen Anweisungskommentar, der inline nach dem Code für die Funktion `is_prime` eingefügt wird:

```
# Generate 10 simple test cases for the is_prime function
```

Als Antwort schlägt Copilot eine Inline-Funktion mit einer Reihe einfacher Assertionen vor, wie aus Abbildung 5.13 hervorgeht. Alle Zeilen von 10 bis 23 hat Copilot automatisch als Reaktion auf den Kommentar in Zeile 9 generiert.

```
is_prime.py > generate_test_cases
9   # Generate 10 simple test cases for the is_prime function
10  def generate_test_cases():
11      test_cases = [
12          (7, True),    # 7 is a prime number
13          (4, False),   # 4 is not a prime number
14          (1, False),   # 1 is not a prime number
15          (0, False),   # 0 is not a prime number
16          (-5, False), # Negative numbers are not prime
17          (7919, True),# 7919 is a prime number
18          (8000, False),# 8000 is not a prime number
19          (2, True),    # 2 is the only even prime number
20          (99991 * 99989, False), # Product of two large primes
21          (7.5, False) # Floats are not prime numbers
22      ]
23      return test_cases
```

Abbildung 5.13: Ein einfacher Satz von Assertionen für Testfälle, die aus dem Kommentar generiert wurden

Alternativ könnten Sie einen generisch formulierten Kommentar wie diesen verwenden:

```
# Create tests for the code above
```

In diesem Fall generiert Copilot ähnliche Testfälle wie bei den anderen Methoden, jedoch in derselben Datei. Abbildung 5.14 zeigt einen Auszug aus den generierten Tests. Die einzige Zeile, die Sie hier eingeben mussten, war der erste Kommentar. Alle anderen Zeilen wurden anhand dieser einen Zeile generiert und akzeptiert.

```
is_prime.py > ...
def is_prime(number):
            if number % n == 0:
                return False
    return True

# Create tests for the code above
# Test cases for the is_prime function
import unittest
from is_prime import is_prime
class TestIsPrime(unittest.TestCase):
    def test_prime_number(self):
        self.assertTrue(is_prime(7))  # 7 is a prime number

    def test_non_prime_number(self):
        self.assertFalse(is_prime(4))  # 4 is not a prime num
```

Abbildung 5.14: Ein weiteres Beispiel für Tests, die aus einem Kommentar generiert wurden

Abschließend zeigt dieser Abschnitt noch eine andere Möglichkeit, wie sich Copilot hilfreich zum Testen heranziehen lässt: Eingaben an Funktionen inline validieren.

Eingaben validieren

Als weiteren Aspekt des Testens kann Copilot auch beim Generieren von Code helfen, um zu überprüfen, ob Eingaben an eine Funktion gültig sind. Bei unserer Beispielfunktion können wir Copilot mit der folgenden Anweisung auffordern, Assertionen zu generieren, die zusichern, dass die Eingaben an die Funktion gültig sind:

```
generate asserts to ensure that the inputs to the function are valid
```

Daraufhin reagiert Copilot und schlägt wie gewünscht Assertionen vor, um die Eingaben zu validieren:

```
To ensure that the function inputs are valid, we can add assertions
at the start of the function. We want to make sure that the input
is an integer and that it is not negative. Here's how you can do it:

def is_prime(num):
    assert isinstance(num, int), "Input must be an integer"
    assert num >= 0, "Input must be a non-negative integer"

    if num < 2:
        return False
    for i in range(2, int(num ** 0.5) + 1):
        if num % i == 0:
            return False
    return True
```

Die Assertionen können wir auch weniger spezifisch formulieren und Copilot damit bitten, Tests zu generieren:

```
generate checks to ensure that the inputs to the function are valid
```

Daraufhin kann Copilot Code generieren, um die Eingaben zu validieren, allerdings mit einem standardmäßigen Programmiermechanismus, um etwaige Probleme aufzudecken:

````
To ensure that the inputs to the `is_prime` function are valid, you
can add checks at the start of the function.
 Here's how you can do it:

```python
def is_prime(num):
    if not isinstance(num, int):
        raise TypeError("Input must be an integer")
    if num < 0:
        raise ValueError("Input must be a non-negative integer")

    if num < 2:
        return False
    for i in range(2, int(num ** 0.5) + 1):
````
````

~~~
        if num % i == 0:
            return False
    return True
```

In this code, the `if` statements will raise a `TypeError` if the
 input is not an integer or a `ValueError` if it's a negative number.
 This way, you can ensure that the inputs to the function are valid.
~~~

Jeder Ansatz kann in verschiedenen Fällen nützlich sein, je nachdem, wie einfach die Ergebnisse sein sollen und wie groß der Bedarf nach einer breiteren Abdeckung ist. Vergessen Sie nicht, dass Sie mit einer KI interagieren. Daher ist es entscheidend, die Prompts richtig zu formulieren und den Kontext korrekt festzulegen, um die erwarteten Ergebnisse zu erhalten (im Unterschied zu allgemeinen Ergebnissen oder solchen, die schnell inline gerendert werden). Abhängig davon, wie weit Sie mit Ihrem Projekt insgesamt fortgeschritten sind und wie viel Erfahrung Sie mit den von Ihnen verwendeten Sprachen und Frameworks haben, kann eine Kombination dieser Ansätze gut funktionieren.

Bevor wir diesen Abschnitt über das Erstellen von Komponententests verlassen, zeigen wir hier eine generische Prompt-Vorlage, mit der sich eine Reihe von Komponententests erstellen lässt (aus der Dokumentation zu Copilot [*https://oreil.ly/NOS8j*] übernommen und angepasst):

```
Develop a comprehensive suite of unit tests for the
<methode/function> in <language/framework>>. Write multiple test
methods that cover a wide range of scenarios, including edge cases,
exception handling, and data validation."
```

Ersetzen Sie die in spitze Klammern (< und >) eingeschlossenen Wörter durch die konkreten Begriffe, die für Sie zutreffen. In dieser Vorlage sind mehrere Schlüsselelemente enthalten:

Scope (Gültigkeitsbereich)
: Es wird ausdrücklich eine umfassende Reihe von Komponententests gefordert, sodass die KI mehr als nur grundlegende Tests generiert und eine Vielzahl potenzieller Anwendungsfälle abdeckt.

Scenarios
: Es wird festgelegt, dass die Tests Folgendes umfassen sollten:
  - Randfälle (`edge cases`) zum Testen von Grenzbedingungen
  - Ausnahmebehandlung (`exception handling`) für Fehler, die ausgelöst werden soll, wenn ungültige Aktionen auftreten
  - Datenvalidierung (`data validation`), um sicherzustellen, dass Eingaben von den Methoden korrekt validiert und verarbeitet werden

Nachdem wir nun die Ansätze mit Komponententests behandelt haben, sehen wir uns an, wie sich Copilot nutzen lässt, um Integrationstests zu schreiben.

Integrationstests erstellen

Um mit Copilot Integrationstests zu erstellen, weisen Sie ihn an, sich darauf zu konzentrieren, wie mehrere Komponenten miteinander interagieren, anstatt Tests für isolierte Codeeinheiten zu erzeugen. Dazu müssen Sie Ihre Prompts mit klaren Anweisungen formulieren, die die Zusammenarbeit zwischen Diensten, Modulen und/oder externen Systemen hervorheben.

Damit Copilot erfolgreiche Integrationstests erstellen kann, kommt es auf die folgenden Punkte an:

Spezifische Prompts entwickeln
: Bitten Sie Copilot, Integrationstests für die Interaktion zwischen Komponenten zu schreiben, anstatt nur Tests für Code zu generieren.

Mocks für externe Abhängigkeiten verwenden
: Integrationstests müssen häufig einen externen Dienst wie eine Datenbank oder eine API simulieren. Weisen Sie Copilot an, Mocks zu verwenden, damit Tests die Funktionalität verifizieren können, ohne dass echte Implementierungen erforderlich sind.

Abdeckung von Interaktionen fordern
: Bitten Sie Copilot um die Überprüfung, ob Methoden aufgerufen werden, Daten wie erwartet zwischen Komponenten fließen oder erwartete Seiteneffekte auftreten.

Eine generische Vorlage für einen Prompt, der Integrationstests anfordert, könnte etwa wie folgt aussehen:

```
Write integration tests for the <method/function> in the <class>.
Use mocks to simulate the <external service> and verify that it
works correctly when <condition>.
```

(Auch hier sind die Begriffe in spitzen Klammern durch die Begriffe für Ihren spezifischen Anwendungsfall zu ersetzen.)

Nehmen wir als Beispiel eine Anwendung `Express`, die aus zwei Modulen besteht:

`UserService`
: verarbeitet Benutzerdaten.

`AuthController`
: verarbeitet Anmeldeanfragen und leitet sie an `UserService` weiter.

Wir möchten Integrationstests schreiben, um sicherzustellen, dass `AuthController` korrekt mit `UserService` und der HTTP-Schicht interagiert. Der entsprechende Prompt sieht so aus:

```
Write integration tests for the login endpoint in the
AuthController. Mock the UserService to simulate user lookup and
password verification, and verify that the controller returns the
correct HTTP status codes and messages
```

Basierend auf diesem Prompt generiert Copilot die folgende Antwort:

```
Here is an example of integration tests for the  login endpoint in
the AuthController. These tests use Jest and mock the UserService to
 simulate user lookup and password verification.

const request = require('supertest');
const express = require('express');
const AuthController = require('../controllers/AuthController');
const UserService = require('../services/UserService');

jest.mock('../services/UserService'); // Mock the UserService

const app = express();
app.use(express.json());
app.use('/auth', AuthController);

describe('AuthController - Login Endpoint', () => {
  afterEach(() => {
    jest.clearAllMocks(); // Clear mocks after each test
  });

  it('should return 200 and success message for valid credentials',
 async () => {
    // Mock UserService.authenticate to return a valid user
    UserService.authenticate.mockResolvedValue({
      id: 1,
      username: 'user1',
      password: 'password1',
    });

    const response = await request(app)
      .post('/auth/login')
      .send({ username: 'user1', password: 'password1' });

    expect(response.status).toBe(200);
    expect(response.body).toEqual({
      message: 'Login successful',
      user: { id: 1, username: 'user1', password: 'password1' },
    });
    expect(UserService.authenticate).toHaveBeenCalledWith('user1',
'password1');
  });

  it('should return 401 and error message for invalid credentials',
 async () => {
    // Mock UserService.authenticate to return null for invalid
 credentials
    UserService.authenticate.mockResolvedValue(null);

    const response = await request(app)
      .post('/auth/login')
      .send({ username: 'user1', password: 'wrongpassword' });

    expect(response.status).toBe(401);
    expect(response.body).toEqual({
```

```
      message: 'Invalid credentials',
    });
    expect(UserService.authenticate).toHaveBeenCalledWith('user1',
'wrongpassword');
  });

  it('should return 400 if username or password is missing',
async () => {
    const response = await request(app)
      .post('/auth/login')
      .send({ username: 'user1' }); // Missing password

    expect(response.status).toBe(400);
    expect(response.body).toEqual({
      message: 'Username and password are required',
    });
  });
});

Key Points:
1. Mocking UserService:
   - `jest.mock('../services/UserService')` is used to mock the
`UserService` module.
   -
 `UserService.authenticate` is mocked to simulate different scenarios (valid user,
invalid credentials).

2. Test Cases:
   - **Valid Credentials**: Ensures the endpoint returns a 200
status and the correct success message.
   - **Invalid Credentials**: Ensures the endpoint returns a 401
status and an error message.
   - **Missing Fields**: Ensures the endpoint returns a 400 status
if required fields are missing.

3. Supertest:
   - `supertest` is used to make HTTP requests to the Express app
and validate the responses.

4. Setup:
   - The `AuthController` is mounted on the `/auth` route in the
test app.

Run the tests using:

npx jest
```

Möglicherweise müssen Sie den Code für die Integrationstests noch anpassen, damit alles wie vorgesehen funktioniert, doch zumindest haben Sie einen soliden Ausgangspunkt für Ihre Arbeit.

Unabhängig davon, welche Art von Tests Sie mit Copilot erstellen, werden Sie diese für Ihr Projekt oder an die von Ihnen einzuhaltenden Testrichtlinien anpassen. Im nächsten Abschnitt sehen wir uns an, wie Sie benutzerdefinierte Testanwendungen für Copilot einrichten können.

Benutzerdefinierte Testanweisungen definieren

Wie Copilot Tests für Ihr Projekt generiert, können Sie mit benutzerdefinierten Anweisungen zur Textgenerierung anpassen. Damit stellen Sie sicher, dass Copilot Tests hervorbringt, die sich an Ihren bevorzugten Frameworks, Programmierstandards und Workflows orientieren.

Anweisungen zur Textgenerierung lassen sich auf zwei Ebenen einrichten: Benutzerebene und Arbeitsbereichsebene.

Für einen bestimmten Arbeitsbereich können Sie Anweisungen direkt in die Datei *vscode/settings.json* Ihres Projekts hinzufügen. Wenn Sie diese dauerhaft speichern, wird das Verhalten von Copilot für jeden angepasst, der mit diesem Projekt arbeitet.

Um Anweisungen zu erstellen, die für alle Projekte gelten, mit denen Sie arbeiten, können Sie stattdessen Anweisungen zu Ihren *globalen* VS-Code-Einstellungen hinzufügen.

Auf beiden Ebenen können Sie auch eine separate Markdown-Datei mit detaillierteren Anweisungen erstellen und dann in Ihren Einstellungen auf die Datei verweisen. Dies ist nützlich für komplexe oder sich entwickelnde Standards, die Sie in mehreren Projekten wiederverwenden möchten.

Wenn Sie benutzerdefinierte Testanweisungen in Ihre Einstellungsdatei hinzufügen, sollten Sie sie unter dem Schlüssel `github.copilot.chat.testGeneration.instructions` einordnen. Das folgende Beispiel enthält sowohl detaillierte Anweisungen als auch eine Dateireferenz:

```
"github.copilot.chat.testGeneration.instructions": [
  {
    "text": "Prefer Mocha and Chai for testing Node.js modules."
  },
  {
    "text": "Use Pytest for all Python test cases."
  },
  {
    "file": "test-guidelines.md" // import instructions from file
  }
]
```

Die Datei *test-guidelines.md* sollte folgende Einträge enthalten:

```
Ensure all test functions have descriptive names.
Mock external API calls in integration tests.
```

Gegebenenfalls sind mehrere Durchläufe erforderlich, um die beste Form für die Anweisungen zu finden, aber sobald diese eingerichtet sind, sollte Copilot sie für typische Operationen wie `@workspace /tests` berücksichtigen.

> **Benutzerdefinierte Testanweisungen sind experimentell**
> Derzeit ist das Feature für benutzerdefinierte Testanweisungen noch als *experimentell* gekennzeichnet.

Im letzten Teil dieses Kapitels sehen wir uns an, wie Copilot dabei helfen kann, Frameworks zu verwenden und Tests zu generieren, *bevor* der Implementierungscode geschrieben wird. Dies ist nützlich für Techniken wie die testgetriebene Entwicklung.

Testen vor dem Programmieren und Nutzen von Frameworks

Die testgetriebene Entwicklung (Test-driven development, TDD) ist bereits in diesem Kapitel zur Sprache gekommen. Sollten Sie mit diesem Begriff noch nicht vertraut sein: Es handelt sich um einen Ansatz der Softwareentwicklung, bei dem es darum geht, Testfälle für den Code zu schreiben, bevor der eigentliche Code geschrieben wird. TDD gilt in vielen Programmierprojekten und -gruppen als Best Practice oder Anforderung

Mehr zu TDD

Wenn TDD für Sie neu ist oder Sie daran interessiert sind, mehr über diese Praxis zu erfahren, finden Sie im Internet viele Quellen. Für eine relativ kurze, aber informative Lektüre sei auf die Website *testdriven.io* verwiesen.

Mit Copilot ist es möglich, Testfälle für TDD zu erstellen und dann den zu testenden Code zu implementieren. Sehen Sie sich ein einfaches Beispiel für das Erstellen einer Testklasse und von Tests von Code an, der bei der Verwaltung von Studentenakten an einer Universität hilft. In unserem Testframework werden wir *Mockito* (*https://site.mockito.org/*) verwenden.

Über Mockito

Mockito ist darauf spezialisiert, in Java-Anwendungen Abhängigkeiten zu verwalten und externe Interaktionen von anderen Komponenten zu simulieren, ohne die Implementierung oder Anwesenheit der Komponenten selbst vorauszusetzen – das ist das, was man als *Mocking* bezeichnet. Weiter vorn in diesem Kapitel haben wir gezeigt, wie Copilot auf Mocking setzen kann, um Integrationstests zu generieren.

Wir beginnen mit einem leeren Projekt `students` und lassen Copilot eine Datei *pom.xml* für ein Java-Projekt mit den gewünschten Versionen der Abhängigkeiten erstellen. Ein Prompt für diese Aufgabe sieht so aus:

```
add a pom.xml file with a mockito dependency version 3.3.3, and
compiler source and target version 1.8
```

Wie Abbildung 5.15 zeigt, versucht Copilot auf diesen Prompt hin, unsere Absicht zu verstehen und dann bei Bedarf mit dem Befehl `/new` eine Struktur einzurichten. Danach ermittelt er den Code für die von uns geforderte Datei *pom.xml* und gibt einen Link auf diese Datei an sowie eine Schaltfläche mit einem Befehl, um sie zu erzeugen.

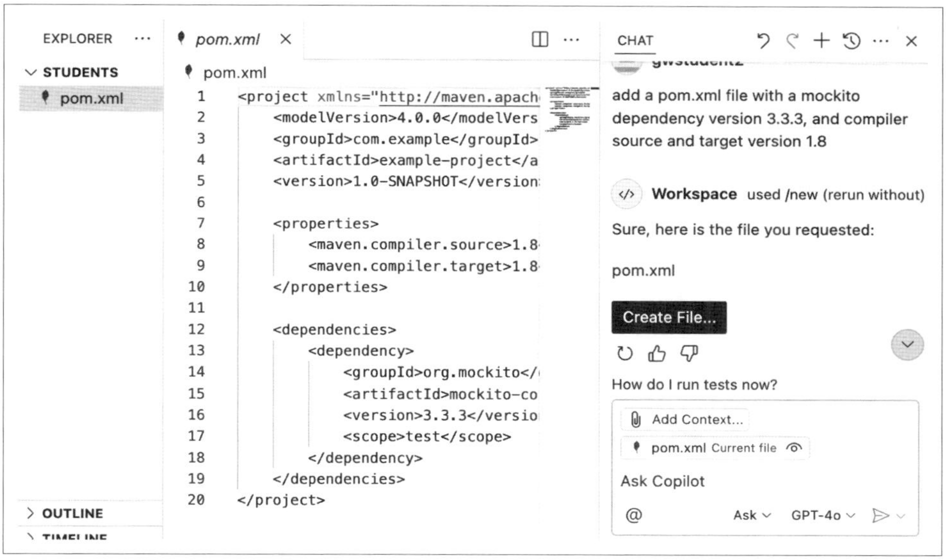

Abbildung 5.15: Die Datei »pom.xml« erstellen

Für unseren Testcode erstellen wir zunächst eine geeignete Testklasse und einen ersten Satz von Tests. Dies geschieht in einer separaten Chat-Oberfläche, da wir mit einer erheblichen Menge an Ausgaben rechnen müssen und diese möglicherweise in einer eigenen Datei speichern möchten.

Im Prompt weisen wir Copilot an, den Inhalt der Datei *pom.xml* zu referenzieren, um sicherzustellen, dass er die Mockito-Abhängigkeit übernimmt:

```
Referencing #file:pom.xml, create a StudentTest class for students
 enrolled at a university and add tests
```

Sicherstellen, dass Dateien für den Kontext ausgewählt werden

In den meisten Fällen müssten wir den Verweis `#file:pom.xml` wahrscheinlich nicht speziell hinzufügen. Angenommen, die Datei wurde gespeichert und dem Arbeitsbereich hinzugefügt, würde Copilot standardmäßig den `@workspace`-Agenten verwenden und sollte den Mockito-Kontext von dort übernehmen. Darüber hinaus würde dies auch der automatisch erstellte Index verzeichnen. Als Best Practice sollten Sie jedoch immer alle Dateien, die Sie im Editor erstellen, speichern und zum Arbeitsbereich hinzufügen, bevor Sie davon ausgehen, dass sie automatisch in den Kontext von Copilot einfließen.

Das Beispiel in Abbildung 5.16 zeigt, wie Copilot die spezifische Referenz auf *pom.xml* für einen ähnlich zielgerichteten Prompt verwendet.

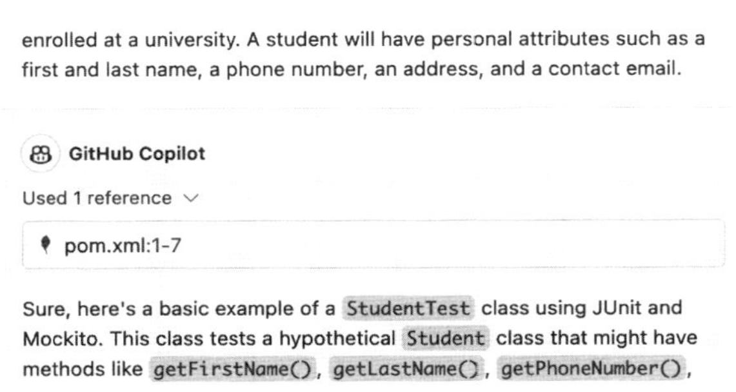

Abbildung 5.16: Eine explizite Referenz verwenden

Unsere anfängliche Abfrage sieht dann etwa wie folgt aus:

```
Referencing #file:pom.xml, create a StudentTest class for students
 enrolled at a university and add tests
```

Copilot gibt dies als Antwort zurück:

```
Here is a StudentTest class with some basic unit tests using
Mockito for testing students enrolled at a university:

package com.example;

import org.junit.jupiter.api.BeforeEach;
import org.junit.jupiter.api.Test;
import org.mockito.Mockito;

import java.util.ArrayList;
import java.util.List;

import static org.junit.jupiter.api.Assertions.assertEquals;
import static org.mockito.Mockito.*;

class StudentTest {

    private University university;
    private Student student;

    @BeforeEach
    void setUp() {
        university = Mockito.mock(University.class);
        student = new Student("John Doe", "12345");
    }

    @Test
    void testEnrollStudent() {
        // Arrange
        List<Student> enrolledStudents = new ArrayList<>();
        when(university.getEnrolledStudents()).thenReturn (enrolledStudents);
        // Act
        university.enrollStudent(student);
        enrolledStudents.add(student);
```

```
        // Assert
        verify(university, times(1)).enrollStudent(student);
        assertEquals(1, university.getEnrolledStudents().size());
        assertEquals(student, university.getEnrolledStudents().get(0));
    }

    @Test
    void testGetStudentDetails() {
        // Arrange
        when(university.getStudentDetails("12345")).thenReturn (student);

        // Act
        Student result = university.getStudentDetails("12345");

        // Assert
        verify(university, times(1)).getStudentDetails("12345");
        assertEquals("John Doe", result.getName());
        assertEquals("12345", result.getId());
    }
}
```

Explanation:
1. **Dependencies**:
The `mockito-core` dependency in your pom.xml
is used for mocking the `University` class.
2. **Test Setup**:
The `@BeforeEach` method initializes the mock
`University` object and a sample `Student` object.
3. **Test Cases**:
   - `testEnrollStudent`: Verifies that a student is enrolled in the
 university and checks the list of enrolled students.
   - `testGetStudentDetails`: Verifies that the correct student
details are returned when queried by ID.

Make sure you have the `Student` and `University` classes
implemented in your project for these tests to work. Let me know if
 you need help creating those classes!
```

Dies ist eine hilfreiche und gute Auswahl an vorgeschlagenen Starttests. Wenn Sie wollen, können Sie diese übernehmen und speichern. Da wir eigentlich nur an einem einfachen Testfall für eine Klasse `Student` interessiert sind, ist es möglicherweise übertrieben, wenn Elemente wie Einschreibungen hinzugefügt werden. Um unnötige Elemente zu vermeiden, strukturieren Sie den Prompt neu und geben so genauer an, was gewünscht wird. Eine Möglichkeit sieht so aus:

```
Referencing #file:pom.xml, create only a StudentTest class for a
 student enrolled at a university. A student will have personal
 attributes such as a first and last name, a phone number, an
address, and a contact email.
```

Hier sorgt das Wort *only* (nur) dafür, dass Copilot derzeit lediglich die Testklasse erstellt. Andernfalls würde er möglicherweise auch die Implementierungsklasse erstellen.
```

Der überarbeitete Testcode sieht so aus:

```
Here is the `StudentTest` class for testing a student with personal
 attributes:

package com.example;

import org.junit.jupiter.api.BeforeEach;
import org.junit.jupiter.api.Test;

import static org.junit.jupiter.api.Assertions.*;

class StudentTest {

    private Student student;

    @BeforeEach
    void setUp() {
        student = new Student("John", "Doe", "123-456-7890",
                    "123 Main St", "john.doe@example.com");
    }

    @Test
    void testStudentAttributes() {
        // Verify that the student's attributes are correctly set
        assertEquals("John", student.getFirstName());
        assertEquals("Doe", student.getLastName());
        assertEquals("123-456-7890", student.getPhoneNumber());
        assertEquals("123 Main St", student.getAddress());
        assertEquals("john.doe@example.com", student.getEmail());
    }

    @Test
    void testUpdatePhoneNumber() {
        // Update the phone number and verify the change
        student.setPhoneNumber("987-654-3210");
        assertEquals("987-654-3210", student.getPhoneNumber());
    }

    @Test
    void testUpdateAddress() {
        // Update the address and verify the change
        student.setAddress("456 Elm St");
        assertEquals("456 Elm St", student.getAddress());
    }

    @Test
    void testUpdateEmail() {
        // Update the email and verify the change
        student.setEmail("new.email@example.com");
        assertEquals("new.email@example.com", student.getEmail());
    }
}

### Explanation:
1. **Attributes Tested**:
   - First name
   - Last name
```

```
      - Phone number
      - Address
      - Email
   2. **Test Cases**:
      - `testStudentAttributes`: Ensures the attributes are initialized
    correctly.
      - `testUpdatePhoneNumber`, `testUpdateAddress`, `testUpdateEmail`:
   Verify that updates to attributes work as expected.

   This test assumes the existence of a `Student` class with
   appropriate getters and setters. Let me know if you need help
    creating the `Student` class!
```

Da dies eher nach dem gewünschten Ausgangspunkt aussieht, speichern wir die Ausgabe in unserem Arbeitsbereich als *src/test/java/com/example/StudentTest.java*. Wenn wir den Test ausführen, schlägt er fehl, da noch keine Implementierung der Klasse `Student` vorhanden ist.

Der TDD-Methodik entsprechend sollten wir als Nächstes den minimalen Code schreiben, damit dieser den Test besteht. Da uns Copilot zur Seite steht, lassen wir ihn das übernehmen und führen dann die Tests aus. Dies könnten wir Schritt für Schritt absolvieren oder uns auf den in Kapitel 4 beschriebenen Agent-Modus von Copilot stützen. Lassen wir uns vom Agent-Modus helfen.

Den Agent-Modus für Testabläufe nutzen

Um mit unserem TDD-Workflow fortzufahren, wechseln wir zunächst über die Chat-Oberfläche in den Agent-Modus (siehe Abbildung 5.17).

Abbildung 5.17: In den Agent-Modus wechseln

Im Agent-Modus geben wir einen Prompt für die Aufgaben ein, die Copilot erledigen soll:

```
Install any needed dependencies for testing with mvn and then run
 tests
```

Wenn Sie diesen Code gerade im Editor geöffnet haben, können Sie auch festlegen, diesen als Schlüsselreferenz zu verwenden (auch wenn dies nicht erforderlich ist):

```
Referencing #editor, create a student class.
```

Daraufhin schlägt Copilot den Befehl `brew install maven` vor, um Maven zu installieren, und führt ihn in einem Terminal aus, nachdem wir den Befehl zum Fortfahren gegeben haben. Von hier aus kann er mit dem Befehl `mvn test` weitermachen.

Copilot stößt auf einige Fehler, findet jedoch heraus, was zu ihrer Behebung erforderlich ist:

```
mvn test

The Maven test compilation failed due to the following issues:

1. JUnit Dependencies Missing:
The org.junit.jupiter.api package is not found, indicating that the
 JUnit 5 (Jupiter) dependency is missing in the pom.xml.

2. Student Class Not Found: The Student class is not being
 recognized, which could be due to incorrect package structure or
 missing compilation.

3. Annotations Not Recognized: Annotations like @BeforeEach and
@Test are not recognized, which is also related to the missing
JUnit dependency.

I will now:

Add the required JUnit 5 dependency to the pom.xml.
Ensure the Student class is correctly compiled and accessible.
Re-run the tests after fixing these issues
```

Beachten Sie, dass der Copilot-Agent bereits geplant hat, was er als Nächstes versuchen soll, um das Problem zu beheben (unter dem Abschnitt `I will now`). Nachdem wir Copilot angewiesen haben, fortzufahren, aktualisiert er zunächst die Datei *pom.xml* mit der fehlenden `JUnit`-Abhängigkeit und versucht dann, die Tests erneut auszuführen. Diese schlagen fehl, da die Implementierungsklasse `Student` noch nicht implementiert ist. Copilot liefert für diesen Durchlauf die folgende Ausgabe:

```
<dependencies>
    <!-- ...existing dependencies... -->
    <dependency>
        <groupId>org.junit.jupiter</groupId>
        <artifactId>junit-jupiter</artifactId>
        <version>5.10.0</version>
        <scope>test</scope>
    </dependency>
</dependencies>

Made changes.

The Maven test run failed because the `Student` class could not be
 found during the test execution. This indicates that the `Student`
class might not be compiled or is not in the correct package
 structure.
I will verify the `Student` class's location and ensure it is
properly compiled and accessible. Then, I will re-run the tests.
```

Der Agent hat wieder herausgefunden, was als Nächstes zu tun ist. Nachdem wir die Änderungen überprüft und Copilot angewiesen haben, fortzufahren, generiert er eine neue Datei *Student.java* mit dem richtigen Inhalt und am richtigen Speicherort und führt die Tests erneut aus. Diesmal sind sie erfolgreich, weil der Agent alle erforderlichen Änderungen vorgenommen hat. Abbildung 5.18 zeigt den Erfolg anhand

- der neuen Datei *Student.java* oben links mit ihrem neuen Inhalt, der auf die Freigabe wartet,
- des erfolgreichen Build/Test-Laufs links unten,
- der Bewertung des Agenten, dass alle Tests bestanden wurden, die Klasse *Student* implementiert ist und das Projekt wie erwartet funktioniert (rechts oben) sowie
- des Bereichs *Dateien geändert* (files changed) rechts unten, der die vom Agenten vorgenommenen Änderungen der Date *pom.xml* und der Datei *Student.java* zeigt, damit alles funktioniert.

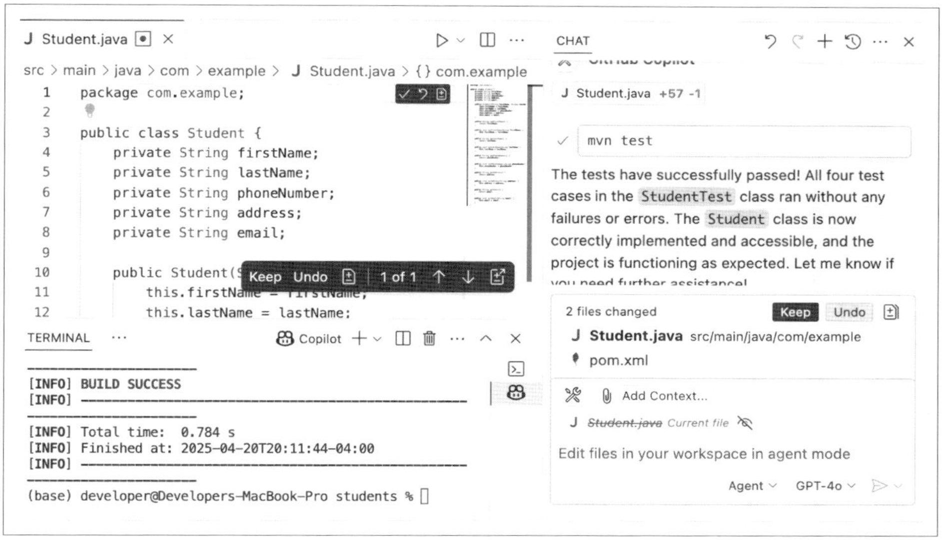

Abbildung 5.18: Erfolgreiche Fertigstellung über den Agenten

Zweifellos hätten wir dies auch ohne den Agenten in mehreren Durchgängen und einzelnen Aktionen erledigen können. Aber wenn wir die Fähigkeiten des Copilot-Agenten nutzen können, sparen wir Zeit und Mühe.

Von hier aus können wir die Änderungen überprüfen, die aktualisierten Dateien im Arbeitsbereich speichern und bei Bedarf weitere Funktionalität hinzufügen. Ähnliche mehrstufige Prozesse für das Testen von Workflows lassen sich mit diesem Schritt-für-Schritt-Ansatz realisieren, ob mit oder ohne Agenten.

Wie immer gilt: Je mehr Kontext und Anweisungen Sie Copilot über den Prompt, die Arbeitsbereichsdateien, den Editor usw. mitgeben, desto wahrscheinlicher ist es, dass er gute Inhalte und Vorschläge hervorbringt, die Sie einbinden können. Wenn Sie jedoch nicht das bekommen, was Sie erwarten, scheuen Sie sich nicht, Ihren Prompt/Abfrage-Zyklus so lange zu durchlaufen, bis Sie das gewünschte Ergebnis erhalten.

Fazit

In diesem Kapitel haben wir uns darauf konzentriert, wie Sie die Vervollständigungsvorschläge und die Chat-Funktionen im Zusammenhang mit dem Erstellen von Tests für Code anwenden können. Die verschiedenen Abschnitte haben mehrere Ansätze vorgestellt, um Copilot Tests in Bezug auf den Code in Ihrem Arbeitsbereich generieren zu lassen. Die Inline-Vervollständigung und die Vorschläge von Copilot lassen sich ebenso nutzen wie die Chat-Fähigkeiten.

Die meisten Optionen für das Generieren von Tests stützen sich darauf, die Anforderung an die Chat-Oberfläche in irgendeiner Form zu übergeben – entweder mithilfe von Shortcut-(Slash-)Befehlen, durch Eingabe eines Prompts inline oder über separate Chat-Oberflächen. Für umfangreiche oder komplexe, langwierige Tests erhält man wahrscheinlich die besten Ergebnisse, wenn man auf die Chat-Funktionalität zurückgreift. Schnelle, standardisierte Komponententests oder einfache Testfunktionen können auch mit Inline-Kommentaren als Prompts gut funktionieren.

Die grundlegenden Befehle zum Erstellen von Tests über Copilot bringen Komponententests hervor. Mit Copilot lassen sich Integrationstests erstellen, indem sichergestellt wird, dass der Prompt Abschnitte umfasst, die auf die Interaktion der Komponenten, das Mocking und das Verifizieren der erwarteten Ergebnisse abzielen.

Copilot ist auch in der Lage, Best Practices wie zum Beispiel TDD zu unterstützen. Bei dieser Strategie kann man per Copilot anfänglichen Testcode erzeugen und dann später die geeignete Implementierung generieren lassen, damit der Test erfolgreich verläuft. Wie bei allen in diesem Kapitel besprochenen Ansätzen ist es wichtig, die Ergebnisse zu überprüfen, um sicherzustellen, dass sie brauchbar sind und Ihren Absichten entsprechen. Fühlen Sie sich immer frei, Vorschläge oder Code von Copilot zu verwerfen und/oder Prompts und Abfragen umzuformulieren, um genauere Ergebnisse zu erhalten. Außerdem können Sie einen Kontext expliziter definieren, den Copilot beim Generieren der Ergebnisse berücksichtigen soll.

Wie der Implementierungscode sollte auch der Testcode im Idealfall ausführlich kommentiert sein. Dadurch lässt sich der Code besser lesen und leichter verstehen. Allerdings sind das Erläutern und die Dokumentation unserer Testfälle oder unserer Implementierungen etwas, das wir möglicherweise auf später verschieben, da wir die Zeit für andere Arbeiten brauchen und die Algorithmen möglicherweise ohnehin geändert werden. In Kapitel 6 untersuchen wir, wie Copilot dazu beitragen kann, diese Aufgaben nahezu mühelos zu erledigen.

KAPITEL 6

Code mit Copilot dokumentieren und erklären

Als Entwickler wissen wir alle, dass es unerlässlich ist, unseren Code gut zu dokumentieren. Die Dokumentation innerhalb der Codebasis macht den Code verständlicher, besser überprüfbar und längerfristig wartbar. Die Dokumentation im Code trägt entscheidend zur Gesamtqualität des Codes bei und zur Qualität des Produkts, das aus dem Code hervorgeht.

Allerdings wissen wir auch, dass es lästig sein kann, Zeit und Mühe in das Erstellen einer guten Dokumentation zu investieren, und dass dies oft als weniger wichtig empfunden wird als das Vergnügen am Erstellen des Codes an sich. Um beim Thema zu bleiben, wie Copilot Ihnen nicht nur Codevorschläge unterbreiten und Fragen beantworten kann, wollen wir uns nun auch ansehen, wie er helfen kann, Dokumentationsaufgaben zu automatisieren.

In diesem Kapitel befassen wir uns mit verschiedenen Aspekten, wie sich die Dokumentationsfunktionen von Copilot nutzen lassen. Dazu gehört auch das Erstellen einer Dokumentation über den Editor und die Chat-Oberflächen. Wir zeigen Ihnen aber auch, wie Sie Copilot nutzen können, um Inhalte für Anwendungsfälle zu erzeugen, an die Sie vielleicht noch nicht gedacht haben, beispielsweise externe Dokumentationen für APIs, funktionale Dokumentationen und mehr.

Außerdem sehen wir uns an, wie Sie Copilot nutzen können, um Code zu erklären. Dieses Feature von Copilot wird oft übersehen, bietet aber ein enormes Potenzial, Ingenieurinnen und Ingenieuren auf jedem Kenntnisstand, die Funktionsweise von Code und Algorithmen verständlich zu vermitteln. Zu den nützlichen Anwendungsfällen gehören das Erläutern des Codes in einer unbekannten Sprache oder aus einem unbekannten Framework, das Überprüfen der Logik mit Erläuterungen und der Einsatz von Copilot zum Erläutern von Befehlen, die im Terminal ausgeführt werden.

Sehen wir uns nun zunächst an, wie Sie die Dokumentationsfunktionen von Copilot in Ihrem gesamten Entwicklungszyklus nutzen können.

Inhalte dokumentieren

Viele Entwicklerinnen und Entwickler wissen, dass Sie mit den Dokumentationsfunktionen von Copilot Header-Dokumentationen und Kommentare im Hauptteil ihres Codes erstellen können. Die genauen Mechanismen dafür können jedoch verwirrend sein. Zwar können Sie Shortcut-Funktionen aufrufen, doch ist deren Funktionalität begrenzt. Im ersten Teil dieses Abschnitts konzentrieren wir uns darauf, wie Sie Programmdokumentationen ganz einfach inline und über die Chat-Oberfläche von Copilot generieren.

Über die grundlegende Funktionalität, den *Code zu dokumentieren*, hinaus lässt sich Copilot für mehrere umfassendere Dokumentationsaufgaben verwenden. Er kann frameworkspezifische Dokumentationen (wie zum Beispiel für Swagger), entwicklerorientierte Dokumentationen für APIs und sogar funktionale Dokumentationen generieren. Im letzten Teil dieses Abschnitts behandeln wir diese erweiterten Anwendungsfälle, in denen Sie die Leistungsfähigkeit von Copilot für verschiedene Arten von Dokumentationen bessern nutzen können. Beginnen wir aber mit den Grundlagen.

Dokumentation inline generieren

Der folgende Code zeigt eine (in Go geschriebene) Funktion, die einen neuen Kubernetes-Dienst für eine benutzerdefinierte Ressource erstellt:

```
func newServiceForPod(cr *roarappv1alpha1.RoarApp) *corev1.Service {

    strPort := strconv.Itoa(nextPort)
    labels := map[string]string{
        "app": cr.Name,
    }

    return &corev1.Service{
        ObjectMeta: metav1.ObjectMeta{
            Name:      cr.Name + "-service-" + strPort,
            Namespace: cr.Namespace,
        },
        Spec: corev1.ServiceSpec{
            Selector: labels,
            Ports: []corev1.ServicePort{{
                Protocol:   corev1.ProtocolTCP,
                Port:       8089,
                TargetPort: intstr.FromInt(8080),
                NodePort:   int32(nextPort),
            }},
            Type: corev1.ServiceTypeNodePort,
        },
    }
}
```

Der direkteste/kürzeste Weg, um die Dokumentation für diese Funktion inline zu genieren, besteht darin, die Inline-Chat-Oberfläche über die Tastenkombination Meta+I aufzurufen und den Befehl `/doc` zu verwenden, wie Abbildung 6.1 zeigt.

Abbildung 6.1: Den Shortcut-Befehl »/doc« verwenden

Copilot generiert daraufhin eine grundlegende Dokumentation für die Funktion. Diese besteht höchstwahrscheinlich nur aus Kommentaren oberhalb der Funktion, wie das folgende Listing und Abbildung 6.2 zeigen.

```
// newServiceForPod creates a new Kubernetes Service resource for a
given RoarApp custom resource.
// The Service is configured as a NodePort service, exposing a
specific port for external access.
//
// Parameters:
//   - cr: A pointer to a RoarApp custom resource instance.
//
// Returns:
//   - A pointer to a corev1.Service object configured with the specified labels,
ports, and namespace.
```

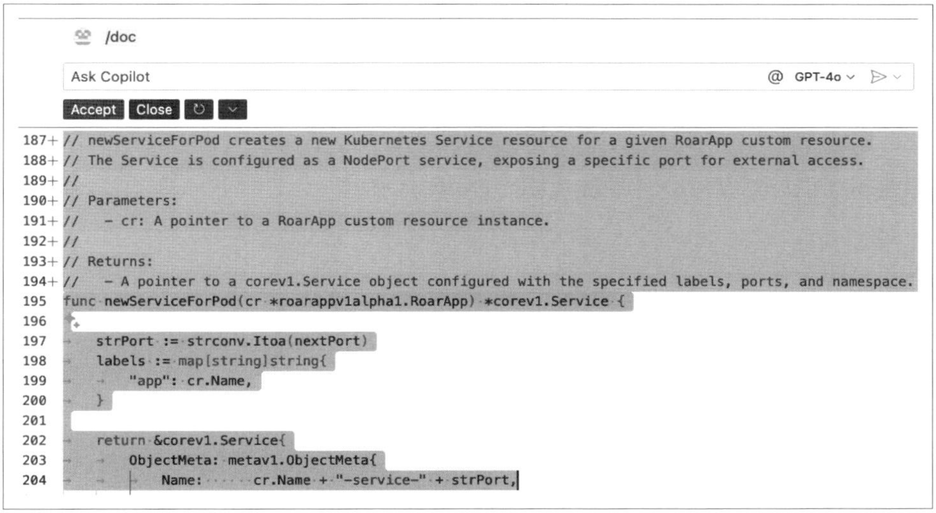

Abbildung 6.2: Generierte »/doc«-Ergebnisse

Dies ist insofern nützlich, als dass Kommentare zum Zweck, zu den Parametern und zu den Rückgabewerten der Funktion hinzufügt werden. Was fehlt, sind zusätzliche Kommentare oder Dokumentationen im *Hauptteil* der Funktion. Selbst mit einem ausführlicheren Befehl wie `add doc to my code` würde Copilot standardmäßig wieder den Befehl `/doc` verwenden, und wir würden ähnliche Ergebnisse erhalten. Dies gilt unabhängig davon, welche Chat-Oberfläche wir verwenden.

Dokumentation aus Kommentaren

Mit Copilot können Sie auch Dokumentationen aus Kommentaren erzeugen, wie Abbildung 6.3 zeigt.

```
// create documentation for the function below
// newServiceForPod returns a instance service with the same name/namespace as the cr
func newServiceForPod(cr *roarappv1alpha1.RoarApp) *corev1.Service {

    strPort := strconv.Itoa(nextPort)
    labels := map[string]string{
```

Abbildung 6.3: Eine Dokumentation aus Kommentaren erstellen

Um Copilot dazu zu veranlassen, müssen Sie ihn mit einem Ausdruck wie `create documentation` aktivieren. Wie gezeigt, sind die Ergebnisse jedoch eher simpel. Wahrscheinlich ist dies weniger nützlich, da Sie selbst einen Kommentar erstellen müssen, damit Copilot Kommentare erstellt.

Wenn Sie direkt im Editor arbeiten, denken Sie daran, dass Copilot auf minimale, schnelle Antworten abzielt, die den Arbeitsfluss nicht stören und sich leicht überprüfen und übernehmen oder verwerfen lassen.

Möchten oder benötigen Sie gehaltreichere Antworten von Copilot, bekommen Sie diese in der Regel über die separate, dedizierte Chat-Oberfläche. Das gilt auch für das Generieren von Dokumentationen, wie der nächste Abschnitt beschreibt.

Dokumentation über den Chat generieren

Wenn Sie zur separaten Chat-Oberfläche wechseln und Copilot die gleiche Anweisung geben, Ihren Code zu dokumentieren, erhalten Sie eine umfangreichere und detailliertere Antwort (siehe Abbildung 6.4).

Das vollständige Listing zusammen mit den generierten Kommentaren finden Sie im GitHub-Repository zu diesem Buch (*https://oreil.ly/zHnkm*). Einige Auszüge daraus sind im folgenden Listing wiedergegeben. Wie Sie sehen können, hat Copilot nicht nur wesentlich mehr Header-Kommentare hinzugefügt, sondern auch den Hauptteil der Funktion an mehreren Stellen kommentiert.

```
// newServiceForPod creates a new Kubernetes Service resource for a
 given RoarApp custom resource.
// The Service is configured as a NodePort service, exposing a
```

```
specific port for external access.
//
// Parameters:
//   - cr: A pointer to a RoarApp custom resource instance.
//
// Returns:
//   - A pointer to a corev1.Service object configured with the
specified labels, ports, and namespace.
func newServiceForPod(cr *roarappv1alpha1.RoarApp) *corev1.Service {

    // Convert the next available port to a string for use in the
service name.
    strPort := strconv.Itoa(nextPort)

    // Define labels to associate the service with the corresponding
 RoarApp instance.
    labels := map[string]string{
        "app": cr.Name,
    }

    // Create and return a new Service object.
  ...
```

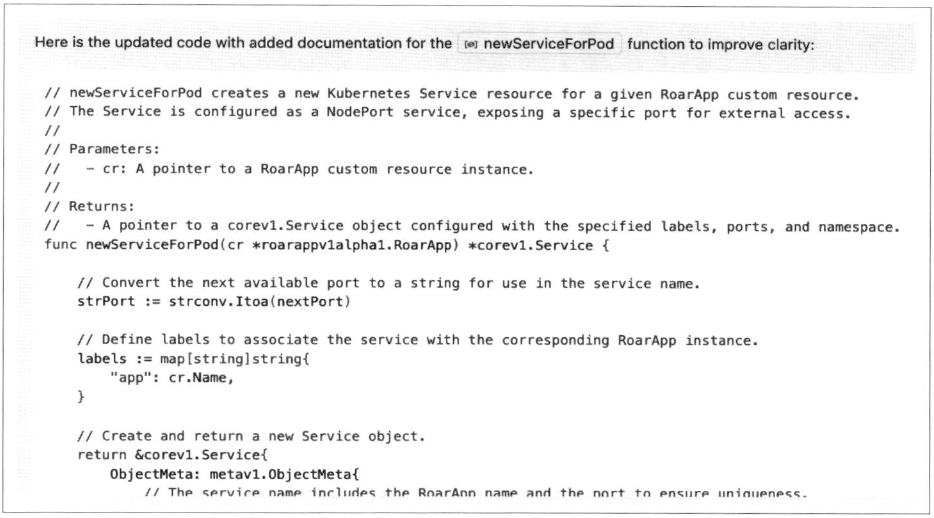

Abbildung 6.4: Copilot vom Haupt-Chat aus anweisen, den Code zu dokumentieren

Gehen wir noch einen Schritt weiter. Da Copilot Chat natürliche Sprache versteht, können wir ihn in einem Prompt auffordern, eine Dokumentation zu generieren, die jedem hilft, der den Code liest. Im Chat können wir Copilot anweisen, »die ausgewählte Funktion ausführlich zu kommentieren, damit jeder verstehen kann, was sie bewirkt« (verbosely comment the selected function so anyone can understand what it is doing). Die daraus resultierende Änderung gegenüber der ursprünglichen (unkommentierten) Funktion können Sie im GitHub-Repository (*https://oreil.ly/jTDZV*) einsehen. Abgesehen von einigen Änderungen im Wortlaut zeigen sich die Unterschiede vor allem in einigen zusätzlichen Kommentarzeilen für jeden Hauptabschnitt, die beschreiben, wie die Teile verwendet oder verwaltet werden. Außerdem wurden am Ende der Zeilen einige Kommentare hinzugefügt, wenn ein Bezeichner möglicherweise besser verständlich gemacht werden muss. Abbildung 6.5 zeigt einen Auszug aus diesen Änderungen.

Dies ist eine Verbesserung. Wenn wir noch mehr wollen, können wir jede Zeile im Funktionskörper gezielt ansprechen. Dies lässt sich mit dem Prompt »verbosely comment the function body so that anyone can easily understand what each line is doing« (kommentiere den Funktionskörper ausführlich, damit jeder leicht verstehen kann, was jede Zeile bewirkt) bewerkstelligen.

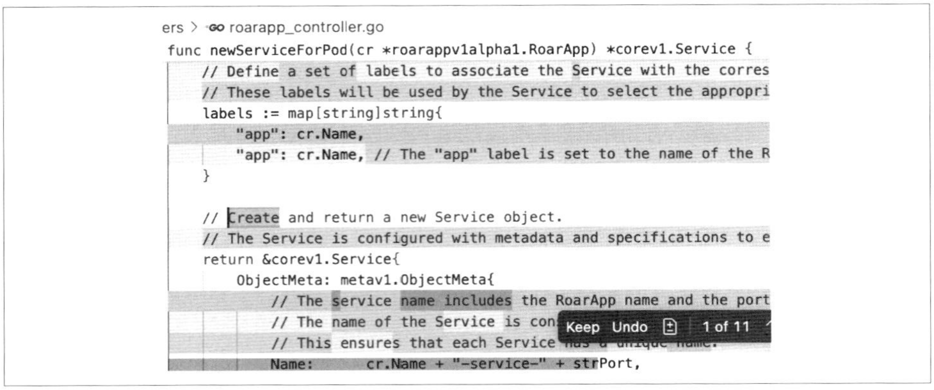

Abbildung 6.5: Aktualisierte Zeilen nach Ausgabe eines Befehls, der ausführlichere Kommentarzeilen anfordert

Mit diesem Prompt erhalten wir eine Reihe ausführlicherer Kommentare für den Funktionskörper, in dem einige der Elemente detaillierter kommentiert sind. Das vollständige Listing ist online (*https://oreil.ly/rZBRV*) verfügbar, Abbildung 6.6 zeigt einen Auszug der Unterschiede.

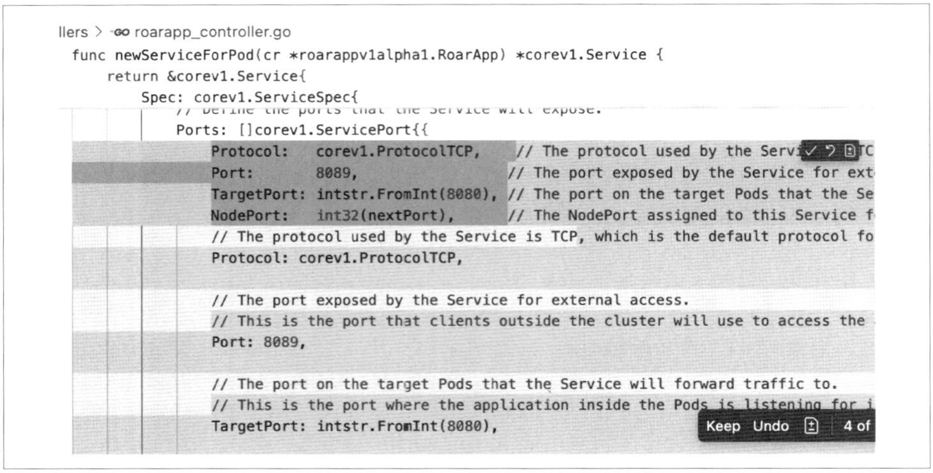

Abbildung 6.6: Ausführlichere Kommentare

Kommentar vs. Dokumentation

Sicherlich ist Ihnen aufgefallen, dass wir Copilot anweisen, unseren Code zu *kommentieren*, anstatt ihn zu *dokumentieren*. Da eine Dokumentation im Code über Kommentare erfolgt, können in dieser Situation beide Begriffe für Prompts verwendet werden. Streng genommen erstellt Copilot, wenn er um eine Dokumentation gebeten wird, standardmäßig nur einen Kommentarblock am Anfang der Methode/Funktion, wie weiter vorn zu sehen war.

Letztlich könnten Sie die vorherigen Prompts zu einem einzigen kombinieren, um sämtliche Modifikationen zu erreichen. Hier ist ein Beispiel, das gut zu funktionieren scheint:

```
verbosely document the function header and body so that anyone can easily
understand what the overall function and each line is doing
```

Die Dokumentationsfunktionen von Copilot haben weiterhin den Vorteil, dass Copilot erkennen kann, wenn der Code über ein Dokumentationsframework verfügt, auf das er zurückgreifen kann.

Frameworkkompatible Dokumentation generieren

Verschiedene Programmiersprachen haben ihre eigenen Dokumentationsstile. Zum Beispiel verfügt C# über XMLDoc, Python über pydoc und JavaScript über JSDoc. Wenn Copilot erkennt, dass der Code in einer Sprache geschrieben ist, für die es ein standardmäßiges Dokumentationstool gibt, erstellt er von Haus aus Kommentare, die für dieses Tool geeignet sind. Dies kann für die Integration in die Entwicklungsumgebung und andere Tools sehr nützlich sein und wird oft gegenüber einfachen Kommentaren bevorzugt.

Als Beispiel zeigt der folgende Code eine Java-Klassendefinition mit einer einzelnen Methode, die wie folgt beginnt:

```
package com.demo.util;

import org.codehaus.jettison.json.JSONArray;
import org.codehaus.jettison.json.JSONObject;
import java.sql.ResultSet;
import org.owasp.esapi.ESAPI;

public class ToJSON {


    public JSONArray toJSONArray(ResultSet rs) throws Exception {

            JSONArray json = new JSONArray(); //JSON array that will be returned
            String temp = null;

            try {

                 //we will need the column names, this will save the table
                 //meta-data like column names.
                 java.sql.ResultSetMetaData rsmd = rs.getMetaData();
```

Wenn wir Copilot anweisen, »diese Klasse zu dokumentieren«, fügt er eine Reihe umfangreicher Kommentare hinzu. Das vollständige Listing ist online verfügbar (*https://oreil.ly/LCxOH*), hier einige Auszüge:

```
package com.demo.util;

// Importing necessary libraries for JSON processing and SQL result handling
...
import java.sql.ResultSet;
// Importing ESAPI for security purposes, though it's not used in the provided
// snippet
import org.owasp.esapi.ESAPI;

/**
* The ToJSON class provides a method to convert a ResultSet from a database query
* into a JSONArray. This is useful for creating JSON APIs that interact with
* relational databases.
...
*/
public class ToJSON {

    /**
     * Converts a given ResultSet into a JSONArray.
     * Each row in the ResultSet will be converted into a JSONObject,
     * and each column in the row will be added to the JSONObject
...
     *
     * @param rs The ResultSet to be converted. This ResultSet is typically
     * obtained from executing a SQL query against a database.
     * @return JSONArray containing the data from the ResultSet. Each element in
     * the JSONArray corresponds to a row in the ResultSet, represented as a
     * JSONObject.
     * @throws Exception If there is an error during the conversion process.
     * This could be due to
...
     */
    public JSONArray toJSONArray(ResultSet rs) throws Exception {
        JSONArray json = new JSONArray(); // Initializes the JSON
        array that will be populated and returned
        String temp = null; // Temporary string to hold data, not
        used in the provided snippet
...
```

Die Header-Kommentare über der Klassendefinition und am Anfang der Klasse werden in einem Format generiert, das mit der Verarbeitung durch das Javadoc-Tool kompatibel ist. Die mit `/**`, `@param`, `@return` und `@throws` gekennzeichneten Teile sind Formatierungselemente, die Javadoc verwendet, um die HTML-Dokumentation für die Klasse zu generieren. Abbildung 6.7 zeigt ein Beispiel für das generierte Javadoc, das aus den von Copilot hinzugefügten Kommentaren stammt.

Copilot eignet sich nicht nur dafür, Dokumentationen für die grundlegenden Dokumentationsframeworks zu generieren, sondern auch für eine weitere häufig vorkommende Aufgabe: das Dokumentieren von APIs.

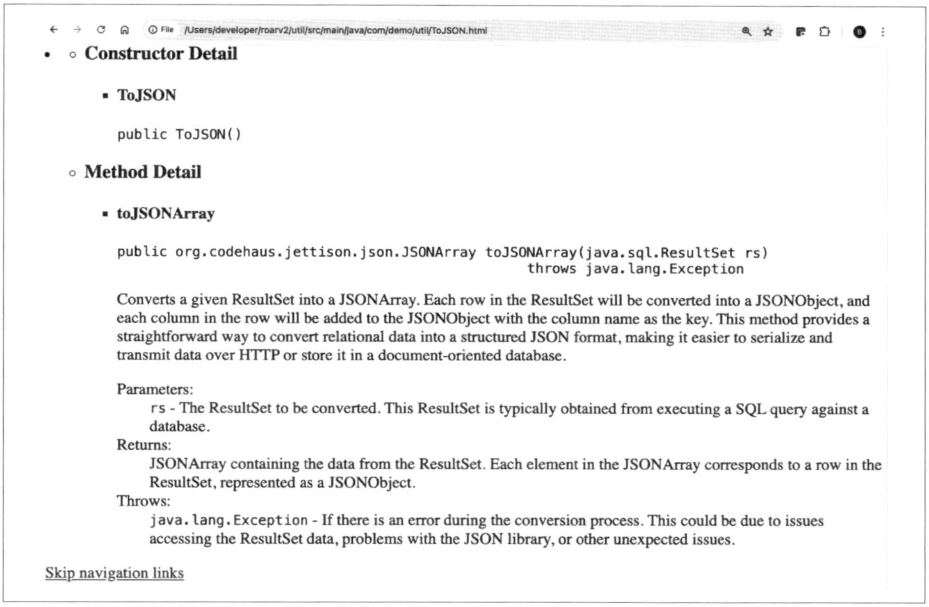

/Users/developer/roarv2/util/src/main/java/com/demo/util/ToJSON.html

- **Constructor Detail**
  - **ToJSON**

```
public ToJSON()
```

- **Method Detail**
  - **toJSONArray**

```
public org.codehaus.jettison.json.JSONArray toJSONArray(java.sql.ResultSet rs)
                                           throws java.lang.Exception
```

Converts a given ResultSet into a JSONArray. Each row in the ResultSet will be converted into a JSONObject, and each column in the row will be added to the JSONObject with the column name as the key. This method provides a straightforward way to convert relational data into a structured JSON format, making it easier to serialize and transmit data over HTTP or store it in a document-oriented database.

Parameters:
`rs` - The ResultSet to be converted. This ResultSet is typically obtained from executing a SQL query against a database.

Returns:
JSONArray containing the data from the ResultSet. Each element in the JSONArray corresponds to a row in the ResultSet, represented as a JSONObject.

Throws:
`java.lang.Exception` - If there is an error during the conversion process. This could be due to issues accessing the ResultSet data, problems with the JSON library, or other unexpected issues.

Skip navigation links

Abbildung 6.7: Aus Kommentaren von Copilot generiertes Javadoc

Dokumentationen für APIs generieren

Wenn Ihr Projekt für ein API-Dokumentationsframework wie Swagger (*https://swagger.io/*) eingerichtet ist, können Sie Copilot die entsprechende Swagger-Dokumentation für Ihre APIs generieren lassen. Ein Beispiel soll dies veranschaulichen.

Wir nehmen eine einfache Anwendung an, die ein Verzeichnis der Mitarbeiter für ein Unternehmen verwaltet. Die Anwendung ist in Java geschrieben und bereits für Swagger konfiguriert. Mit dem Prompt »create print-ready Swagger documentation for the APIS in #file:EmployeeController.java« können wir Copilot anweisen, eine druckfertige Swagger-Dokumentation für die APIs in der Datei *EmployeeController.java* zu generieren.

Druckfertig

Im Prompt stellen wir mit dem Begriff *print-ready* (druckfertig) sicher, dass Copilot das tatsächliche Dokumentationsformat generiert und nicht versucht, die Codekommentare neu zu generieren. Wir hätten auch Begriffe wie *publish-ready* oder *publishable* verwenden können.

Abbildung 6.8 zeigt die Antwort von Copilot. Die vollständige Ausgabe finden Sie im GitHub-Repository zum Buch (*https://oreil.ly/Kj8Lj*).

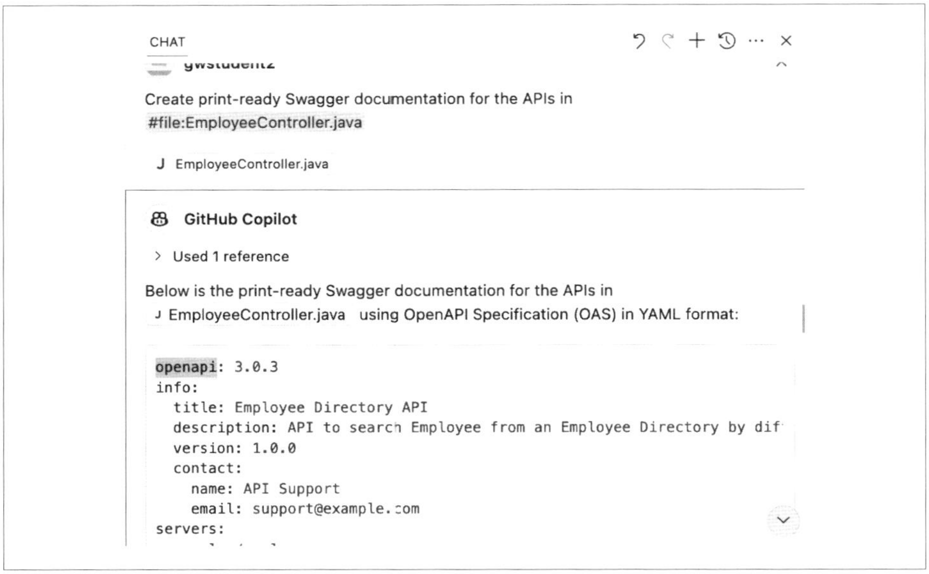

Abbildung 6.8: Swagger-Dokumentation aus Code

Damit dies funktioniert, ist es (zusätzlich zum `print-ready`-Deskriptor) wichtig, Copilot ganz konkret die Dateien anzugeben, auf die über den `#file`-Selektor verwiesen werden soll (oder mehrere Selektoren, wenn Sie auf mehr als eine Datei verweisen müssen). Wird Copilot einfach mit einem ähnlichen Prompt auf den gesamten Arbeitsbereich verwiesen (wie zum Beispiel »@workspace create Swagger documentation for the APIs«), erklärt Copilot in der Regel, *wie Sie* die Swagger-Dokumentation in Ihrem Projekt *erstellen können*, anstatt sie einfach auszugeben.

Funktionale Dokumentation erstellen

Copilot ist auch in der Lage, funktionale Dokumentationen zu erstellen, die sich an externe Benutzerinnen und Benutzer richten. Für ein Beispiel können wir auf denselben API-Code des vorherigen Abschnitts zurückgreifen. In diesem Fall könnte unser Prompt etwa so aussehen: »create functional documentation explaining the various public APIs in #file:EmployeeController.java«. Damit fordern Sie Copilot auf, eine funktionale Dokumentation zu erstellen, die die verschiedenen öffentlichen APIs in der Datei *EmployeeController.java* erklärt.

Abbildung 6.9 zeigt den Anfang der eigentlichen funktionalen API-Dokumentation, die auf den Prompt hin generiert wurde. Beachten Sie, dass die Ausgabe einen gewissen Prosa-Stil in einem leicht lesbaren Format enthält, aber dennoch die notwendigen Details für API-Struktur aufführt. Was die Abbildung nicht zeigt: Copilot hat auch eine Reihe von Schritten skizziert, die er dafür befolgen würde, darunter *Identifizieren der öffentlichen APIs*, *Methodensignaturen* und *Endpunktzuordnungen*. Die vollständige Ausgabe finden Sie im GitHub-Repository des Buchs (*https://oreil.ly/lV7jV*).

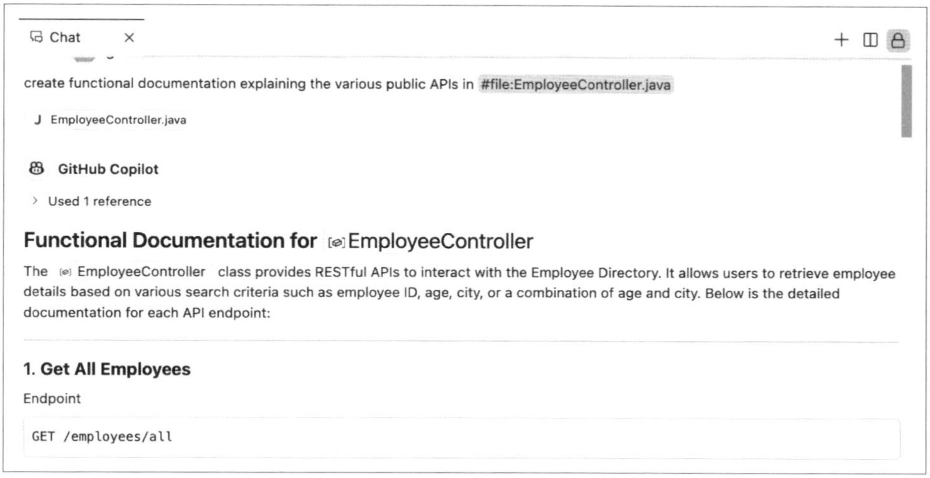

Abbildung 6.9: Generierte funktionale Dokumentation

Im Allgemeinen gelten die gleichen Vorbehalte für das Generieren derartiger Dokumentationen wie für die API-Dokumentationen im vorherigen Abschnitt: im Prompt konkrete Dateien spezifizieren, anstatt Copilot zu bitten, den gesamten Arbeitsbereich zu durchforsten. Allerdings können wir einige allgemeine Fragen mit `@workspace` stellen und bekommen eine brauchbare zusammenfassende Dokumentation. Wenn wir beispielsweise fragen: »@workspace what are the API's parameters and what does it return?«, erhalten wir eine nützliche Zusammenfassung für die Parameter der API und deren Rückgabewerte. Abbildung 6.10 zeigt einen Ausschnitt aus dem vollständigen Listing, das online (*https://oreil.ly/sXKOv*) verfügbar ist.

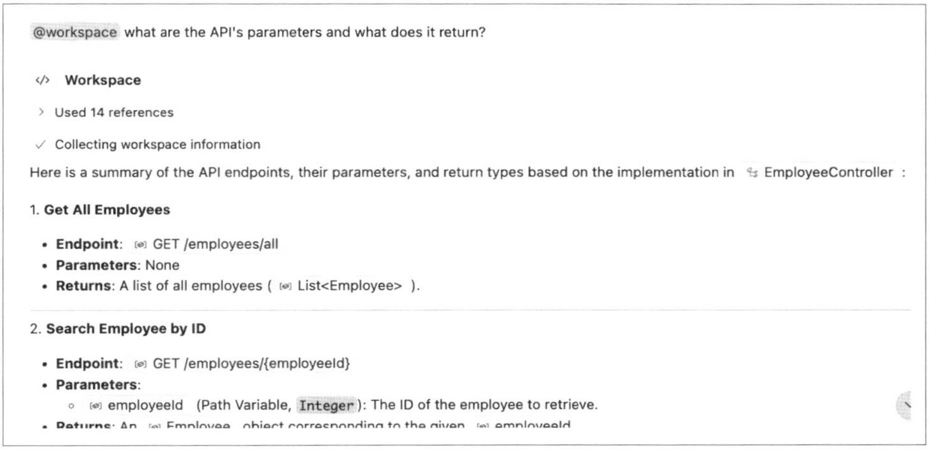

Abbildung 6.10: API-Parameter abfragen

Zusammenfassende Dokumentationen aus dem Code herausziehen

Copilot ist auch geeignet, eine allgemeine Zusammenfassung der wichtigsten Dokumentationen aus bestimmten Arten von Projekten zu extrahieren. Dies kann äußerst nützlich sein, wenn man schnell die wesentlichen Details der Codebasis für ein Projekt verstehen will. Zum Beispiel können wir aus dem Java-Swagger-Projekt, das der vorherige Abschnitt beschrieben hat, mit dem Prompt »@workspace extract the key documentation from the code« wichtige Informationen sammeln.

In unserem Fall hat Copilot die Daten aus der Datei *pom.xml*, der Datei *README.md* und den relevanten **.java*-Dateien herausgezogen. Copilot hat dann wichtige allgemeine Details zur Projektstruktur, zu Abhängigkeiten, zur Swagger-Konfiguration und zu Tests ausgegeben. Abbildung 6.11 zeigt einen Auszug aus dem vollständigen Listing, das Sie auf GitHub (*https://oreil.ly/wSmbs*) finden.

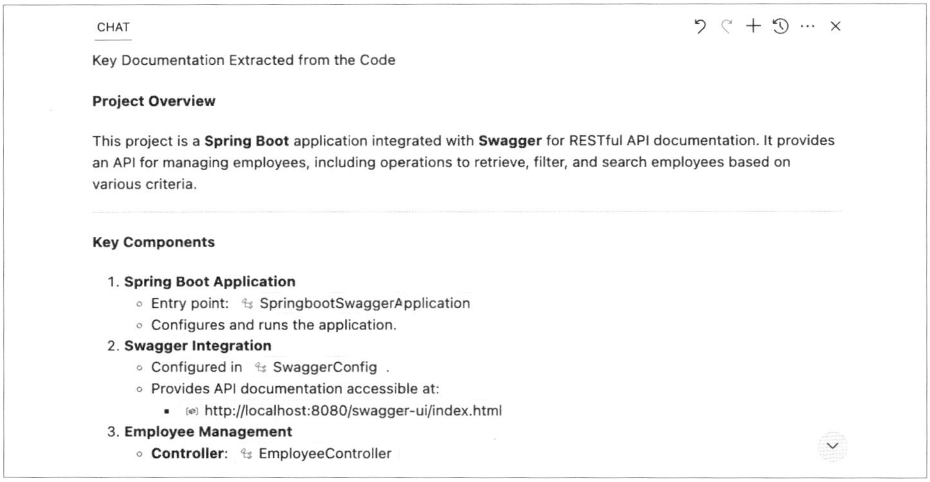

Abbildung 6.11: Wichtige Dokumentationen, die aus dem Code herausgezogen wurden

Chat-Konversationen kopieren und exportieren

Wenn Sie den Inhalt einer Chat-Konversation kopieren möchten, haben Sie mehrere Möglichkeiten. Am einfachsten ist es, mit der rechten Maustaste auf die Konversation zu klicken und entweder *Copy* (Kopieren) oder *Copy All* (Alles kopieren) auszuwählen. Der Befehl *Copy* kopiert nur die aktuelle Konversation, während der Befehl *Copy All* alle Konversationen im aktuellen Chat kopiert.

Sie können auch auf das (mit drei Punkten dargestellte) Steuerelement *Views and More Actions* (Ansichten und weitere Aktionen) ganz oben im aktuellen Chat klicken und den Chat in einer neuen Editorsitzung der aktuellen IDE oder den aktuellen Chat in einem neuen Fenster öffnen.

Beim Kopieren aus einem Chat ist zu beachten, dass Sie den Text im Markdown-Format erhalten. Um den Text so anzuzeigen, wie er im Chat-Fenster zu sehen ist, müssen Sie den kopierten Text als Markdown-Datei (mit der Erweiterung *.md*) speichern und in einem Tool anschauen, das Markdown-Dateien darstellen kann.

Wenn Sie VS Code oder einen Codespace verwenden, können Sie die Konversation alternativ im JSON-Format über die Befehlspalette exportieren. Öffnen Sie dazu die Befehlspalette und suchen Sie nach `Chat: Export Chat` (bzw. `Chat: Chat exportieren`). Achten Sie darauf, dass der Cursor zunächst in einer Konversation im Chat-Fenster aktiv ist.

Damit ist unser Überblick über die verschiedenen Möglichkeiten, wie Copilot Ihnen helfen kann, eine Dokumentation zu erzeugen, abgeschlossen. Kommen wir nun zu einer ähnlichen, aber wohl noch wichtigeren Funktion von Copilot: das Erklären von Inhalten.

Inhalte erklären

Copilot kann nicht nur den Code dokumentieren, sondern ist auch in der Lage, Inhalte, mit denen er arbeitet und die er generiert, zu erklären. Dies kann in verschiedenen Anwendungsfällen nützlich sein:

- Verstehen von Code in einer für Sie neuen Sprache
- Verstehen von generiertem Code und Konventionen
- Zusammenfassen der Codelogik
- Erklären, was im Code schiefgehen könnte
- Erklären, was im Terminal gemacht wurde
- Erklären, wie man etwas im Terminal macht

Dieser Abschnitt geht kurz auf jeden dieser Bereiche ein. Allen Bereichen sind folgende Punkte gemein:

- Der Prompt ist hier entscheidend. Den richtigen Prompt für die jeweilige Situation zu wählen und damit klar zu formulieren, was Sie möchten, ist die wichtigste Voraussetzung dafür, dass Copilot etwas gut erklären kann.
- Obwohl wir im Allgemeinen den Schlüsselbegriff *explain* (erklären) in unserem Prompt angeben, ist er nicht immer erforderlich. Genauso gut können Sie Prompts mit *warum*, *wie* oder anderen Arten von Fragen formulieren.

Code in einer für Sie neuen Sprache verstehen

Angenommen, Sie haben als Python-Programmiererin oder -Programmierer gerade den Auftrag erhalten, ein neues Projekt in Go zu implementieren. Copilot kann Ihnen unter die Arme greifen, um den Code zu erstellen und die wesentlichen Aspekte beim Arbeiten mit Go zu verstehen. Beispielsweise können Sie Copilot mit einem Prompt wie »I'm a Python programmer. What are the most significant things I need to understand about how to write Go code« mitteilen, dass Sie als Python-Programmiererin oder -Programmierer die wichtigsten Dinge über die Programmierung mit Go wissen möchten.

Als ich diese Frage stellte, während ich dieses Kapitel verfasst habe, hat Copilot mit Informationen über die folgenden 12 Bereiche geantwortet:

- Statische Typisierung
- Kompilierung
- Syntaktische Unterschiede
- Pakete und Importe
- Funktionieren
- Fehlerbehandlung
- Parallelität
- Strukturen und Methoden
- Zeiger
- Standardbibliothek
- Werkzeuge
- Schnittstellen

Manchmal hat Copilot auch kurze Codefragmente gezeigt, um die jeweiligen Bereiche zu veranschaulichen, und die Erklärung mit dem Hinweis beendet, dass Ihnen der Wechsel von Python zu Go reibungsloser gelingt, wenn Sie diese wesentlichen Unterschiede verstanden haben. Die gesamte Ausgabe können Sie auf GitHub (*https://oreil.ly/roJZB*) einsehen.

Sie können auch bestimmte Teile Ihres Codes markieren und Copilot mit dem Shortcut-Befehl `/explain` erklären lassen, wie diese funktionieren. Copilot lässt sich sogar anweisen, vorhandenen Code in die neue Sprache zu übersetzen. Wie immer sollten Sie jedoch überprüfen, ob die Vorschläge oder Antworten von Copilot korrekt und für Ihre Situation geeignet sind.

Copilot als Lehrer

Eine weniger verbreitete Möglichkeit, Copilot zum Erlernen einer neuen Sprache zu nutzen, besteht darin, ihn als Lehrer einzusetzen und ihn zu bitten, Ihnen ein Problem zu geben, das Sie in der neuen Sprache lösen müssen. Hier ein Beispiel:

Prompt: Erkläre mir, wie man eine Funktion in Go programmiert, indem du mir ein Problem gibst, das ich lösen muss.

Copilot liefert eine hilfreiche Antwort mit folgendem Inhalt:

- Problemstellung
- Schritte zur Lösung des Problems
- Tatsächlicher Go-Code, der das Problem erfolgreich löst

Die vollständige Ausgabe finden Sie auf GitHub (*https://oreil.ly/4RVS5*).

Copilot ist nicht nur hilfreich, um die Grundlagen einer neuen Sprache zu verstehen, sondern auch, um die Konventionen der Sprache und den Zweck des automatisch generierten Codes in dieser Sprache hervorzuheben.

Generierten Code und Konventionen verstehen

Angenommen, Sie sind neu bei Kubernetes und Go und müssen einen Kubernetes-Operator erstellen, um benutzerdefinierte Ressourcen zu verwalten. Wahrscheinlich würden Sie zunächst mit dem Operator SDK (*https://oreil.ly/Lfz8O*) die Ausgangsstruktur für Ihr Projekt in Go generieren.

Das SDK generiert automatisch Hilfsdateien, darunter auch solche mit kryptischen Namen wie *zz_generated.deepcopy.go*. Sicherlich wollen Sie wissen, wozu diese generierte Datei überhaupt verwendet wird. Um die Antwort zu erhalten, fragen Sie Copilot ganz einfach: »What is the code in #file:api/v1alpha1/zz_generated.deepcopy used for?« Die Antwort von Copilot (von der Abbildung 6.12 einen Auszug zeigt) enthält eine Einführung und anschließend eine Aufschlüsselung des Zwecks. Die vollständige Antwort finden Sie auf GitHub (*https://oreil.ly/I0-3j*).

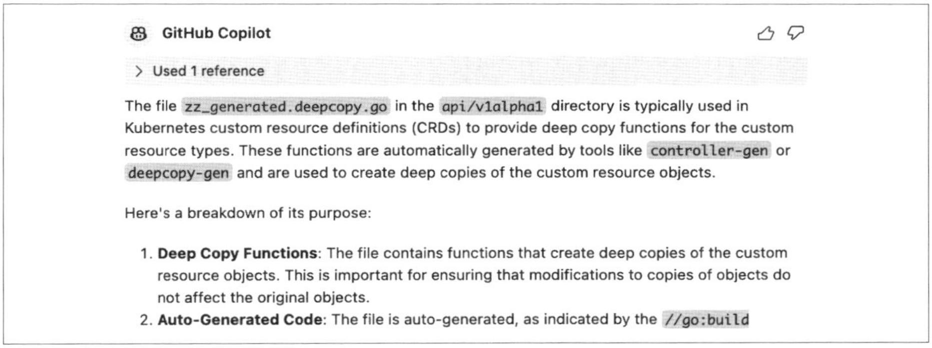

Abbildung 6.12: Erklärung von Copilot, wozu der Code verwendet wird

In derartigen Antworten liefert Copilot in der Regel am Ende der Ausgabe eine Zusammenfassung, die hilfreich sein kann, um schnell den Kern der Antwort zu erfassen. In diesem Fall merkt Copilot mit »In summary, zz_generated.deepcopy.go is an auto-generated file that provides necessary deep copy functions for custom resource types in Kubernetes, ensuring proper handling and manipulation of these resources.« an, dass es sich um eine automatisch generierte Datei handelt, die Deep-Copy-Funktionen für benutzerdefinierte Ressourcentypen in Kubernetes enthält.

Vielleicht möchten Sie auch wissen, warum der Code so benannt ist. Mit dem Prompt »Why is this file named starting with zz_?« können Sie Copilot fragen, weshalb der Dateiname mit *zz_* beginnt. Daraufhin liefert Copilot eine hilfreiche, dialogorientierte Antwort mit einer Liste von Gründen für die Konvention, wie Abbildung 6.13 zeigt.

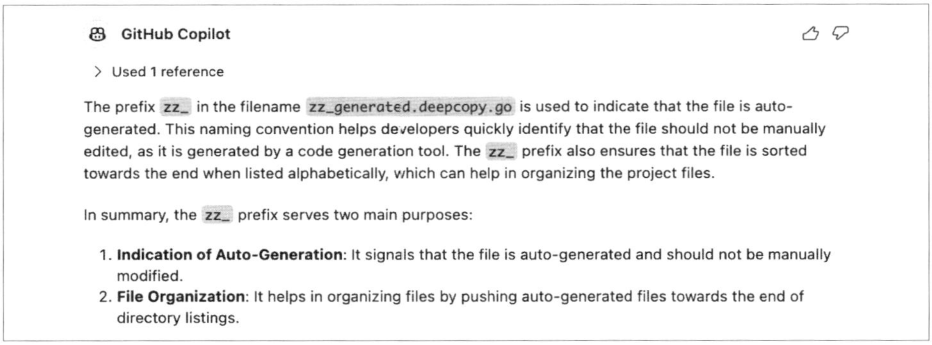

Abbildung 6.13: Die Erklärung von Copilot zur Konvention, die Datei mit »zz_« beginnend zu benennen

Copilot hilft nicht nur beim Verstehen der allgemeinen Konventionen und Kernthemen einer Sprache, sondern kann auch die Gesamtlogik einer Reihe von Codeabschnitten erklären.

Die in einem Codeabschnitt verwendete Logik erklären

Eine verallgemeinerte Zusammenfassung der Codelogik kann unter anderem in folgenden Anwendungsfällen hilfreich sein:

- Schnell einen Überblick über Code bekommen, den Sie übernommen haben oder pflegen müssen
- Den Code kennenlernen, der in einer für Sie neuen Sprache oder mit einem für Sie neuen Framework geschrieben ist
- Kontrollieren Ihres Verständnisses durch die Überprüfung des Codes
- Eine weitere Erklärung zur Funktionsweise des Codes für Codeüberprüfungen, Pull Requests usw. erhalten

Dabei geht es darum, dass Copilot die allgemeine Logik und die darauf bezogenen Teile, wie zum Beispiel die Hauptkomponenten, in einer nicht sprachspezifischen Weise skizziert. Die Erklärungen von Copilot sollen in einer Art Plauderton gehalten sein, als würden wir uns mit einer anderen Entwicklerin oder einem anderen Entwickler unterhalten.

Der dafür verwendete Prompt kann variieren. Zum Beispiel können Sie für dieselbe Controller-Datei, auf die wir uns bezogen haben, mit dem Prompt »@workspace: summarize the logic in #file:controllers/roarapp_controller.go« veranlassen, dass Copilot die Logik in der angegebenen Datei zusammenfasst.

Ausgehend von diesem Prompt liefert Copilot eine Ausgabe, die mit einer allgemeinen Erklärung zur beabsichtigten Funktion des Codes beginnt: »reconciling the state of ... custom resources in a Kubernetes cluster«.

Anschließend gibt Copilot eine Zusammenfassung der wichtigsten Komponenten in der Datei aus und beschreibt, was sie bewirken. Dazu gehören die Datenstrukturen,

Anmerkungen und Funktionen. Abbildung 6.14 zeigt einen Auszug aus dieser Ausgabe, die vollständige Ausgabe finden Sie auf GitHub (*https://oreil.ly/5oG3v*).

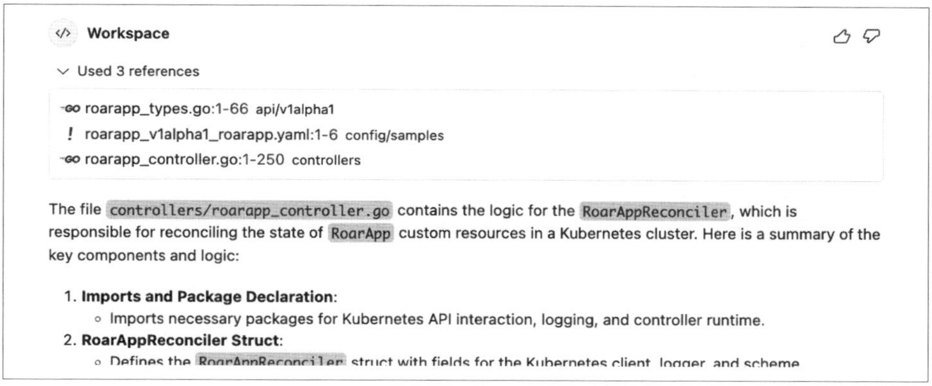

Abbildung 6.14: Von Copilot erzeugte Zusammenfassung der Logik, die in einer Datei enthalten ist

Ein empfehlenswerter Prompt ergibt sich auch, wenn Sie das Schlüsselwort *logic* durch *workflow* ersetzen, wie zum Beispiel in »@workspace: summarize the workflow in #file:controllers/roarapp_controller.go«. Daraufhin sollten Sie eine etwas einfachere Antwort erhalten, allerdings mit ähnlichen Informationen zu den verschiedenen Komponenten.

Eine andere interessante Methode, den Code kennenzulernen und zu verstehen, kehrt den traditionellen Anwendungsfall der *Erklärung* um. Anstatt Copilot aufzufordern, zu erklären, wie der Code funktioniert oder was er bewirkt, können wir ihn nach potenziellen Problemen mit dem Code fragen.

Erklären, was bei einer Menge von Code schiefgehen könnte

Wenn man von Copilot Code erklären lässt, kann man auf einen weiteren Ansatz zurückgreifen, indem man ihn auffordert, potenzielle Probleme mit dem Code zu identifizieren. Dies kann Ihnen beispielsweise helfen bei Code, den Sie geschrieben haben, den Sie analysieren oder den Sie übernommen haben.

Um auf das Beispiel mit der benutzerdefinierten Kubernetes-Ressource weiter vorn in diesem Kapitel zurückzukommen, können wir Copilot fragen, was mit dem Code, der den benutzerdefinierten Controller im Editor implementiert, schiefgehen könnte. Der entsprechende Prompt sieht so aus: »@workspace: explain what might go wrong with the code in #file:controllers/roarapp_controller.go.«

»@workspace« und »#file« verwenden

Denken Sie daran, dass Sie mit Variablen wie `#selection` oder `#file` im Prompt-String Copilot auf den Kontext fokussieren können, den er für seine Antwort berücksichtigen soll. In manchen Fällen müssen Sie jedoch mit dem Bezeichner `@workspace` sicherstellen, dass Copilot verwandte Teile betrachtet und das Gesamtbild dessen in Betracht zieht, was diesen Code beeinflussen könnte.

Copilot liefert daraufhin eine detaillierte Antwort mit einer Auflistung mehrerer Bereiche, die zu berücksichtigen sind. Dazu gehören unter anderem:

- Fehlerbehandlung
- Ressourcenkonflikte
- Requeue-Logik
- Ressourcenbereinigung
- Parallelitätsprobleme
- Protokollierung
- Validierung
- Berechtigungen der rollenbasierten Zugriffssteuerung (Role-Based Access Control, RBAC)

Die vollständige Ausgabe finden Sie in der GitHub-Repository-Datei (*https://oreil.ly/v7I75*).

Nachdem wir die verschiedenen Methoden betrachtet haben, wie Copilot erklären kann, was im Code geschieht, werfen wir zum Abschluss noch einen Blick darauf, wie sich mit Copilot Dinge im Kontext einer anderen Domäne erklären lassen – dem Terminal.

Elemente vom Terminal erklären

Über das Schlüsselwort `#terminalLastCommand` ist Copilot in der Lage, auf das Terminal zuzugreifen, um Details über den letzten Befehl zu erklären. Nehmen wir zum Beispiel an, wir haben den Befehl `ps` wie hier gezeigt als unseren letzten Befehl ausgeführt:

```
@techupskills → /workspaces/op-new (main) $ ps -aux
USER          PID %CPU %MEM    VSZ   RSS TTY      STAT START   TIME
COMMAND
codespa+        1  0.0  0.0   1136   640 ?        Ss   14:30   0:00
 /sbin/docker-init
codespa+        8  0.0  0.0   7236  1920 ?        S    14:30   0:00
 sleep infinity
root           23  0.0  0.0  12196  3484 ?        Ss   14:30   0:00
 sshd: /usr/sbin/s
codespa+      338  0.0  0.0   2616  1536 ?        Ss   14:30   0:00
 /bin/sh
```

Wenn Sie mehr Details darüber erfahren möchten, was dieser Befehl bewirkt, können Sie Copilot mit einem Prompt wie »explain #terminalLastCommand« abfragen. Wie Abbildung 6.15 zeigt, identifiziert Copilot den letzten Befehl und liefert eine Erklärung des Befehls, seiner Optionen und seiner Ausgabe.

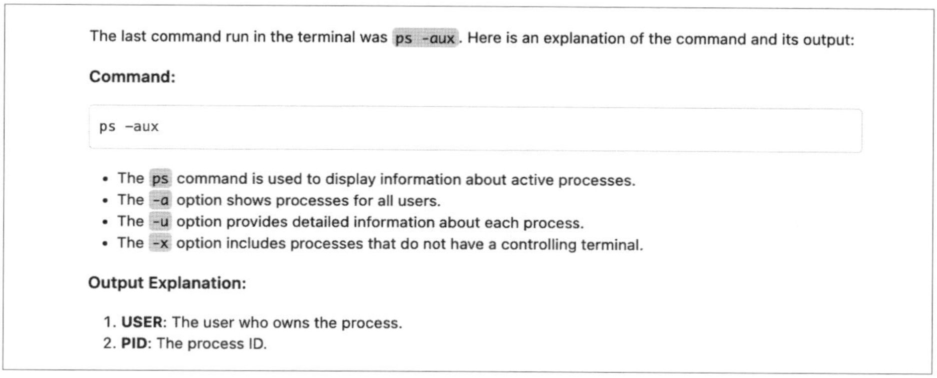

Abbildung 6.15: Die von Copilot ausgegebene Erklärung für den letzten Terminal-Befehl

Die vollständige Ausgabe finden Sie auf GitHub (*https://oreil.ly/yCMOO*).

Copilot ist auch in der Lage, ausgewählte Inhalte vom Terminal zu erklären. Haben wir beispielsweise zuvor einen Befehl `git status` ausgeführt, können wir diesen markieren und Copilot mit dem Prompt »explain the commands in #terminalSelection« auffordern, diesen Befehl zu erklären. Daraufhin liefert Copilot die Informationen wie in Abbildung 6.16 dargestellt.

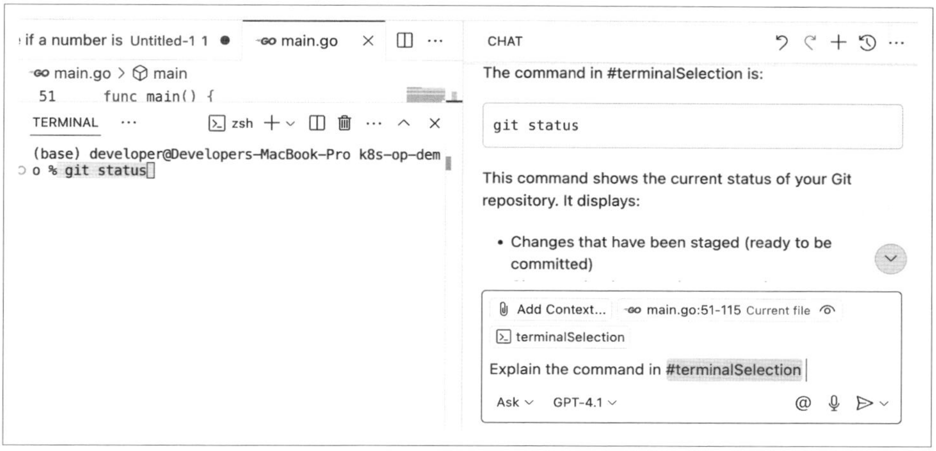

Abbildung 6.16: Copilot erklärt einen Befehl, der im Terminal markiert wurde.

Es ist nicht notwendig, einen Befehl auszuwählen, um ihn erklären zu lassen. Sie können auch einen beliebigen Text im Terminal markieren, zum Beispiel die Ausgabe eines Befehls. Angenommen, wir markieren den Text »Your branch is up to date with 'origin/main'« in der Ausgabe des Befehls `git status`. Da der Bezeichner bereits auf den im Terminal ausgewählten Text verweist, können wir unseren Prompt zu »explain #terminalSelection« verkürzen. Abbildung 6.17 zeigt einen Auszug aus der Ausgabe für diesen Prompt.

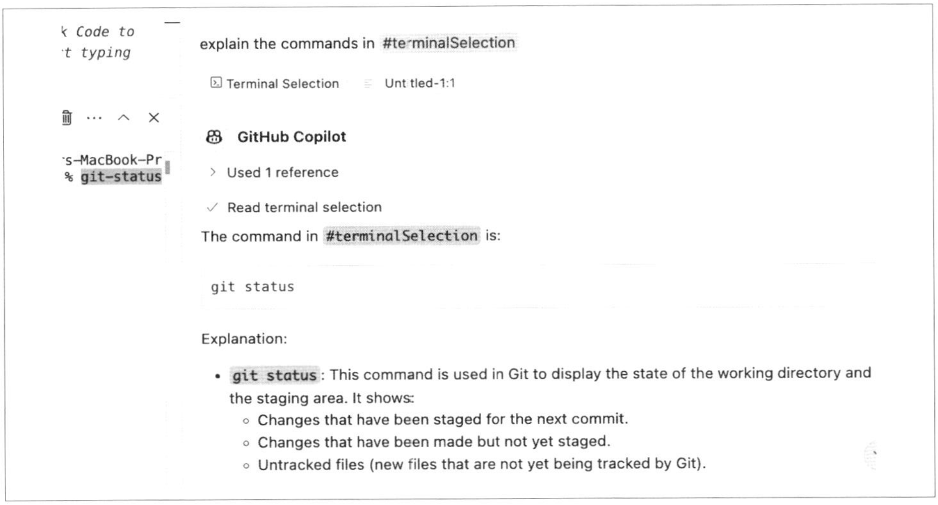

Abbildung 6.17: Copilot erklärt den im Terminal markierten Befehl »git status«.

Sie können Copilot auch erklären lassen, *wie* man etwas über das Terminal macht. Das ist das Thema des letzten Abschnitts in diesem Kapitel.

Erklären, wie man etwas im Terminal macht

Copilot kann den Prozess und die Befehle bereitstellen, um Operationen im Terminal auszuführen. Als Beispiel können wir Copilot fragen, wie wir einen neuen Zweig in unserem GitHub-Repository erstellen. Hierfür können wir den Kontext `@terminal` verwenden und Copilot mit dem Prompt »@terminal How do I create a new branch for my GitHub repository?« bitten, einen neuen Zweig für unser GitHub-Repository anzulegen.

Als Antwort darauf liefert Copilot die übliche Prozessbeschreibung in Gesprächsform zusammen mit den tatsächlichen Befehlen, die Sie im Terminal ausführen können. Abbildung 6.18 zeigt einen Auszug aus der Ausgabe, die sie vollständig auf GitHub (*https://oreil.ly/0t1il*) einsehen können.

Die gleiche Technik ist anwendbar, wenn Sie den zu verwendenden Befehl nicht kennen. Wenn Sie zum Beispiel die Frage »@terminal how do I see the list of running processes?« stellen, antwortet Copilot mit mehreren Ansätzen, die vom Terminal aus verwendet werden können, wie Abbildung 6.19 zeigt.

Ähnliche Ergebnisse

Ein ähnliches Ergebnis erreichen Sie auch mit einem Prompt, der sich auf die *Befehlszeile* bezieht, etwa so: »How can I create a new branch in my GitHub repository using the command line?«

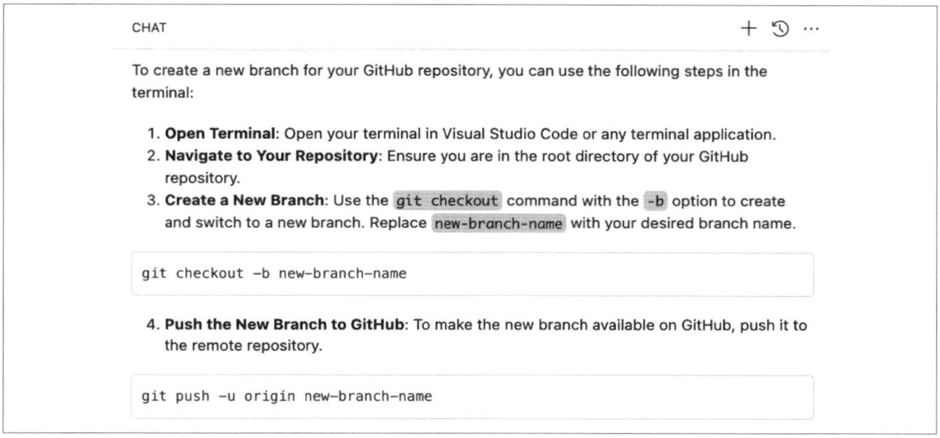

Abbildung 6.18: Erklärung, wie sich ein neuer Zweig über das Terminal erstellen lässt

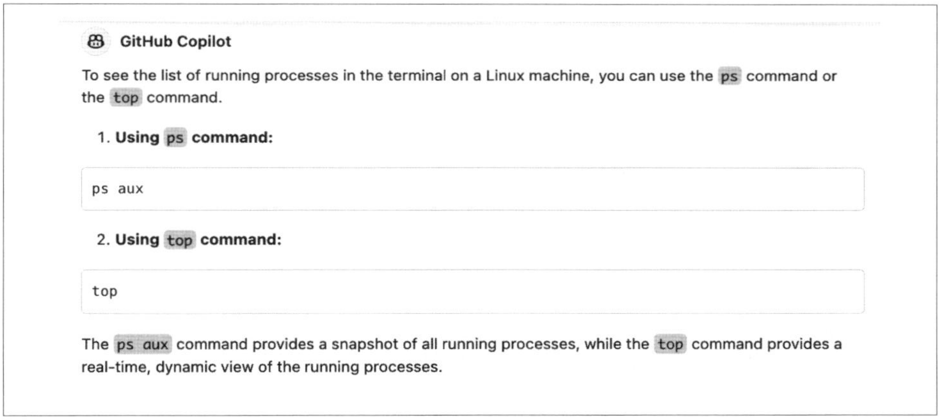

Abbildung 6.19: Laufende Prozesse über das Terminal anzeigen

Fazit

In diesem Kapitel haben wir untersucht, wie Copilot Ihnen bei der Dokumentation und Erklärungen helfen kann. Im einfachsten Fall kann Copilot Ihren Quellcode dokumentieren, indem er überall Kommentare einfügt. Die Header-Dokumentation lässt sich in der Regel mit dem Shortcut-Befehl `/doc` erzeugen. Copilot können Sie auch anweisen, umfangreichere Kommentare zu liefern, indem Sie in den Prompts spezifische Anweisungen verwenden, beispielsweise »verbosely comment«, um den Code ausführlich zu kommentieren. Dies veranschaulicht einen nützlichen Arbeitstipp für Copilot: Wenn Sie nicht das erhalten, was Sie erwarten oder benötigen, versuchen Sie es mit einem Prompt, der ausführlicher und detaillierter formuliert ist. Die vorgeschlagenen Änderungen können Sie verwerfen, wenn sie nicht Ihren Vorstellungen entsprechen, und weitere Durchläufe mit Ihrem Prompt veranlassen.

Über die einfache Kommentierung hinaus kann Copilot auch umfangreichere Dokumentationen für bestimmte Anwendungsfälle generieren. Zum Beispiel kann er eine API-Dokumentation und eine funktionale Dokumentation erzeugen, die (nach einer Überprüfung) für die Weitergabe an andere geeignet sind. Dies kann eine erhebliche Zeitersparnis bedeuten, als würde man eine derartige Dokumentation nicht in diesem Maße automatisiert erstellen lassen.

Ähnlich wie seine Dokumentationsfunktionen kann Copilot auch viele Aspekte einer Codebasis erklären. Diese Funktionalität bietet sich an, um allgemeine Konzepte und Prinzipien zu erklären, die bekannt sein müssen, um eine neue Sprache oder ein neues Framework zu verwenden. Zudem liefert sie Erklärungen für Konventionen, mit denen Sie möglicherweise noch nicht vertraut sind.

Vor allem aber kann Copilot erklären und zusammenfassen, wie die Logik und die Verarbeitung einer Codemenge funktionieren. Besonders nützlich kann dies sein, wenn Sie versuchen, einen Ihnen unbekannten Code zu erlernen oder zu pflegen.

Weniger verbreitet ist es, von Copilot eine Erklärung zu verlangen, was mit einer Codemenge schiefgehen könnte. Dies ist eine einfache Methode, Copilot im Wesentlichen den Code *überprüfen* zu lassen und nach potenziellen Lücken und Problemen zu suchen. Dies kann sehr nützlich sein, wenn Sie versuchen, Schwachstellen im Code zu bewerten und angreifbare Abschnitte zu beseitigen.

Zuletzt haben wir uns angesehen, wie man die Erklärungsfunktion von Copilot mit einem Terminal nutzt. Hier unterscheiden wir zwei Kategorien. Bei der ersten markieren wir eine Ausgabe oder verweisen auf den letzten Terminalbefehl mit einem speziellen Bezeichner und lassen Copilot die Bedeutung erläutern. Die zweite besteht darin, Copilot zu fragen, wie man etwas im Terminal macht, und sich eine dialogorientierte Erklärung zusammen mit den genauen Befehlen geben zu lassen, die im Terminal ausgeführt werden müssen, um die Aufgabe zu erledigen.

Auch wenn Fähigkeiten von Copilot wertvoll und umfangreich sind, müssen Sie immer daran denken, dass Copilot ungenau sein und veraltete Informationen als Ergebnisse liefern kann. Dies geschieht, weil die Wissensbasis von Copilot immer nur so aktuell ist wie die Daten, die zum Trainieren der zugrunde liegenden Modelle verwendet wurden.

Das nächste Kapitel zeigt, wie man mit Vorschlägen und Antworten von Copilot umgeht, die auf veralteten Informationen basieren, und wie man derartige Situationen umgehen kann.

KAPITEL 7

Copilot aktuell und relevant halten

Der Funktionsumfang und die Interaktivität von GitHub Copilot sind wirklich beeindruckend. Allerdings können die von ihm generierten Antworten manchmal weniger überzeugend (und weniger nützlich) sein, wenn sie nicht aktuell und relevant sind. So gut die KI auch sein mag, manchmal müssen Sie zusätzliche Schritte unternehmen, um sie zu *steuern*.

So kann es in bestimmten Fällen erforderlich sein, Copilot anzuweisen, sich auf bestimmte Teile Ihres Inhalts zu konzentrieren, um zielführende Antworten zu erhalten. Vielleicht müssen Sie auch sein Training erweitern, um Antworten zu erhalten, die für Ihre Codebasis relevanter sind. Darüber hinaus ist es notwendig, besonders darauf zu achten, ob Copilot Code vorschlägt, der möglicherweise veraltet ist oder auf Features verweist, die nicht mehr unterstützt werden.

Dieses Kapitel befasst sich damit, wie Sie die Interaktion mit Copilot in solchen Situationen steuern. Dabei können Sie bestimmte Strategien und Funktionen nutzen, um die Relevanz und Aktualität in Ihren Interaktionen mit Copilot sicherzustellen. Bestimmte Ansätze können ausgleichend wirken, wenn Copilot möglicherweise nicht über aktuelle Änderungen informiert ist oder nicht auf die richtigen Quellen verweist.

Dies zielt alles darauf ab, Copilot den bestmöglichen Kontext zur Verfügung zu stellen, damit er die nützlichsten Antworten auf unsere Fragen liefern kann. Die folgenden Seiten beschäftigen sich mit den Bereichen, wie Copilot Kontext verwendet, wobei es darum geht, ...

- woher der Kontext stammt,
- wie Aktualität und Relevanz beeinflusst werden können,
- welche benutzerbasierten Bewältigungsstrategien es gibt und
- wie sich mit zusätzlichem Kontext der Code relevanter machen lässt.

Per Definition bedeutet »generativ«, dass neue Inhalte generiert werden, und zwar zum Teil auf gesammeltem und verarbeitetem Kontext. Machen wir uns also zunächst noch einmal klar, woher der von Copilot verwendete Kontext stammt.

Woher stammt der Kontext

Wie bereits in den vergangenen Kapiteln erläutert, bezieht Copilot den Kontext aus der IDE Ihrer unmittelbaren Arbeitsumgebung – speziell aus den Dateien in Ihrem Arbeitsbereich und den damit verbundenen Inhalten. Dazu gehören typische Elemente wie der Name der Datei, die darin enthaltenen Kommentare und der Code vor und nach dem Cursor. Aber Copilot bezieht auch dynamischere Interaktionen mit ein, beispielsweise ob Sie den letzten Codevorschlag angenommen haben oder nicht. Und da Copilot automatisch einen Index Ihres Repositorys erstellt, gewinnt er ein umfassenderes Verständnis Ihres Projekts. Zudem können Sie Copilot anweisen, andere Inhalte zu berücksichtigen.

Um schnell Codevorschläge in Ihrer IDE bzw. Ihrem Editor zu generieren, ist es eine geschickte Strategie von Copilot, sich auf die von Ihnen geöffneten Dateien zu konzentrieren. Dadurch kann Copilot schnell ein gutes Gespür dafür entwickeln, was vermutlich am wichtigsten ist (da diese Dateien direkt zugänglich sind).

In diesem Inlinemodus verwendet Copilot mehrere Strategien, um eine schnelle Antwort zu gewährleisten. Der Client (die in Ihrer Oberfläche installierte Erweiterung) fragt das Modell nach sehr wenigen Vorschlägen (einem bis drei) ab. Copilot speichert sämtliche erreichbaren Ergebnisse zwischen und passt die Vorschläge an, wenn Sie mit der Eingabe fortfahren. Zudem führt er interne Prüfungen aus, die das Senden von Anfragen verhindern, wenn Sie sich mit der Eingabe gerade mitten in einer Zeile befinden, außer wenn rechts vom Cursor ein Leerzeichen steht. Dann wird der bereits angesprochene Index basierend auf den Änderungen aktualisiert.

In diesem Modus bewertet Copilot auch, ob der zum Senden an das Modell zusammengestellte Prompt überhaupt sinnvoll ist (d.h., ob es sich lohnt, das Modell aufzurufen). Die Entscheidung beruht auf Faktoren wie vorherige Antworten oder Vorschläge. Dieser Ansatz hilft, wiederholte Prompts oder solche, die bereits im Code vorhanden sind, auszuschließen.

Die meisten dieser Strategien sind nicht erforderlich, wenn Sie zur Chat-Oberfläche wechseln. Dort hat Copilot mehr Zeit, Antworten zu formulieren, sodass der Client mehr Vervollständigungsvorschläge anfordern kann. Um beim Arbeiten in dieser Oberfläche Kontextinformationen zu sammeln, können Sie auch genauer angeben, woher diese Informationen stammen sollen. Copilot umfasst Methoden wie Chat-Variablen und Chat-Teilnehmer (wie in Kapitel 3 und anderen Kapiteln beschrieben), um Copilot auf bestimmte Elemente zu fokussieren.

Unabhängig davon, wo der Benutzer arbeitet, sammelt der Client den Kontext, verarbeitet ihn zu einem Prompt und sendet ihn an das von Ihnen ausgewählte Modell. Nachdem Copilot die Rückgabe des Modells schnell validiert und die angeforderten Antworten generiert hat, werden diese dem Benutzer angezeigt. Die Antworten können mehrere Optionen in der IDE enthalten, wenn mehrere Vervollständigungsvorschläge verfügbar waren.

Bei der eben erwähnten *schnellen Validierung* geht es darum, schnell in der Antwort nach Mustern zu suchen, die sich wiederholen oder auf ein Sicherheitsproblem hinweisen könnten (zum Beispiel fest codierte Anmeldedaten). Diese Überprüfungen sind nützlich, verhindern aber nicht, dass andere Faktoren zu einer mangelnden Relevanz und Aktualität führen können. Sehen wir uns als Nächstes einige dieser Faktoren an.

Wie sich Aktualität und Relevanz beeinflussen lassen

Wenn Sie die Chat-Oberfläche von Copilot erstmals öffnen, bekommen Sie eine Benachrichtigung:

```
I'm powered by AI, so surprises and mistakes are possible. Make
sure to verify any generated code or suggestions, and share
feedback so that we can learn and improve.
```

Dieser Haftungsausschluss (Disclaimer) soll daran erinnern, dass generative KI ungenau und problematisch sein kann. Letztlich muss der Benutzer sicherstellen, dass die generierten Inhalte korrekt und relevant sind. (Aus diesem Grund sollten Sie auch immer standardmäßige Validierungsmethoden wie Tests und Codeüberprüfungen anwenden, um sich von der Korrektheit aller mithilfe der KI erstellten Inhalte zu überzeugen.)

Der Haftungsausschluss ist erforderlich, da verschiedene Herausforderungen die Aktualität und Relevanz der Vorschläge und Antworten von Copilot beeinträchtigen können. Dazu gehören unter anderem:

- Training Cutoffs
- Halluzinationen
- fehlende Echtzeitvalidierung
- fehlerhafter Kontext

Sehen wir uns diese Punkte einmal genauer an.

Training Cutoffs

LLMs werden auf Daten trainiert, die zum Zeitpunkt des Trainings aktuell sind. Über diesen Zeitpunkt hinaus besitzt das Modell aber kein *integriertes* Wissen über Änderungen, die in den Bereichen aufgetreten sind, in denen es trainiert wurde. Je weiter Ihre Nutzung des Tools vom Training Cutoff entfernt ist, desto wahrscheinlicher ist es, dass einige der Antworten und Vorschläge veraltet sind. Dies kann sich darin äußern, dass Copilot veralteten Code produziert oder Code, der für eine frühere Version eines Frameworks oder einer Sprache relevanter war. Und natürlich variieren die Ergebnisse je nachdem, welches Modell Sie verwenden.

> **Trainingshäufigkeit**
>
> Wenn Sie sich fragen, warum diese Modelle nicht aktueller gehalten werden, müssen Sie sich vor Augen halten, dass bei jedem Training Milliarden von Parametern und riesige Datenkorpora verarbeitet werden müssen. Das bedeutet immense Rechenkosten und -zeit. Daher sind Aktualisierungen des erweiterten zugrunde liegenden Trainings in mehrfacher Hinsicht kostspielig.

Sehen wir uns ein einfaches Beispiel für die Herausforderungen an, die sich aus Training Cutoffs ergeben können (wie sie derzeit bei Copilot zutage treten). Wir bitten Copilot, in Go eine Funktion zum Initialisieren eines Zufallszahlengenerators zu schreiben (siehe Abbildung 7.1).

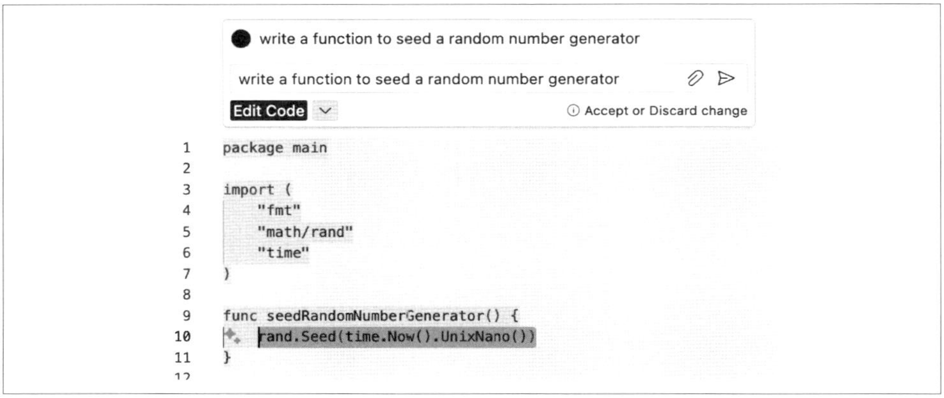

Abbildung 7.1: Copilot auffordern, einen Zufallszahlengenerator in Go zu schreiben

Obwohl dies gut aussieht und syntaktisch korrekt ist, gibt es ein Problem. Die Funktion Seed gilt seit Version 1.20 von Go als veraltet (deprecated). Wir wollen nun sehen, ob Copilot versteht, dass diese Funktion veraltet ist. Hierzu fragen wir in der Chat-Oberfläche: »Is the Seed function deprecated in Go?« Die in Abbildung 7.2 dargestellte Antwort zeigt, dass Copilot aufgrund seines Modelltrainings nicht über die Information verfügt, dass die Funktion veraltet ist.

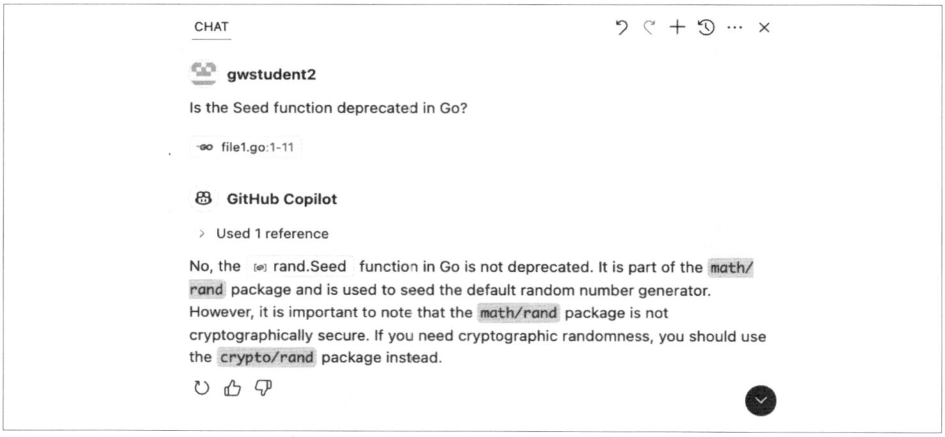

Abbildung 7.2: Copilot fragen, ob die Funktion »Seed« veraltet ist

Obwohl die Funktion nicht mehr verwendet werden soll, weiß Copilot davon nichts. Dies verdeutlicht den Punkt in Bezug auf den Training Cutoff. Später in diesem Kapitel lernen Sie einige Möglichkeiten kennen, wie Sie mit derartigen Herausforderungen umgehen können.

Erkennen veralteter Inhalte

In manchen IDEs ist es mit anderen installierten Tools möglich, veraltete Elemente zu erkennen und sich dann benachrichtigen zu lassen. Abbildung 7.3 zeigt ein Beispiel für ein Problem mit einem veralteten Element, das von einem anderen Tool erkannt und markiert wurde.

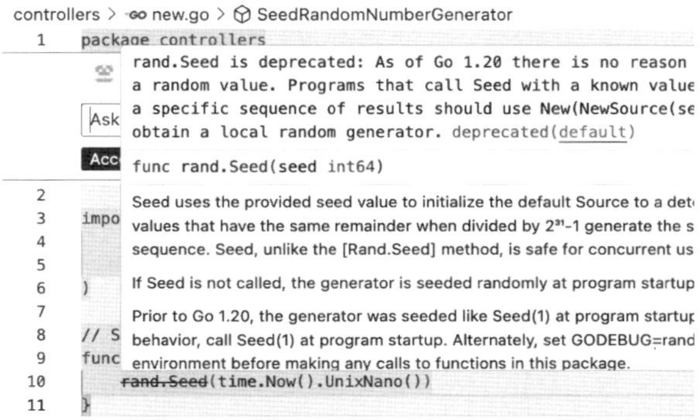

Abbildung 7.3: Erkennen veralteter Elemente mit einem anderen Tool

Im konkreten Fall *können* Sie vielleicht die `Fix`-Funktion von Copilot nutzen, um alternativen Code generieren zu lassen.

Veraltete Ergebnisse stellen eine Kategorie von Problemen dar: Ergebnisse, die zu einem bestimmten Zeitpunkt gültig waren, aber jetzt nicht mehr gültig sind. Eine weitere Kategorie von Problemen tritt auf, wenn Ergebnisse für den aktuellen Kontext gültig erscheinen, aber möglicherweise nicht die tatsächlichen Daten oder Referenzen widerspiegeln. Diese werden als *Halluzinationen* bezeichnet.

Halluzinationen

LLMs neigen dazu, Antworten mit Daten zu erzeugen, die zwar korrekt erscheinen, es aber nicht sind. Man spricht hier von *Halluzinationen*. In allgemeinen Chat-Oberflächen kann dies in Form von Verweisen auf nicht vorhandene Elemente oder die Behauptung von Gegebenheiten geschehen, die einfach nicht wahr sind. In kritischeren Systemen, wie zum Beispiel der Erkennung von Bedrohungen, kann ein KI-Modell etwas als Bedrohung kennzeichnen, obwohl es keine ist.

Im Zusammenhang mit der Programmierung können Halluzinationen verschiedene Formen annehmen:

- Codevorschläge, die auf Bezeichner (Namen, Variablen, Konstanten usw.) oder zugehörige Codeabschnitte verweisen, die aber nicht vorhanden sind
- Generierte Daten, die möglicherweise nicht korrekt sind
- Funktionen oder Methoden, die nicht existieren

- Flasche Bibliotheks- oder API-Aufrufe (oder die Verwendung von Bibliotheken oder APIs, die überhaupt nicht existieren)
- Erfundene Typen oder Klassen
- Plausible, aber falsche Geschäftslogik
- Falsche Annahmen über den umgebenden Code
- Tests, die aber das vorgesehene Verhalten nicht wirklich testen

Zwar können Halluzinationen in der ersten Kategorie nach wie vor in den von Copilot erzeugten Ausgaben auftreten, doch scheinen sie aufgrund ständiger Verbesserungen der zugrunde liegenden Modelle seltener zu sein als in den Anfängen von Copilot. Derartige Halluzinationen (die auf nicht vorhandene Bezeichner oder Codeabschnitte verweisen) sind in der Regel offensichtlicher und können durch Überprüfungen durch die Benutzerin oder den Benutzer schnell entdeckt werden. Wenn diese Halluzinationen dennoch akzeptiert und übersetzt werden, dürften sie irgendwann von Compilern, Lintern oder anderen Tools zur Syntaxprüfung gemeldet werden.

Die zweite Art von Halluzination (die generierte Daten betrifft) ist subtiler, da sie zum Teil deshalb auftritt, weil es keine automatische Validierung der generierten Daten in Echtzeit gibt.

Fehlende Validierung in Echtzeit

Die von Copilot zurückgegebenen generierten Daten sind möglicherweise nicht korrekt. Copilot selbst weist manchmal darauf hin, wie Abbildung 7.4 zeigt. In diesem Fall haben wir Copilot gebeten, eine Zuordnung der Vorwahlnummern zu Bundesstaaten zu generieren. Nachdem Copilot die Aufgabe abgeschlossen hat, fügt er den Disclaimer hinzu, dass der obige Code lediglich ein Platzhalter ist und möglicherweise nicht den tatsächlichen Vorwahlen für jeden Bundesstaat entspricht.

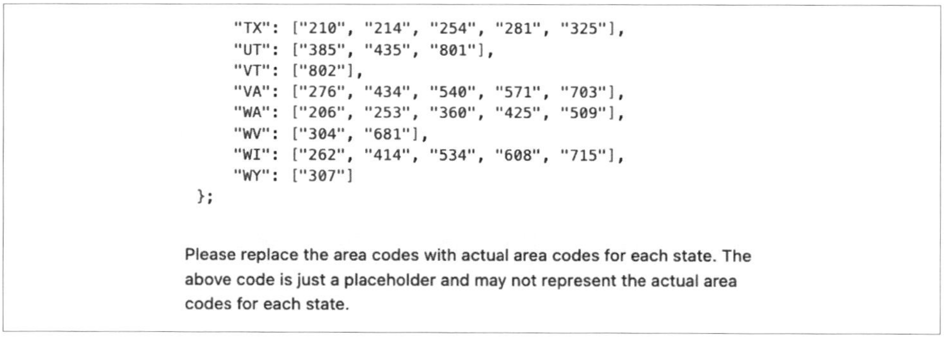

Abbildung 7.4: Ein Disclaimer von Copilot zur Genauigkeit der generierten Daten

Warum ist das so? Beachten Sie die folgenden vier Punkte:

- Copilot wird auf Daten trainiert, die aktuelle Werte enthalten können oder nicht.
- Copilot generiert Ergebnisse, die der Syntax und der Struktur entsprechen.

- Copilot führt den von ihm generierten Code nicht aus und validiert auch nicht die Logik.
- Copilot verfügt nicht über die Mechanismen, um Daten auf ihre Richtigkeit und Aktualität hin zu überprüfen.

Die ersten drei Punkte sind selbsterklärend. Der vierte Punkt weist darauf hin, dass Copilot nicht in der Lage ist, die von ihm generierten Ergebnisse mit anderen Quellen wie dem Internet abzugleichen. Zwar gibt es einige KI-Techniken, die hierfür Tools nutzen, doch sind sie nicht in Copilot integriert, um die Antworten des Modells zu validieren. Die Daten mögen korrekt sein, aber es gibt keine Garantie dafür. Kurz gesagt kann Copilot nicht in Erfahrung bringen, ob etwas wahr oder falsch ist.

Aus diesem Grund sollten Sie nicht von der Richtigkeit der von Copilot generierten Informationen ausgehen. Die Datengenerierung durch Copilot ist besser geeignet für Inhalte, die eine korrekte Form, aber nicht unbedingt korrekte Werte erfordern, beispielsweise Testszenarios.

Copilot-Erweiterungen

Sie können Copilot-Erweiterungen erstellen, die APIs oder andere Tools aufrufen, um relevantere, aktuellere Informationen für bestimmte Anwendungsfälle zu erhalten. Entweder suchen Sie eine vorhandene Erweiterung, die bereits das realisiert, was Ihnen vorschwebt, oder Sie erstellen Ihre eigene Erweiterung. Kapitel 10 befasst sich ausführlich mit Copilot-Erweiterungen.

Eine weitere Herausforderung, auf die Sie stoßen könnten, besteht darin, dass Copilot einen Kontext verwendet, den Sie nicht für seine Antworten vorgesehen haben.

Falsch platzierter Kontext

Wenn Sie mit Copilot in der Chat-Oberfläche der IDE chatten, ist meistens eine Datei im Editor aktiv. Möglicherweise haben Sie auch einen Teil davon ausgewählt. In diesen Fällen geht Copilot davon aus, dass dies der Hauptkontext ist, auf den sich alle offenen Fragen (zum Beispiel »Wie teste ich das?«) beziehen.

Höchstwahrscheinlich entspricht es genau Ihrer Absicht, dass Copilot diesen bestimmten Inhalt verwendet. Vielleicht aber möchten Sie, dass Copilot basierend auf einer anderen Datei oder einem anderen Abschnitt der aktiven Datei antwortet. Wenn Copilot einen anderen Kontext annimmt, entsprechen die Antworten von Copilot möglicherweise nicht Ihren Erwartungen.

Stellen Sie sich vor, Sie verwenden in einem Projekt mehrere Sprachen oder Frameworks und haben einen Kontext festgelegt, der nicht mit Ihrem Prompt übereinstimmt. Abbildung 7.5 zeigt ein derartiges Projekt. Es enthält eine Python-Datei (*fibonacci.py*) und eine in Go geschriebene Datei (*prime.go*), wie links oben in der IDE zu sehen ist.

Nachdem wir die Python-Datei ausgewählt (und somit als Kontext verwendet) haben, fragen wir Copilot mit dem Prompt »How do I test the Go code here?«, wie der Go-Code getestet werden kann. Copilot antwortet, indem er uns auf die Diskrepanz zwischen dem Kontext und dem Prompt hinweist. Dann liefert er Informationen darüber, wie Python-Tests durchgeführt werden können, um sie an die aktive Datei anzupassen.

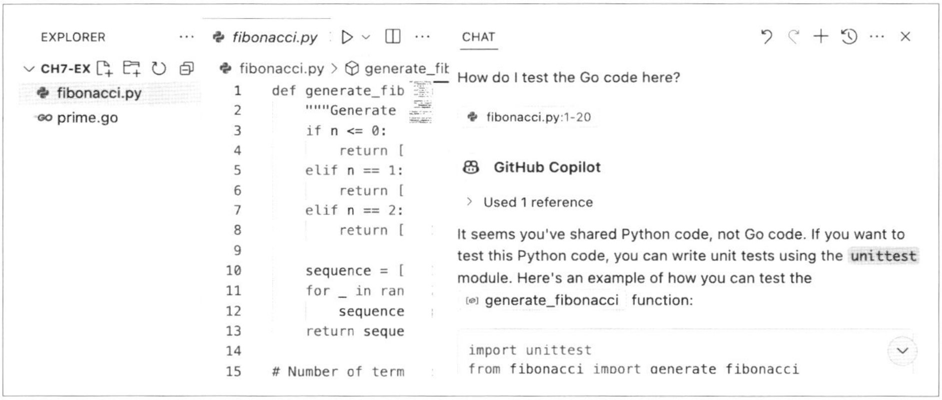

Abbildung 7.5: Auf den falschen Kontext für einen Prompt hinweisen

Eine weitere Art von Problemen kann auftreten, wenn kein Kontext impliziert ist.

Fehlender Kontext

Wenn wir Copilot einen Prompt senden, im Arbeitsbereich keine Dateien geöffnet sind und nichts als der Prompt existiert, auf den Copilot zurückgreifen kann, gibt Copilot in der Regel eine sehr allgemeine Antwort. Nehmen wir zum Beispiel an, wir haben einen Arbeitsbereich mit Go-Code, um einen Kubernetes-Operator zu implementieren, und es sind weder Dateien aktiv geöffnet noch ist irgendetwas markiert. Nun fragen wir Copilot im Chat mit dem Prompt »How can I test the Go code here?«, wie sich der Go-Code testen lässt.

Da kein Kontext angegeben ist, wird Copilot Sie entweder auffordern, Kontext auszuwählen, oder eine Antwort liefern, wie Sie die Frage allgemein beantworten können. Abbildung 7.6 zeigt eine Beispielantwort für den eben beschriebenen Fall. Hier liefert Copilot eine Anleitung, wie man Go-Code im Allgemeinen testet.

Abbildung 7.6: Allgemeiner Ratschlag bei fehlendem Kontext

Derartige Antworten erhalten Sie auch bei anderen Arten von Abfragen, beispielsweise wenn Sie feststellen wollen, wo Importe in der Codebasis verwendet werden (siehe Abbildung 7.7).

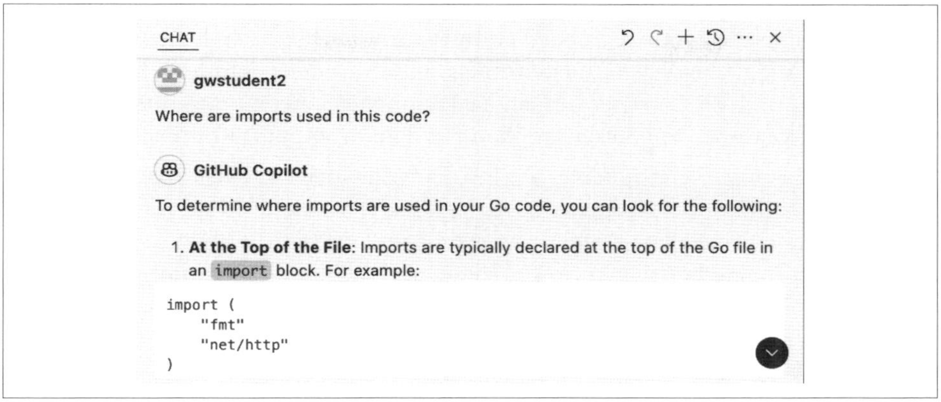

Abbildung 7.7: Ein anderes Beispiel für eine generische Antwort

Fazit: Ohne ausreichenden impliziten Kontext (geöffnete Dateien) oder expliziten Kontext (im Prompt angegebene Verweise) liefert Copilot standardmäßig nur allgemein gehaltene Antworten.

Wenn Sie über einen längeren Zeitraum mit Copilot arbeiten, werden Sie auf derartige Probleme stoßen. In welchem Maße sich dies auf Ihre Arbeit auswirkt, hängt von Ihrer konkreten Situation ab. Erfreulicherweise können Sie als Benutzerin oder Benutzer einige Strategien anwenden, wenn Sie mit solchen Szenarios konfrontiert werden.

Benutzerbasierte Bewältigungsstrategien

Im Allgemeinen helfen uns drei Strategien, wenn die Antworten von Copilot nicht so genau oder aktuell sind, wie wir es benötigen:

- Copilot ausdrücklich mitteilen, was als Kontext verwendet werden soll
- Das Modell wechseln
- Ergänzen der Daten, die Copilot für den Kontext zur Verfügung stehen

Sehen wir uns nun diese Strategien nacheinander an.

Copilot mitteilen, was als Kontext verwendet werden soll

Wie bereits in diesem Kapitel erwähnt, versucht Copilot beim Fehlen expliziter Anweisungen, den Kontext aus den aktiv im Editor verwendeten Elementen zu erschließen. Wenn Sie direkt im Editor arbeiten, ist dies in den meisten Fällen korrekt. Befinden Sie sich aber in der Chat-Oberfläche, soll sich Copilot möglicherweise auf andere Teile des Projekts konzentrieren oder eine generische Frage wie »Wo wird X verwendet?« beantworten.

Da wir es mit der Chat-Oberfläche zu tun haben, können wir auf integrierte Features der Chat-Teilnehmer und Chat-Variablen zurückgreifen. Kapitel 3 ist ausführlich auf diese Features eingegangen. Hier nur eine kurze Erinnerung, wie Sie sie in solchen Fällen einsetzen können.

Die Chat-Teilnehmer verfügen über Kenntnisse in verschiedenen Domänen, mit denen Copilot möglicherweise arbeiten muss, darunter der gesamte Arbeitsbereich, das Terminal und VS Code. Wenn ein Teilnehmer in einer Abfrage erscheint, verwendet Copilot diese Domäne zusammen mit dem Prompt als Kontext.

In einem früheren Abschnitt haben wir bei der Untersuchung eines Projekts Copilot mit » Where are imports used in this code?« gefragt, wo dieser Code auf Importe zugreift. Wir haben eine allgemeine Antwort erhalten, die uns die Schritte zum Auffinden von Importen in beliebigen Go-Projekten und nicht konkret in unserem Projekt erklärt. Das Gleiche galt für den Prompt »How can I test the Go code here?« Copilot hat mit generischen Anweisungen geantwortet, wie wir die Informationen in eigener Regie ermitteln können.

Wenn wir jedoch stattdessen explizit den Teilnehmer `@workspace` im Prompt nennen, liefert Copilot Informationen aus den Dateien, die zum Arbeitsbereich gehören (siehe Abbildung 7.8). Der Prompt lautet also »@workspace Where are imports used in this code?« und entspricht damit der ursprünglichen Absicht.

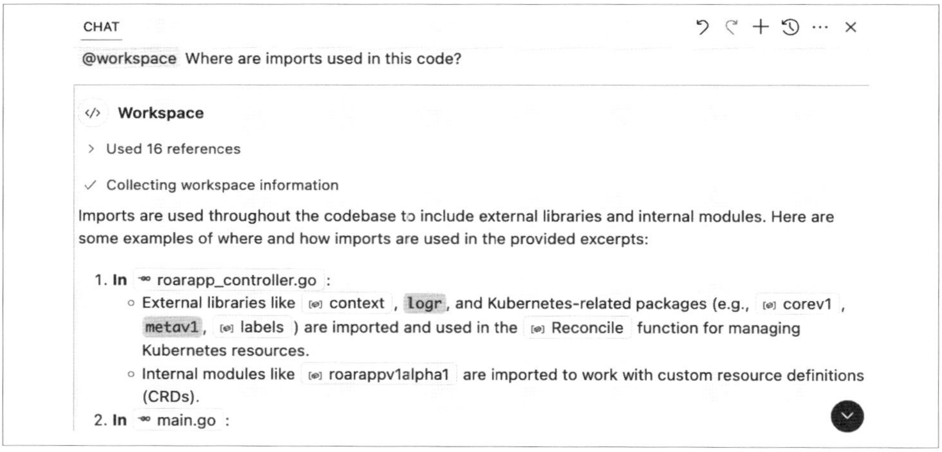

Abbildung 7.8: Kontext mit »@workspace«

Copilot können Sie auch implizit anweisen, `@workspace` zu verwenden. Bestimmte Schlüsselwörter oder Ausdrücke in Ihrem Prompt können Copilot veranlassen, `@workspace` zum Prompt hinzuzufügen. Zum Beispiel können wir unseren vorherigen Prompt zum Testen in »How can I test the Go code in this project?« modifizieren. Der Verweis auf das *Projekt* reicht Copilot aus, um zu verstehen, dass der größere Kontext gemeint ist. Dann führt er automatisch unseren Prompt mit `@workspace` und dem Shortcut-Befehl `/setupTests` aus, wie Abbildung 7.9 zeigt.

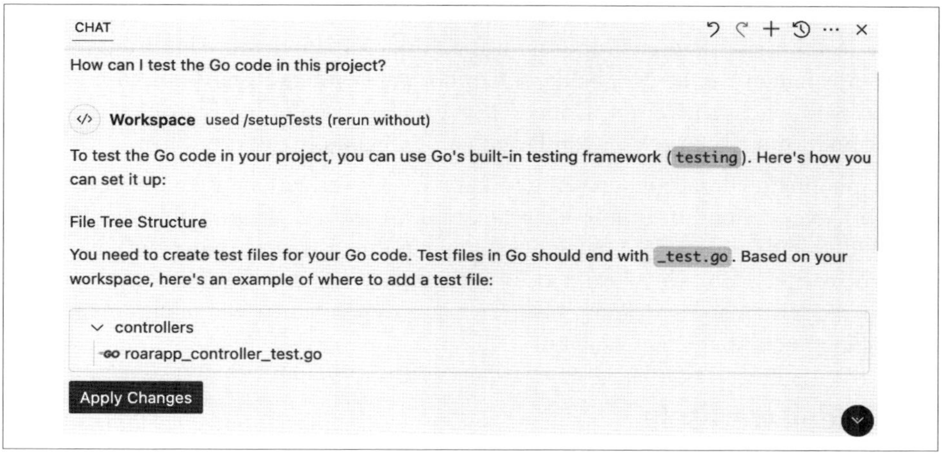

Abbildung 7.9: Basierend auf dem Prompt-Text implizit »@workspace« verwenden

Wenn Sie den Inhalt weiter eingrenzen müssen, können Sie eine der Chat-Variablen wie `#file` oder `#selection` in den Prompt einbinden, um den Kontext zu spezifizieren. Beispielsweise können Sie Copilot mithilfe der Chat-Variablen `#file` konkret fragen, wie sich der Code in einer Datei Ihres Projekts testen lässt (siehe Abbildung 7.10).

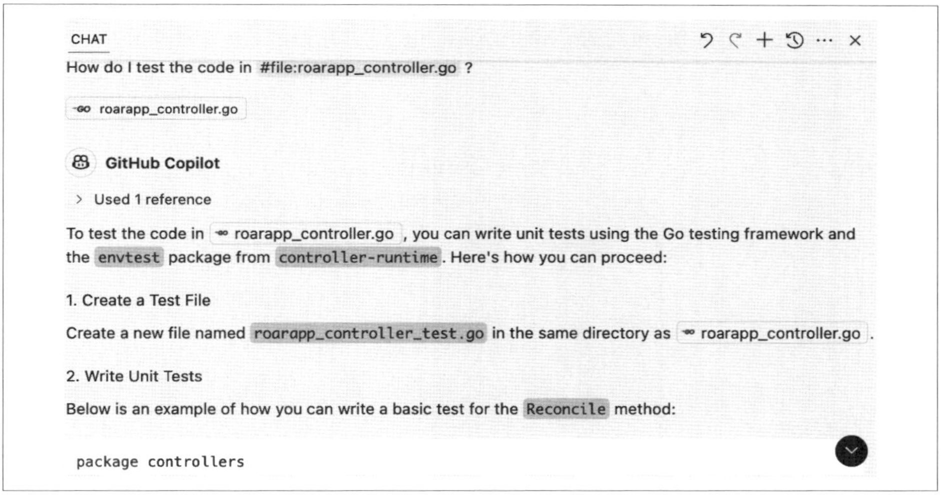

Abbildung 7.10: Testen von Go mit der Chat-Variablen »#file«

Chat-Variablen und Argumente angeben

Chat-Variablen und Argumente direkt einzutippen, funktioniert nicht immer. Was aber immer funktioniert, ist, mit der Eingabe einer Chat-Variablen zu beginnen (d. h. mit #) und dann die Chat-Variable aus der Pop-up-Liste auszuwählen, indem Sie sie gegebenenfalls mit den Pfeiltasten ansteuern und mit der Eingabetaste übernehmen. Achten Sie dabei darauf, die gewünschten Dateien aus der eingeblendeten Liste auszuwählen.

Beachten Sie, dass es bei Verwendung der Chat-Variablen `#file` nicht erforderlich ist, die Datei tatsächlich im Editor zu öffnen oder zu aktivieren. Durch diesen Mechanismus haben Sie die Möglichkeit, Copilot auf den relevanten Inhalt im Projekt für den Kontext hinzuweisen. Damit überschreiben Sie die Standardmechanismen von Copilot, mit denen er den von Ihnen vorgesehenen Inhalt ermittelt.

Selbst mit einem vorgegebenen Kontext kann Copilot trotzdem noch mit veraltetem Code oder veralteten Informationen reagieren, was vom Zeitpunkt abhängt, zu dem das Modell trainiert wurde. Vielleicht erscheinen Ihnen aber auch die zurückgegebenen Antworten nicht so relevant oder umfassend, wie Sie es sich wünschen. Da Copilot jedoch mehrere Modelle anbietet, unter denen Sie auswählen können, ist es ziemlich einfach, damit umzugehen.

Das Modell wechseln

Copilot ermöglicht Ihnen, aus mehreren KI-Modellen für Codevorschläge und Chat-Antworten auszuwählen. Jedes Modell hat seine Vor- und Nachteile. Beispielsweise schneiden einige Modelle bei Codegenerierung besser ab. Darüber hinaus ist jedes Modell zu einem anderen Zeitpunkt trainiert worden, sodass neuere Modelle aktueller sind und weniger wahrscheinlich veralteten Code produzieren als ältere Modelle.

In der Chat-Oberfläche lassen sich Modelle ganz leicht wechseln. Wählen Sie einfach in der von Ihnen verwendeten Chat-Oberfläche den Namen des gewünschten Modells aus der Drop-down-Liste aus. Abbildung 7.11 zeigt ein Beispiel.

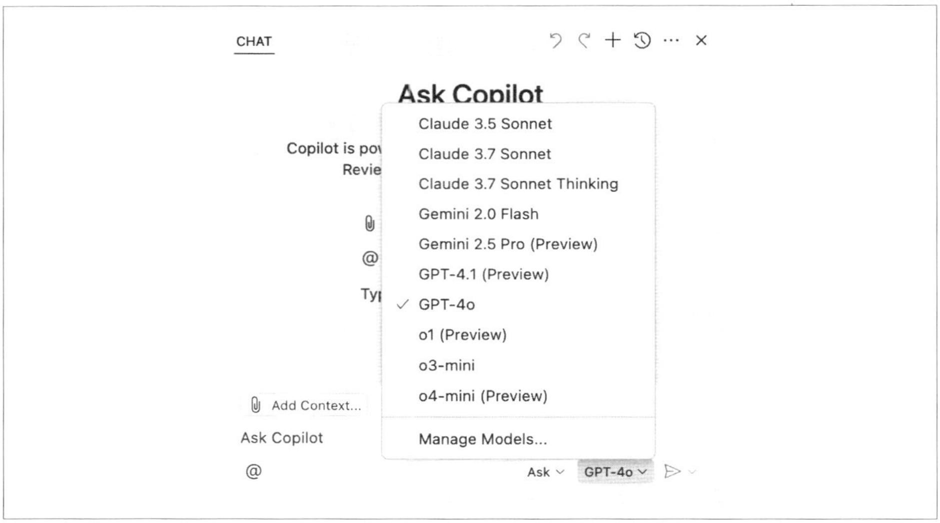

Abbildung 7.11: In der Chat-Oberfläche Modelle wechseln

Weiter vorn in diesem Kapitel haben wir an einem Beispiel gezeigt, wie Copilot eine Funktion für einen Zufallszahlengenerator mit einer veralteten Methode generiert hat (siehe Abbildung 7.1). Dieser Code wurde auf Basis des GPT-4o-Modells erzeugt.

Wenn wir stattdessen zu einem neueren Modell wie Gemini 2.5 Pro wechseln und denselben Prompt senden, erzeugt Copilot den Code mithilfe der neueren Standardfunktion `rand.NewSource`, anstatt auf die veraltete Funktion `rand.Seed` zurückzugreifen. Und wenn wir Copilot im Haupt-Chat-Bereich fragen, ob die Funktion `Seed` veraltet ist, antwortet er korrekt, dass die Funktion `rand.Seed` seit Go 1.20 als veraltet gilt. Abbildung 7.12 zeigt die Antwort, die auf Basis des neueren Modells entstanden ist.

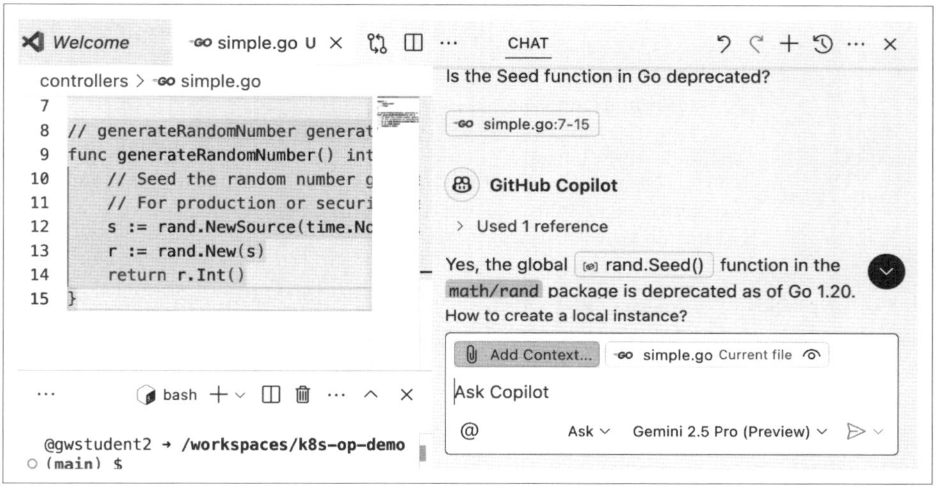

Abbildung 7.12: Mit einem neueren Modell erzeugt Copilot korrekten Code und eine korrekte Antwort.

Wenn Sie ein anderes Modell verwenden, woher wissen Sie dann, ob es aktueller ist? Normalerweise wird die Modellliste aktualisiert, sobald neuere Modelle verfügbar sind – in der Regel sind diese eine zeitlang als »Preview« gekennzeichnet. Allerdings können Sie auch mit einer einfachen Suche im Web oder auf einer dedizierten Website wie Hugging Face (*http://huggingface.co*) herausfinden, welche Modelle aktueller sind.

Sie können auch versuchen, das Modell selbst über Copilot abzufragen, um mehr darüber zu erfahren, welche Version aktuell war, als das Modell trainiert wurde.

Das Modell nach der aktuellen Version abfragen

Betrachten wir noch einmal das Beispiel, in dem Copilot veralteten Code generiert hat, und schauen wir, welche anderen Details wir zu Hilfe nehmen können. Da Copilot nicht erkannt hat, dass die Funktion veraltet war, wäre es hilfreich, zu wissen, welche Version von Go Copilot für aktuell hält. In der Chat-Oberfläche können Sie mit einem einfachen Prompt wie »As of your last training date, what was the current version of Go?« nach der aktuellen Version von Go bezogen auf den Zeitpunkt des letzten Trainings fragen, wie Abbildung 7.13 zeigt.

gwstudent

As of your last training date, what was the current version of Go?

GitHub Copilot

As of my last training date in October 2023, the latest stable version of Go was 1.21.1. For the most up-to-date information, please check the official Go website: https://golang.org/dl/.

Abbildung 7.13: Copilot nach der aktuellen Version von Go fragen

Die Frage richtig formulieren

Die Frage, die wir Copilot gestellt haben, beginnt bewusst mit: »Zum Zeitpunkt Ihres letzten Trainings …« Hätten wir Copilot einfach gefragt: »Welche Version von Go ist aktuell?«, hätte er uns wahrscheinlich stattdessen erklärt, wie wir die Informationen über unsere lokale Go-Installation selbst finden können.

Das in Copilot aktive Modell antwortet, dass sein letztes Trainingsupdate im Oktober 2023 erfolgt ist und dass zu diesem Zeitpunkt die neueste stabile Version von Go 1.21.1 *war*.

Nun liegt die Frage nahe, warum Copilot immer noch nicht erkennt, dass etwas in 1.20 veraltet war, obwohl er 1.21.1 als die aktuellste Version kennt. Denken Sie daran, dass wir Copilot gefragt haben, welche Version zum Zeitpunkt des letzten Trainings aktuell war, und nicht, welche Version in den Repositorys zum Zeitpunkt des Trainings verwendet wurde. Wenn Sie Copilot eine ähnliche Frage mehrmals über Inline-Kommentare im Editor stellen, erhalten Sie wahrscheinlich unterschiedliche Antworten (siehe Abbildung 7.14). Der Grund für die Unterschiede liegt darin, dass die im Editor zurückgegebene Antwort auf Versionsreferenzen in den Trainingsdaten basiert.

```

// q: Which version of Go is current?
// a: 1.17.1

// As of your last training date, which version of Go is current?
// 1.17.1

```

Abbildung 7.14: Copilot im Editor fragen, welche Version von Go aktuell ist

Angenommen, die Chat-Abfrage liefert als Antwort, dass es sich um die neueste Version handelt, die dem Modell bekannt ist, aber das Modell wurde mit verschiedenen anderen Versionen trainiert, was bringt Ihnen das?

Die im Chat angezeigten Versionsinformationen geben Ihnen die neueste Version an, die den Trainingsdaten des Modells zugrunde liegen könnte. Daher enthält jeder Code, der ausschließlich aus dem Training des Modells generiert wurde, keine veralteten Funktionen und nutzt auch keine neuen Funktionen oder versionsspezifische Änderungen seit dieser Version.

Abfrageergebnisse können variieren

Nicht alle Modelle geben möglicherweise eine eindeutige Antwort auf die Frage nach der *neuesten Version*. Einige Modelle antworten möglicherweise nur, dass sie keinen Zugriff auf diese Informationen haben, oder schlagen vor, dass Sie selbst ermitteln, was die neueste Version ist.

Copilot lässt sich mit Funktionen erweitern, um Informationen über die neuesten Versionen von Sprachen oder Plattformen abzurufen. Kapitel 10 zeigt an einem Beispiel, wie Sie eine Erweiterung implementieren, um die neueste Version von Go zu ermitteln.

Wenn Sie sich dessen bewusst sind, können Sie mit bestimmten Maßnahmen Copilot unterstützen, Aktualisierungen zu verstehen, indem Sie zu einem anderen Modell wechseln oder die Methode anwenden, die der nächste Abschnitt beschreibt.

Premium-Anfragen

Obwohl es zweckmäßig sein kann, Modelle zu wechseln, um bestimmte Probleme zu beheben, sollten Sie daran denken, dass Anfragen auf Basis einiger fortschrittlicher Modelle als *Premium-Anfragen* gelten. Wenn Sie solche Modelle verwenden, sind Ihre Kontingente möglicherweise schneller aufgebraucht, und bei einigen Plänen fallen zusätzliche Kosten an.

Wie gehen Sie vor, wenn sich nicht vermeiden lässt, dass die KI veralteten oder unvollständigen Code produziert, weil Sie auf ein bestimmtes Modell festgelegt sind oder weil die von Ihnen verwendeten Modelle kein Training auf einem neueren Feature absolviert haben? Mit einem anderen Ansatz können Sie Copilot dazu bringen, den von Ihnen gewünschten Code mit dem benötigten Kontext zu generieren.

Copilot anhand von Beispielen anleiten

Betrachten wir noch einmal unser Beispiel für veralteten Code, in dem Copilot eine Funktion erstellt hat, die einen Zufallszahlengenerator mit einer veralteten Methode initialisiert (siehe Abbildung 7.15).

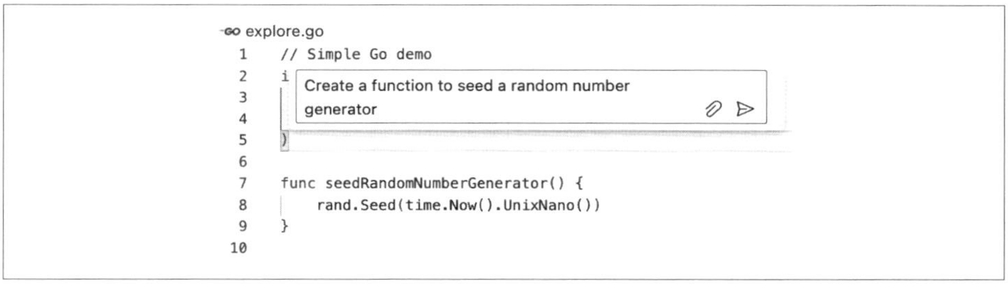

Abbildung 7.15: Eine Funktion, die mit einer veralteten Methode erstellt wurde

Soll Copilot Code erzeugen, der den veralteten Code ersetzt, können wir ihm dies anhand eines Beispiels beibringen. Wir übernehmen einfach einen aktualisierten Codeausschnitt aus der Go-Dokumentation und fügen ihn vorübergehend in dieselbe Datei in unserem Arbeitsbereich ein. (Oder wir fügen ihn in einen Prompt ein, wenn wir mit der Chat-Oberfläche arbeiten.)

Wenn wir dann unseren Prompt wiederholt senden, generiert Copilot aktualisierten Code, der auf dem eingefügten Codeausschnitt basiert (Abbildung 7.16).

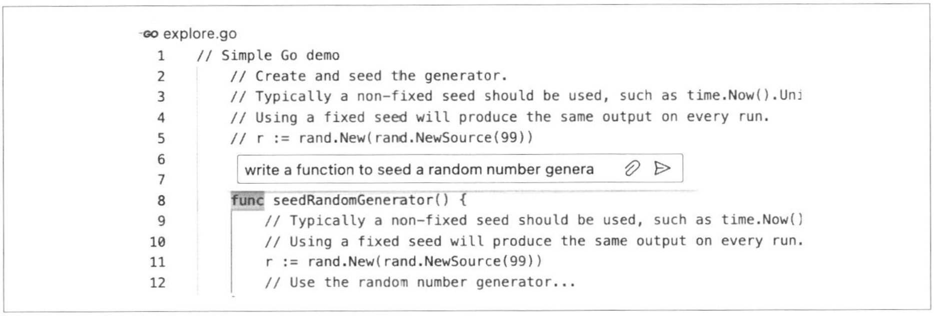

Abbildung 7.16: Aktualisierter Code, der anstelle des Codebeispiels generiert wurde

Zweifellos ist dies ein sehr einfaches Beispiel. In diesem Fall hat Copilot im Wesentlichen den Code wortwörtlich kopiert. Unabhängig davon haben wir trotzdem das gewünschte Endergebnis erhalten, und der Beispielcode kann daraufhin entfernt werden.

Aktualisierten Code verfügbar machen

Damit Copilot auf separate Inhalte zugreifen kann, genügt es in manchen Fällen, den Inhalt in eine andere Datei zu schreiben, die in Ihrer IDE geöffnet ist. In anderen Fällen müssen Sie möglicherweise den Inhalt direkt in die Datei einfügen, an der Sie arbeiten. Sollte das der Fall sein, können Sie den Inhalt hinzufügen und ihn dann entfernen, wenn die Codegenerierung korrekt ist.

Die Beispiele in diesem Abschnitt konzentrieren sich auf Möglichkeiten, mit Fragen und Herausforderungen umzugehen, die sich aus bereits von Copilot generierten Inhalten ergeben. Allerdings können Sie ähnliche Strategien auch anwenden, bevor Copilot Ergebnisse generiert, um von vornherein bessere Ergebnisse zu erzielen. Diesem Aspekt wenden wir uns im letzten Abschnitt dieses Kapitels zu.

Kontext hinzufügen, um Code relevanter zu machen

Neben dem Ausgleich von veralteten und fehlenden neuen Features können zusätzliche Inhalte, die Sie Copilot zur Verfügung stellen, auf andere Weise hilfreich sein. Wenn Sie detailliertere Kontextinformationen oder Codierungsbeispiele, die für Ihr Projekt relevant sind, bereitstellen, kann Copilot darauf aufbauen, um umfassendere, vielseitigere und relevantere Codierungsvorschläge zu generieren.

Als Beispiel wollen wir SQL-Inhalte mit Copilot erstellen. Ausgehend von einem vorherigen Beispiel nehmen wir an, dass wir ein System implementieren, mit dem sich Universitätskurse, Studierende, Dozentinnen und Dozenten, Anmeldungen usw. verwalten lassen. Ohne weiteren Kontext bitten wir Copilot, eine allgemeine SELECT-Anweisung zu erstellen, um die in einem Kurs eingeschriebenen Studierenden abzurufen. Dazu müssen wir lediglich einen SQL-Kommentar wie **`-- define a select statement to get all the students enrolled`** in den Editor einfügen.

Anhand dieser generischen Anweisung und ohne weiteren Kontext erzeugt Copilot eine sinnvolle, verallgemeinerte Abfrage wie die folgende:

```
SELECT * FROM students WHERE course_id = 1;
```

An dieser Abfrage ist nichts auszusetzen. Es handelt sich um eine vollkommen gültige Anweisung, die auf dem begrenzten Kontext basiert, den wir Copilot zur Verfügung gestellt haben. Vorausgesetzt, dass wir die entsprechenden Tabellen- und Feldnamen in unserem Schema haben, würde dies gut funktionieren.

Nehmen wir nun aber an, wir verfügen bereits über einen umfangreicheren Satz Datenbanken für unser System (mit entsprechenden Tabellen, Daten usw.) Copilot soll nun Vorschläge generieren, die für diese relevant sind, und dabei die Elemente verwenden, die wir bereits definiert haben. Wie können wir dies erreichen?

Der Mechanismus hierfür ähnelt dem, den wir im letzten Abschnitt für das Beispiel mit veralteten Elementen verwendet haben. Jetzt aber fügen wir mehr Kontext für Copilot im Arbeitsbereich hinzu. In diesem Fall haben wir zwar keine Möglichkeit, dass Copilot unsere Datenspeicher, Indizes oder gespeicherten Prozeduren dynamisch untersucht, aber zumindest können wir eine statische Darstellung davon über die Schemadefinitionen bereitstellen. Dabei können wir entweder eine originale SQL-Definition verwenden, sofern wir eine haben, oder einen Dump der Schemadaten aus dem vorhandenen Inhalt. Abbildung 7.17 zeigt einen Teil der Datei, die wir verwenden können.

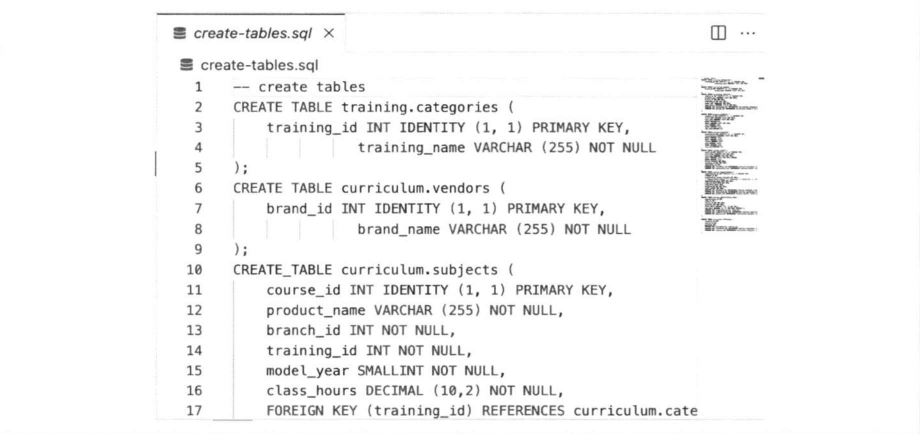

Abbildung 7.17: Beispiel für erweiterte Schemadefinitionen, um sie für den Kontext zu verwenden

Diese Datei verfügt über spezifische Tabellen, die für die Domänen definiert sind, mit denen wir arbeiten, sowie über relevante Felder, Schlüssel usw.

Wir fügen diese Datei unserem Arbeitsbereich hinzu, sodass sie Teil unseres Projekts ist, und öffnen sie im Editor. Nun kann Copilot auf diesen zusätzlichen Kontext zurückgreifen. Wir können zurückgehen und dieselbe Anweisung wie zuvor in Form eines Kommentars eingeben: `-- define a select statement to get all the students enrolled in a course`. Diesmal liefert Copilot folgende Antwort:

```
SELECT students.first_name, students.last_name, students.email,
students.phone, students.city, students.state, students.zip_code FROM
courses.students
JOIN courses.registrations
ON students.student_id = registrations.student_id JOIN
courses.registration_items
ON registrations.registration_id =
registration_items.registration_id WHERE
registration_items.course_id = 1;
```

Mithilfe der anderen Datei, die im Arbeitsbereich verfügbar ist, erstellt Copilot nun eine wesentlich vielseitigere, detailliertere und relevantere Abfrage. Außerdem verwendet er spezifische Tabellen- und Feldnamen, die in der anderen Datei aufgeführt sind.

Der entscheidende Punkt hierbei ist, dass Copilot vorzugsweise den von Ihnen in der IDE verwendeten Kontext heranzieht, um zu entscheiden, wie der Code zu generieren ist. Einen derartigen Ansatz zu verfolgen, ist eine nützliche und einfache Strategie, um brauchbarere und relevantere Codevervollständigungen und Antworten von Copilot zu erhalten, als dies möglich wäre, wenn Sie sich einfach auf die Trainingsdaten des Modells verlassen würden.

Zusätzliche Dateien als Kontext hinzufügen

Im hier dargestellten SQL-Beispiel haben wir die Datei als zusätzliche Datei in den Arbeitsbereich aufgenommen und in der IDE geöffnet. Den Inhalt der Datei haben wir nicht in die Datei eingefügt, wie es im Beispiel zu veraltetem Code geschehen ist. Zwar wäre dies möglich gewesen, war hier aber nicht notwendig.

Je nach Anwendungsfall kann der eine oder der andere dieser beiden Ansätze (Inhalt direkt in die aktive Datei einfügen oder den Inhalt als Peer-Datei öffnen) für Sie besser geeignet sein. Dabei können Sie es immer zunächst damit versuchen, den Inhalt als *Peer*-Datei zu öffnen. Wenn Sie die erwarteten Ergebnisse nicht erhalten, fügen Sie den Inhalt direkt in die aktive Datei ein.

Es ist auch möglich, relevante Beispiele direkt in Copilot Chat einzufügen, damit dieser damit arbeiten kann – sofern der Gültigkeitsbereich des Beispiels dafür geeignet ist.

Wenn Sie Inhalte entweder als neue Datei oder als Ergänzung zu einer bestehenden Datei in die IDE einfügen, sollten Sie Ihre Änderungen unbedingt speichern, bevor Sie Copilot abfragen oder ihm Prompts senden. Copilot stützt sich auf persistente (gespeicherte) Inhalte im Arbeitsbereich, um daraus den Kontext zu beziehen.

Copilot von vornherein einen umfangreicheren Kontext hinzuzufügen, kann bessere Ergebnisse in Form von Vorschlägen oder Vervollständigungen liefern. In einigen

Fällen ist es zeitaufwendiger, Dateien wie in dem hier verwendeten Schema zu erstellen, aber dafür müssen Sie weniger Zeit und Mühe aufwenden, um die Vorschläge von Copilot zu korrigieren, um zu den gewünschten Details zu gelangen.

Verschiedene Tipps, um Copilot zu steuern

Hier finden Sie weitere Tipps, wie Sie Copilot steuern können, wenn Sie auf Inhalte stoßen, die nicht Ihren Erwartungen entsprechen, und andere Strategien fehlschlagen:

- Wechseln Sie von Inline-Vorschlägen zum Prompting im Chat (oder umgekehrt), wenn Sie keine guten Ergebnisse erzielen.
- Erweist sich der von Copilot generierte Code ständig als falsch, können Sie versuchen, einen Teil davon (einen Stub) zu schreiben und dann Copilot eine Vervollständigung generieren zu lassen, um festzustellen, ob Sie ein besseres Ergebnis erzielen.
- Fügen Sie einen Kommentar hinzu, der eine klare Absicht ausdrückt, um die Generierung zu steuern.
- Isolieren Sie den Code vorübergehend in seinem eigenen Fenster, um andere Kontexte zu entfernen, die möglicherweise stören.
- Formulieren Sie die Prompts an Copilot so, dass er erklärt, anstatt ihn generieren zu lassen.
- Ändern Sie den Dateinamen oder sogar den Dateityp, um den Kontext zu aktualisieren.

Fazit

Dieses Kapitel hat die verschiedenen Aspekte behandelt, wie Copilot den Kontext für seine Codevorschläge und Antworten bestimmt und warum diese nicht aktuell oder genau sind. Wir haben Ihnen einige Möglichkeiten vorgestellt, wie Sie in solchen Situationen verfahren können.

Der Kernkontext von Copilot stammt aus dem Training der von ihm verwendeten zugrunde liegenden Modelle. Da diese Modelle oftmals nur so aktuell sind wie zum Zeitpunkt ihres letzten Trainings, fehlen ihnen alle Aktualisierungen oder Änderungen in den Sprachen und Frameworks, die nicht Teil ihres Trainings waren.

Darüber hinaus werden für die Inhalte, mit denen sie trainiert werden, ältere Versionen der jeweiligen Tools verwendet. Daher können die daraus generierten Vorschläge oder Antworten erheblich veraltet sein. Dies ist ein wichtiger Aspekt, über den Sie sich im Klaren sein müssen und den Sie im Auge behalten sollten. Eine mögliche schnelle Lösung hierfür ist der Wechsel zu einem aktualisierten Modell, sofern eines verfügbar ist.

Erfreulicherweise bezieht Copilot auch Kontext aus den verfügbaren Inhalten, die Sie im Editor und Arbeitsbereich verwenden. Dieser Kontext wird gegenüber den Trainingsdaten bevorzugt, da er das widerspiegelt, woran Sie gerade arbeiten. Dank dieses Ansatzes können Sie Copilot mit aktuelleren und relevanteren Kontextinformationen versorgen. Dies erreichen Sie, indem Sie Ihre eigenen relevanten Inhalte in die IDE und den Arbeitsbereich einbinden. In den meisten Fällen genügt es dafür, eine Datei mit relevanten Informationen in der IDE zu öffnen. Für eine explizitere Anleitung können Sie die relevanten Informationen solange wie nötig zur aktuellen Datei hinzufügen, damit Copilot darauf zurückgreifen kann.

GitHub Copilot bietet auch Möglichkeiten, die KI auf spezifische Inhalte zu fokussieren, über die Sie verfügen. Chat-Teilnehmer können allgemeine Kontextbereiche für Copilot definieren, zu denen Copilot Fragen beantworten und auf die er reagieren soll. Zu den aktuellen Teilnehmern gehören solche für VS Code, das aktive Terminal und Ihr Arbeitsbereich.

Auf einer detaillierteren Ebene können Sie den Kontext von Copilot über Chat-Variablen auf bestimmte Elemente in Ihrem Arbeitsbereich lenken. Beispiele hierfür sind die momentane Auswahl im Editor, der im Editor geöffnete Inhalt, der letzte Befehl im Terminal und vieles mehr.

In diesem Kapitel haben Sie gelernt, wie Sie für GitHub Copilot mehr Kontext bereitstellen, wenn Sie mit SQL arbeiten. Dies ist ein Beispiel für eine untypische Sprache bzw. ein untypisches Framework, für das Sie Copilot ebenfalls verwenden können. Im nächsten Kapitel lernen Sie anhand weiterer Beispiele, wie Sie Copilot für derartige untypische Bereiche einsetzen können.

KAPITEL 8

Weitere Einsatzmöglichkeiten für Copilot

Wie Sie gesehen haben, bietet Copilot wertvolle Unterstützung, wenn Sie mit herkömmlichen Programmierabläufen sowie traditionellen Aufgaben wie Testen und Dokumentieren zu tun haben. Copilot kann aber auch hilfreich sein bei weniger häufigen Anwendungsfällen, mit denen Programmiererinnen und Programmierer konfrontiert sind.

Wir können in diesem Kapitel und sogar in diesem Buch nicht alle Anwendungsfälle behandeln, aber zumindest einige repräsentative Beispiele vorstellen. Eine Vorwarnung: Die Struktur dieses Kapitels unterscheidet sich von der anderer Kapitel. Wir behandeln mehrere, unterschiedliche Anwendungsfälle, anstatt uns auf ein allgemeines Feature oder einen Funktionsbereich zu konzentrieren. Die nächsten Absätze beschreiben die Beispiele, die wir uns ansehen werden.

Vielleicht denken Sie in erster Linie daran, GitHub Copilot für die Programmierung in gängigen Sprachen wie JavaScript und Python einzusetzen. Allerdings hat Copilot Zugriff auf alle Sprachen, mit denen das von Ihnen verwendete Modell trainiert wurde. Das gilt also auch für Sprachen, die wir nicht als traditionelle Programmiersprachen betrachten. Mit SQL haben wir bereits ein Beispiel angesprochen. Es handelt sich um eine Datenbanksprache, die häufig für den Umgang mit relationalen Datenbanken verwendet wird. Copilot kann eine überraschend große Anzahl von datenbankbezogenen Aufgaben vereinfachen, wenn Sie mit Abfragen, Schemas und gespeicherten Prozeduren arbeiten.

Frameworks wie Kubernetes verwenden ebenfalls ein geordnetes Format (das meistens in YAML angegeben wird). Obwohl diese Frameworks eher deklarativ als imperativ sind, versteht Copilot ihre Syntax und Struktur. Er kann Vervollständigungsvorschläge und Antworten zur Verwendung dieser Frameworks liefern, genau wie bei jeder Programmiersprache.

Dann gibt es noch reguläre Ausdrücke – diese oftmals komplexen und kryptischen Zeichenfolgen. Wenn Sie einen derartigen Ausdruck benötigen, muss er unbedingt korrekt sein. Allerdings ist es in der Regel frustrierend, ihn zu erstellen. Copilot kann Ihnen diese Arbeit abnehmen.

Um einen regulären Ausdruck zu testen oder einen Komponententest für eine Funktion auszuführen, benötigen Sie möglicherweise auch strukturierte Testdaten. Mit speziellen Prompts kann Copilot fast alle erforderlichen einfachen Datenstrukturen generieren, wobei jedoch einige Feinheiten zu beachten sind.

Abschließend sei noch anzumerken, dass ein Teil der Copilot-Funktionalität in die GitHub-CLI-Anwendung eingebettet ist. Zwar ist dies derzeit beschränkt, doch man kann davon ausgehen, dass im Laufe der Zeit weitere Funktionen hinzukommen werden.

Dieses Kapitel geht auf all diese Punkte ein. Los geht es damit, wie sich Copilot beim Arbeiten mit SQL nutzen lässt.

Copilot mit SQL verwenden

SQL ist zwar technisch gesehen eine Programmiersprache, bringt aber ihre ganz speziellen Konstrukte für die Datenverwaltung mit. Dazu gehören die Standardabfragen, die sich auf die Daten und Schemas in der Datenbank beziehen, Indizes für mehr Effizienz und gespeicherte Prozeduren für komplexere Aufgaben.

Dieser Abschnitt beschäftigt sich mit drei Bereichen, in denen Copilot hilfreich sein kann:

- Hilfe bei Abfragen
- Arbeiten mit gespeicherten Prozeduren
- Optimierungen vornehmen

Sehen wir uns zunächst die grundlegenden Methoden an, mit denen Copilot beim Generieren von SQL-bezogenen Abfragen helfen kann.

Abfragen

Wie Sie wissen, greift Copilot auf lokale Inhalte zurück, um Kontext zu erfassen. Wenn Sie also in Ihrem Editor arbeiten und eine Datei mit der Erweiterung *.sql* oder eine Datei mit SQL-Anweisungen öffnen, kann Copilot dies erkennen und weiß, dass er SQL generieren muss. Außerdem können Sie Kommentare nutzen, um Copilot weitere Hinweise darüber zu geben, was Sie möchten.

Kapitel 7 hat ein Beispiel gezeigt, wie Sie Kontext hinzufügen können, um die Codegenerierung und Vorschläge relevanter zu machen. Dazu haben wir eine SQL-Datei geöffnet, die alle Datenbankschemadefinitionen für ein System zur Registrierung von Studierenden und Kursen an einer Universität enthielt, um Copilot mehr Kontext für das Generieren von Abfragen zu geben.

Wir gehen hier von der gleichen Konfiguration aus, wie sie der Abschnitt »Kontext hinzufügen, um Code relevanter zu machen« in Kapitel 7 beschrieben hat. Hier ist ein Teil der Schemadefinition, die dem Registrierungssystem zugrunde liegt:

```
-- create tables
...

CREATE TABLE courses.students (
    student_id INT IDENTITY (1, 1) PRIMARY KEY,
    first_name VARCHAR (255) NOT NULL,
    last_name VARCHAR (255) NOT NULL,
    phone VARCHAR(25),
    email VARCHAR (255) NOT NULL,
    city VARCHAR (50),
    state VARCHAR (25),
    zip_code VARCHAR (5)
);

...

CREATE TABLE courses.registrations (
    registration_id INT IDENTITY (1, 1) PRIMARY KEY,
    student_id INT,
    registration_status tinyint NOT NULL,
    -- Registration status: 1 = Pending; 2 = Enrolled; 3 = Rejected;
 4 = Completed
    registration_date DATE NOT NULL,
    required_date DATE NOT NULL,
    completion_date DATE,
    location_id INT NOT NULL,
    staff_id INT NOT NULL,
    FOREIGN KEY (student_id) REFERENCES courses.students
(student_id)
 ON DELETE CASCADE ON UPDATE CASCADE,
    FOREIGN KEY (location_id) REFERENCES courses.locations
(location_id) ON DELETE CASCADE ON UPDATE CASCADE,
    FOREIGN KEY (staff_id) REFERENCES courses.staffs (staff_id) ON
DELETE NO ACTION ON UPDATE NO ACTION

...

CREATE TABLE courses.registration_items (
    registration_id INT,
    item_id INT,
    course_id INT NOT NULL,
    quantity INT NOT NULL,
    class_hours DECIMAL (10, 2) NOT NULL,
    lab_hours DECIMAL (4, 2) NOT NULL DEFAULT 0,
    PRIMARY KEY (registration_id, item_id),
    FOREIGN KEY (registration_id) REFERENCES courses.registrations
(registrations_id) ON DELETE CASCADE ON UPDATE CASCADE,
    FOREIGN KEY (course_id) REFERENCES curriculum.subjects
(course_id) ON DELETE CASCADE ON UPDATE CASCADE
);
```

Wenn Sie diesen Code in dem Editor öffnen, in dem Sie an Ihren Abfragen arbeiten, und dann Copilot über einen Kommentar auffordern, eine SQL-Abfrage zu generieren, um alle in einem Kurs eingeschriebenen Studierenden zu ermitteln, erhalten Sie eine detaillierte Ergebnismenge mit Tabellennamen, Feldnamen usw., die dem Schema entsprechen:

```
-- define a select statement to get all students enrolled in a course

SELECT students.first_name, students.last_name, students.email,
 students.phone, students.city, students.state, students.zip_code
FROM courses.students
JOIN courses.registrations
ON students.student_id = registrations.student_id
JOIN courses.registration_items
ON registrations.registration_id =
registration_items.registration_id
WHERE registration_items.course_id = 1;
```

Da die andere Datei einfach im Arbeitsbereich geöffnet war, konnte Copilot auf deren Inhalt zurückgreifen, um eine bessere Abfrage zu erstellen.

Speichern Sie Ihre Arbeit

Speichern Sie immer alle neuen Dateien zunächst als Teil des Projekts, damit Copilot sie als Kontext verwenden kann.

In einem weiteren Beispiel könnten wir Copilot bitten, eine Tabelle für die Anwesenheit der Studierenden zu erstellen, um die Anwesenheit pro Klasse zu erfassen. Angesichts des gleichen Kontexts der größeren Schematabelle sollte Copilot mit einer vollständigen Tabellendefinition antworten:

```
-- define a table for student attendance to capture attendance by
 class
CREATE TABLE courses.attendance (
    attendance_id INT IDENTITY (1, 1) PRIMARY KEY,
    registration_id INT NOT NULL,
    attendance_date DATE NOT NULL,
    attendance_status tinyint NOT NULL,
    -- Attendance status: 1 = Present; 2 = Absent; 3 = Late;
4 = Excused
    FOREIGN KEY (registration_id) REFERENCES courses.registrations
(registration_id) ON DELETE CASCADE ON UPDATE CASCADE
);
```

Das Format dieser Tabelle ähnelt dem Format, das in der Schemadatei für die Tabelle *courses.registration* verwendet wird, wie im Folgenden gezeigt. Beachten Sie, dass beide Tabellendefinitionen Statuswerte von 1 bis 4 verwenden:

```
CREATE TABLE courses.registrations (
    registration_id INT IDENTITY (1, 1) PRIMARY KEY,
    student_id INT,
    registration_status tinyint NOT NULL,
    -- Registration status: 1 = Pending; 2 = Enrolled; 3 = Rejected;
 4 = Completed
    registration_date DATE NOT NULL,
    required_date DATE NOT NULL,
    completion_date DATE,
    location_id INT NOT NULL,
    staff_id INT NOT NULL,
    FOREIGN KEY (student_id) REFERENCES courses.students
(student_id) ON DELETE CASCADE ON UPDATE CASCADE,
    FOREIGN KEY (location_id) REFERENCES courses.locations
```

```
(location_id) ON DELETE CASCADE ON UPDATE CASCADE,
    FOREIGN KEY (staff_id) REFERENCES courses.staffs (staff_id)
 ON DELETE NO ACTION ON UPDATE NO ACTION
```

Sie können Copilot auch komplexere Arten von SQL-Daten generieren lassen, beispielsweise gespeicherte Prozeduren.

Gespeicherte Prozeduren

Eine *gespeicherte Prozedur* ist vorbereiteter SQL-Code, der gespeichert wird und sich leicht wiederverwenden lässt. Copilot kann Ihnen auch dabei helfen, entsprechende SQL-Anweisungen zu generieren. Um mit dem Beispiel der Universitätsanmeldung fortzufahren, bitten wir Copilot, eine neue gespeicherte Prozedur zu erstellen, um eine Liste der an einem bestimmten Ort eingeschriebenen Studierenden abzurufen. Mit einem einfachen Prompt im Chat (ähnlich der weiter vorn verwendeten Kommentarform) können wir Copilot mitteilen, was wir wollen: eine gespeicherte Prozedur erstellen, um Kursanmeldungen nach Standort abzurufen (»define a stored procedure to get course enrollment by location.«).

Mit diesem Prompt und dem zusätzlichen Kontext der Schemas bringt Copilot ein vernünftiges Ergebnis zustande:

```
CREATE PROCEDURE GetCourseEnrollmentByLocation @CourseID INT
AS
BEGIN
    SELECT students.city, students.state, COUNT(*) AS enrollment_count
    FROM courses.students
    JOIN courses.registrations
    ON students.student_id = registrations.student_id JOIN
    courses.registration_items
    ON registrations.registration_id = registration_items.registration_id
    WHERE registration_items.course_id = @CourseID GROUP BY
    students.city, students.state;
END
```

Wir können es auch direkter ausdrücken. Je präziser der Prompt formuliert ist, desto wahrscheinlicher ist es, dass Copilot bessere Ergebnisse generiert. Nehmen Sie als Beispiel den folgenden sehr spezifischen Prompt in der Chat-Oberfläche:

```
define a stored procedure to get instructor details associated with
a location include instructor details, location details, and courses
associated with the instructor use instructor_id as the input parameter
```

Copilot erklärt zunächst seine Überlegungen in Form eines Plans und liefert dann den detaillierten Code, der dem Prompt entspricht:

```
Plan
1. Define a new stored procedure named
`GetInstructorDetailsByLocation`.
2. Accept `@InstructorID` as an input parameter.
3. Select instructor details, location details, and courses
associated with the instructor.
4. Use appropriate joins to fetch data from the `instructors`,
`locations`, and [`courses`]
5. Group the results by instructor and location details.
```

```
SQL Code
CREATE PROCEDURE GetInstructorDetailsByLocation
    @InstructorID INT
AS
BEGIN
    SELECT
        instructors.instructor_id,
        instructors.first_name,
        instructors.last_name,
        instructors.email,
        locations.city,
        locations.state,
        courses.course_id,
        courses.course_name
    FROM
        courses.instructors
    JOIN
        courses.locations
    ON
        instructors.location_id = locations.location_id
    JOIN
        courses.course_instructors
    ON
        instructors.instructor_id =
course_instructors.instructor_id
    JOIN
        courses.courses
    ON
        course_instructors.course_id = courses.course_id
    WHERE
        instructors.instructor_id = @InstructorID;
END;
```

Es ist zweifellos hilfreich, Copilot Abfragen und gespeicherte Prozeduren generieren zu lassen, doch ist das nicht seine einzige SQL-Fähigkeit. Die KI kann Sie auch dabei unterstützen, die von Ihnen geschriebenen SQL-Anweisungen zu optimieren.

Optimierungen

Copilot kann unseren Code effizienter machen, und zwar auf zwei Arten. Zum einen kann er Code schreiben, der integrierte Konstrukte nutzt, die die Sprache oder das Framework zur Optimierung bereitstellt. Zum anderen kann er bestehenden Code optimieren.

Ein Beispiel für den ersten Fall sind die Indizes, die SQL bietet, um Operationen zu beschleunigen. Kommen wir zurück zu der Abfrage, die dieses Kapitel weiter vorn beschrieben hat, um alle in einem Kurs eingeschriebenen Studierenden zu erhalten. Die vollständige Abfrage sieht so aus:

```
-- define a select statement to get all students enrolled in a
course
```

```
SELECT students.first_name, students.last_name, students.email,
students.phone, students.city, students.state, students.zip_code
FROM courses.students
JOIN courses.registrations
ON students.student_id = registrations.student_id
JOIN courses.registration_items
ON registrations.registration_id =
registration_items.registration_id
WHERE registration_items.course_id = 1;
```

Für diese Abfrage können wir einen separaten Index verwenden, um die Abläufe zu beschleunigen. Wir bitten Copilot, mit dem Prompt »-- write an index to improve the performance of the query« einen neuen Index zu erstellen, um die Performance der Abfrage zu verbessern. Ausgehend von diesem Prompt schlägt Copilot möglicherweise folgende SQL-Anweisung vor:

```
-- write an index to improve the performance of the query

create index idx_registration_status_date on courses.registrations
(registration_status, registration_date);
```

Wie bei der ursprünglichen Abfrage konnte Copilot auf den Kontext des verfügbaren Codes zurückgreifen, um einen Index zu erstellen, der die vorhandenen Feldnamen, Tabellennamen usw. verwendet.

Copilot ist aber nicht nur in der Lage, die Ausführung zu optimieren, sondern auch, statischen Code performanter zu machen. Dies ist der zweite Anwendungsfall, der zu Beginn dieses Abschnitts erwähnt wurde. Angenommen, wir haben eine Abfrage, um alle Kursanmeldungen für September 2024 abzurufen. Diese könnte wie folgt aussehen:

```
select * from courses.registrations where year(registration_date)
= 2024 and month(registration_date) = 9;
```

Diese Abfrage können wir auswählen und Copilot über den Prompt »optimize this query« auffordern, sie zu optimieren.

Die KI schlägt dann eine Optimierung vor, die stattdessen direkte Start- und Enddaten verwendet:

```
SELECT * FROM courses.registrations WHERE registration_date >=
'2023-09-01' AND registration_date < '2023-10-01'
```

In derselben Ausgabe erläutert Copilot mit zusätzlichen Hintergrundinformationen, *weshalb* dies eine Verbesserung darstellt:

```
...using functions or columns in the WHERE clause can prevent the
use of indexes and slow down the query. If registration_date is
indexed, you can optimize the query by avoiding the use of the
YEAR() and MONTH() functions and instead comparing against a range
of dates...
```

Copilot hat nicht nur eine Optimierung vorgeschlagen, sondern uns auch erklärt, unter welchen Bedingungen dies tatsächlich eine Optimierung wäre. Schön.

Nachdem Sie nun gesehen haben, wie Copilot mit der Programmierung für Datenbanken umgeht, sehen wir uns jetzt an, wie er mithilfe deklarativer Spezifikationen ein Framework handhabt.

Mit YAML und Kubernetes arbeiten

YAML ist ein Dateiformat, das heutzutage für viele Anwendungen gebräuchlich ist. Aufgrund seiner Syntax und strengen Formatierungsanforderungen kann es mitunter mühsam sein, damit zu arbeiten. Allerdings sind seine Fähigkeiten, Spezifikationen und Konfigurationen zu erstellen, für Anwendungen wie Kubernetes unerlässlich.

Das Arbeiten mit Kubernetes an sich kann aus mehreren Gründen herausfordernd sein. So ist es nicht ganz einfach, die Definition von Objekten in YAML-Dateien zu erlernen und zu behalten. Jedes native Objekt hat einen gemeinsamen Satz von Attributen, aber jedes hat auch seine eigene Spezifikation. Die Schwierigkeiten vervielfachen sich möglicherweise, wenn Sie versuchen, Objekte für einen Dienst oder ein Produkt zu skalieren. Da jeder Fehler oder jede falsche Formatierung dazu führen kann, dass Ihre App nicht funktioniert, können wir hier von der KI profitieren.

Angenommen, wir möchten eine neue Bereitstellung in Kubernetes programmieren. Eine *Bereitstellung* (Deployment) ist ein Objekttyp in Kubernetes, der mehrere Instanzen eines Kubernetes-*Pods* instanziiert und verwaltet. Der Pod wiederum hüllt einen oder mehrere Container ein. Die Container basieren auf Images und bieten eine eigenständige Umgebung, in der eine App ausgeführt werden kann.

Mit grundlegenden Kenntnissen über die Komponenten können wir Copilot über die Chat-Oberfläche auffordern, eine YAML-Spezifikation für eine Bereitstellung zu erzeugen:

```
write spec for deployment in Kubernetes with 2 replicas and image
from busybox
add command to run in containers: sleep 3600
add label app: myapp
add label type: front-end
```

Nach einigen Augenblicken schlägt Copilot etwa Folgendes vor:

```
apiVersion: apps/v1
kind: Deployment
metadata:
  name: myapp-deployment
  labels:
    app: myapp
    type: front-end
spec:
  replicas: 2
  selector:
    matchLabels:
      app: myapp
  template:
    metadata:
      labels:
```

```
      app: myapp
      type: front-end
  spec:
    containers:
    - name: busybox-container
      image: busybox
      command: ["sleep", "3600"]
```

Falls Sie Kubernetes nicht kennen: Dies ist eine gültige Syntax und spiegelt das wider, was wir als Bereitstellungsspezifikation erwarten würden. Beachten Sie, dass keine persönlichen Kenntnisse der Kubernetes-Syntax erforderlich waren, um diese Spezifikation zu erstellen, sondern lediglich die Art der Objekte bekannt sein muss, die in der Spezifikation enthalten sein sollten. Diese Datei können wir als *deployment.yaml* speichern und dann fortfahren.

Nachdem wir nun die Spezifikation haben, möchten wir sie irgendwann ausführen. Wenn uns der Ablauf hierfür nicht klar ist, können wir Copilot um eine Erklärung bitten. Dazu fragen wir einfach in der Chat-Oberfläche mit dem Prompt »How do I execute this?«, wie man dies ausführt. Wie Abbildung 8.1 zeigt, verweist Copilot auf die von uns erstellte Datei *deployment.yaml*. Dann erläutert er, wie Sie die Datei in den Kubernetes-Cluster (ein System von Computern zum Ausführen von Kubernetes) übertragen und wie Sie überprüfen, ob die Bereitstellung läuft. Dies geschieht mithilfe der Kubernetes-CLI namens `kubectl`.

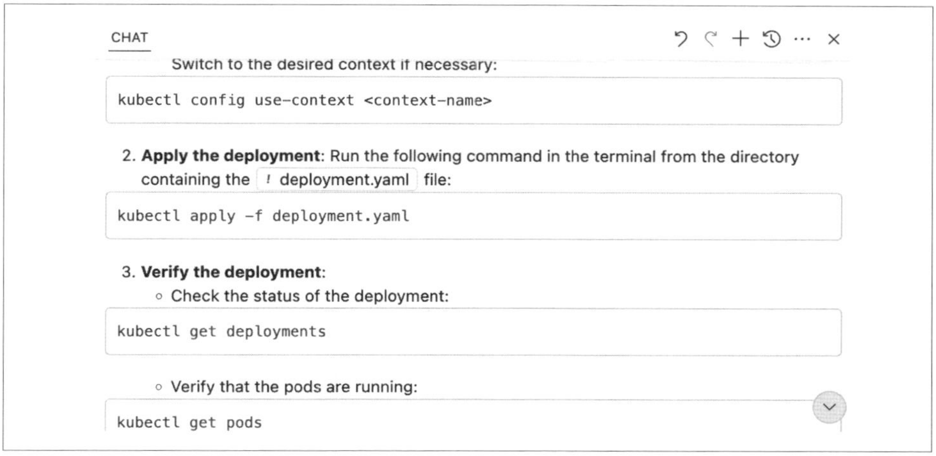

Abbildung 8.1: Copilot erklärt, wie die Spezifikation angewendet wird, um sie auf Kubernetes auszuführen.

Dies ist sehr hilfreich, doch wie sieht es aus, wenn wir irgendwann dazu übergehen müssen, diese Kubernetes-Bereitstellung über die Kubernetes-API statt über die CLI zu verwalten? Außerdem möchten wir dies mit Python tun und die Anzahl der Instanzen des Containers, auf dem es läuft, ändern (skalieren) können.

Wir können Copilot dazu über einen weiteren Prompt in einfacher natürlicher Sprache im Chat befragen:

```
How do I call the K8s API for scaling a deployment to 5 replicas
 with Python?
```

Copilot teilt uns zunächst mit, dass wir dies mit der Python-Client-Bibliothek von Kubernetes erreichen können, und gibt dann den Python-Code für die Aufgabe aus (Abbildung 8.2).

Abbildung 8.2: Die Antwort von Copilot, um Kubernetes in Python zu verwalten

Darüber hinaus liefert Copilot eine hilfreiche Erklärung der erforderlichen Schritte, um den Code auszuführen (siehe Abbildung 8.3).

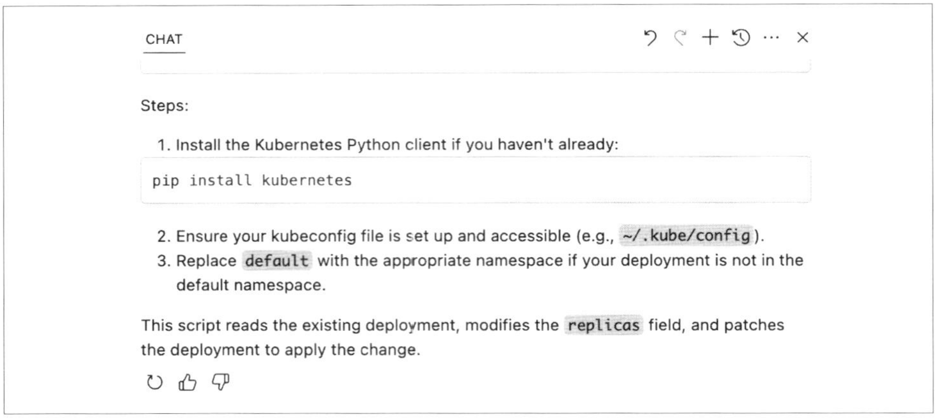

Abbildung 8.3: Schritte zur Ausführung

Wir können dann den vorgeschlagenen Code als neue Datei im Editor speichern und mit allen gewünschten Bearbeitungen fortfahren, den Code testen usw.

Jetzt wollen wir Copilot mit einer weiteren Herausforderung konfrontieren. Die gebräuchlichere Programmiersprache für Kubernetes ist Go. Kann uns Copilot auch helfen, wenn wir diesen Python-Code nach Go migrieren wollen? Und es stellt sich heraus, dass er es kann! Zudem ist es ganz einfach. Nachdem wir den Python-Code ausgewählt (und damit referenziert) haben, müssen wir Copilot nur noch mit »Convert to Go« mitteilen, dass er den bestehenden Python-Code in Go-Code konvertieren soll. Daraufhin erzeugt Copilot die entsprechenden Teile für Go-Code in der Chat-Oberfläche (Abbildung 8.4).

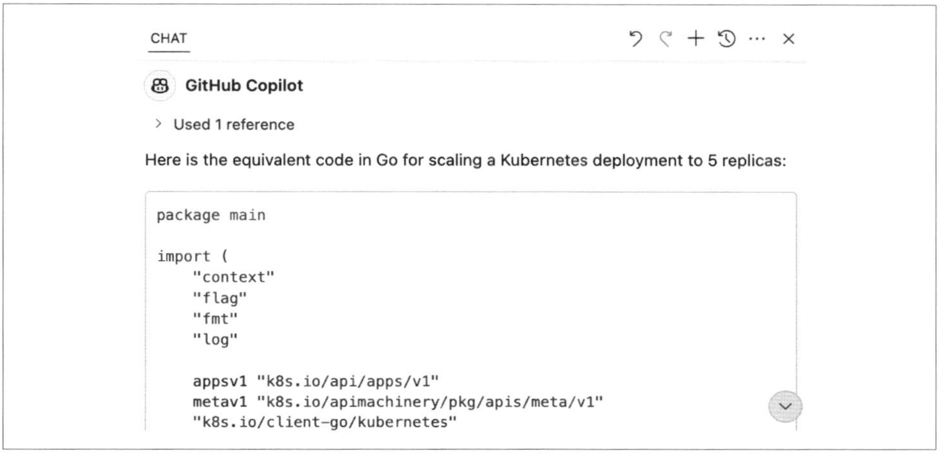

Abbildung 8.4: Code für die Kubernetes-Bereitstellung in Go

Außerdem liefert Copilot eine entsprechende Erklärung und Anweisungen zur Ausführung in der Python-Version (Abbildung 8.5).

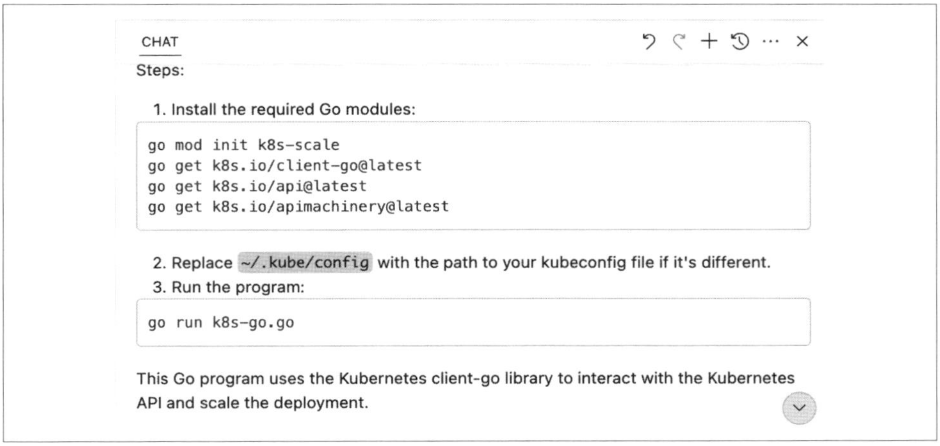

Abbildung 8.5: Schritte, um Go-Code auszuführen

Auch hier sehen wir wieder ein Beispiel, wie Copilot die Realisierung komplexer Aufgaben automatisieren und vereinfachen kann.

Eine weitere oftmals komplexe Aufgabe, die Copilot erheblich vereinfachen kann, ist das Erstellen regulärer Ausdrücke. Das ist das Thema des nächsten Abschnitts.

Reguläre Ausdrücke generieren

Die meisten Entwicklerinnen und Entwickler sind nicht gerade begeistert davon, sich die Syntax für reguläre Ausdrücke ausdenken zu müssen. Es kann ziemlich zeitaufwendig und frustrierend sein, eine Kombination von Buchstaben, Ziffern und Symbolen zu finden, die letztlich mit einer Menge von Zeichenfolgen übereinstimmen. Erschwerend kommt hinzu, dass man Tests entwickeln muss, die den Ausdruck umfassend überprüfen. Daher sucht man lieber etwas, das aus anderem Code oder von einer Quelle wie Stack Overflow gut passt.

Allerdings ist dies ein weiterer Bereich, in dem Copilot glänzt. Mit einem geeigneten Prompt kann Copilot leicht einen entsprechenden regulären Ausdruck erstellen. Nehmen wir zum Beispiel an, wir weisen Copilot mit einem Prompt wie »Create a regular expression to validate a SSN« an, eine (US-amerikanische) Sozialversicherungsnummer zu überprüfen (wobei *SSN* für *Social Security Number* steht). Copilot antwortet mit dem folgenden Implementierungsvorschlag und einer Erklärung:

```
Here is a regular expression to validate a U.S. Social Security
 Number (SSN):

^\d{3}-\d{2}-\d{4}$

Explanation:
 • ^ asserts the start of the string.
 • \d{3} matches exactly 3 digits.
 • - matches a literal hyphen.
 • \d{2} matches exactly 2 digits.
 • - matches another literal hyphen.
 • \d{4} matches exactly 4 digits.
 • $ asserts the end of the string.

Example Usage in Python:

python import
re

def validate_ssn(ssn):
    pattern = r"^\d{3}-\d{2}-\d{4}$"
    return bool(re.match(pattern, ssn))

# Test the function
print(validate_ssn("123-45-6789"))  # True
print(validate_ssn("123-456-789"))  # False

This ensures the SSN is in the format `XXX-XX-XXXX` where `X`
 is a digit.
```

Möglicherweise möchten Sie auch eine Funktion generieren, die einen regulären Ausdruck für die von Ihnen verwendete Programmiersprache erzeugt. Angenommen, Sie möchten in eine JavaScript-Datei (*phone.js*) eine Funktion einbinden, um beliebige globale Telefonnummern auf Gültigkeit zu prüfen.

Mit dem Prompt »create a function to validate any global phone number using a regular expression« können Sie Copilot auffordern, eine Funktion zu erstellen, mit der sich beliebige globale Telefonnummern validieren lassen. Copilot erzeugt daraufhin folgenden JavaScript-Code:

```
function validatePhoneNumber(phoneNumber) {
    const phoneRegex = /^\+(?:[0-9] ?){6,14}[0-9]$/;
    return phoneRegex.test(phoneNumber);
}

// Example usage:
console.log(validatePhoneNumber("+1234567890")); //
 true console.log(validatePhoneNumber("1234567890")); // false
```

Der Code ist zwar kurz, der reguläre Ausdruck aber nicht gerade einfach. Zudem hat Copilot Beispielaufrufe zur Validierung der Funktion ausgegeben. Sollten die Anwendungsfälle in den Beispielen nicht Ihren Vorstellungen entsprechen, können Sie den Vorschlag ablehnen und mit einem detaillierteren Prompt ein für Ihre Zwecke besseres Ergebnis anfordern.

Nachdem Sie einen regulären Ausdruck generiert haben, brauchen Sie möglicherweise einige einfache Daten, um ihn zu testen, oder Sie benötigen Daten, um grundlegende Tests an einem anderen Teil Ihres Codes durchzuführen. Anstatt derartige Daten auf eigene Faust zusammenzusuchen oder zu erzeugen, können Sie sie automatisch von Copilot erstellen lassen.

Daten automatisch generieren

Ein weiterer Bereich, in dem Copilot bei Routineaufgaben helfen kann, ist das Generieren von Daten und Datenzuordnungen, um Codierungsansätze zu validieren und nach dem Codieren zu testen.

Der Ansatz ist der gleiche: einen klar definierten Prompt verwenden, um die gewünschten Ergebnisse zu erzielen. Angenommen, wir benötigen einige Testdaten, um eine Funktion zu überprüfen, die Vorwahlen für einen bestimmten Bundesstaat nachschlägt. Mit dem Prompt »Create a mapping of all 50 states to area codes where the key is the state abbreviation and the value is an array of codes with max 10« weisen wir Copilot an, eine Zuordnung aller 50 Bundesstaaten zu Vorwahlen zu erstellen, wobei der Schlüssel die Abkürzung des Bundesstaats und der Wert ein Array von maximal 10 Codes ist.

Beachten Sie, dass wir genau angegeben haben, wie die Schlüssel und die entsprechenden Werte für die Zuordnung lauten sollen. Copilot antwortet mit den angeforderten Daten (siehe Abbildung 8.6).

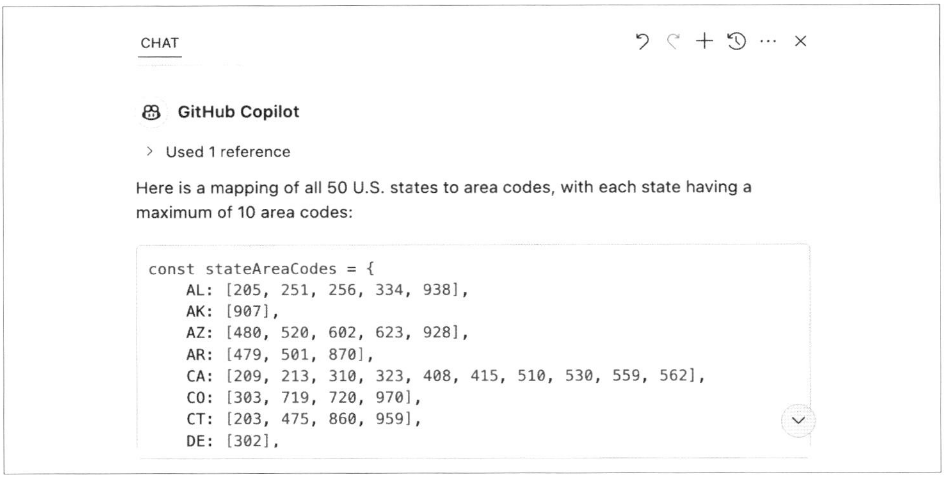

Abbildung 8.6: Von Copilot generierte Daten

Manchmal fügt Copilot einen Haftungsausschluss (Disclaimer) in Bezug auf die Genauigkeit der generierten Daten hinzu. Hier würde Copilot darauf hinweisen, dass die Vorwahlen Platzhalter sind und es nicht garantiert wird, dass sie die tatsächlichen Vorwahlen für jeden Bundesstaat darstellen. Wie bereits in Kapitel 7 erwähnt wurde, arbeitet Copilot nur mit den Daten, mit denen er trainiert wurde. Er überprüft nicht, ob die zurückgegebenen Daten korrekt oder aktuell sind. Denken Sie immer daran, die Ergebnisse kritisch zu überprüfen, wenn Sie genaue und aktuelle Daten benötigen. Gehen Sie nicht davon aus, dass die von Copilot bereitgestellten Werte aktuell und korrekt sind.

Wenn Sie Copilot auffordern, Daten auf diese Weise zu generieren, können gelegentlich zwei weitere Arten von Problemen auftreten.

Erstens könnte Copilot je nach Prompt und angeforderter Datenmenge nur einen Teil der Daten zurückgeben. In der Regel genügt das für den Anfang, doch ist das kein vollständiger Datensatz. Wenn Sie beispielsweise in der Abfrage den Teil »alle 50« weglassen und den Prompt als »Create a mapping of states to area codes where the key is the state abbreviation and the value is an array of codes with max 10« formulieren, gibt Copilot möglicherweise nur einige wenige Datensätze zurück:

```
state_area_codes = {
    "CA": [213, 310, 415, 510, 530, 559, 619, 626, 650, 661],
    "NY": [212, 315, 347, 516, 518, 585, 607, 631, 646, 716],
    "TX": [210, 214, 254, 281, 325, 346, 361, 409, 430, 432],
    "FL": [305, 321, 352, 386, 407, 561, 727, 754, 772, 786],
    "IL": [217, 224, 309, 312, 331, 618, 630, 708, 773, 815],
    "PA": [215, 267, 412, 484, 570, 610, 717, 724, 814, 878],
    "OH": [216, 234, 330, 380, 419, 440, 513, 567, 614, 740],
    "GA": [229, 404, 470, 478, 678, 706, 762, 770, 912, 943],
    "NC": [252, 336, 704, 743, 828, 910, 919, 980, 984, 336],
    "MI": [231, 248, 269, 313, 517, 586, 616, 734, 810, 906]
}
```

In einer derartigen Situation können Sie Copilot mit einem Prompt wie »Create a mapping of the remaining states to area codes where the key is the state abbreviation and the value is an array of area codes with max 10« auffordern, die restlichen Daten zu generieren. An dem hinzugefügten Begriff »remaining« (verbleibend) erkennt Copilot, dass er dort weitermachen soll, wo er aufgehört hat.

Zweitens: Wenn Sie Copilot Daten generieren lassen, weist er Sie möglicherweise darauf hin, dass die generierten Daten mit Daten in einem öffentlichen Repository übereinstimmen. Haben Sie die Einstellung aktiviert, dass kein Code generiert werden darf, der öffentlichem Code entspricht, blockiert Copilot die vollständige Antwort auf Ihren Prompt.

Im Allgemeinen ist es weniger wahrscheinlich, dass derartige Daten urheberrechtlich geschützt sind. Wenn keine Bedenken hinsichtlich Lizenzverletzungen bestehen, können Sie in der Regel Ihren Prompt so optimieren, dass die KI Daten mit einer anderen Dimension generiert. Dies kann so einfach sein wie das Ändern des angeforderten Datenumfangs, wie zum Beispiel »create a mapping of the states to area codes where the key is the state abbreviation and the value is an array of area codes with max 5«. Dieser Prompt ändert den Maximalwert von 10 auf 5.

Schauen wir uns zum Schluss noch eine weitere Möglichkeit an, wie Sie mit Copilot interagieren können. Die GitHub-Befehlszeile ist zwar nicht so verbreitetet wie die anderen Oberflächen, die wir besprochen haben, doch auch sie kann Copilot nutzen, um Antworten zu verstehen und zu generieren.

GitHub-CLI und Copilot

Wenn Sie mit der GitHub-CLI arbeiten, können Sie eine Reihe von Subbefehlen mit Copilot verwenden. Derzeit gibt es deren vier.

Bevor Sie Copilot mit der GitHub-CLI benutzen können, müssen folgende Voraussetzungen erfüllt sein:

- Die GitHub-CLI muss installiert sein.
- Sie müssen bei GitHub authentifiziert sein, beispielsweise über den Befehl `gh auth`.
- Die Copilot-Erweiterung muss in der GitHub-CLI über den Befehl `gh extension install github/gh-copilot` installiert sein.

Wenn diese Voraussetzungen erfüllt sind, stehen Ihnen die in Tabelle 8.1 aufgeführten CLI-Befehle zur Verfügung,

Tabelle 8.1: Copilot-Befehle, die über die GitHub-CLI verfügbar sind

Befehl	Funktion
`alias`	Shell-spezifische Aliase für mehr Komfort generieren
`config`	Optionen konfigurieren
`explain`	Einen Befehl erklären
`suggest`	Einen Befehl vorschlagen

Als Beispiel für die Verwendung des CLI mit Copilot können Sie Copilot bitten, einen Unix-Befehl zu erklären. Dazu rufen Sie die GitHub-CLI mit einem Befehl wie `gh copilot explain "ps - aux"` auf. Die Ausgabe sieht folgendermaßen aus:

```
Welcome to GitHub Copilot in the CLI!
version 1.1.0 (2025-02-10)

I'm powered by AI, so surprises and mistakes are possible. Make sure
 to verify any generated code or suggestions, and share feedback so
 that we can learn and improve. For more information, see
 https://gh.io/gh-copilot-transparency

Explanation:

  • ps is used to display information about running processes.
    • -aux is a combination of flags:
      • -a displays information about all processes.
      • -u displays detailed information about the processes.
      • -x includes processes that do not have a controlling terminal.
```

Möglicherweise werden Sie manchmal aufgefordert, zusätzliche Optionen auszuwählen. Wenn Sie zum Beispiel Copilot über das CLI auffordern, einen Befehl zur Installation von Python vorzuschlagen, kann es zu zusätzlichen Abfragen durch die KI kommen, um sicherzustellen, dass Sie die beste Antwort erhalten. Die Ausgabe und die Interaktionen bei einem anfänglichen Befehl von `gh copilot suggest "install python"` lauten:

```
Welcome to GitHub Copilot in the CLI!
version 1.1.0 (2025-02-10)

...

? What kind of command can I help you with?  [Use arrows to move,
 type to filter]
> generic shell command
  gh command
  git command

Suggestion:

  sudo apt-get install python3

? Select an option  [Use arrows to move, type to filter]
  Copy command to clipboard
> Explain command
  Execute command
  Revise command
  Rate response
  Exit

Explanation:

  • sudo is used to run a command with elevated rights, allowing
changes to system files.
  • apt-get is the package management command for Debian-based
systems.
```

```
    • install is the sub-command that specifies you want to install
a package.
      • python3 is the specific package you want to install, which
provides the Python 3 interpreter.
```

Nachdem ursprünglichen Befehl gibt es mehrere Nachfolgeinteraktionen mit Copilot. Dabei haben wir die Möglichkeit, den Kontext für den Befehl auszuwählen (generische Shell, CLI oder GIT). Nachdem wir uns für den Shell-Befehl entschieden haben, hat Copilot den Vorschlag geliefert. Anschließend hatten wir die Wahl, den Befehl zu kopieren, Copilot ihn erklären zu lassen, ihn auszuführen usw. Wenn Sie die Option `explain` (erklären) auswählen, liefert Copilot eine Erklärung wie die im vorherigen Beispiel.

Fazit

Dieses Kapitel hat verschiedene Bereiche beleuchtet, in denen einem die KI-Unterstützung vielleicht nicht als Erstes in den Sinn kommt, sie sich aber als hilfreich erweisen kann. Von den Fähigkeiten von Copilot kann man in jedem dieser Bereiche profitieren.

Wenn Sie mit Datenbanken interagieren müssen, kann Copilot Vorschläge für die Codevervollständigung liefern und vollständige SQL-Anweisungen genauso wie für typischere Programmiersprachen generieren. Insbesondere kann Copilot hilfreich sein, um gespeicherte Prozeduren zu erstellen und die Programmierung zu optimieren.

Copilot kann nicht nur herkömmlichen Code generieren, der dem System sagt, wie etwas zu tun ist, sondern auch deklarative Spezifikationen erzeugen, die das gewünschte Endergebnis skizzieren. Ein gutes Beispiel hierfür ist es, Copilot heranzuziehen, um Kubernetes-Spezifikationen zu deklarieren. Mit einem geeigneten Prompt kann Copilot die YAML-Definition für jedes der Kubernetes-Standardobjekte generieren. Darüber hinaus kann Copilot dem Benutzer erklären, wie die Spezifikation mit Kubernetes zu verwenden ist, und sie sogar mit API-Aufrufen in Code umsetzen. Diese Art der Hilfe vereinfacht das Arbeiten mit den Komplexitäten verschiedener Frameworks und deren Darstellungen in YAML.

Mit Copilot lässt sich auch eine weitere Aufgabe automatisieren, die Entwickler häufig frustriert: das Erstellen regulärer Ausdrücke. Mit einem geeigneten Prompt generiert Copilot die erforderliche Kombination der Zeichen und Symbole für jede Art der benötigten Übereinstimmungssyntax und liefert mehrere Beispiele, um die Ausdrücke zu validieren.

Zur Unterstützung grundlegender Tests oder Demos kann Copilot einen Datensatz erstellen, mit dem der Code arbeiten kann. Dabei kann es sich um abgebildete Daten mit zugeordneten Schlüsseln und Werten handeln, die über einen Prompt oder aus dem Kontext definiert werden. Es wird nicht garantiert, dass die Daten korrekt oder aktuell sind. Zudem ist zu vermuten, dass die Daten mit öffentlichen Beispielen übereinstimmen. Daher ist zusätzliche Sorgfalt erforderlich, wenn Sie die Ergebnisse weiterverarbeiten wollen.

Schließlich hat dieses Kapitel die Funktionen beschrieben, die der GitHub-CLI hinzugefügt wurden, um mit Copilot zu arbeiten. Über die CLI-Anwendung `gh` kann Copilot dabei helfen, Befehle für Aufgaben wie das Installieren von Anwendungen vorzuschlagen, sowie erklären, was Befehle und Argumente bewirken. Diese Funktionalität ist zwar begrenzt, dürfte aber in Zukunft auf andere Fähigkeiten erweitert werden.

Im nächsten Kapitel befassen wir uns näher damit, wie die Funktionen von Copilot in eine weitere Kernanwendung integriert sind, auf die sich Benutzerinnen und Benutzer stützen – GitHub selbst.

KAPITEL 9

Copilot in GitHub verwenden

Wie viele andere wichtige Softwareentwicklungstools hat auch die KI über Copilot in das GitHub-Ökosystem Einzug gehalten. Das bedeutet, Sie können direkt in GitHub mit Copilot chatten und die KI-Funktionen nutzen, um mit wichtiger Funktionalität wie Pull Requests und Issues zu arbeiten.

In diesem Kapitel untersuchen wir, wie Copilot in GitHub integriert wurde, und erklären, wie Sie von seiner Leistungsfähigkeit bei der Arbeit in GitHub effektiv profitieren können. Dabei geht es um folgende Themen:

- Copilot Chat mit GitHub-Repositorys verwenden
- Copilot für Änderungsworkflows verwenden
- Copilot und Pull Requests
- Copilot und GitHub-Issues

GitHub-Oberfläche im Laufe der Zeit

Wie bei allen Informationen in diesem Buch sind auch die Screenshots und Angaben zu den vorhandenen Elementen und deren Position zu dem Zeitpunkt aktuell, zu dem dieses Buch entstanden ist. Wie die Copilot-Integration in den IDEs kann sich auch die Integration in GitHub im Laufe der Zeit weiterentwickeln.

Zunächst sehen wir uns an, wie Copilot in Ihre Repositorys in GitHub integriert ist.

Chat mit GitHub-Repositorys verwenden

Eine in Copilot integrierte Chat-Oberfläche, wie Sie sie von den IDEs her kennen, ist ebenfalls in GitHub verfügbar. Eine allgemeine Oberfläche finden Sie unter *https://github.com/copilot*. Außerdem sehen Sie auf der Codeseite Ihrer Repositorys ein Copilot-Symbol in der obersten Zeile der Steuerelemente (siehe Abbildung 9.1). Wenn Sie auf das Symbol klicken, gelangen Sie zu einer immersiven (Vollbild-) Copilot-Chat-Oberfläche für dieses Projekt. Mehr dazu gleich.

Über den Drop-down-Pfeil neben dem Copilot-Symbol öffnen Sie ein Menü mit Auswahlmöglichkeiten (ebenfalls in Abbildung 9.1 zu sehen). Von diesen interessiert uns die Option *Assistive*.

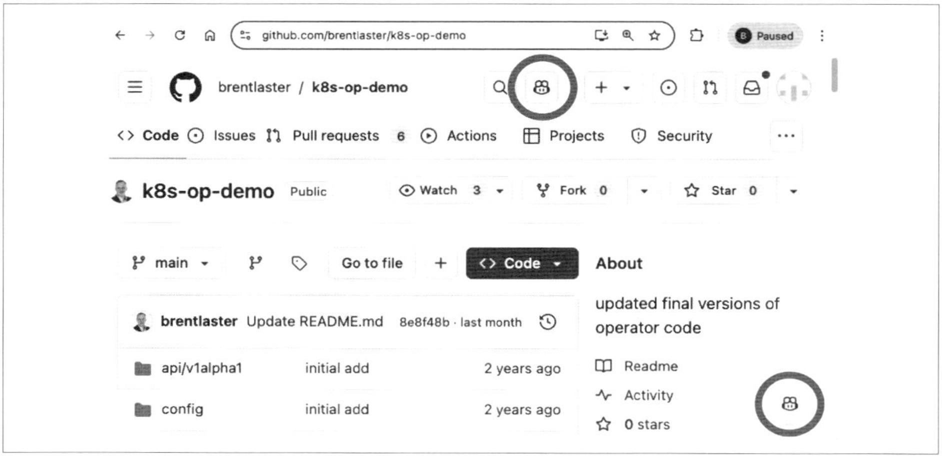

Abbildung 9.1: Copilot-Symbole auf einer Repository-Seite

Wenn Sie auf die Menüoption *Assistive* klicken, gelangen Sie zu einer Chat-Oberfläche, die Fragen vorschlägt, die Sie über das ausgewählte Repository stellen können, wie Abbildung 9.2 zeigt.

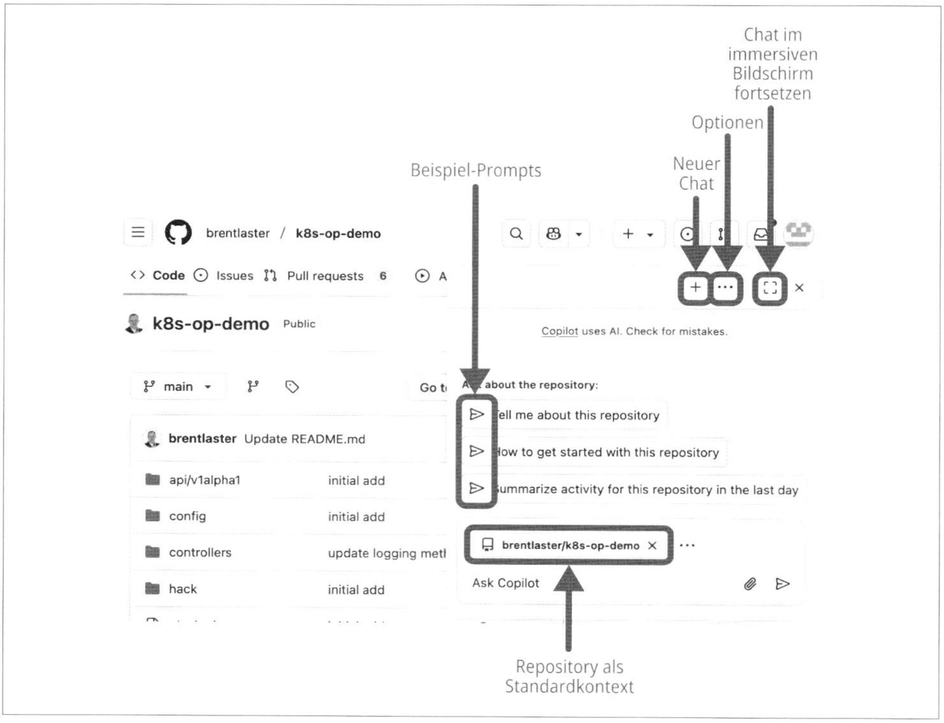

Abbildung 9.2: Repository-Fragen im Assistive-Chat

Chat-Kontext in GitHub

Beim Öffnen eines Chats werden neue assistive Chat-Instanzen mit Fragen gefüllt, die für das aktive GitHub-Element relevant sind. Arbeiten Sie zum Beispiel an einem GitHub-Problem und öffnen eine neue Chat-Instanz, wird diese mit Fragen wie »Summarize this issue?« und »What are the next steps?« gefüllt. Wenn Sie eine dieser vorformulierten Fragen auswählen, erscheint ein wesentlich längerer Prompt, der speziell darauf zugeschnitten ist, bessere Informationen zu erhalten.

Wenn Sie die erste Frage wählen, auf die Copilot Ihnen mit detaillierteren Informationen zum Repository antworten soll, wird Copilot mit einem vorgefertigten Prompt wie diesem abgefragt:

```
Please provide answers to the following questions in separate
paragraphs:

 - Provide insights on the purpose of this repository. Please also
provide a summary of its README if it exists.
 - Provide detailed analysis on features and technologies used in
this repository if it contains implementation of software system of
 any kind. Otherwise, provide an analysis on contents of this
 repository instead.

Additional guidance:
 - Provide a heading for each paragraph, formatted in bold.
 - Keep your analysis succinct and conversational.
 - Do not repeat or list the context details in your final response.
 - Provide a concise synthesis of the information, avoiding unnecessary repetition.
```

Copilot liefert für diesen Prompt die folgende Antwort:

```
Purpose of the Repository

This repository provides a basic example of implementing a
Kubernetes operator. It serves as a training resource for
creating Kubernetes operators using standard toolkits.
The README explains how to set up and run the operator,
including steps for deploying it to a Kubernetes cluster,
testing it, and modifying its API definitions. The project adheres
to Kubernetes' Operator pattern, aiming to synchronize resources
to their desired state.

Features and Technologies Used

The repository is built using Go and utilizes Kubernetes operator
development principles. It leverages Kubebuilder to create
controllers that follow the Kubernetes Operator pattern. The
operator interacts with Kubernetes clusters, managing Custom
Resource Definitions (CRDs) and ensuring the cluster state matches
the desired configuration. Additionally, the repository provides
Makefile targets for tasks such as building, deploying, and
uninstalling the operator.
```

Derartige Informationen können besonders nützlich sein für Personen, die neu hinzukommen oder die Verantwortung für diese Codebasis übernehmen müssen.

Falls Sie bei der Interaktion ein immersives Chat-Erlebnis bevorzugen, können Sie auf das quadratische Symbol rechts oben klicken, um zu einer Chat-Sitzung im Vollbildmodus zu gelangen. Die immersive Option ist an die IDE-Chat-Oberfläche angelehnt, wobei das Repository als Standardkontext festgelegt ist. Bei der immersiven Option sehen Sie den gleichen Bildschirm, den Sie beim Klicken auf das Copilot-Symbol (anstelle des Pfeils daneben) sehen würden, wie Abbildung 9.1 darstellt.

Wenn Sie auf das Symbol klicken oder vom Assitive-Bildschirm zum Immersive-Bildschirm wechseln, wird *https://github.com/copilot* geöffnet. Die Chat-Oberfläche auf dieser Seite verwendet das aktuelle Repository als Standardkontext. Abbildung 9.3 zeigt den immersiven bzw. Standardbildschirm für Copilot Chat in GitHub.

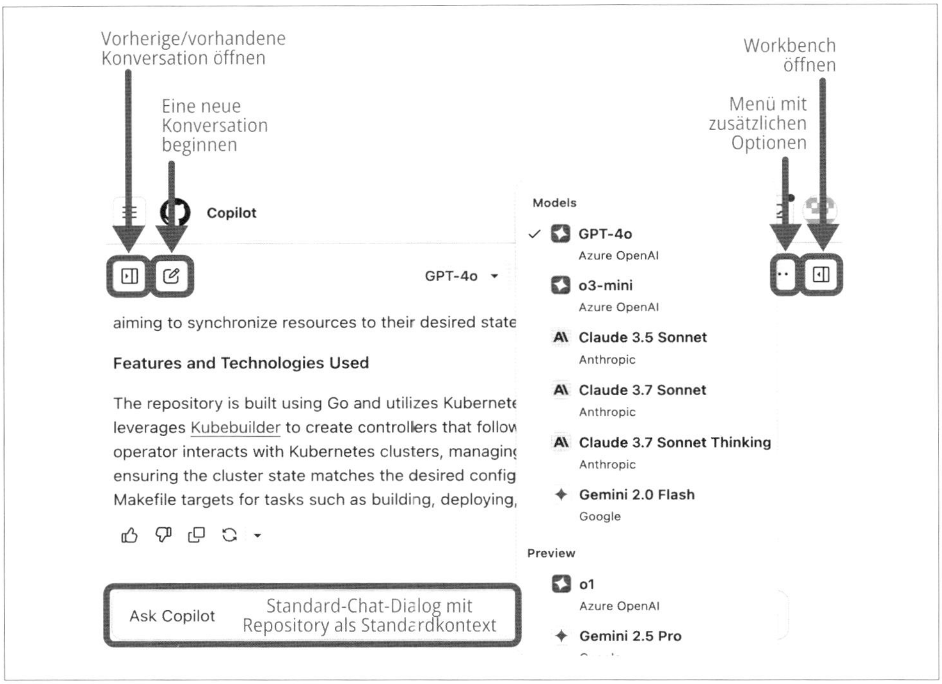

Abbildung 9.3: Immersiver Chat

Die Steuerelemente im Eingabebereich für den Haupttext des Dialogs funktionieren fast genauso wie die Steuerelemente im entsprechenden Bereich des IDE-Chat-Dialogfelds. Allerdings besteht ein Unterschied darin, dass die Pfeiltaste (Senden) keine zusätzlichen Optionen bietet, da wir weder Chat-Teilnehmer noch andere Elemente haben, an die die Abfrage gesendet werden könnte.

Es lohnt sich, einige Minuten auf die anderen Steuerelemente und Optionen einzugehen, die im Chat-Dialogfeld in GitHub verfügbar sind. (Einige davon sind möglicherweise nur in der immersiven Ansicht vorhanden.)

Das Steuerelement links oben, das wie ein Quadrat mit einem Streifen und einem nach rechts weisenden Pfeil aussieht, dient zum Öffnen früherer oder bestehender Konversationen. Wenn Sie darauf klicken, erscheint eine Liste aller separaten Konversationen, die Sie in diesem Chat geführt haben, und Sie können sie auswählen und zwischen ihnen wechseln.

Das nächste Symbol rechts davon, das wie ein Quadrat mit einem Bleistift darin aussieht, öffnet eine neue Konversation.

Das Steuerelement ganz rechts ist mit *Open Workbench* beschriftet. Derzeit scheint es keine wirkliche Dokumentation darüber zu geben, was diese Funktion eigentlich bewirkt.

Ein weiteres Steuerelement erscheint, nachdem Sie Ihren ersten Prompt in einer Chat-Konversation eingegeben haben: die Schaltfläche *Share*. Über diese Schaltfläche können Sie einen Copilot-Chat ganz einfach für Zwecke wie Peer-Coding/Fehlerbehebung, Hinzufügen von Erkenntnissen zu einem Pull Request usw. teilen.

Um die aktuelle Konversation und zukünftige Nachrichten zu teilen, klicken Sie auf die Schaltfläche *Share* rechts oben und dann im eingeblendeten Dialogfeld erneut auf *Share* (Abbildung 9.4).

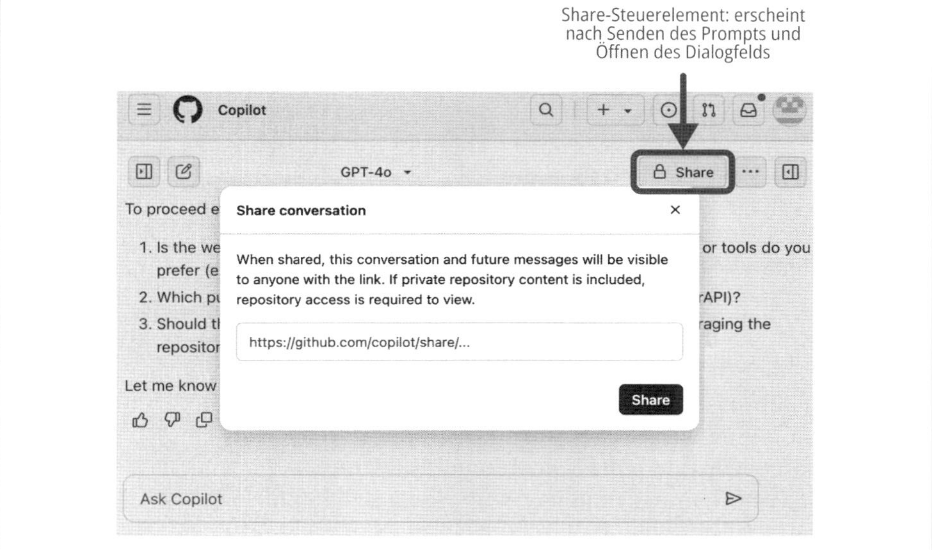

Abbildung 9.4: Eine Share-Operation

Anschließend können Sie auf den Drop-down-Pfeil neben der Schaltfläche *Share* klicken und den Link für die freigegebene Konversation kopieren, um sie anderen zugänglich zu machen (Abbildung 9.5). Wenn Sie möchten, können Sie diese Freigabe auch wieder deaktivieren.

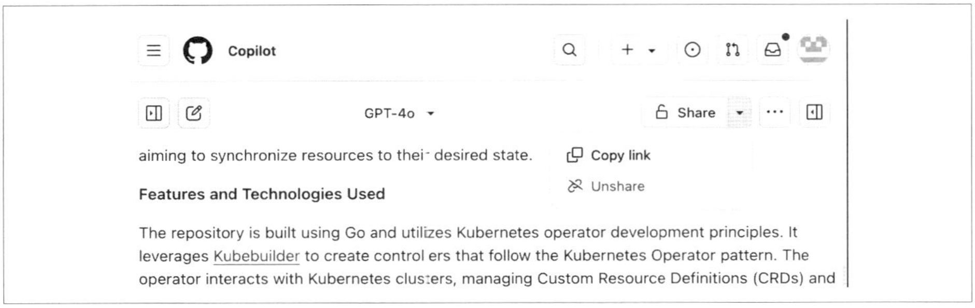

Abbildung 9.5: Den Freigabelink abrufen

Schließlich öffnet das Steuerelement *Menu* (durch drei Punkte dargestellt) rechts davon ein Menü für den Zugriff auf erweiterte Funktionen, wie Abbildung 9.6 zeigt.

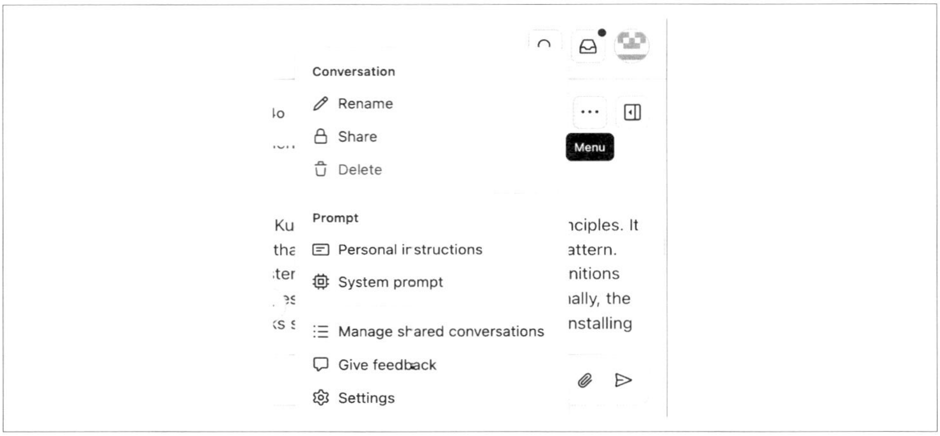

Abbildung 9.6: Das Chat-Menü

Das Menü enthält die folgenden Einträge:

Conversation (Konversation)
: Die Einträge in diesem Abschnitt sind selbsterklärend und ermöglichen es Ihnen, die aktuelle Konversation umzubenennen, zu löschen oder zu teilen.

Personal instructions (Persönliche Anweisungen)
: Hiermit passen Sie die Art und Weise an, wie Ihnen Copilot Chat auf GitHub antwortet. Wenn Sie diese Option auswählen, erscheint ein Dialogfeld, in dem Sie Standardeinstellungen wie Sprache, Tonfall oder Codierungsstil (zum Beispiel »Immer in Python« oder »Prägnant sein«) festlegen können. Diese Anweisungen überschreiben alle Einstellungen auf Repository- oder Organisationsebene und gelten für alle Ihre Copilot-Chat-Sitzungen auf GitHub.

System prompt (System-Prompt)
: Diese Option zeigt den Text des System-Prompts an, der für Copilot in GitHub festgelegt wurde.

Manage shared conversations (Freigegebene Konversationen verwalten)
: Diese Option zeigt eine Liste der von Ihnen freigegebenen Konversationen an und ermöglicht es Ihnen, einen Link abzurufen oder die Freigabe für jede einzelne Konversation zu deaktivieren.

Give feedback (Feedback geben)
: Diese Option ist selbsterklärend.

Settings (Einstellungen)
: Über diese Option gelangen Sie zu Ihren persönlichen Einstellungen für Copilot.

Die Chat-Oberfläche ist Ihr Zugang, um mit der KI über das Repository zu kommunizieren, aber sie sorgt auch als Trigger dafür, dass das Repository indiziert wird. Wir haben bereits erläutert, wie Indizes in der IDE mit Copilot erstellt und verwendet werden. Für Repositorys auf der GitHub-Seite werden separate Indizes erstellt. Das Ziel ist das gleiche: Copilot ein viel tieferes und umfassenderes Verständnis des Repositorys zu vermitteln. Der folgende Kasten beschreibt die Funktionsweise der Indizierung für GitHub-Repositorys detaillierter.

Indizierung in GitHub

Wenn Sie GitHub Copilot Chat in einem Repository auf GitHub öffnen, wird das Repository automatisch im Hintergrund indiziert. Durch diesen Prozess ist Copilot Chat in der Lage, kontextbezogene Antworten über Ihre Codebasis bereitzustellen, beispielsweise die Codestruktur oder die Logik erklären und auf relevante Abschnitte Ihres Repositorys zu verweisen. Um diese Indizierung auszulösen, sind keine manuellen Schritte erforderlich – öffnen Sie einfach Copilot Chat mit dem als Kontext ausgewählten Repository, um den Prozess zu starten.

In Bezug auf die Indizierung sind folgende Punkte wichtig:

Wird automatisch ausgelöst

Die Indizierung startet automatisch, wenn Sie Copilot Chat mit einem Repository als Kontext auf GitHub öffnen.

Geschwindigkeit

Die anfängliche Indizierung ist schnell und dauert in der Regel nur wenige Sekunden bis eine Minute, selbst bei großen Repositorys.

Kontinuierliche Aktualisierungen

Sobald das Repository einmal indiziert ist, wird es automatisch auf den neuesten Stand gebracht, was in der Regel innerhalb von Sekunden nach Beginn einer neuen Konversation passiert.

Keine Indizierungsbeschränkungen

Die Anzahl der Repositorys, die Sie indizieren können, ist nicht begrenzt, und dies gilt für alle Copilot-Abonnementpläne, einschließlich des kostenlosen Plans.

Kein Modelltraining

Die indizierten Daten werden nicht für das Modelltraining genutzt, sondern dienen ausschließlich dazu, die Fähigkeit von Copilot zu verbessern, Fragen zum Code in Ihrem Repository zu beantworten.

Zugriffskontrolle

Nur Benutzerinnen und Benutzer mit Zugriff auf das Repository können von dessen indiziertem Kontext in Copilot Chat profitieren.

Die Chat-Oberfläche und die Indizierungsfunktionalität sind nützlich, um Repositorys und andere Objekte in GitHub zu verstehen und sich ausführlicher mit diesen Themen zu beschäftigen. Dies kann für diejenigen von Vorteil sein, die sich in ein neues Projekt einarbeiten oder die Verantwortung für Änderungen und Korrekturen übernehmen müssen.

Wenn es jedoch um Änderungen und Korrekturen in GitHub geht, können Sie Copilot auf andere Weise nutzen, um Ihre Workflows bei der Programmierung effizienter und zeitsparender zu gestalten.

Workflows mithilfe von Copilot ändern

Copilot bietet nützliche Fähigkeiten für Codeänderungen – von Vorschlägen für Korrekturen über die Unterstützung bei der Aktualisierung von Issues und Pull Requests bis zur Überprüfung von Code. Dieser Abschnitt veranschaulicht am Beispiel eines Problems alle Möglichkeiten, wie Copilot Sie bei Korrekturen unterstützen kann.

Zunächst verwenden wir ein Beispiel für ein Sicherheitsproblem. Wir haben Code mit einer Reihe von Datenbankabfragen, die aufgrund ihrer Struktur anfällig für SQL-Injections sind. Derartige Probleme lassen sich leicht durch Code Scanning von GitHub über dessen Anwendung CodeQL (*https://codeql.github.com*) identifizieren. Abbildung 9.7 zeigt Code-Scanning-Warnungen aus einem problematischen Repository.

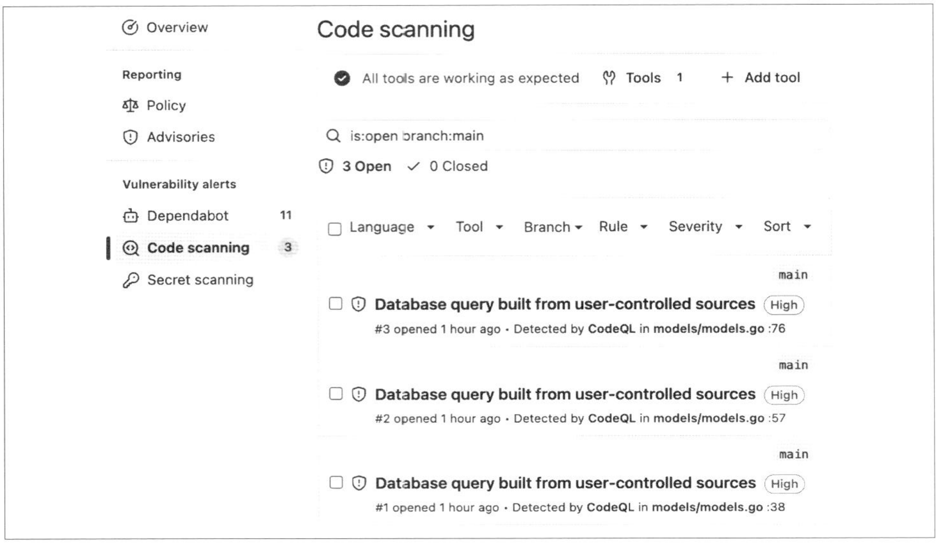

Abbildung 9.7: Eine Reihe von Problemen bei der Codeüberprüfung

Wir greifen eines dieser Probleme heraus, um damit zu arbeiten, und zwar das letzte Beispiel. Öffnet man den Link im Fensterbereich *Code scanning*, erscheinen weitere Details zur jeweiligen Warnung (siehe Abbildung 9.8).

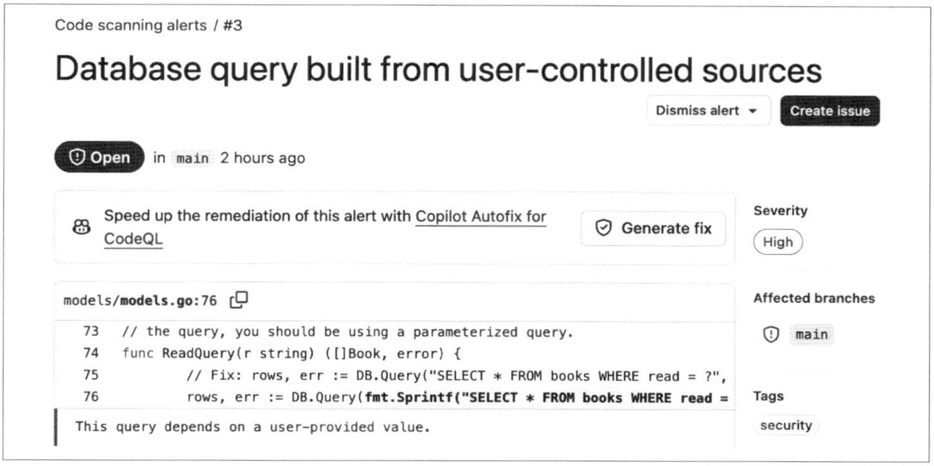

Abbildung 9.8: Code-Scanning-Warnung

Es wäre schön, wenn Copilot diese Warnung für uns zusammenfassen könnte. Leider besitzt Copilot diese Fähigkeit derzeit nicht. Allerdings gibt es im selben Bildschirm eine Schaltfläche *Create issue*, um ein Issue zu erzeugen (wie in Abbildung 9.8 rechts oben zu sehen).

Wenn Sie auf die Schaltfläche *Create issue* klicken, erhalten Sie ein einfaches Issue mit einem Titel und einem Link zur Überprüfungswarnung, wie Abbildung 9.9 zeigt. (Es erscheint auch eine Warnung, die zwar nützlich sein mag, für unser Beispiel jedoch nicht von Bedeutung ist.)

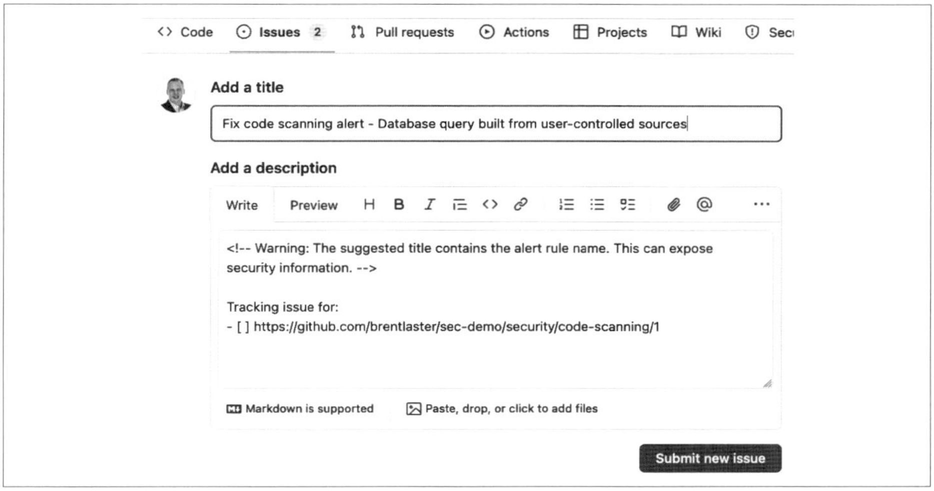

Abbildung 9.9: Ein generierter Entwurf für das Problem

Wenn Sie auf die Schaltfläche *Submit new issue* klicken, wird die anfängliche Erzeugung des Issues abgeschlossen (Abbildung 9.10).

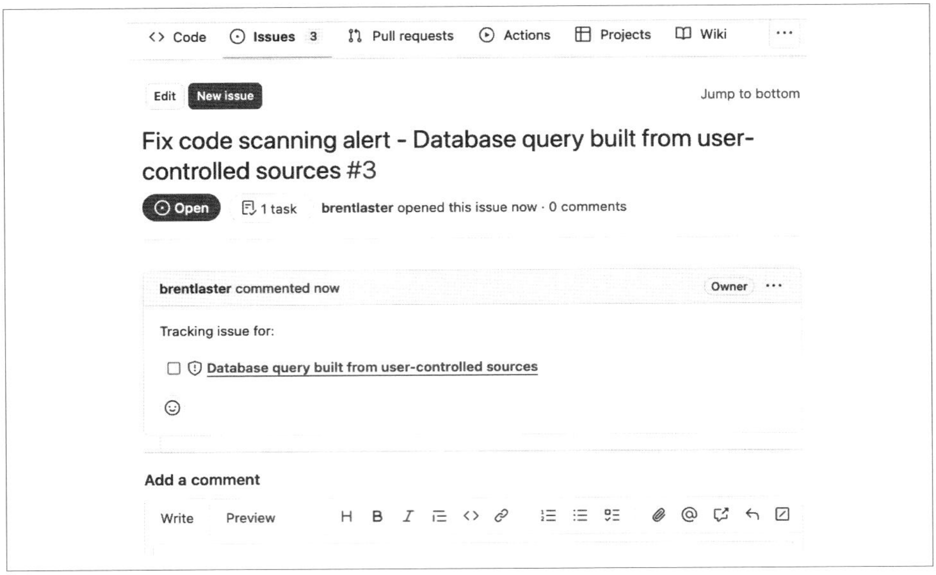

Abbildung 9.10: Das generierte Issue

Issues aktivieren
Die Schaltfläche *Create issue* ist nur verfügbar, wenn *Issues* in den Einstellungen des Repositorys aktiviert ist.

Wenn wir anschließend zur Warnseite zurückkehren (Abbildung 9.11), ist dort die Meldung *Tracked by #3* (verfolgt von #3) zu sehen. Die Nummerierung #3 bezieht sich auf das GitHub-Issue in diesem Repository.

Abbildung 9.11: Details der Warnseite

Sicherlich ist Ihnen auch das Banner im Feld darunter aufgefallen, das *Copilot Autofix for CodeQL* zusammen mit einer Schaltfläche *Generate fix* (Korrektur generieren) zeigt. Bei *Copilot Autofix* handelt es sich um ein Feature, das (wie CodeQL) in die Code-Scanning-Tools von GitHub integriert ist, um Ihren Code zu analysieren, Probleme zu identifizieren und Korrekturvorschläge mithilfe von Copilot zu unterbreiten.

Wenn Sie auf die Schaltfläche *Generate fix* klicken, schlägt Copilot Codeänderungen vor, um die Probleme zu beheben, wie Abbildung 9.12 zeigt.

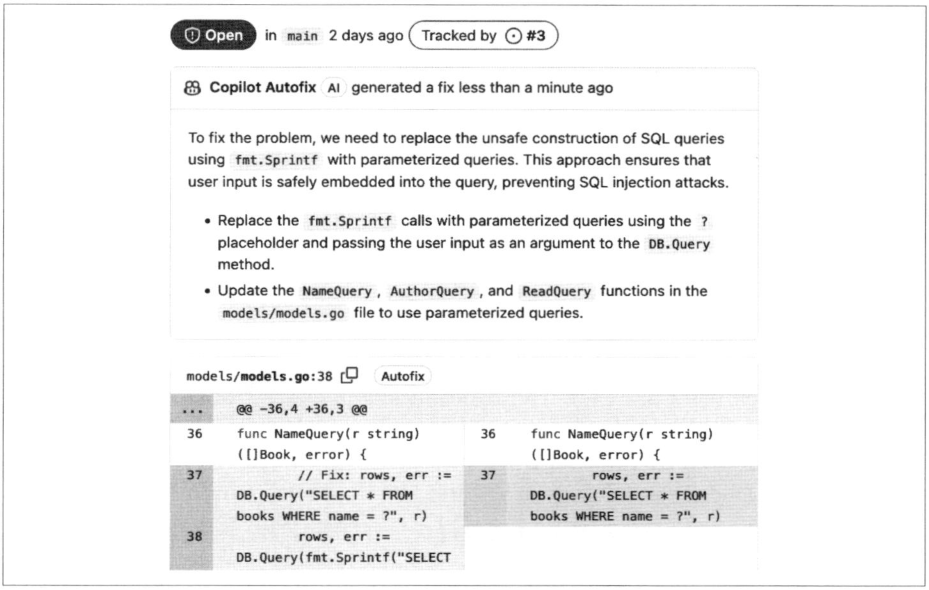

Abbildung 9.12: Ein Korrekturvorschlag von Copilot

Am Ende der vorgeschlagenen Codeänderungen befindet sich die Schaltfläche *Commit change* (Änderung bestätigen). Wenn Sie darauf klicken, wird (standardmäßig) ein Push zu einem neuen Branch mit automatisch generierten Einträgen für den Branch-Namen und die Commit-Nachricht eingerichtet. Um sicherzustellen, dass dies mit dem Problem verknüpft ist, das wir für diese Änderung geöffnet haben, fügen wir die erweiterte Beschreibung `fixes #3` hinzu. Abbildung 9.13 zeigt das Commit-Dialogfeld.

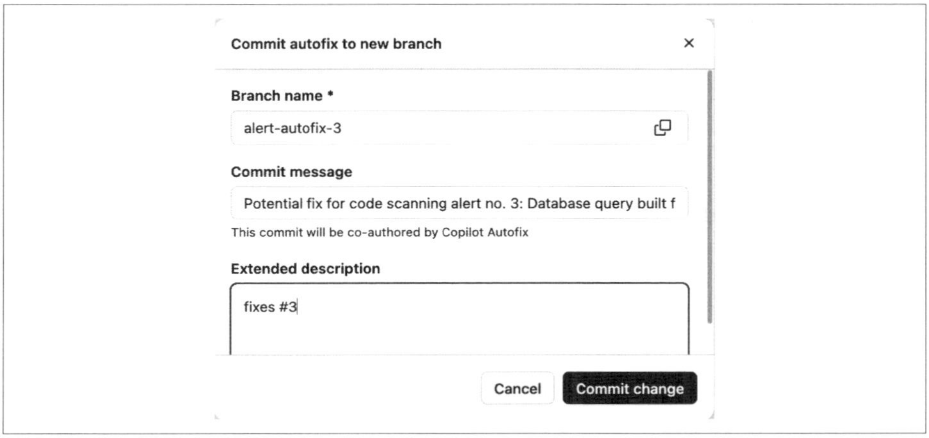

Abbildung 9.13: Commit-Einrichtung für die automatische Korrektur

Sobald der Commit abgeschlossen ist, wird automatisch ein Entwurf für einen Pull Request geöffnet, der erneut das Tool CodeQL ausführt, um zu überprüfen, ob die Issues korrigiert sind (mit Übergabe der Status). Der nächste Abschnitt beschäftigt sich ausführlicher damit, wie Copilot Ihnen helfen kann, Pull Requests wie den für diese Änderung zu verwalten.

Copilot mit Pull Requests verwenden

GitHub Pull Requests sind eine bewährte Methode, Merges in GitHub unter mehreren Repositorys oder zwischen Branches im selben Repository zu verwalten. Die Pull Requests bieten eine Möglichkeit zur Zusammenarbeit, um Änderungen aus der Quelle zu konsolidieren und zu überprüfen. Zudem schützen sie das Merge-Ziel auch vor fehlerhaftem Code, indem sie Gates wie Codeüberprüfungen und die Ausführung von GitHub-Actions-Workflows ermöglichen.

Aber sie kommen nicht ohne ihre Herausforderungen daher. Eine dieser Herausforderungen kann darin bestehen, die Sammlung von Änderungen und Konversationen, die in einem Pull Request stattfinden, während daran gearbeitet wird, abzurufen und zu verstehen. Erfreulicherweise kann Copilot hier unterstützend wirken.

Wir fahren mit unserem vorherigen Beispiel fort, das in unserem Repository Sicherheitslücken aufweist, die in einem anderen Branch behoben wurden. Wir möchten nun diese Korrekturen mithilfe des Pull-Request-Prozesses mit unserem Produktions-Branch (in diesem Fall *main*) zusammenführen.

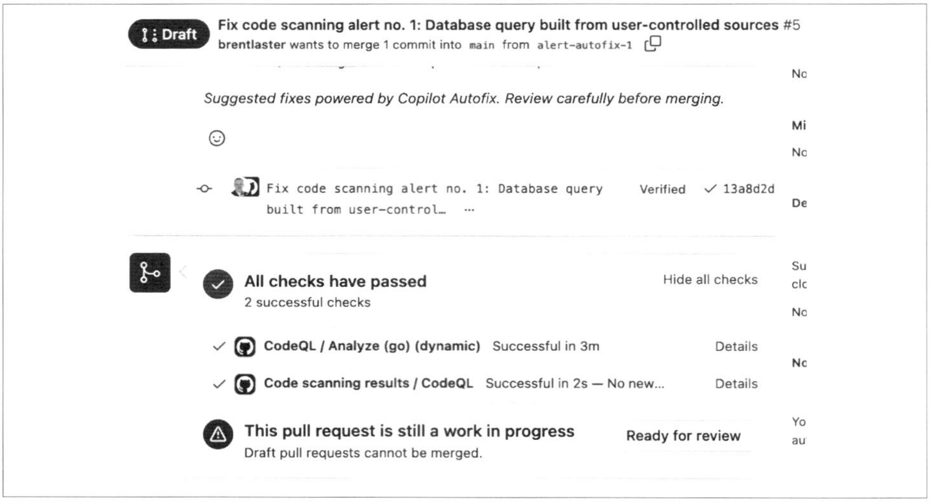

Abbildung 9.14: Pull-Request-Entwurf von Autofix

Wenn Sie bereit sind, können Sie den Pull-Request-Entwurf in eine Version umwandeln, die zur Überprüfung bereit ist. Klicken Sie dazu auf die Schaltfläche *Ready for review*. Danach können Sie die üblichen Pull-Request-Prozesse durchlaufen, d.h., unter anderem auch Reviewer hinzufügen.

Pull Requests von Copilot überprüfen lassen

Copilot selbst lässt sich als automatisierter Reviewer hinzufügen, um Feedback zu Änderungen zu liefern. Das sieht dann folgendermaßen aus: Wenn Sie im Abschnitt *Reviewers* des Pull Requests auf den Benutzerbereich klicken, erscheint Copilot als Reviewer-Option (Abbildung 9.15).

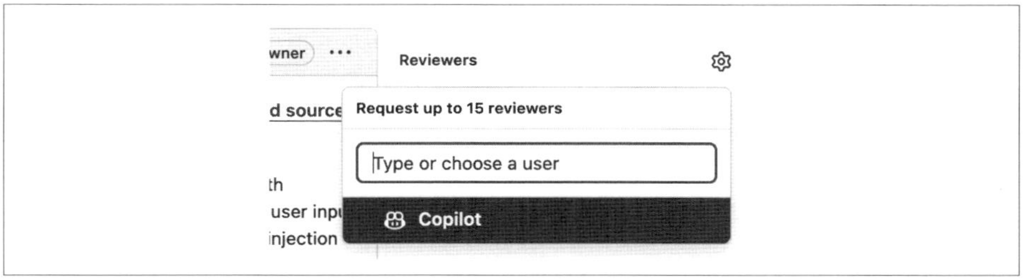

Abbildung 9.15: Copilot als Reviewer für die Pull Requests hinzufügen

Nachdem Copilot Zeit hatte, den Code zu überprüfen, schickt er die Ergebnisse zurück an den Pull Request, wie Abbildung 9.16 zeigt. In diesem Fall hatte Copilot kein Feedback anzubieten. Das ist verständlich, da Copilot ursprünglich auch die vorgeschlagene Korrektur erstellt hat.

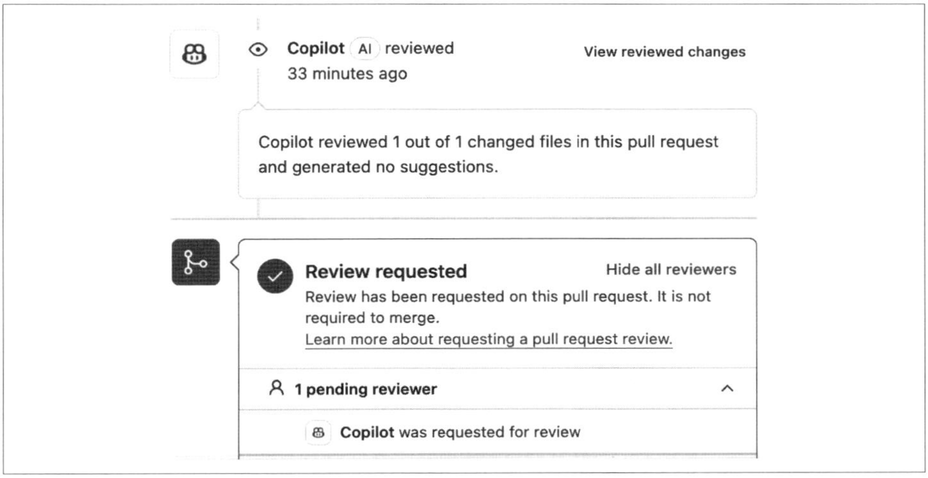

Abbildung 9.16: Die Überprüfung von Copilot

An dieser Stelle sind wir bereit, den Pull Request zusammenzuführen (Merge). Als abschließende Überprüfung oder wenn wir jemand anderem eine Erklärung liefern müssen, können wir Copilot auch bitten, diesen Pull Request zusammenzufassen. Um Copilot Chat zu öffnen, finden Sie oben auf der Seite eine Schaltfläche sowie eine weitere, die normalerweise unten rechts *schwebt* (Abbildung 9.17).

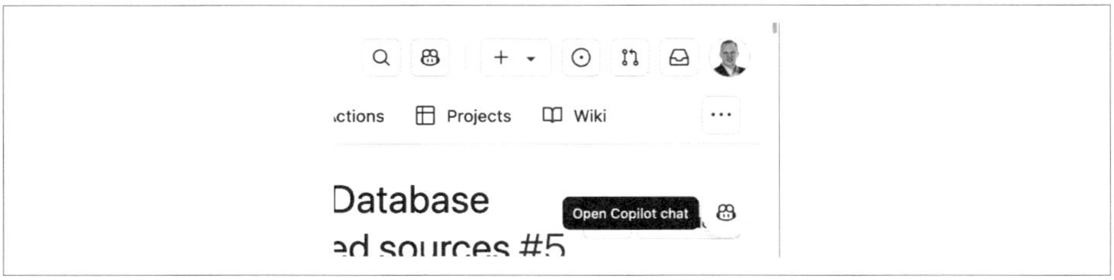

Abbildung 9.17: Mehrere Möglichkeiten, Copilot Chat zu öffnen

Eine Chat-Sitzung können Sie über eine dieser Schaltflächen öffnen. In der geöffneten Sitzung können Sie Copilot auffordern, Aufgaben in Bezug auf den Pull Request auszuführen, zum Beispiel mit »Summarize this pull request«, um den Pull Request zusammenzufassen (Abbildung 9.18).

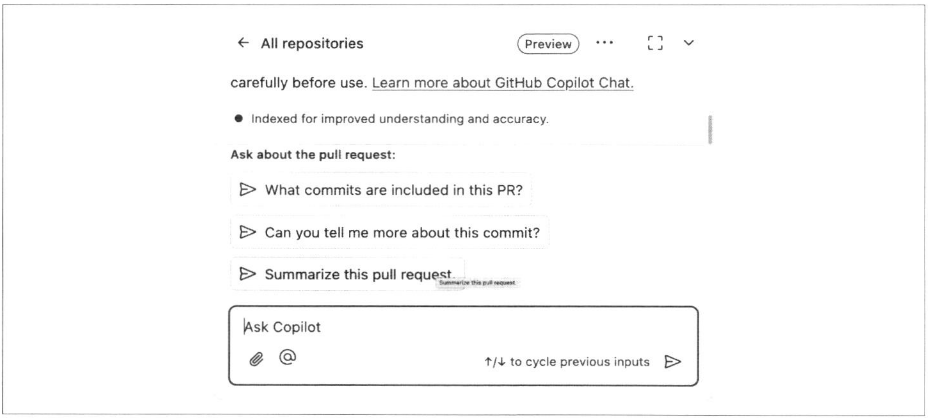

Abbildung 9.18: Copilot bitten, den Pull Request zusammenzufassen

Copilot erstellt eine kurze Zusammenfassung des Pull-Request-Inhalts, die leicht verständlich ist (Abbildung 9.19).

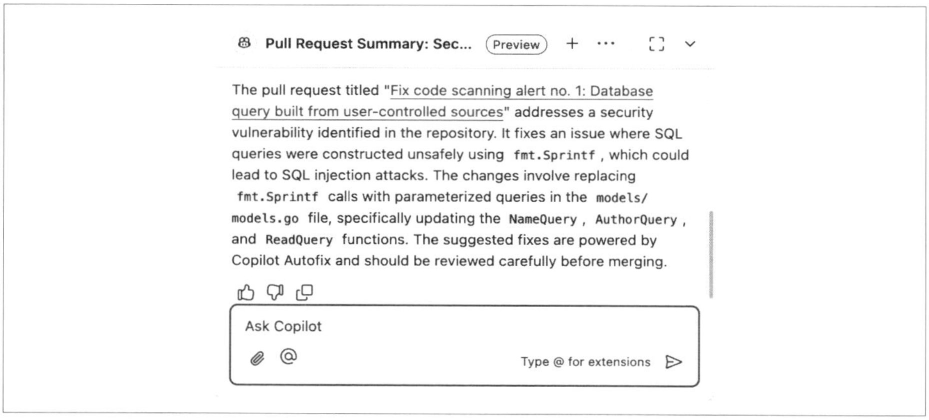

Abbildung 9.19: Copilot-Zusammenfassung des Pull Requests

Sehen wir uns ein weiteres Beispiel dafür an, wie Copilot bei Pull Requests helfen kann: eine Shortcut-Methode, um diese Requests zu erstellen.

Mit Copilot das Initiieren von Pull Requests vereinfachen

Nehmen wir an, dass wir in demselben Repository, in dem wir gearbeitet haben, Korrekturen für *alle drei* Warnmeldungen erstellen und in einen anderen Branch namens *dev* übertragen. Nun möchten wir einen neuen Pull Request erstellen, um den Branch *dev* mit dem Branch *main* zusammenzuführen.

Natürlich könnten wir über das Pull-Requests-Menü den Schritten folgen, um einen weiteren Pull Request zu erstellen. Mit Copilot lässt sich dieser Vorgang aber auf einen einzigen Klick vereinfachen. Da sich die meisten Orte und Operationen in GitHub über eine URL ansprechen lassen, bitten wir Copilot, eine geeignete URL für uns zu generieren. Dazu können wir die Copilot-Chat-Oberfläche öffnen und mit einem Prompt wie

```
Create a link to click on to open a new pull request to merge the
dev branch into main.
```

Copilot veranlassen, einen Link zu erstellen, um einen neuen Pull Request zu öffnen und den Branch *dev* mit *main* zusammenzuführen.

Daraufhin antwortet Copilot mit einem Link in der Chat-Ausgabe, wie Abbildung 9.20 zeigt. Beachten Sie, dass Copilot nur einen Link generiert, den Sie genauso gut eingeben könnten.

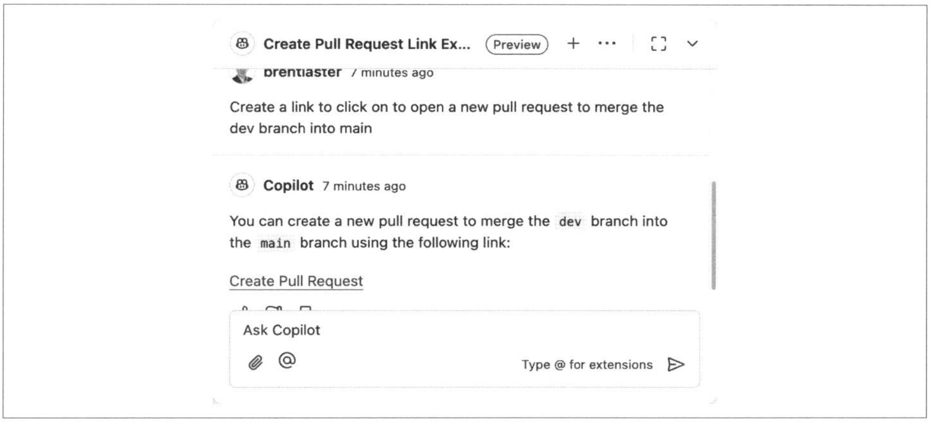

Abbildung 9.20: Ein generierter Link für den Pull Request

Auf den komfortabel generierten Link können Sie klicken, um den neuen Pull Request zu öffnen, bei dem die Komponenten *base* und *compare* bereits wie erforderlich eingerichtet sind. Doch Copilot erleichtert es nicht nur, den Pull Request zu erstellen, Sie können Copilot auch veranlassen, eine Zusammenfassung dafür basierend auf den Änderungen zu generieren. Abbildung 9.21 zeigt, wie Sie dazu auf das Copilot-Symbol im Beschreibungsbereich klicken und dann den Eintrag auswählen, um eine Zusammenfassung zu generieren. (Beachten Sie, dass dies derzeit nur in kostenpflichtigen Copilot-Plänen verfügbar ist.)

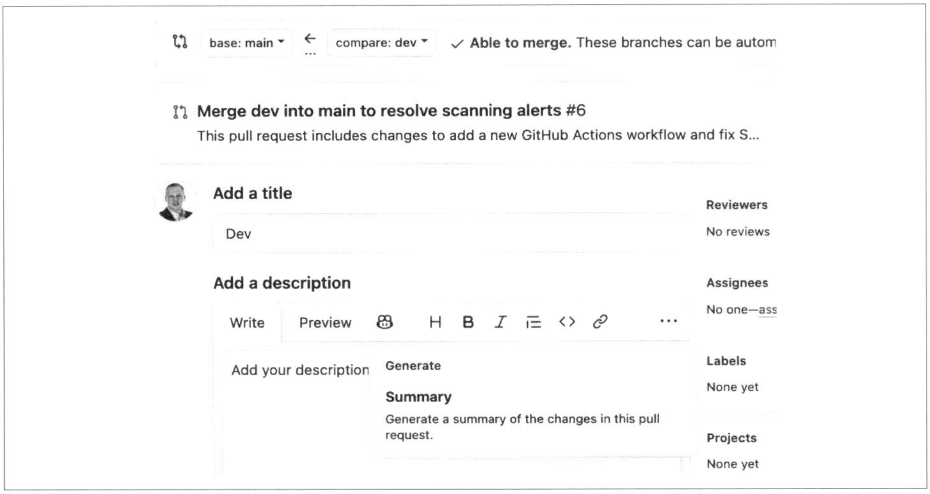

Abbildung 9.21: Ein Pull Request, der über den Link generiert wurde

Nachdem Sie auf das Steuerelement geklickt haben, generiert Copilot eine Zusammenfassung Ihrer Änderungen im Beschreibungsbereich. Das Format ist Markdown und lässt sich bearbeiten. Abbildung 9.22 zeigt ein Beispiel dafür, wie die Zusammenfassung aussieht, nachdem der Pull Request generiert wurde. Die Kommentare sehen so aus, als würden sie von Ihnen stammen, tatsächlich wurden sie aber von der KI generiert. Details zu jeder Änderung (sowie Links zu den geänderten Dateien) sind enthalten.

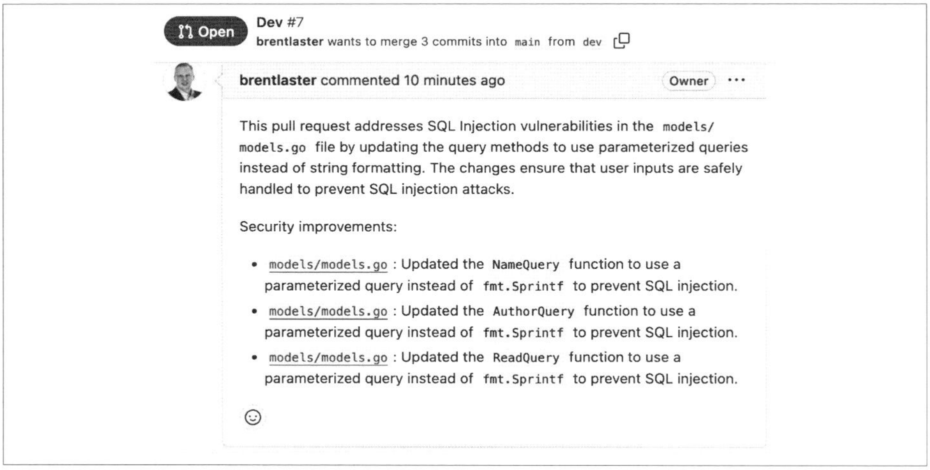

Abbildung 9.22: Die von Copilot erzeugte Zusammenfassung für den Pull Request

URLs für andere Aufgaben erzeugen

In diesem Abschnitt haben wir Copilot zwar einen Link für einen neuen Pull Request erstellen lassen, doch können Sie das gleiche Verfahren für jede Aktion verwenden, für die GitHub eine entsprechende direkte URL bereitstellt.

Wenn Sie die Details einer Änderung genauer untersuchen müssen oder wollen, können Sie auch hier Copilot um Unterstützung bitten.

Codeänderungen mit Copilot untersuchen

In dem Pull Request, mit dem wir gearbeitet haben, hat Copilot Links zu den Änderungen zwischen den beiden Branches angegeben. Wenn wir eine Änderung oder eine Reihe von Änderungen in einer Datei weiter untersuchen möchten, können wir auf diese Links klicken oder direkt zur Registerkarte *Files changed* wechseln, um die Unterschiede anzuzeigen (Abbildung 9.23).

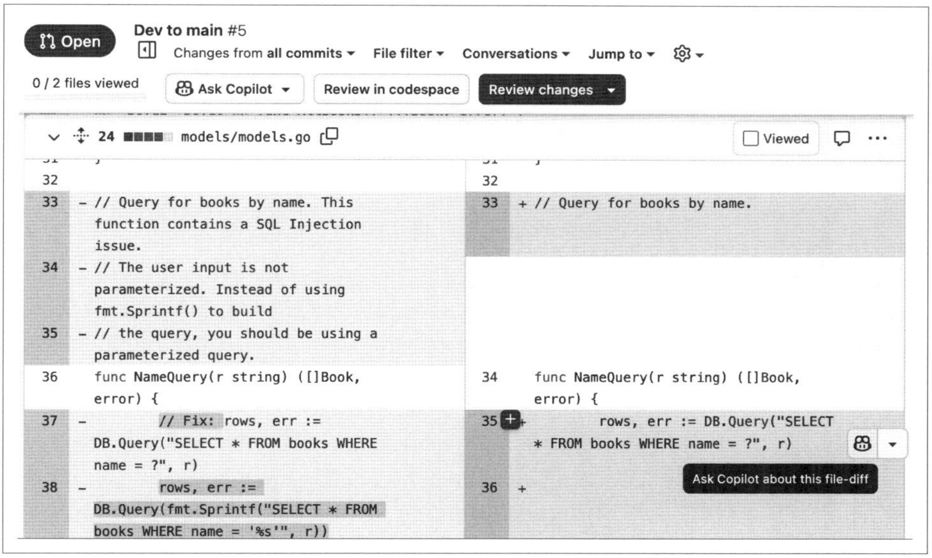

Abbildung 9.23: Im Pull Request geänderte Dateien

In dieser Registerkarte des Pull Requests befinden sich zwei Links, um Copilot zu öffnen. Der Link rechts unten ist der Standardlink, der eine Copilot-Chat-Oberfläche öffnet. Der obere Link mit der Beschriftung *Ask Copilot* (neben der Schaltfläche *Review changes*) fügt automatisch die aktuelle Datei an den Chat-Kontext hinzu und öffnet den Chat-Dialog (Abbildung 9.24).

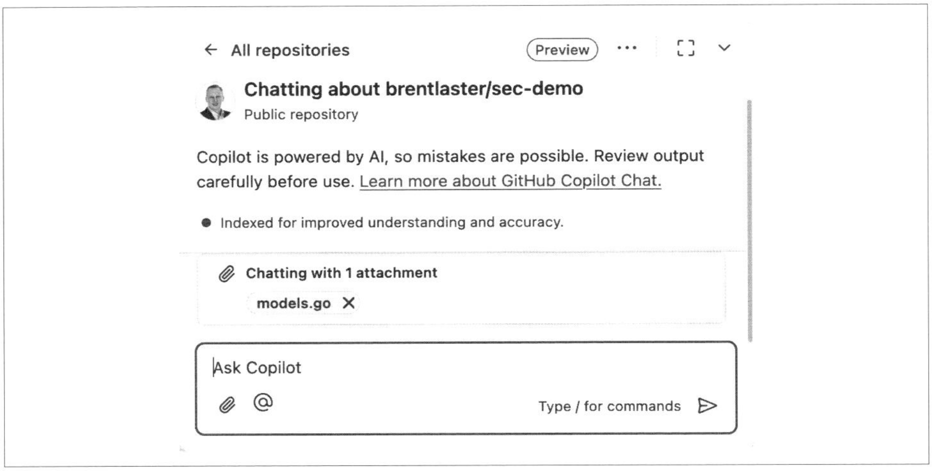

Abbildung 9.24: Von Ask Copilot geöffneter Dialog

Das Hinzufügen der Datei als Kontext richtet den Kontext für alle nachfolgenden Prompts in diesem Dialogfeld so ein, dass sie basierend auf der Datei *models.go* beantwortet werden. Zum Beispiel können Sie Copilot in diesem Dialogfeld mit »Summarize the changes in this file« auffordern, die Änderungen in dieser Datei zusammenzufassen, worauf er Ihnen Informationen zu der Datei liefert, die in den Kontext eingeht (Abbildung 9.25).

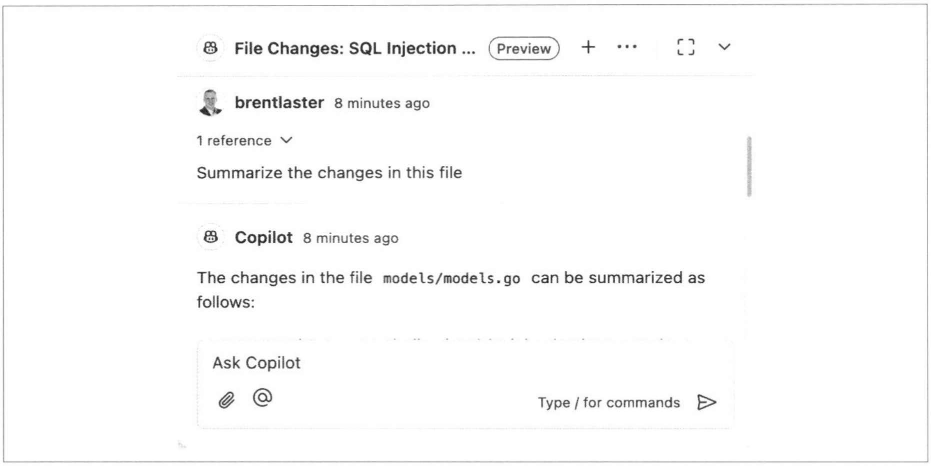

Abbildung 9.25: Dateiänderungen aus dem Kontext von Ask Copilot

Es gibt noch einen dritten, manchmal versteckten Zugriffslink auf Copilot in einer Diff-Datei wie dieser. Wenn Sie zum Anfang des ausgewählten Unterschieds scrollen, sehen Sie ein kleines, schwebendes Copilot-Symbol mit einem Drop-down-Pfeil daneben. Durch Klicken auf dieses Symbol gelangen Sie zu den beiden Optionen *Explain* (Erklären) und *Attach to current thread* (an den aktuellen Thread anhängen), wie Abbildung 9.26 zeigt.

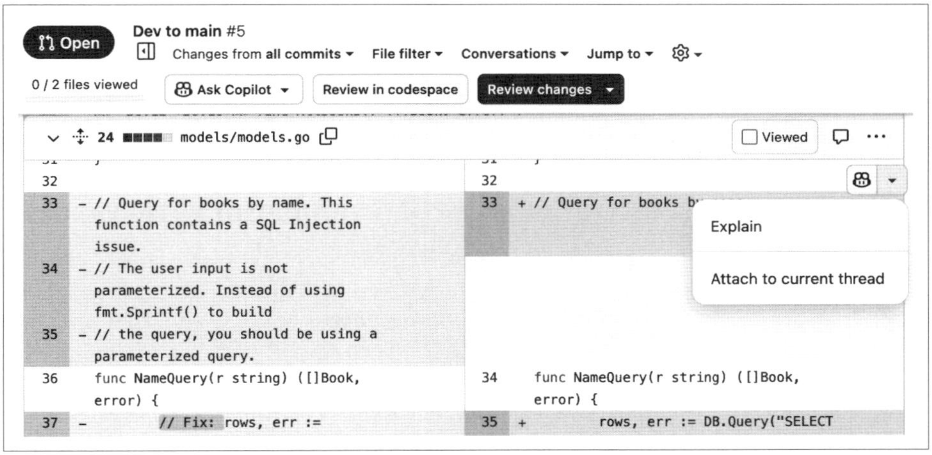

Abbildung 9.26: Zusätzliche Copilot-Befehle für den Unterschied

Der Befehl *Explain* ähnelt der zuvor beschriebenen Erklärungsfunktion von Copilot. Mit dem Befehl *Attach to current thread* können Sie diesen spezifischen Unterschied als Kontext für Copilot-Chat festlegen. Wenn Sie beispielsweise den Befehl *Attach to current thread* auswählen und dabei auf den in Abbildung 9.26 gezeigten Unterschied verweisen, sehen Sie beim nächsten Öffnen des Chat-Dialogs für Copilot, dass er auf die einzelne Änderung ab Zeile 33 als Kontext verweist und nicht auf die gesamte Datei (Abbildung 9.27).

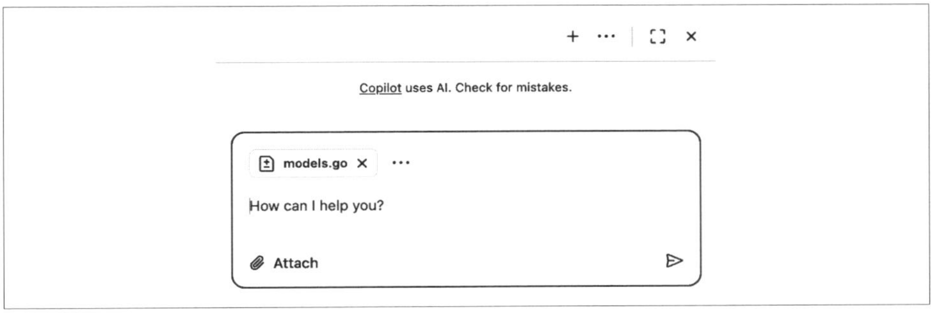

Abbildung 9.27: Diff-spezifischer Kontext

Wenn Sie im Fenster, das die Unterschiede zeigt, oben rechts auf *Conversation options* (durch drei Punkte symbolisiert) klicken, können Sie auch auf einige Copilot-Funktionen zugreifen (Abbildung 9.28).

Wie die Schaltfläche *Ask Copilot* fügen beide Optionen die Datei zum Chat-Kontext hinzu.

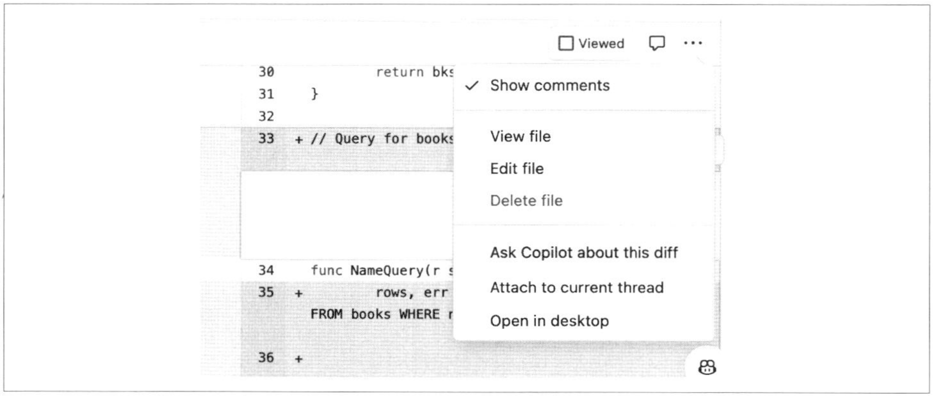

Abbildung 9.28: Auf Copilot vom Menü »Conversation options« (dargestellt durch drei Punkte) zugreifen

Schließlich sehen wir uns in diesem Kapitel noch an, wie Copilot bei einer weiteren GitHub-Programmierung helfen kann: GitHub-Issues.

Copilot mit GitHub-Issues verwenden

Eine integrierte Funktion von Copilot erlaubt es, GitHub-Issues zusammenzufassen. Dazu werden Tools (wie die GitHub-eigenen APIs) verwendet, um den Inhalt des Issues zu analysieren. Dazu gehören der Text des Issues, der Titel, Kommentare und sogar verlinkte Pull Requests (sofern vorhanden). Das Ziel ist es, eine zusammenfassende Übersicht über die wichtigsten Punkte zu erstellen, die Sie beachten müssen. Je nach Umfang der im Issue verfügbaren Informationen enthält die Zusammenfassung in der Regel das primäre Problem, die betroffenen Komponenten, die gewünschte Funktionalität und mögliche Korrekturen.

Diese Zusammenfassungen bieten folgende Vorteile:

Zeitersparnis
: Die Kernpunkte eines Problems können Sie schnell erfassen, ohne übermäßig viel Zeit mit langen Diskussionen verbringen zu müssen.

Bessere Kommunikation
: Es werden klare Zusammenfassungen zusammen mit den entsprechenden Aufgaben oder Aktualisierungen auf allen Ebenen bereitgestellt.

Effiziente Triage
: Bessere Priorisierung von GitHub-Issues, da vorhandene Probleme überprüft werden, um sicherzustellen, dass sie relevant und umsetzbar sind sowie alle erforderlichen Informationen enthalten.

Auf Genauigkeit überprüfen

Wie bei allen Ausgaben, die die KI liefert, liegt es letztlich immer noch in der Verantwortung der Benutzerin oder des Benutzers, die Genauigkeit der zusammengefassten Informationen zu überprüfen. Bei den von Copilot erzeugten Zusammenfassungen der Issues können Nuancen und/oder Details fehlen, die wichtig sein könnten.

Wir wollen nun mit einem Problem arbeiten, das sich auf das Sicherheitsproblem der Datenbankabfrage bezieht, die wir im vorherigen Abschnitt verwendet haben. Wir können den Chat-Bildschirm von GitHub Copilot öffnen, um Informationen oder Hilfe zum Problem abzurufen. Abbildung 9.29 zeigt ein Beispiel für einen Prompt, um Copilot zur Zusammenfassung dieses Problems aufzufordern.

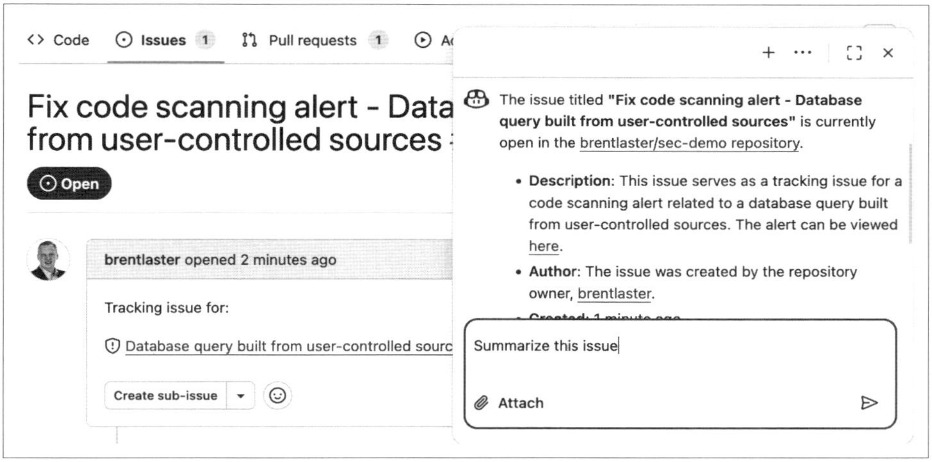

Abbildung 9.29: Copilot auffordern, ein Problem zusammenzufassen

Wir können nun um weitere Details bitten, die Hauptpunkte abfragen oder sogar von Copilot verlangen, die nächsten Schritte vorzuschlagen. Abbildung 9.30 zeigt ein Beispiel dafür, wie der Prompt »Suggest next steps for this issue« Copilot auffordert, die nächsten Schritte für dieses Problem vorzuschlagen.

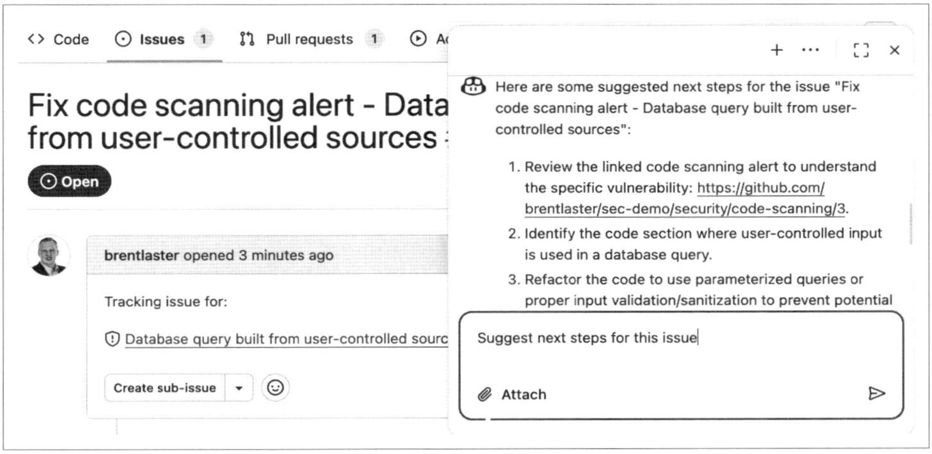

Abbildung 9.30: Copilot auffordern, die nächsten Schritte für das Problem vorzuschlagen

Da generative KI nicht deterministisch ist, kann die Qualität der Antwort in Bezug auf die Details beträchtlich variieren. In einigen Fällen erhalten Sie möglicherweise allgemein gehaltene Anweisungen, in anderen Fällen sehr detaillierte.

Fazit

Dieses Kapitel hat die verschiedenen Integrationspunkte beschrieben, die Copilot mit der GitHub-Weboberfläche verbindet. Durch diese direkte Integration erweitert sich die Nützlichkeit von Copilot erheblich und ist beim Arbeiten mit Repositorys und gängigen GitHub-Mechanismen wie Issues und Pull Requests unmittelbar verfügbar.

Die Integration mit GitHub geschieht hauptsächlich über die Chat-Oberfläche von Copilot. Ein GitHub-Repository erlaubt es an mehreren Stellen, den Chat-Dialog aufzurufen und mit Copilot über natürliche Sprache zu kommunizieren. Wenn Sie an einem Issue, einem Pull Request oder einer Korrektur arbeiten und eine neue Chat-Sitzung von Copilot öffnen, kann Copilot dies als Kontext identifizieren und relevante Fragen als Ausgangspunkt anbieten.

Für spezifischere Antworten, die auf eine oder mehrere Dateien zugeschnitten sind, können Sie in einem Chat Dateien als Kontext hinzufügen. Wenn Sie sich eine Änderung in einem Codevergleich eines Pull Requests ansehen, können Sie auch einzelne Dateien hinzufügen oder sogar Copilot anweisen, nur auf einen Teil einer Datei mit einer bestimmten Korrektur zu verweisen, wenn er seine Antworten generiert.

Copilot kann auch die in einem Pull Request vorgenommenen Änderungen in Form einer Reihe von Kommentaren zusammenfassen. Diese Zusammenfassungskommentare binden Links zu spezifischen Änderungen ein, sodass Sie einen Pull Request mit weniger Aufwand erstellen können. Zudem kann Copilot Sie unterstützen, wenn Fragen basierend auf GitHub-Issues zusammenzufassen und zu beantworten sind.

Schließlich sei noch anzumerken, dass Copilot als Reviewer und Teilnehmer bei Pull Requests hinzugefügt werden kann. Als automatisierter Reviewer kann Copilot Feedback und Vorschläge im Hauptteil des Pull Request geben, genau wie man es von einem menschlichen Reviewer erwarten würde.

Das nächste Kapitel zeigt, wie Sie die Funktionalität von Copilot erweitern und andere Tools über das Erstellen von Copilot Extensions integrieren können.

KAPITEL 10

Die Funktionalität von Copilot erweitern

GitHub Copilot ist ein erstaunlich nützliches Tool. Es lässt sich sogar noch nützlicher machen, indem man seine Fähigkeiten über die Integration mit anderen Tools erweitert. Dazu gehören auch solche, die Sie selbst schreiben können. Dies geschieht mit sogenannten *Extensions* (Erweiterungen).

Die Copilot-Extensions erweitern die Funktionalität von GitHub Copilot, indem Sie sie auf spezifische Anwendungsfälle oder Umgebungen zuschneiden. Zum Beispiel können Extensions benutzerdefinierte Anwendungen oder Anwendungen von Drittanbietern über die Chat-Oberfläche integrieren. Als Beispiel können Sie eine Copilot-Docker-Extension (*https://oreil.ly/QS54S*) installieren und dann über die Chat-Oberfläche Fragen wie »@Docker, how do I containerize this project?« stellen.

In diesem Kapitel untersuchen wir, was Erweiterungen für GitHub Copilot sind und wie Sie öffentliche Erweiterungen im Marketplace finden und damit arbeiten können. Anschließend werden wir uns mit den Details der verschiedenen Typen, ihrer Funktionsweise sowie ihren Vor- und Nachteilen befassen. Außerdem behandeln wir einige Details zu einfachen, aber nützlichen Implementierungsbeispielen. Bevor wir jedoch zu diesen Themen kommen, müssen wir einige möglicherweise verwirrende Begriffe klären.

Erweiterungen von Copilot vs. Erweiterungen von VS Code

Die Erweiterungen (Extensions) für die Funktionalität von Copilot lassen sich für eines von zwei verschiedenen Zielen implementieren. Man kann sie so entwickeln, dass sie auf jeder Plattform funktionieren, auf der Copilot Chat unterstützt wird (IDEs, GitHub.com usw.), und zwar unabhängig von der Plattform. Oder man kann sie für VS Code entwickeln, um dessen zugrunde liegende Funktionen zu nutzen, wobei sie nur auf dieser Plattform lauffähig sind (oder in einer anderen IDE, wenn sie portiert werden).

In diesem Kapitel verwenden wir die Begriffe *VS-Code-Erweiterungen für Copilot* oder *Chat-Teilnehmer*, wenn wir uns auf diejenigen beziehen, die über VS Code implementiert werden. Für die nativen Copilot-Erweiterungen (die plattformunabhängig implementiert sind) verwenden wir den kürzeren Begriff *Copilot-Erweiterungen*.

In beiden Fällen tritt die Funktionalität der Erweiterung über die Chat-Oberfläche von Copilot in Erscheinung. VS-Code-Erweiterungen für Copilot nutzen einfach die Funktionalität des Editors sowohl für das Hosting als auch die Ausführung. Copilot-Erweiterungen erfordern eine separat konfigurierte und dedizierte GitHub-App als Brücke zwischen der Chat-Oberfläche und dem Backend-Code.

Mit den Details der Implementierung und Konfiguration für beide Typen von Erweiterungen befassen wir uns später in diesem Kapitel. Dazu gehören auch Informationen darüber, was GitHub-Apps sind und wie sie mit Copilot-Erweiterungen verwendet werden. Zuerst aber wollen wir mehr darüber erfahren, was Copilot-Erweiterungen im Allgemeinen sind.

Serverbasierte und clientbasierte Erweiterungen

Es kann hilfreich sein, sich Copilot-Erweiterungen als *serverbasiert* vorzustellen, da sie mit der auf der GitHub-Seite ausgeführten App kommunizieren müssen (auch wenn dies keine offizielle Beschreibung ist). Analog könnte man VS-Code-Erweiterungen für Copilot als *clientbasiert* betrachten, da sie mithilfe der APIs des VS-Code-Clients funktionieren, auf dem sie installiert sind.

Was sind Copilot-Erweiterungen?

Copilot hat ein Framework von APIs und systemnahen Funktionen, die seiner benutzerorientierten Funktionalität zugrunde liegen. Drittanbieter sowie Benutzerinnen und Benutzer können dieses Framework nutzen, um die Fähigkeiten von Copilot zu erweitern. Anderen Anwendungen erlaubt dieses Framework, ihre Dienste über Copilot Chat direkt der Benutzerin oder dem Benutzer bereitzustellen. Als Benutzerin oder Benutzer profitieren Sie davon, andere Tools aufzurufen und mit ihnen kommunizieren zu können, ähnlich wie Sie von vornherein mit der KI von Copilot interagieren.

Erweiterungen (Extensions) haben mehrere Anwendungsfälle, wie sie die Dokumentation von Copilot beschreibt (*https://oreil.ly/B7yAU*). Unter anderem die folgenden:

Dokumentationen abfragen
: Copilot Chat ermöglichen, einen Dokumentationsdienst eines Drittanbieters abzufragen, um Informationen zu einem bestimmten Thema zu finden.

KI-gestützte Programmierung
: Das KI-Modell eines Drittanbieters heranziehen, um Codevorschläge bereitzustellen.

Abrufen von Daten
: Eine Copilot-Erweiterung kann Copilot Chat ermöglichen, den Datendienst eines Drittanbieters abzufragen, um Informationen über ein bestimmtes Thema abzurufen.

Aktionen ausführen

Copilot Chat ermöglichen, eine bestimmte Aktion auszuführen, beispielsweise eine Nachricht an ein Nachrichtenboard zu senden oder ein verfolgtes Element in einem externen System zu aktualisieren.

Copilot-Erweiterungen verwenden Sie praktisch so, als würden Sie Copilot Chat zusätzliches Wissen über eine andere Anwendung oder eine Reihe von Daten verschaffen und spezielle Fähigkeiten hinzufügen, die Sie bei Bedarf abrufen können.

Konzeptionell bieten Copilot-Erweiterungen plattformübergreifende Kompatibilität, App-Management und Support. Sie funktionieren überall dort, wo auch Chat funktioniert. Sie können privat, öffentlich und gemeinsam nutzbar sein und auf Wunsch im GitHub Marketplace gelistet werden. In der Tat ist der Marketplace ein guter Ausgangspunkt, um mehr über Erweiterungen zu lernen und sich darüber zu informieren, welche öffentlichen Erweiterungen verfügbar sind.

Copilot-Erweiterungen vom Marketplace beziehen

Sie können Ihre eigenen Erweiterungen schreiben (wie dieses Kapitel später noch zeigt), und Organisationen und Unternehmen können *private* Erweiterungen erstellen. Darüber hinaus sind bereits öffentliche Erweiterungen von Drittanbietern und Organisationen verfügbar. Um diese anzuzeigen, gehen Sie zum GitHub Marketplace (*https://github.com/marketplace*) und wählen *Copilot* in der linken Spalte aus. Abbildung 10.1 zeigt den Hauptbildschirm für Copilot-Erweiterungen im Marketplace.

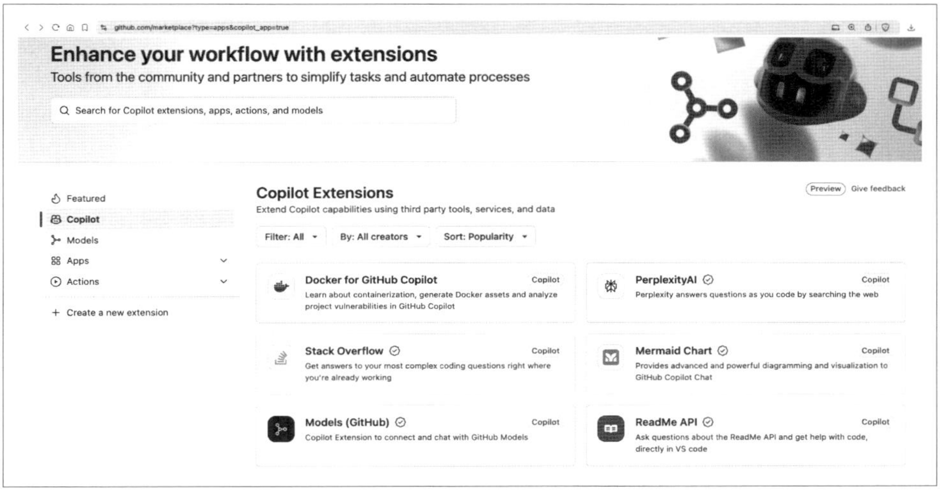

Abbildung 10.1: Copilot-Erweiterungen im Marketplace

Von hier aus wählen Sie die Erweiterung *PerplexityAI* aus. Diese Erweiterung ermöglicht das Sammeln von Antworten durch Websuchen in Echtzeit. Wenn Sie auf den Link im Marketplace klicken, erscheint die Detailseite der Erweiterung mit Angaben darüber, was die Erweiterung ist und was sie leistet (Abbildung 10.2).

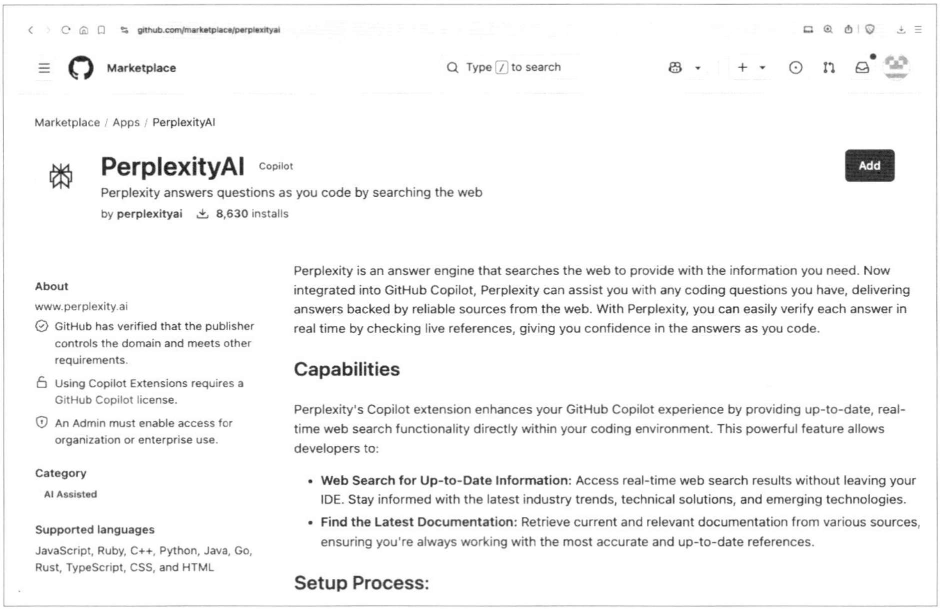

Abbildung 10.2: Die Hauptseite der Erweiterung

Wenn Sie auf die Schaltfläche *Add* (rechts oben) klicken oder zum Ende der Seite scrollen, gelangen Sie zu dem Bereich der Seite, in dem Sie die Erweiterung installieren können (Abbildung 10.3). Die gewählte Erweiterung ist kostenlos.

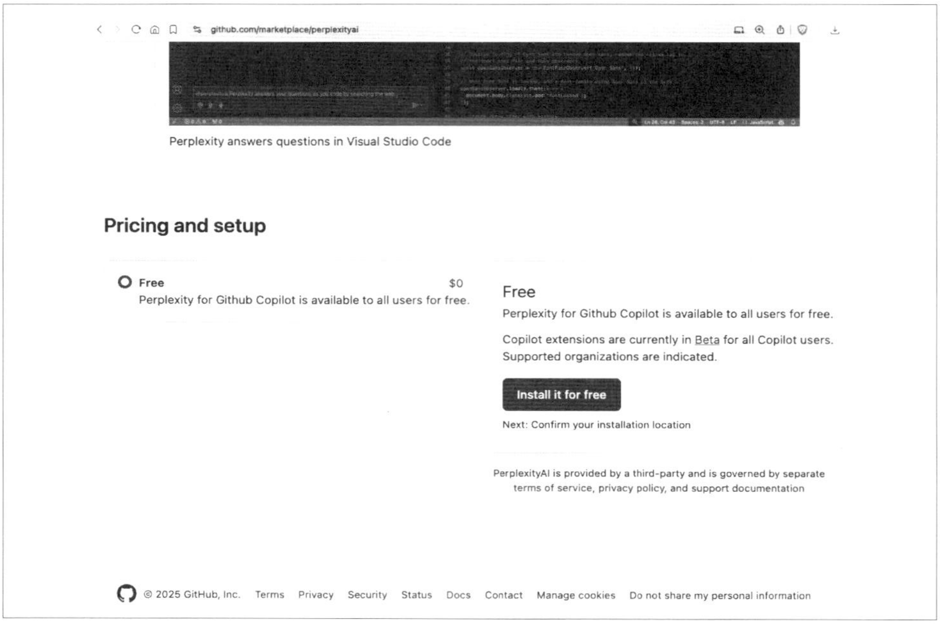

Abbildung 10.3: Installationsseite der Erweiterung

Bei einigen Erweiterungen müssen Sie gegebenenfalls die Benutzerin bzw. den Benutzer oder die Organisation auswählen, die autorisiert sind, die Erweiterung zu verwenden. Dies sehen Sie zum Beispiel, wenn Sie die Docker-Erweiterung installieren möchten (Abbildung 10.4). Da es sich im Fall der PerplexityAI-Erweiterung um eine allgemeine Suche handelt, ist sie für alle Repositorys der Benutzerin bzw. des Benutzers, der die Erweiterung installiert, nutzbar.

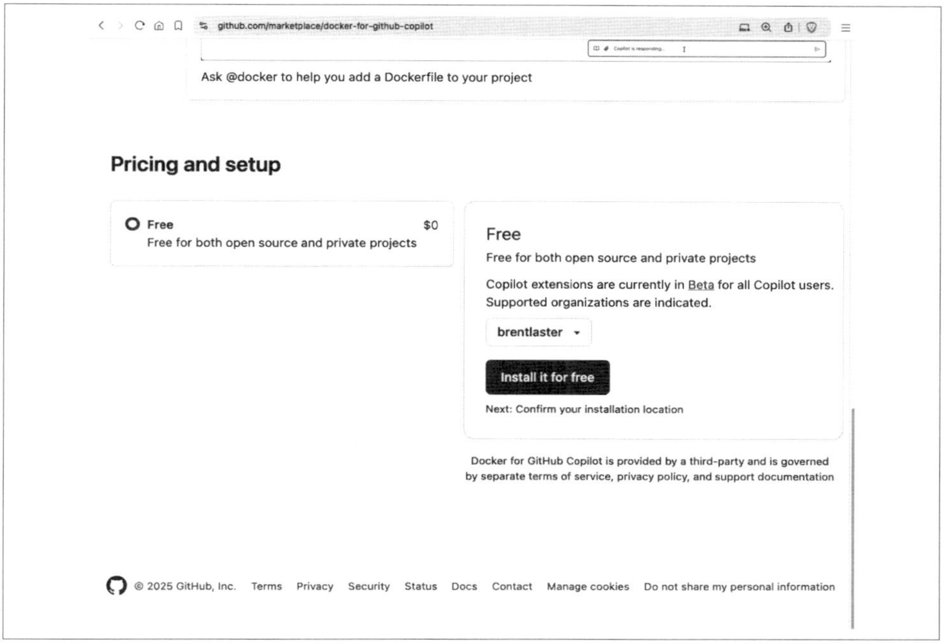

Abbildung 10.4: Die Docker-Erweiterung installieren, wobei die Benutzerin bzw. der Benutzer oder die Organisation ausgewählt ist

Die meisten Copilot-Erweiterungen erhalten über eine *GitHub-App* Zugriff auf Repositorys und Ihr Konto. Praktisch sind dies Backend-Anwendungen, die in Ihrem GitHub-Konto installiert und autorisiert sind, um mit Ihren Repositorys zu arbeiten. Bei Copilot-Erweiterungen, die eine App verwenden, dient die App als Brücke zwischen der Chat-Oberfläche und dem Code, der die Funktionalität der Erweiterung implementiert. Die App stellt die Zugriffs- und Steuerungsebene zwischen Copilot und den Operationen der Erweiterung bereit. Die App-Integration sehen Sie, sobald Sie die Erstinstallation für die Erweiterung abgeschlossen haben. Sie werden aufgefordert, die zugehörige GitHub-App für das Konto zu autorisieren, indem Sie sich bei GitHub authentifizieren. Nach der Autorisierung gelangen Sie zur Konfigurationsseite für die installierte App, wie Abbildung 10.5 zeigt.

Auf dieser Seite können Sie bestimmte Berechtigungen für die App und/oder bestimmte Repositorys auswählen, auf die die App zugreifen darf. Im Fall der App für die PerplexityAI-Erweiterung gilt dies einfach für alle Repositorys und es gibt keine besonderen Berechtigungsanforderungen. Damit sind Sie startklar. Auf dieser Seite können Sie die App auch deaktivieren oder deinstallieren.

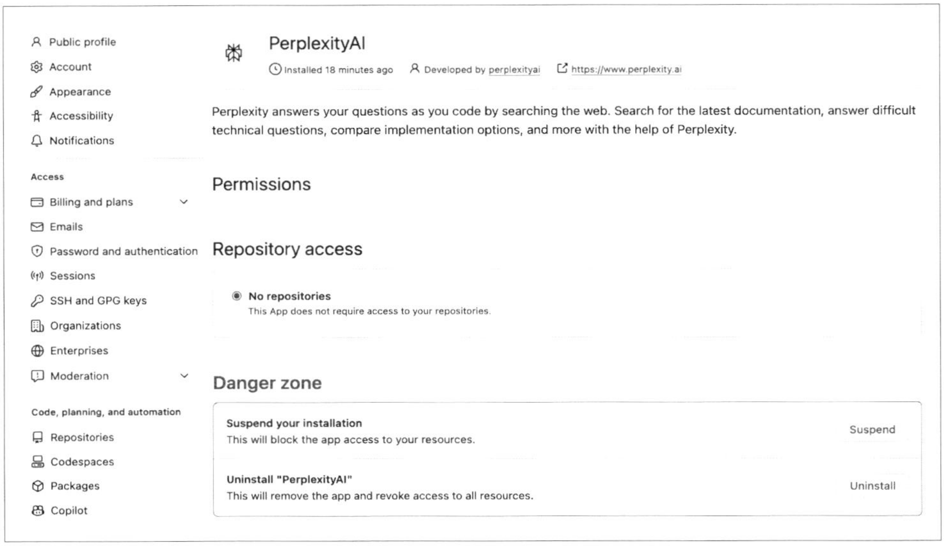

Abbildung 10.5: GitHub-App-Konfiguration der PerplexityAI-Erweiterung

Die App-Konfiguration ändern

Wenn Sie die Konfigurationseinstellungen für die App später ändern müssen und angemeldet sind, können Sie zum Anwendungsbereich Ihrer Einstellungen gehen (*https://oreil.ly/WOBZf*), um die Konfiguration einer installierten App zu modifizieren.

Nachdem die Schritte zur Installation und Autorisierung abgeschlossen sind, starten Sie alle Instanzen der Anwendungen, in denen GitHub Copilot aktiv ist, neu bzw. erneut. Geben Sie dann das @-Zeichen und den Namen der Erweiterung in die Chat-Oberfläche ein, um die neu installierte Erweiterung zu verwenden, wie Abbildung 10.6 zeigt.

Abbildung 10.6: Die PerplexityAI-App im Chat aufrufen

Wenn Sie versuchen, die neue Erweiterung nach dem Neustart zu verwenden, werden Sie möglicherweise zur Autorisierung aufgefordert – entweder für den ausgewählten Arbeitsbereich oder für alle Arbeitsbereiche (Abbildung 10.7).

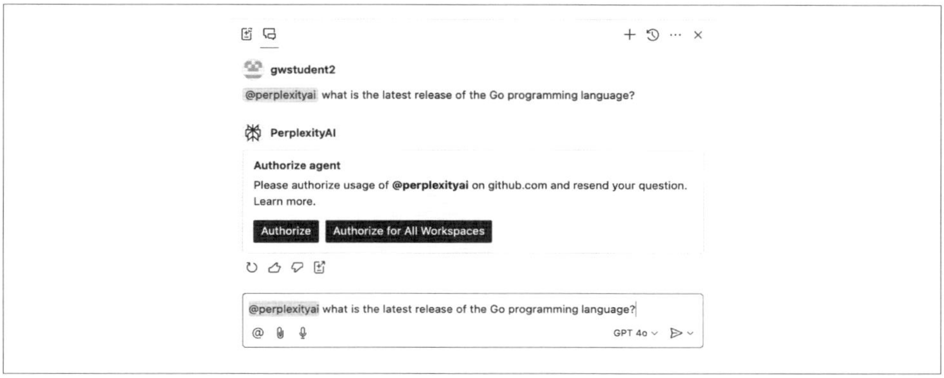

Abbildung 10.7: Autorisierung für den Arbeitsbereich

Dies geschieht auf ähnliche Weise wie die erste Autorisierung. Sobald die Autorisierung abgeschlossen ist, können Sie Ihren Prompt erneut senden und sollten daraufhin eine Antwort erhalten (Abbildung 10.8).

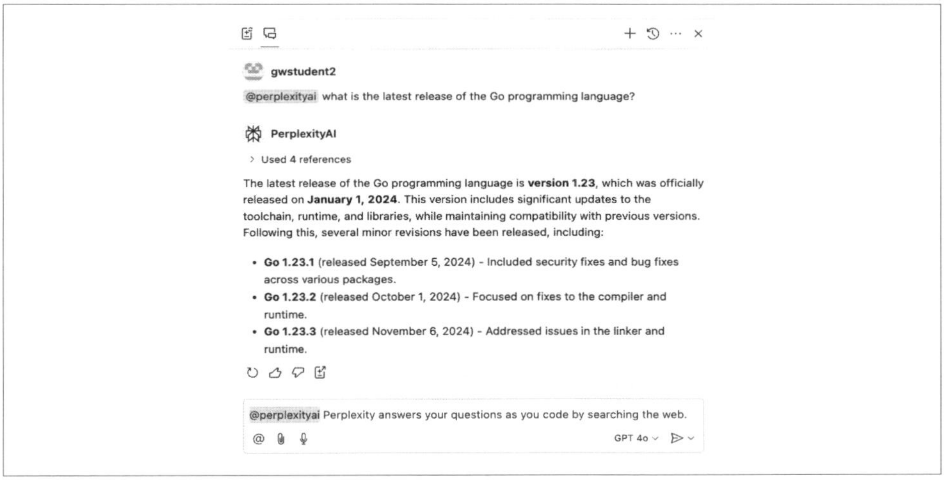

Abbildung 10.8: PerplexityAI-Antwort nach der Autorisierung

Die Anzahl der öffentlichen Copilot-Erweiterungen wächst stetig. Wenn sie zu einer Anwendung oder einem Zweck passen und Sie die Funktionalität benötigen, können sie eine nützliche Option sein. Wenn Sie jedoch Funktionen benötigen, die noch nicht verfügbar sind, oder eine Integration benötigen, die direkter zu Ihren Daten oder Prozessen passt, sollten Sie die Entwicklung und Verwendung einer eigenen Copilot-Erweiterung in Betracht ziehen. Um mehr über diese Option zu erfahren, betrachten wir zunächst die beiden möglichen Implementierungsarten von Copilot-Erweiterungen.

Die Implementierungstypen von Copilot-Erweiterungen

Copilot-Erweiterungen können auf zwei Arten implementiert werden:

Agent
: Eine als Agent implementierte Erweiterung dient als vollständiger KI-Assistent. Das heißt, sie kann komplexe Chat-Konversationen verarbeiten, benutzerdefinierten Code ausführen und maßgeschneiderte Antworten zurückgeben.

Skillsets
: Eine als Skillset implementierte Erweiterung kann einen oder mehrere API-Endpunkte im Hintergrund aufrufen, um bestimmte Informationen abzurufen oder grundlegende Aktionen auszuführen.

Später in diesem Kapitel finden Sie Beispiele, wie Sie die einzelnen Implementierungstypen erstellen. Zunächst einmal beschäftigen wir uns mit den allgemeinen Vor- und Nachteilen der einzelnen Typen.

Agenten verkörpern den ursprünglichen Typ der Copilot-Erweiterung und bieten die umfangreichsten Funktionen, wenn Sie komplexe oder benutzerdefinierte Verarbeitung und Integration benötigen. Zum einen bieten sie vollständige Kontrolle, zum anderen können sie auch schwierig zu implementieren sein.

Skillsets erleichtern es, andere APIs aufzurufen oder grundlegende Operationen auszuführen. Sie sind einfacher zu implementieren, bieten jedoch weniger Funktionen und weniger Kontrolle.

Tabelle 10.1 vergleicht die beiden Implementierungsoptionen.

Tabelle 10.1: Vergleich der Copilot-Erweiterungstypen

Attribut	Copilot-Agenten	Copilot-Skillsets
Komplexität	Erfordern einen höheren Entwicklungsaufwand, um den gesamten Ablauf der Benutzerinteraktion zu verwalten und Antworten zu generieren	Entwickelt für einfache Integration mit minimalem Setup
Kontrolle	Bieten vollständige Kontrolle darüber, wie Anfragen verarbeitet und Antworten generiert werden	Begrenzte Kontrolle über die Benutzerinteraktion. Schwerpunkt liegt auf Datenabruf und grundlegende Aktionen
Anwendungsfälle	Geeignet für komplexe Szenarios, in denen Sie benutzerdefinierte Logik implementieren, andere KI-Modelle integrieren und den Konversationskontext verwalten müssen	Einfache Aufgaben wie das Abrufen von Daten aus einer externen API oder das Durchführen einfacher Operationen
Verfügbare Oberflächen	Alle (GitHub, IDEs)	Alle (GitHub, IDEs)
Support	GitHub	GitHub

Nachdem Sie nun wissen, was diese Typen auszeichnet, können wir uns mit der Implementierung befassen. Dabei müssen Sie sich zunächst über einige Bausteine im Klaren sein, wenn Sie eine Copilot-Erweiterung zusammenstellen.

Bausteine für Erweiterungen zusammenstellen

Bausteine sind die Komponenten, die zusammengesetzt werden müssen, damit die Erweiterung zugänglich ist und funktioniert. Im Kern benötigen wir für das Arbeiten mit einer Copilot-Erweiterung folgende Teile:

- Eine GitHub-App mit einem bestimmten Endpunkt, der die Interaktionen zwischen der Erweiterung und Copilot Chat verarbeitet
- Ein Serverprozess, der das Backend hosten und Endpunkte verfügbar machen kann
- Eine Backend-Implementierung, die die Funktionalität für die Erweiterung bereitstellt. Diese Funktionalität kann Aufrufe des LLMs sowie die Integration mit externen Tools, Diensten oder APIs umfassen.

Abbildung 10.9 gibt einen Überblick über die Bausteine, aus denen wir Erweiterungen konstruieren.

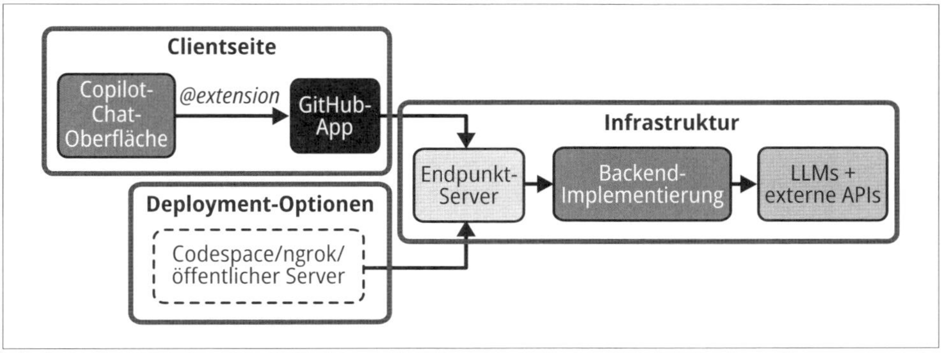

Abbildung 10.9: Überblick über unsere Bausteine

Zwar sind GitHub-Apps und Endpunkt-Server sowohl für Agent- als auch Skillset-Erweiterungen erforderlich, doch sind diese Konstrukte nicht ausschließlich auf Erweiterungen bezogen. Die nächsten Abschnitte erläutern, wie diese verwendet werden, um Erweiterungen zu ermöglichen.

GitHub-Apps

Eine *GitHub-App* ist ein Tool, das in GitHub integriert ist, um die Funktionalität von GitHub zu erweitern. Dies kann auf verschiedene Weise geschehen:

- Aufgaben automatisieren
- In APIs und Webhooks integrieren
- Den GitHub-Workflow anpassen

Nachdem eine GitHub-App installiert und registriert ist, kann sie unabhängig vom Benutzer als autorisierter Prozess fungieren, um die in der obigen Liste beschriebenen Operationen auszuführen. Dazu gehört es, die App zu registrieren (einschließlich einer manuellen Konfiguration, falls erforderlich), den Code zu schreiben, der für die Funktionalität erforderlich ist, und dann die App über einen Webhook, eine Callback-URL usw. einzurichten. Zudem dient die App als Gateway, um autorisierten Zugriff auf Ressourcen zu erhalten.

Callback-URL

Im Zusammenhang mit GitHub-Copilot-Erweiterungen ist eine *Callback*-URL eine URL, die Ihre benutzerdefinierte Copilot-Erweiterung für GitHub bereitstellt. Die URL dient als Ziel, zu dem das System die Benutzerin oder den Benutzer umleitet, nachdem sie oder er sich erfolgreich mit Ihrer Erweiterung authentifiziert hat. Die URL fungiert wie eine *Rückkehradresse*, nachdem die Autorisierung abgeschlossen ist.

Die oben beschriebene App für die PerplexityAI-Erweiterung ist ein gutes Beispiel dafür. Nachdem Sie die Erweiterung installiert haben, gehen Sie in Ihr GitHub-Profil und wählen dann im linken Menü unter *Intergrations* den Eintrag *Applications*. Dann erscheint die installierte App für diese Erweiterung (Abbildung 10.10).

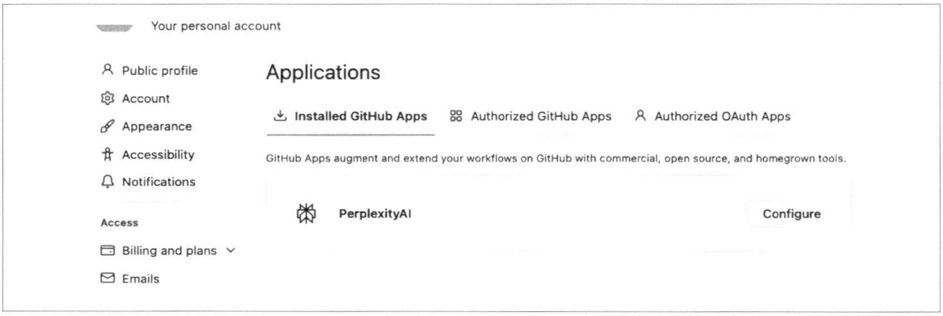

Abbildung 10.10: Die PerplexityAI-App, die über eine Erweiterung installiert wurde

Link zum Installieren von Anwendungen

Wenn Sie bei GitHub angemeldet sind, können Sie auch über die Seite *Installationen* auf die Liste der installierten Anwendungen zugreifen.

Bei vorhandenen GitHub-Erweiterungen, die öffentlich oder in Ihrer Organisation oder in Ihrem Unternehmen verfügbar sind, wird die App im Rahmen des Installations- und Autorisierungsprozesses der Erweiterung automatisch installiert und konfiguriert. Bei Erweiterungen, die Sie selbst implementieren, müssen Sie im Rahmen des Gesamtprozesses eine neue App erstellen und konfigurieren. Die Schritte zum Erstellen und Konfigurieren wird dieses Kapitel später behandeln.

Zunächst befassen wir uns mit einem anderen wichtigen Aspekt der Funktionsweise von Erweiterungen: dem Endpunkt-Server.

Endpunkt-Server

Einfach ausgedrückt kann man eine Agent- oder Skillset-Erweiterung von Copilot als App betrachten, die eine Verbindung zu einem Endpunkt herstellt, der die Interaktionen zwischen der Erweiterung und Copilot Chat verarbeitet. Der Endpunkt ist die API für Code, der eine Chat-Eingabe verarbeitet, bestimmte Verarbeitungsschritte durchführt und dann die Ausgabe zurück an den Chat streamt. Die Verfügbarkeit des Endpunkts ist also eine wichtige Voraussetzung für den Ablauf.

Bei einer Erweiterung, die Sie vom Marketplace oder von einer Unternehmens-/Organisationswebsite installieren, ist der Server bereits eingerichtet und konfiguriert. Wenn Sie Ihre eigene Erweiterung erstellen, müssen Sie diese auf einem öffentlich zugänglichen Server hosten lassen (zum Beispiel über das Bereitstellen auf einem Cloud-Dienst oder über Tunneling). Beispielsweise können Sie einen einfachen Dienst wie Cloudfare (*https://oreil.ly/m1eVi*) oder ngrok (*https://ngrok.com*) verwenden, um eine öffentliche URL für Entwicklung und Testen bereitzustellen.

Um diese Dienste nutzen zu können, müssen Sie sich bei ihnen registrieren und dann anmelden. Wenn Sie VS Code oder einen GitHub Codespace für Entwicklung und Testen verwenden, können Sie alternativ den Port freigeben und die Port-Weiterleitung (*https://oreil.ly/jgyG3*) aktivieren. Diese Methode ist kostenlos und bietet sich an, bevor Sie auf einen formellen Standort umstellen, wenn die Erweiterung öffentlich gemacht wird. Bei dieser Methode ist zu beachten, dass die Sichtbarkeit des Ports von der Standardeinstellung `private` zu `public` (öffentlich) geändert werden muss.

Während die App und der Endpunkt eine Möglichkeit bieten, Informationen mit der Chat-Oberfläche auszutauschen, findet die eigentliche Arbeit mit dem Backend-Code statt, der den Endpunkt implementiert. Der Rest dieses Kapitels befasst sich damit, wie Sie diese Erweiterungen implementieren. Den Anfang macht das Erstellen einer Erweiterung als Agent.

Eine Erweiterung als Agent implementieren

Ein Copilot-Agent ist ein benutzerdefiniertes Tool, das in einer Copilot-Erweiterung eingebettet ist. Agenten erweitern die Fähigkeiten von Copilot, indem sie Ihnen ermöglichen, benutzerdefinierte Features zu erstellen und in die Copilot-Chat-Oberfläche zu integrieren.

> **Der Agent-Modus von Copilot**
>
> In Kapitel 4 haben wir den integrierten *Agent-Modus* von Copilot besprochen, mit dem es möglich ist, autonom wiederholt Code und Terminalbefehle zu erstellen, um ein Ziel zu erreichen. In diesem Kapitel sprechen wir erneut über Agenten, allerdings als separate Funktionen, die für Erweiterungen konzipiert sind.

Eine Agent-Implementierung ist zweckmäßig, wenn Sie mehr Kontrolle darüber haben möchten, wie eine Anfrage verarbeitet oder wie eine Antwort während einer Chat-Interaktion generiert wird. Agenten können benutzerdefinierte Logik implementieren, in andere LLMs und die Copilot-API integriert werden, beim Kontext für Chat-Konversationen helfen und die Interaktion verwalten. Allerdings ist es komplexer, sie zu erstellen und zu warten.

Eine grundlegende Implementierung durchführen

Dieser Abschnitt zeigt, wie Sie eine einfache und dennoch nützliche Agent-basierte Erweiterung namens `@meta-files` implementieren. Für eine im Prompt angegebene Programmiersprache generiert unsere Erweiterung die Beispieldateien *.gitignore* und *.gitattributes*. Wenn die Benutzerin oder der Benutzer hingegen den Namen einer Open-Source-Lizenz im Prompt nennt, generiert die Erweiterung ein Beispiel der Open-Source-Lizenz. Enthält die Lizenz einen Platzhalter für den Namen der Benutzerin bzw. des Benutzers und das aktuelle Jahr, versucht die Erweiterung, diese Werte auszufüllen. Schließlich gibt die Erweiterung auch einige Hinweise dazu, wann diese Art von Lizenz sinnvoll ist.

Beispiele für die Verwendung der Erweiterung sind in Abbildung 10.11 und Abbildung 10.12 dargestellt. Mit den rechts oben angegebenen Prompts rufen Sie die Erweiterung auf: `@meta-files Python` für Abbildung 10.11 und `@meta-files MIT` für Abbildung 10.12. Der Code beruht auf Beispielen in den Copilot-Erweiterungen (*https://oreil.ly/pWQcX*) und ist im GitHub-Repository zum Buch (*https://oreil.ly/93ZY_*) zu finden.

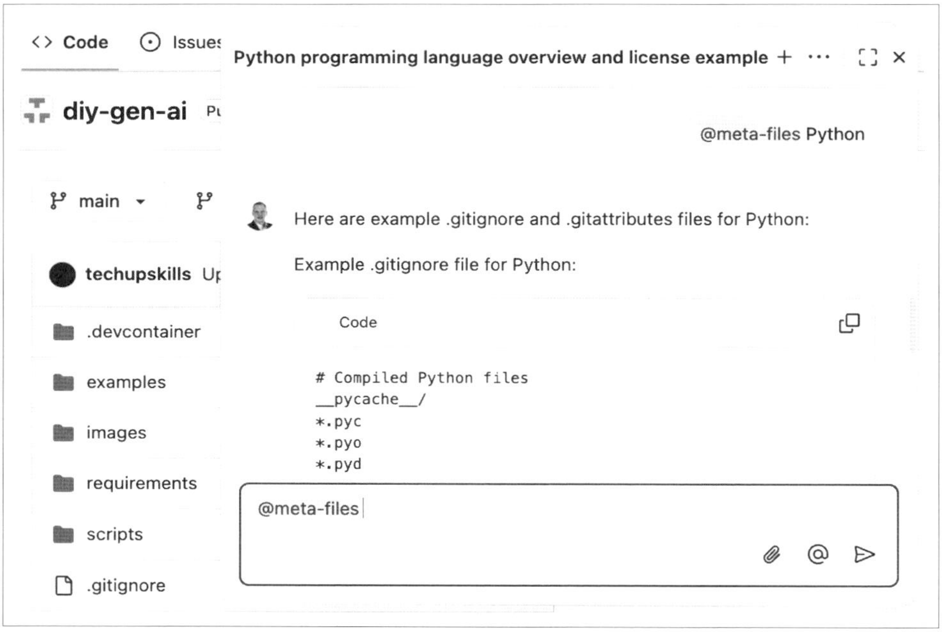

Abbildung 10.11: Erweiterung, die Metadateien für Python generiert

Abbildung 10.13 zeigt im Überblick, wie eine Agent-Erweiterung funktioniert. Die folgenden Abschnitte gehen näher auf die einzelnen Bestandteile ein.

Der Kürze halber gehen wir nicht auf den gesamten Code ein, sondern greifen nur einige wichtige Punkte heraus. Dieses Beispiel ist in JavaScript geschrieben, aber Ihre Erweiterung kann in praktisch jeder modernen Sprache geschrieben werden.

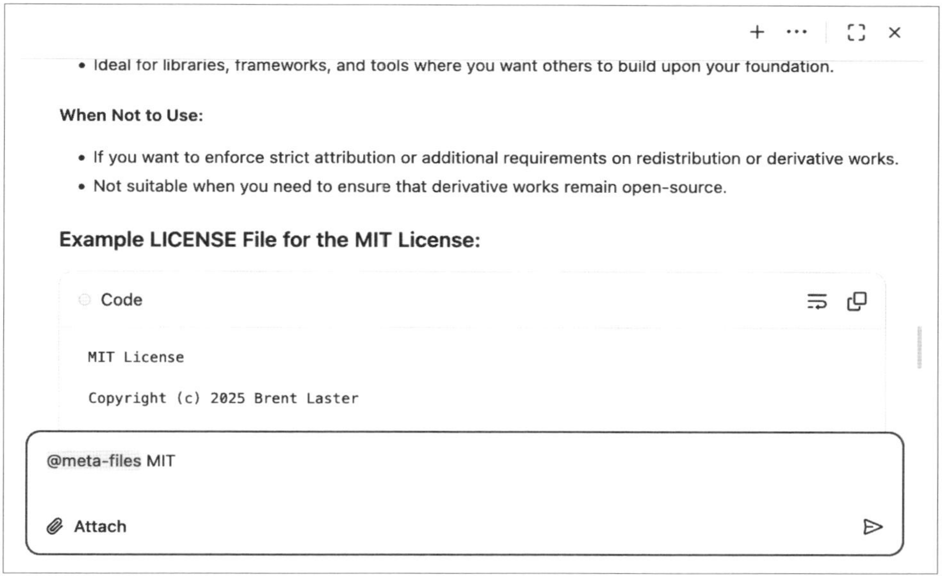

Abbildung 10.12: Erweiterung, die Lizenzdaten generiert

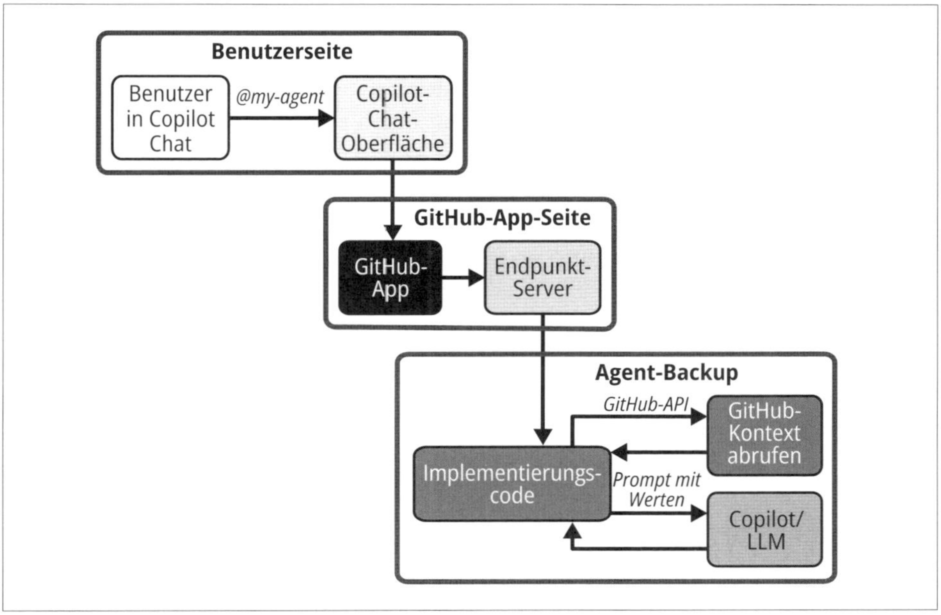

Abbildung 10.13: Übersicht über die Agent-Erweiterung

Dieses einfache Beispiel konzentriert sich auf nur zwei standardmäßige JavaScript-Dateien: *package.json* und *index.js*. Sehen wir uns zunächst den Inhalt von *package.json* an, der folgendermaßen aussieht:

```
{
  "name": "metafiles-extension",
  "private": "true",
  "description": "Generate metafiles for a GitHub repository",
  "scripts": {
    "start": "node index.js",
    "dev": "node --watch index.js"
  },
  "type": "module",
  "dependencies": {
    "@octokit/core": "^6.1.2",
    "express": "^4.19.2"
  }
}
```

Die Struktur entspricht dem Standard für derartige Dateien. Zwar könnten wir noch eine Reihe anderer Felder hinzufügen, doch wir wollen das Beispiel einfach halten. Lediglich die Abhängigkeiten bedürfen einer zusätzlichen Erklärung.

Bei `express` handelt es sich um ein einfaches Framework als Backend für Webanwendungen. Konzeptionell soll es das Erstellen von Webanwendungen und APIs mit *Node.js* vereinfachen. Wenn wir unsere Agent-Erweiterung erstellen, schaffen wir praktisch eine Webanwendung mit einem Endpunkt, der über die GitHub-App erreichbar ist.

Die andere von uns verwendete Abhängigkeit ist `octokit`, eine Reihe von Bibliotheken, die GitHub bereitstellt, damit Code mit seinen REST- und GraphQL-APIs interagieren kann. Diese Bibliotheken erleichtern die programmgesteuerte Automatisierung von Aufgaben und das Verwalten von Repositorys. Zudem ist es damit möglich, GitHub-Ressourcen wie Pull Requests und Issues per Code zu manipulieren. Hier nutzen wir sie, um ein Token für die Informationen des Benutzers abzurufen und damit zu arbeiten.

Die Datei mit unserer Hauptlogik ist *index.js*. In GitHub (*https://oreil.ly/GJW8z*) können Sie sich diese Datei mit dem gesamten Code ansehen. Die Logik am Anfang der Datei ist für die erforderlichen Importe zuständig, startet eine `express`-App, postet eine Willkommensnachricht und geht dann zur Hauptverarbeitung über.

Die Hauptverarbeitung ruft mithilfe von `octokit` ein Token ab und geht dann in eine Standardschleife über:

- Abrufen der Nutzdaten, die uns über die Chat-Oberfläche (über die GitHub-App) erreichen
- Ergänzen des Prompts, um der KI mitzuteilen, wonach wir suchen
- Den Prompt an das zugrunde liegende LLM senden, um eine Antwort von der KI zu erhalten
- Die Antwort an die Chat-Oberfläche weiterleiten

Die Abläufe sind ziemlich einfach. Die eigentliche Magie passiert dort, wo wir den Prompt ergänzen, um der KI mitzuteilen, wonach wir suchen. Der Code für diesen Teil sieht so aus:

```
    // Define the LLM's role and what it should look for and do

    const messages = payload.messages;

    messages.unshift({
      role: "system",
      content: "Search for a programming language name in the message
   from the user. If you find one, generate example .gitignore and
  .gitattributes files for that programming language",
    });

    messages.unshift({
      role: "system",
      content: "Search for an open source software license name, type,
   or abbreviation in the message from the user. If you find one,
   do the following: Provide a few key bullet points about the
  license and when it should/should not be used. Then generate an
  example LICENSE file for that license. If the example file contains
   the text [NAME] or [YOUR NAME], replace that text with " +
  user.data.name + ". If the LICENSE file contains the text [YEAR],
  replace [YEAR] with the current year.",
    })
```

Dem Prompt, den wir aus dem Chat erhalten haben, fügen wir Inhalte hinzu, um dem LLM mitzuteilen, wonach es suchen und wie es reagieren soll. Dies ist der Schlüssel zum Funktionieren einer Agent-Erweiterung – dem LLM einen detaillierten Prompt geben, um ihm mitzuteilen, worauf es achten soll und welche Art von Ausgabe gewünscht ist. Stellen Sie sich das ähnlich wie die direkte Interaktion mit einem Modell wie ChatGPT vor. Je mehr Details Sie in Ihrem Prompt angeben können, desto besser ist die Antwort, die Sie von der KI erwarten dürfen. Die Logik, die wir in unserem Agent-Code verwenden, um das gewünschte Ergebnis zu erzielen, läuft letztlich darauf hinaus, einen guten Prompt zu kreieren.

Einen guten Prompt kreieren

Es gibt zahlreiche Quellen mit Anleitungen, wie man einen guten Prompt zusammenbaut. Letztlich ist der beste Prompt derjenige, der wie von Ihnen beabsichtigt funktioniert, d.h. die richtigen Informationen herauszieht und eine aussagekräftige Antwort zurückgibt.

Ein einfacher Ansatz hierfür besteht darin, den Prompt zunächst direkt über die Copilot-Chat-Oberfläche (oder ein KI-Modell) auszuprobieren und dann zu verfeinern. Sobald Sie einen funktionierenden Prompt gefunden haben, können Sie ihn in den Code Ihrer Erweiterung einfügen.

Mit diesem grundlegenden Setup verfügen wir über den Kerncode, den wir für unsere Erweiterung benötigen. Der für die Ausführung dieser Erweiterung erforderliche Code wurde in einer Entwicklungsumgebung – *nicht in einer Produktionsumgebung* – erstellt. Zur Überführung in die Produktion wäre eine umfangreichere Implementierung erforderlich.

Um die größere Implementierung für die Produktion zu vereinfachen, stellt GitHub ein SDK bereit, das einige der für Erweiterungen in der Produktion erforderlichen Kernfunktionalitäten implementiert. Derzeit ist das SDK nur ein Alpha-Release und ausschließlich für Erweiterungen geeignet, die als Agenten implementiert sind. Mehr darüber erfahren Sie im folgenden Kasten.

GitHub Copilot Extensions SDK

Um häufige Aufgaben beim Erstellen einer Erweiterung als Agent zu vereinfachen, stellt GitHub ein SDK bereit. Das auch als *Preview SDK* bekannte *GitHub Copilot extensions SDK* ist ein Tool, das die Implementierung von GitHub-Copilot-Agent-Erweiterungen vereinfachen und beschleunigen soll. Mithilfe des SDK lassen sich häufige Aufgaben wie die folgenden automatisieren:

Verifizieren der Nutzdaten von Anfragen
: Gewährleistet, dass eingehende Anfragen gültig und sicher sind.

Analysieren der Nutzdaten
: Vereinfacht das Extrahieren relevanter Daten aus Anfragen.

Erstellen von Antworten
: Formatiert Antworten in einer Weise, die mit Copilot Chat kompatibel ist.

Optimieren von API-Interaktionen
: Bietet Dienstprogramme, um externe Tools, APIs oder Datenquellen direkt in Copilot Chat zu integrieren, ohne wiederholt Integrationscode schreiben zu müssen.

Da das SDK derartige Routineaufgaben beherrscht, können sich Entwickler auf die Kernfunktionalität der Erweiterung konzentrieren. Der Code für das SDK befindet sich im Bereich der *copilot-extensions* von GitHub (*https://oreil.ly/Dgdr4*). Der Kürze halber und da sich das SDK noch in einem frühen Entwicklungsstadium befindet, gehen wir nicht näher auf die einzelnen SDK-Funktionen ein. Grundlegende Beispiele für gängige Aufgaben finden Sie der Datei *README.md* des Projekts. Außerdem enthält der Ordner *Examples* eine Reihe von Beispielen, wie Sie das SDK verwenden können.

Um die Implementierung abzuschließen, benötigen wir einen Server und eine App. Sehen Sie sich an, wie Sie diese einrichten können.

Eine GitHub-App für eine Copilot-Agent-Erweiterung konfigurieren

In diesem Beispiel nutzen wir einen GitHub Codespace, um die Laufzeitumgebung und den Server für den Endpunkt bereitzustellen. Zwar werden Sie in der Produktion nicht mit einem Codespace arbeiten, er vereinfacht jedoch den Prozess für unsere grundlegenden Demo- und Testszenarien erheblich. Alternativ können Sie einen Dienst wie *ngrok* verwenden, wenn Sie dies bevorzugen.

Die Dokumentation (*https://oreil.ly/DCh4K*) beschreibt die Schritte, wie Sie einen Codespace aus einem GitHub-Repository erstellen. Sobald der Codespace gestartet ist, benötigen Sie nur zwei Befehle, um den Server in Betrieb zu nehmen:

```
npm install npm
start
```

Node-App und npm

Der hier angegebene Code ist eine Node-App (*https://nodejs.org/en/about*), und `npm` (*https://npmjs.com/*) ist ein Node-Tool, mit dem sie ausgeführt wird.

Nunmehr läuft ein Server aus dem Codespace auf Port 3000. Bevor Sie eine GitHub-App für die Erweiterung konfigurieren, müssen Sie noch zwei Schritte absolvieren. Zunächst ist der Port, der den Endpunkt bedient, von *privat* auf *öffentlich* umzustellen. Wechseln Sie dazu im Codespace zum Register *Ports*, klicken Sie mit der rechten Maustaste auf den Port in der Liste und ändern Sie die Einstellung *Port Visbility* (Portsichtbarkeit) in *Public*, wie Abbildung 10.14 zeigt.

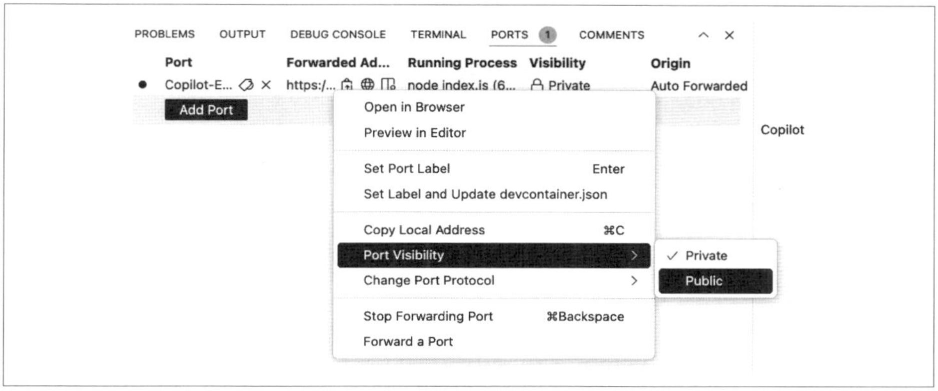

Abbildung 10.14: Die Portsichtbarkeit auf »Public« ändern

Kopieren Sie dann die Serveradresse aus demselben Speicherort (Abbildung 10.15).

Abbildung 10.15: Die Portadresse kopieren

Hinter den Kulissen

Wenn Sie mehr darüber erfahren möchten, wie der Codespace konfiguriert ist, wie der Server gestartet wird, welcher Port ausgewählt wurde usw., sehen Sie sich am besten die Dateien *.devcontainer/devcontainer.json* und *.vscode/ launch.json* im GitHub-Repository an.

Nachdem Sie den Code für den Agenten der Erweiterung implementiert haben und der Server läuft, können Sie nun die Erweiterung selbst implementieren, indem Sie eine entsprechende GitHub-App erstellen und konfigurieren.

Nur für Entwicklungs- und Testzwecke

In unseren Beispielen in diesem Kapitel erstellen wir Code, richten einfache Server ein und implementieren benutzerspezifische Agenten zu Demonstrationszwecken. Um diese Beispiele in produktionsreife Instanzen umzuwandeln, müssen Sie Funktionen für Sicherheit, Hosting und mehr hinzufügen.

Um die App einzurichten, melden Sie sich bei GitHub mit derselben ID an, unter der Sie auch den Codespace ausführen. Dann gehen Sie zu Ihren Entwicklereinstellungen und erstellen eine neue App. Der Shortcut-Link hierfür lautet *https://github.com/settings/apps/new*.

Als Nächstes füllen Sie die obligatorischen Felder aus. Der App-Name sollte eindeutig sein. Unter diesem Namen rufen Sie in der Copilot-Chat-Oberfläche Ihre Erweiterung auf. Wenn Sie sie beispielsweise `my-app` nennen, würden Sie in der Chat-Oberfläche Ihre Erweiterung mit `@my-app` aufrufen.

Für das Feld *Homepage URL* können Sie eine URL angeben, die zu einer Info-Webseite über Ihre *app/extension* führt, falls Sie eine derartige Seite haben. Andernfalls geben Sie einfach den Link zum GitHub-Repository für Ihre Erweiterung oder lediglich *https://github.com* an. Im Feld *Callback URL* geben Sie die öffentliche URL-Adresse des Ports ein, den Sie im Codespace als *Public* eingerichtet haben. Diese Adresse muss bekannt sein, damit der Code Ihrer Erweiterung in der Lage ist, zu kommunizieren. Außerdem sollten Sie `/callback` am Ende der URL hinzufügen.

Für die hier verwendeten Beispiele können Sie alle anderen ausgewählten Optionen auf dieser Seite deaktivieren, wie zum Beispiel *Webhooks*. Es folgen die Sichtbarkeitseinstellungen der App. Hier haben Sie die Möglichkeit, die App nur für sich selbst zu Entwicklungs- und Testzwecken zugänglich zu machen. Später können Sie den öffentlichen Zugriff aktivieren, wenn Sie bereit sind, die App freizugeben. Abbildung 10.16 zeigt eine Beispielseite mit ausgefüllten Feldern.

Nachdem Sie diesen Bildschirm ausgefüllt haben, können Sie auf *Create GitHub App* klicken, um die Registrierung abzuschließen.

Nun müssen Sie einen privaten Schlüssel erzeugen, um Ihre App zu installieren und Zugriffstoken zu signieren. GitHub bietet Ihnen einen Link an, um den Schlüssel zu generieren und herunterzuladen (Abbildung 10.17). Der Schlüssel wird dann automatisch zur Konfiguration Ihrer App hinzugefügt.

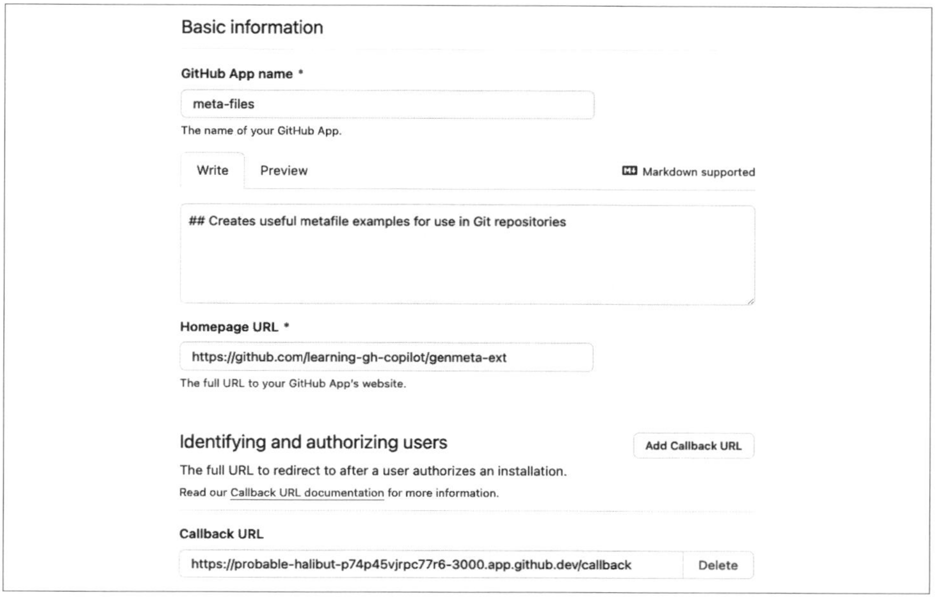

Abbildung 10.16: Anfängliche Konfiguration der Agent-Erweiterung

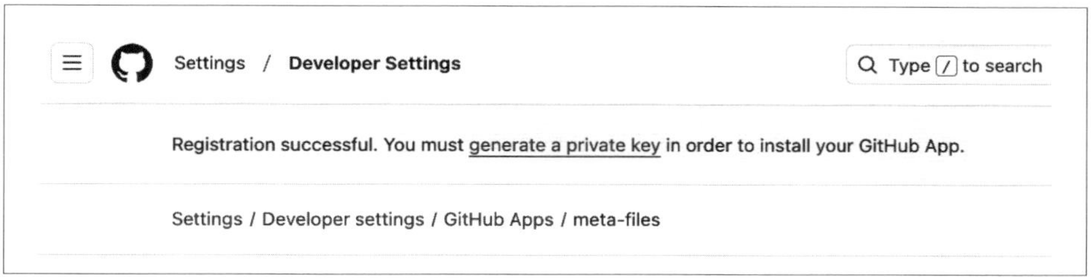

Abbildung 10.17: Einen privaten Schlüssel generieren, um die App zu installieren

Nachdem Sie die App auf der Seite *General* (Allgemein) erstellt haben, ist noch etwas Konfiguration erforderlich, wofür Sie die Optionen auf der linken Seite verwenden. Auf der Seite *Permissions & events* müssen Sie für Entwicklungs- und Testzwecke lediglich die Option im Abschnitt *Account permissions* (Kontenberechtigungen) festlegen. Erteilen Sie Copilot Chat mit *Read-only* Leseberechtigungen (Abbildung 10.18). Speichern Sie dann diese Änderungen.

Ändern Sie auf der Seite für die Copilot-spezifischen Erweiterungen den App-Typ von *Disabled* in *Agent* (da wir unsere Erweiterung als Agent implementieren). Fügen Sie dann im Abschnitt *URL* die öffentliche URL aus Ihrem Codespace hinzu.

Füllen Sie abschließend auf dieser Seite das Feld *Inference description* aus. Diese Angaben sollen der Benutzerin oder dem Benutzer den Zweck der Erweiterung vermitteln. Der Inhalt dieses Felds erscheint, wenn die Benutzerin bzw. der Benutzer den Mauszeiger im Chat-Bereich über den Slug der Erweiterung führt. Nachdem Sie dies fertiggestellt haben, können Sie Ihre Änderungen speichern. Abbildung 10.19 zeigt die vollständige Seite.

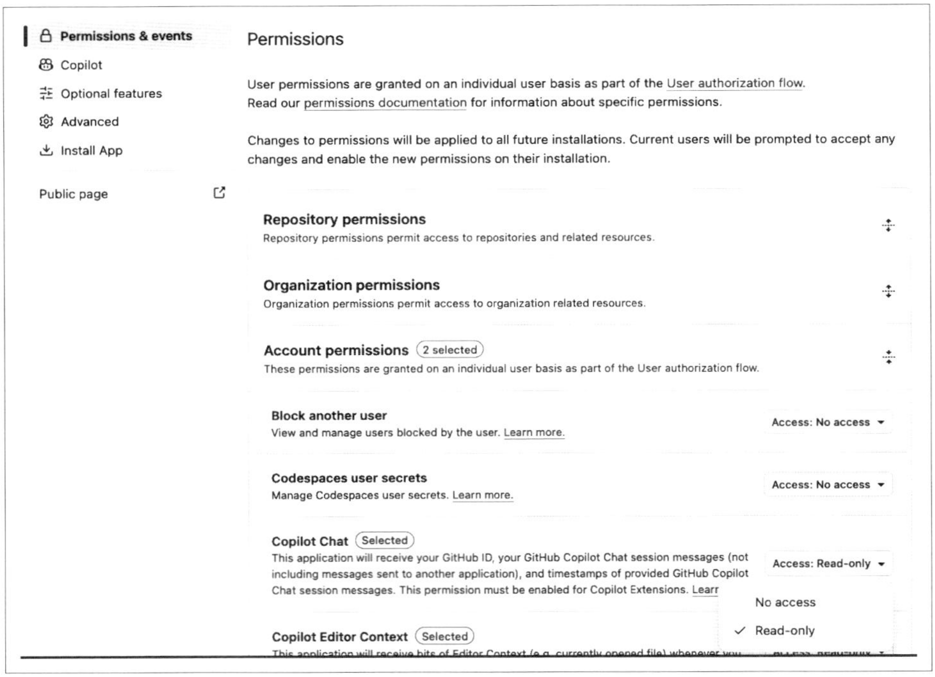

Abbildung 10.18: Berechtigungen für Copilot Chat hinzufügen

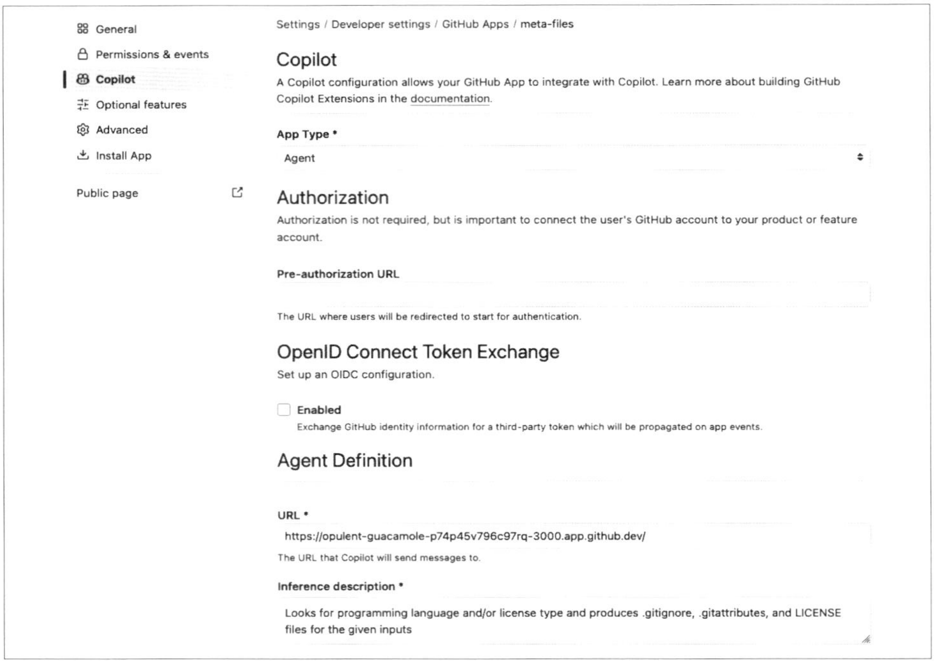

Abbildung 10.19: Copilot-Einstellungen für die App

Da alle Felder obligatorisch sind, müssen Sie sie einrichten, damit die App mit Ihrem Agenten funktioniert. Auf der Seite *Optional Features* können Sie lediglich die Verfallsdauer für Token deaktivieren und auf der Seite *Advanced* die Optionen für Gefahrzonen festlegen, um die Besitzrechte der App zu übertragen, die App zu löschen oder sie öffentlich zugänglich zu machen.

Nachdem Sie die vorgenannten Schritte abgeschlossen haben, können Sie die App in Ihrem persönlichen oder Organisationskonto zum Testen installieren. Gehen Sie dazu auf die Seite *Install App* und folgen Sie den Anweisungen.

Wenn Sie die Erweiterung zum ersten Mal verwenden möchten, müssen Sie zunächst den Zugriff autorisieren (Abbildung 10.20).

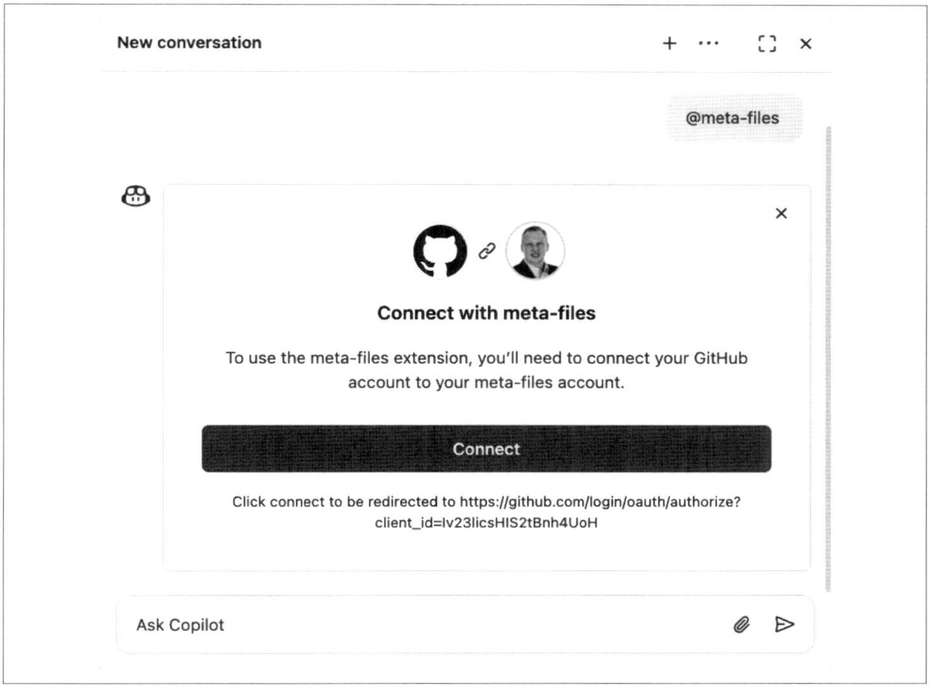

Abbildung 10.20: Verbinden der App bei der ersten Verwendung

Über die Schaltfläche *Connect* verbinden Sie die App mit den zugeordneten Ressourcen. Beim ersten Mal müssen Sie die App für den Zugriff auf die entsprechenden Ressourcen autorisieren (Abbildung 10.21). Sobald die App autorisiert ist, können Sie die Erweiterung wie gezeigt verwenden.

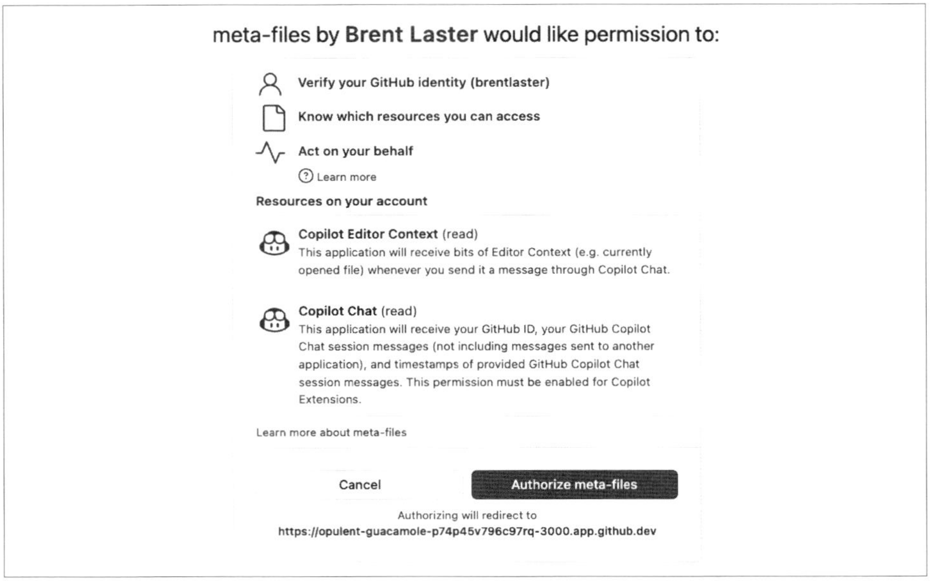

Abbildung 10.21: Die App autorisieren

Eine andere Möglichkeit, eine Erweiterung zu erstellen, ist die Verwendung des *Skillsets*-Musters. Diese Implementierungsoption bietet sich an, um Copilot in die Lage zu versetzen, gezielte Informationen in Echtzeit abzurufen oder einfache API-Verarbeitungen durchzuführen. Die eigentliche Programmierung mag zwar einfacher sein, doch ist eine wesentlich komplexere Konfiguration der App erforderlich. Die über Skillsets implementierten Erweiterungen sind Thema des nächsten Abschnitts.

Eine Erweiterung über Skillsets implementieren

Agenten bieten zwar eine leistungsfähige und flexible Architektur für die Implementierung von Copilot-Erweiterungen, doch können sie auch des Guten zu viel sein. Wenn Sie als Reaktion auf einen Chat-Prompt lediglich ein bestimmtes Tool aktivieren oder eine API aufrufen müssen, können Sie Ihre Erweiterung stattdessen mithilfe von Skillsets implementieren.

In Copilot ist ein einzelner *Skill* ein Tool, das das Modell aufruft, um eine bestimmte Aufgabe als Reaktion auf einen Prompt auszuführen – zum Beispiel eine externe API aufrufen. Eine Sammlung von bis zu fünf Skills wird als *Skillset* bezeichnet. Diese Skillsets ermöglichen die Integration externer Dienste oder benutzerdefinierter API-Endpunkte in den Copilot-Workflow, ohne die Komplexität von Agenten.

Skillsets sind leichtgewichtiger und einfacher als Agenten. Hinsichtlich der Architektur sind sie die bessere Wahl, wenn Sie einfache, spezifische Aufgaben ohne großen Aufwand beim Setup ausführen müssen. Sie können Aufgaben wie Routing,

Prompt-Erstellung, Funktionsauswertung und Antwortgenerierung automatisch übernehmen.

Abbildung 10.22 zeigt im Überblick, wie eine Skillset-Erweiterung funktioniert. Die folgenden Abschnitte gehen näher auf die einzelnen Bestandteile ein.

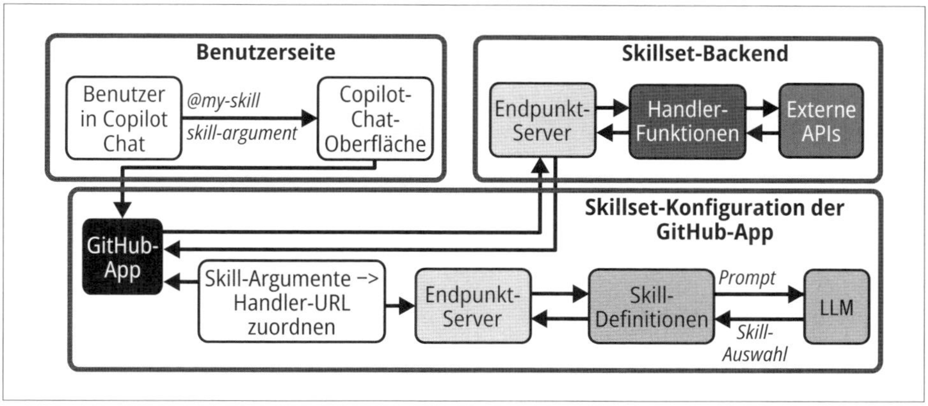

Abbildung 10.22: Überblick über eine Skillset-Erweiterung

Eine grundlegende Implementierung durchführen

Als Beispiel für das Buch habe ich eine einfache Copilot-Erweiterung erstellt, die mit Skillsets implementiert ist und Ihnen drei grundlegende Operationen für Go-Releases ermöglicht:

- Die neueste Version von Go ermitteln
- Die aktuell von Go unterstützen Releases ermitteln
- Bestimmen, ob eine bestimmte Version von Go unterstützt wird oder wann sie das Ende ihrer Lebensdauer (EOL) erreicht hat

Der Code für dieses Beispiel befindet sich im GitHub-Repository zum Buch (*https://oreil.ly/n13JY*). Um ein Beispiel für die Implementierung einer Erweiterung in einer anderen Sprache zu zeigen, wurde der Code für die Erweiterung `gover-ext` in Go geschrieben. Als Vorbild diente das `skillset-example` für Copilot-Erweiterungen (*https://oreil.ly/WWZxW*).

Eine *main.go*-Datei (*https://oreil.ly/8dk9j*) registriert Handler-Funktionen für bestimmte URL-Muster, die sich auf die einzelnen Funktionen der Erweiterung beziehen. Die Kernlogik sieht so aus:

```
func main() {
    if err := run(); err != nil {
        fmt.Println(err)
        os.Exit(1)
    }
}

func run() error {
    http.HandleFunc("/latest-version-go", handlers.LatestVersionGo)
```

```
    http.HandleFunc("/supported-versions-go", handlers.SupportedVersionsGo)
    http.HandleFunc("/is-supported-or-eol", handlers.IsSupportedOrEOL)
    http.HandleFunc("/_ping", func(w http.ResponseWriter, r *http.Request) {
        w.Write([]byte("OK"))
    })

    http.ListenAndServe(":8080", nil)
    return nil
}
```

Für jeden Handler implementieren wir eine separate Funktion, die eine API aufruft, auf Fehler prüft und die gewünschten Ergebnisse zurückgibt. Im Handler `LatestVersionGo`, der die neueste Version abruft, sind die wichtigsten Teile des Codes beispielsweise wie folgt implementiert:

Zunächst implementieren wir eine Struktur, um die Version zu speichern, und rufen die API der Go-Website auf, um die neueste Version abzurufen:

```
type GoVersion struct {
    Version string `json:"version"`
}

func LatestVersionGo(w http.ResponseWriter, r *http.Request) {
    fmt.Println("Latest Go Version Called")
    req, err := http.NewRequestWithContext(r.Context(),
                http.MethodGet, "https://go.dev/dl/?mode=json", nil)
    if err != nil {
        http.Error(w, "Failed to create request",
        http.StatusInternalServerError)
        return
    }
```

Nachdem wir mit einigen Fehlerprüfungen sichergestellt haben, dass der Aufruf erfolgreich war, puffern wir die Antwort und parsen sie dann, um die neueste Version auszulesen und diese in den Stream zurückzuschreiben:

```
// Buffer the response body for decoding
    var bodyBuffer bytes.Buffer
    tee := io.TeeReader(resp.Body, &bodyBuffer)

    // Drain the tee to ensure we can parse the body later
    if _, err := io.Copy(io.Discard, tee); err != nil {
        http.Error(w, "Failed to process response body",
                      http.StatusInternalServerError)
        return
    }

    // Parse the JSON response
    var versions []GoVersion
    if err := json.NewDecoder(&bodyBuffer).Decode(&versions);
err != nil {
        http.Error(w, "Failed to parse JSON response",
                      http.StatusInternalServerError)
        fmt.Printf("Failed to decode JSON: %v\n", err)
        return
    }
```

```
    // The latest version is the first item in the array
    if len(versions) > 0 {
        trimmedVersion := strings.TrimPrefix(versions[0].Version, "go")
        fmt.Fprintf(w, "%s", trimmedVersion) // Write the version to the HTTP response
        return
    }
```

Der Handler für die Abfrage der unterstützten Versionen verwendet einen ähnlichen Ansatz. Es gibt eine Struktur, die die Daten speichert, und einen Aufruf einer anderen API, um die Rohdaten abzurufen:

```
type VersionInfo struct {
    Cycle       string      `json:"cycle"`
    ReleaseDate string      `json:"releaseDate"`
    EOL         interface{} `json:"eol"`
}

func SupportedVersionsGo(w http.ResponseWriter, r *http.Request) {
    fmt.Println("Supported Go Versions Called")
    req, err := http.NewRequestWithContext(r.Context(), http.MethodGet,
"https://endoflife.date/api/go.json", nil)
    if err != nil {
        http.Error(w, "Failed to create request",
                      http.StatusInternalServerError)
        return
    }
```

Nachdem auch hier mit einer Fehlerprüfung kontrolliert wurde, dass der Aufruf erfolgreich war, und die Antwort gepuffert wurde, werden die Ergebnisse geparst und in einen einzelnen String umgewandelt, der zurück in den Stream geschrieben wird:

```
// Parse the JSON into a slice of VersionInfo
    var versions []VersionInfo
    if err := json.NewDecoder(&bodyBuffer).Decode(&versions);
err != nil {
        http.Error(w, "Failed to parse JSON response",
                      http.StatusInternalServerError)
        fmt.Printf("Failed to decode JSON: %v\n", err)
        return
    }

    // Filter versions with eol == false and collect the results
    result := make([]struct {
        Cycle       string `json:"cycle"`
        ReleaseDate string `json:"releaseDate"`
    }, 0)

    for _, v := range versions {
        // Check if EOL is a boolean and is false
        if eolBool, ok := v.EOL.(bool); ok && !eolBool {
            result = append(result, struct {
                Cycle       string `json:"cycle"`
                ReleaseDate string `json:"releaseDate"`
            }{
                Cycle:       v.Cycle,
                ReleaseDate: v.ReleaseDate,
            })
```

```
        }
    }

    // Convert the result to a single string
    var builder strings.Builder
    for _, r := range result {
        builder.WriteString(fmt.Sprintf("Version: %s, Release Date:
                            %s\n", r.Cycle, r.ReleaseDate))
    }

    // The versions are all in one string now
    if len(builder.String()) > 0 {
        fmt.Fprintf(w, "%s", builder.String()) // Write the list of supported
                                               // versions to the HTTP response
        return
    }
```

Der Ablauf für die andere Funktion, die bestimmt, ob eine Version unterstützt wird oder EOL erreicht hat, sieht ähnlich aus.

Da der Code recht einfach ist und keine Erwähnung der KI oder Schlussfolgerungen enthält, fragen Sie sich vielleicht, wie die Prompts in Copilot Chat letztlich die jeweiligen Handler aufrufen. Das Geheimnis liegt in der Konfiguration der GitHub-App, wenn Sie eine Erweiterung erstellen, die Skillsets verwendet.

Eine GitHub-App mit Skillsets für eine Copilot-Erweiterung konfigurieren

Wie Erweiterungen, die als Agenten implementiert sind, benötigen auch Erweiterungen, die als Skillsets implementiert sind, eine GitHub-App, die als Brücke zwischen der Chat-Oberfläche von Copilot und der zugrunde liegenden Implementierung der Erweiterung fungiert. Ein Großteil des Setups ähnelt dem für Agenten, wobei wir hier einige wichtige Unterschiede behandeln. (Weitere Details zum Setup und zur Konfiguration der App finden Sie unter »Eine GitHub-App für eine Copilot-Agent-Erweiterung konfigurieren« auf Seite 258.)

Der erste Unterschied besteht darin, dass Sie auf der Seite *General* (Allgemein) keine erweiterungsspezifische Callback-URL eingeben müssen. Zwar benötigen Sie eine Callback-URL für die Authentifizierung, doch kann dies eine einfache URL wie *https://github.com* sein.

Die weiteren und wichtigsten Änderungen für die Konfiguration der App nehmen Sie auf der Seite *Copilot* vor. Auf dieser Seite müssen Sie das Feld *App Type* auf `Skillset` setzen. Daraufhin erscheint ein Abschnitt *Skill definitions* (Abbildung 10.23).

Im Abschnitt *Skill definitions* findet die Zuordnung vom Prompt im Chat zu den Handlern im Code statt. Für jeden Skill, den wir in unserem Code verarbeiten, müssen wir den Prozess durchlaufen, der einen neuen Skill hinzufügt. Ein Beispiel sehen wir uns an, die anderen folgen dem gleichen Muster.

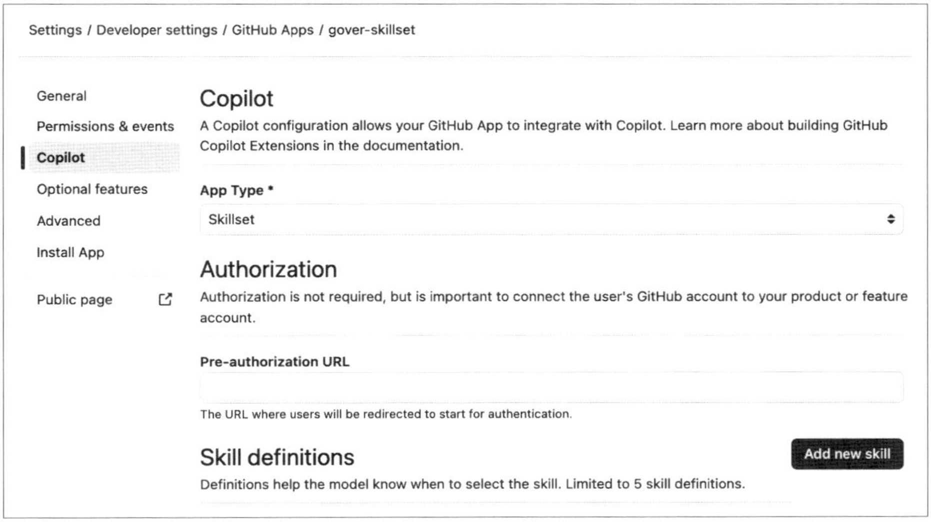

Abbildung 10.23: Die Copilot-Seite für das Einrichten der Skillset-App

Über die Schaltfläche *Add new skill* gelangen Sie zu einem Dialogfeld mit verschiedenen Feldern, die Sie ausfüllen müssen, darunter Name, Inferenzbeschreibung, URL und Parameter (Abbildung 10.24).

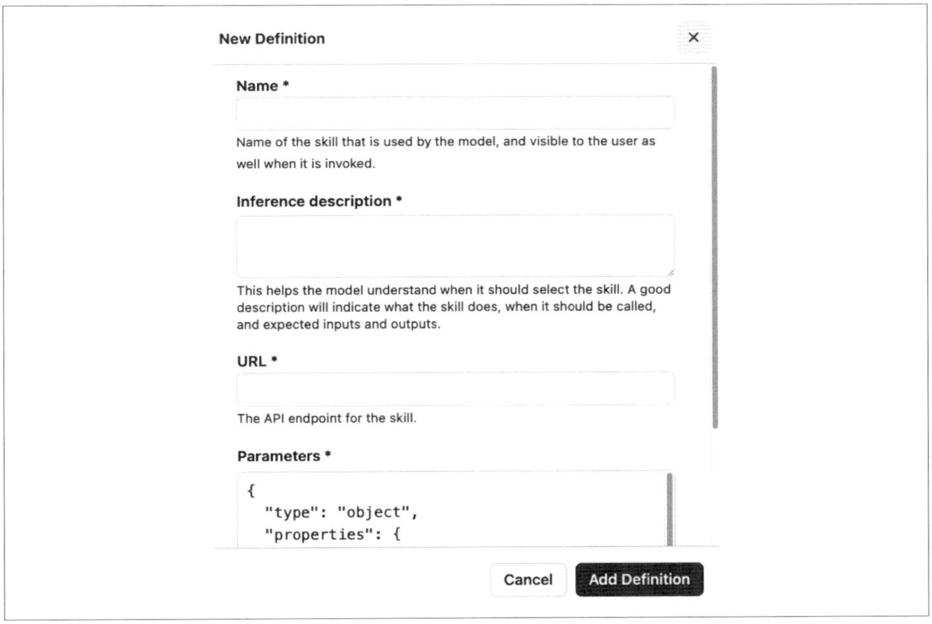

Abbildung 10.24: Die Seite für eine neue Skill-Definition der App

In das Feld *Name* tragen Sie den Namen des Skills ein, den das Modell verwenden soll und der der Benutzerin oder dem Benutzer beim Aufruf des Skills angezeigt wird.

Im Feld *Inference description* erklären Sie dem Modell, *was/wann/wie* der Skill aufgerufen werden sollte. Diese Beschreibung sollte aussagefähig sein, damit das Modell die Absicht erfassen kann.

Stellen Sie sich dies als den direkten Prompt vor, den Sie dem Modell übergeben würden, wenn Sie diesen Skill vom Modell ausführen lassen wollten. Wir verwenden hier zwar nur einen einfachen Prompt, aber je nachdem, was Ihr Skill bewirkt und wie komplex er ist, werden Sie möglicherweise zusätzliche Details definieren wollen. So könnten Beispiele, die Sie zusätzlich angeben, die erwarteten Eingaben und Ausgaben einschließen, insbesondere wenn andere Skillsets sehr ähnlich sind. Abbildung 10.25 zeigt ein Beispiel für eine Definition einschließlich der Inferenzbeschreibung, die einem der von uns verwendeten Skills entspricht.

Basierend auf dem Prompt im Chat und darauf, wie gut das Modell mit der Inferenzbeschreibung übereinstimmt, ruft der Prozess den im Feld *URL* angegebenen Endpunkt auf. In dieses Feld geben Sie die Adresse des Endpunkt-Servers mit dem im Erweiterungscode angegebenen Pfad ein. Da unser Erweiterungscode in diesem Fall nach `latest-version-go` sucht, um den Handler aufzurufen, der die letzte Go-Version abruft, können wir den API-Endpunkt in dieses Feld mit einem abschließenden `latest-version-go` eingeben.

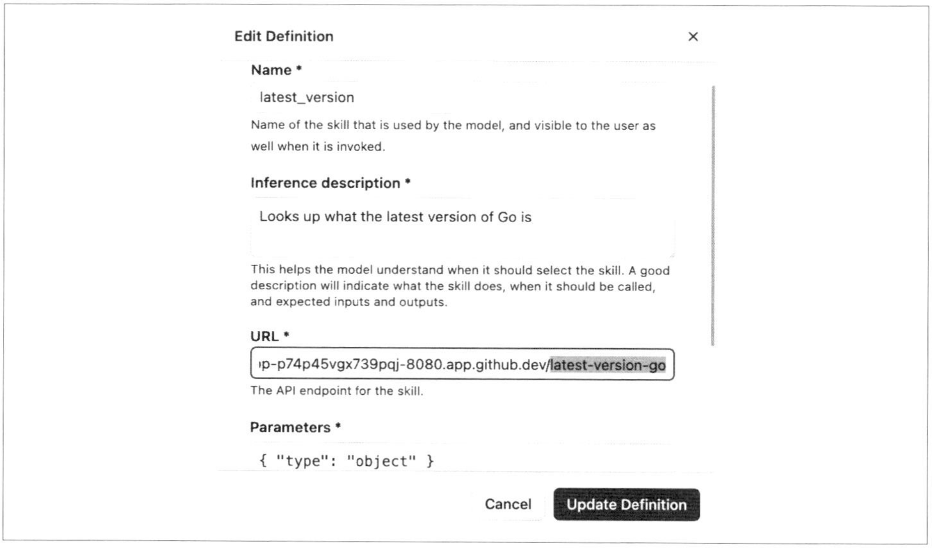

Abbildung 10.25: Skill-Definition in der App

In der Produktion hätten wir eine öffentliche URL designiert, an die dies weitergeleitet würde. Wenn wir dies jedoch mit *ngrok*, einem Codespace oder etwas Ähnlichem bedient hätten, würden wir die von diesen Anwendungen bereitgestellte öffentliche URL mit dem Zusatz *latest-version-go* eintragen. Für eine *ngrok*-Instanz würde die gesamte URL etwa so aussehen:

```
https://8fa7-2605-a601-a6ca-f00-1466-39cc-11f7-7f71.ngrok-free.app/
latest-version-go
```

Localhost-URL und »ngrok«

Mit *ngrok* lassen sich sichere Tunnel von einem öffentlichen Internet-Endpunkt zu einem lokal laufenden Dienst auf Ihrem Computer erstellen. Mit diesem plattformübergreifenden Tool können Sie lokale Webserver ganz einfach für Tests und zum Teilen im Internet verfügbar machen, ohne komplexe Netzwerkkonfigurationen einrichten zu müssen.

In der Regel würden Sie *ngrok* auf `localhost:8080` starten, doch in der Skill-Konfiguration lässt sich `localhost` nicht verwenden, da diese Adresse nicht öffentlich erreichbar ist. Stattdessen müssen Sie die tatsächliche öffentliche URL heranziehen, die *ngrok* an `localhost:8080` weiterleitet.

Würden wir einen Codespace verwenden, könnte die URL wie folgt aussehen:

```
https://turbo-dollop-p74p45vgx739pqj-8080.app.github.dev/latest-version-go
```

Im Abschnitt *Parameters* können Sie die Parameter des Skills in JSON definieren. Da jeder unserer Skillsets auf dem Prompt-String basiert, können wir in dieses Feld einfach Folgendes eingeben:

```
{ "type": "object" }
```

Sobald wir die Implementierung abgeschlossen und die App eingerichtet und konfiguriert haben, können wir die App auf die gleiche Weise ausführen wie die Agent-App. Abbildung 10.26 zeigt ein Beispiel, wie die verschiedenen Skills aus der Erweiterung ausprobiert werden. Beachten Sie die spezifischen Prompts, die verwendet werden: *@go-versions supported versions* und *@go-versions* (wie rechts im Bild dargestellt).

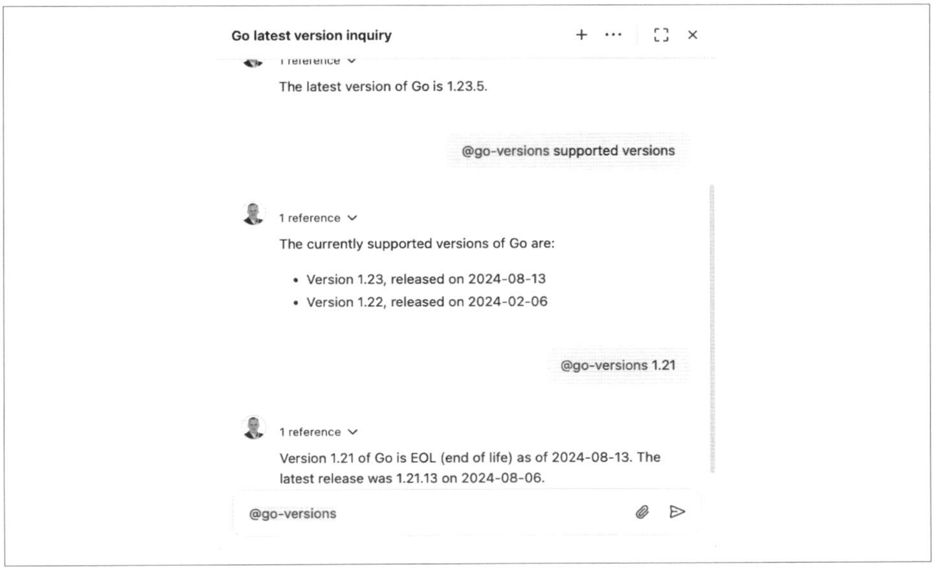

Abbildung 10.26: Die Erweiterung »go-versions« ausführen

Als Agenten und Skillsets implementierte Erweiterungen bieten maximale Flexibilität, da sie in jeder der integrierten Chat-Oberflächen (GitHub, IDEs) ausgeführt werden können. Nachdem wir diese nun behandelt haben, ist es an der Zeit, einen Blick auf die zu Anfang dieses Kapitels erwähnte Alternative zum Hinzufügen von Fähigkeiten in die IDE zu werfen – VS-Code-Erweiterungen für Copilot.

VS-Code-Erweiterungen für Copilot erstellen

Wie Copilot-Erweiterungen bieten auch VS-Code-Erweiterungen für Copilot der Benutzerin oder dem Benutzer zusätzliche Funktionen über Copilot Chat. Im Gegensatz zu Copilot-Erweiterungen werden VS-Code-Erweiterungen mithilfe der VS-Code-Plattform und APIs implementiert. Aufgrund dieses Implementierungsansatzes haben die VS-Code-Erweiterungen Zugriff auf die umfassenden und tiefgreifenden Funktionen von VS Code und können nahtlos integriert werden. Außerdem ist keine separate GitHub-App erforderlich, um sie zu verwenden. Nachteilig ist, dass Sie sie nicht in anderen Nicht-IDE-Clients (wie eine Chat-Oberfläche in GitHub) nutzen können. Tabelle 10.2 zeigt eine aktualisierte Version unserer früheren Vergleichstabelle mit einer zusätzlichen Spalte für VS-Code-Erweiterungen für Copilot.

Tabelle 10.2: Vergleich von Copilot-Erweiterungstypen

Attribut	Copilot-Agenten	Copilot-Skillsets	VS-Code-Erweiterungen für Copilot
Komplexität	Erfordert einen höheren Entwicklungsaufwand, um den gesamten Ablauf der Benutzerinteraktion zu verwalten und Antworten zu generieren	Entwickelt für einfache Integration mit minimalem Setup	Kann komplex oder einfach sein, je nach den verwendeten VS-Code-APIs
Kontrolle	Bietet vollständige Kontrolle darüber, wie Anfragen verarbeitet und Antworten generiert werden	Begrenzte Kontrolle über die Benutzerinteraktion. Schwerpunkt liegt auf Datenabruf und grundlegende Aktionen	Fast die gleiche Kontrolle als wären sie allein für VS Code geschrieben
Anwendungsfälle	Geeignet für komplexe Szenarios, in denen Sie benutzerdefinierte Logik implementieren, andere KI-Modelle integrieren und den Konversationskontext verwalten müssen	Einfache Aufgaben wie das Abrufen von Daten aus einer externen API oder das Durchführen einfacher Operationen	Aufgaben für das Arbeiten mit Code in der IDE und optional die Bereitstellung zusätzlicher Befehle für den Teilnehmer
Verfügbare Oberflächen	All (GitHub, IDEs)	All (GitHub, IDEs)	Beschränkt auf VS Code, um von allen Vorteilen von VS-Code-APIs zu profitieren
Support	GitHub	GitHub	VS Code Team

Letztlich sieht die Benutzerin oder der Benutzer einen neuen Chat-Teilnehmer, wenn wir eine VS-Code-Erweiterung für Copilot hinzufügen.

Ein Chat-Teilnehmer ist ein Fachexperte, der Fragen zu einem bestimmten Thema beantworten oder bestimmte Aufgaben ausführen kann, wenn Sie mit Copilot Chat in einer IDE arbeiten. Wir haben dies bereits im Zusammenhang mit den in Copilot integrierten Teilnehmern besprochen (siehe Kapitel 3). Beispielsweise kann der integrierte Teilnehmer `@workspace` relativ zu Ihrem gesamten VS-Code-Workspace reagieren. Hierfür nutzt er integrierte Tools wie die semantische Suche und Code-Indizes. Des Weiteren haben wir Beispiele wie `@terminal` und `@vscode` besprochen.

Chat-Teilnehmer werden mit der gleichen `@identifier`-Syntax wie andere Erweiterungen aufgerufen. Sobald ein Teilnehmer aufgerufen und ihm ein Prompt übergeben wurde, kann der Code für den Teilnehmer einen von mehreren Ansätzen verwenden, um den Prompt zu verarbeiten. Dazu gehören die folgenden:

- Ein KI-Modell aufrufen, um zu interpretieren und zu antworten
- Die Anfrage an einen Backend-Dienst weiterleiten
- Die Verarbeitung mittels integrierter Logik und/oder APIs durchführen

Aufgrund der nahtlosen Integration mit VS Code können Chat-Teilnehmer Antworten zurückgeben, die interaktive Elemente wie Schaltflächen, Dateibäume oder Fortschrittsanzeigen enthalten. Die Chat-Teilnehmer können auch Nachfolgevorschläge und ihre eigenen Slash-Befehle (wie in vorherigen Beispielen etwa `/explain` und `/fix`) bereitstellen, die sich auf die Domäne des Teilnehmers beziehen.

Kurz gesagt können VS-Code-Erweiterungen für Copilot umfangreiche *clientseitige* Erfahrungen bieten. Diese Erweiterungen haben Zugriff auf den VS-Code-Client-Kontext und die Schnittstellen auf der Frontend-Seite, während sie gleichzeitig die Leistungsfähigkeit von Copilot auf der Backend-Seite nutzen.

Chat-Teilnehmer in anderen IDEs

Obwohl wir uns in diesem Kapitel auf VS Code konzentrieren, stehen die Chat-Teilnehmer auch in anderen IDEs zur Verfügung. Ebenso können VS-Code-Erweiterungen für Copilot abhängig von den Fähigkeiten der zugrunde liegenden IDE-Plattform auf andere IDEs portiert werden, auf denen Copilot ebenfalls läuft.

Das Implementierungsbeispiel, das wir für diese Erweiterung verwenden, ist ein API-Finder. Diese Erweiterung ermöglicht es der Benutzerin oder dem Benutzer, wenn sie in VS Code installiert ist, nach APIs zu suchen, die eine bestimmte Funktion ausführen, und Informationen über die APIs und ihre Verwendung in der Chat-Oberfläche zurückzustreamen.

Abbildung 10.27 zeigt im Überblick, wie eine VS-Code-Erweiterung für Copilot funktioniert. Die folgenden Abschnitte gehen näher auf die verschiedenen Bestandteile ein.

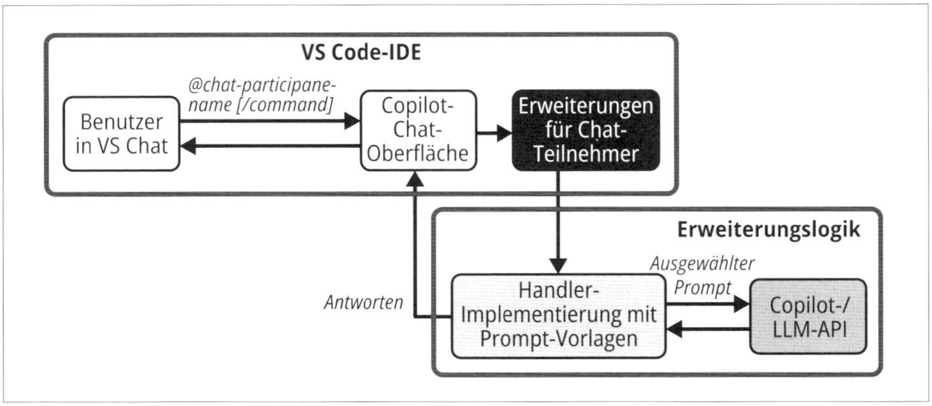

Abbildung 10.27: Überblick über eine VS-Code-Erweiterung

Abbildung 10.28 zeigt ein Beispiel für die Verwendung der benutzerseitigen Funktionalität der Erweiterung, um geeignete APIs zu finden.

Diese Erweiterung verfügt außerdem über einen zusätzlichen integrierten Befehl, der sich mit `/examples` aufrufen lässt. Abbildung 10.29 zeigt eine Beispielanwendung des Bauelements.

Der Code für die Erweiterung befindet sich im GitHub-Repository des Buchs (*https://oreil.ly/RUAtr*). Er ist in TypeScript implementiert, wobei die Hauptlogik in der Datei *src/extension.ts* untergebracht ist (*https://oreil.ly/VSPMM*). Er basiert auf dem Beispiel (*https://oreil.ly/uRBxt*) in den VS-Code-Erweiterungsbeispielen in GitHub.

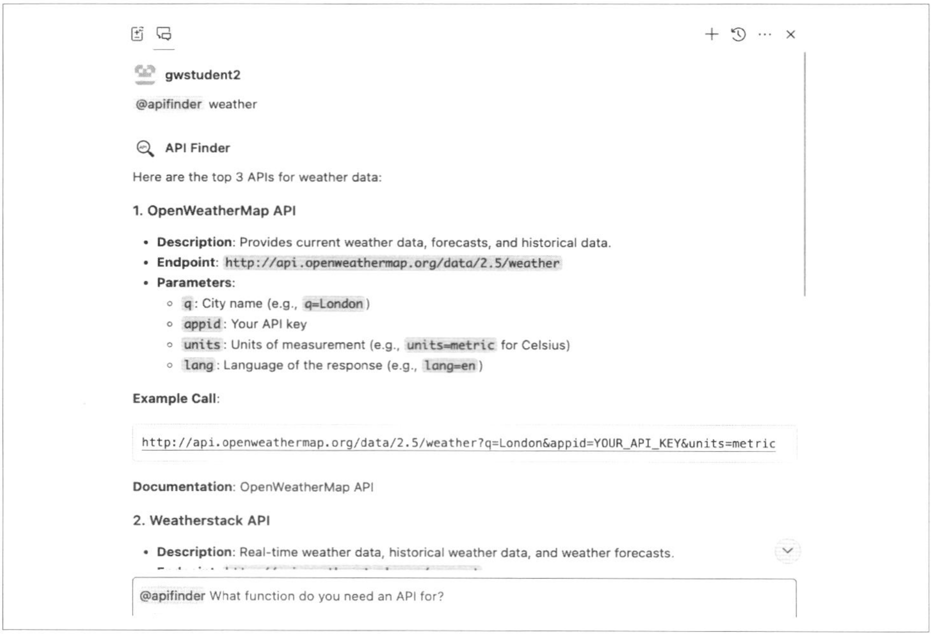

Abbildung 10.28: Mit dem Chat-Teilnehmer »API Finder« Wetter-APIs finden

Abbildung 10.29: Den Befehl von unserem Chat-Teilnehmer verwenden

Zu Beginn importiert der Code die Abhängigkeiten aus den Bibliotheken von VS Code. Dann definiert er den Prompt, der für die Basisfunktionalität an das Modell zu senden ist, sowie den Prompt, der als Befehl für die Schriftart zu senden ist:

```
import * as vscode from 'vscode';

const BASE_PROMPT = 'You are a helpful API finder. Your job is to
 locate and provide documentation on the top 3 APIs that match the
prompt. Respond with basic documentation about the API, how to call
it, and its parameters. Cite your sources and provide links to more
information where appropriate.  Use bullet points in explanations
wherever possible. If the user asks a question that is not relevant
to APIs, politely decline to respond.';

const SAMPLE_CODE_PROMPT = 'You are a helpful source of API examples.
 Your job is to locate the top 3 APIs that match the prompt and
provide simple example code for how to call them. Keep the code as
short as possible to still provide a usable, relevant example.
If the user asks a question that is not relevant to APIs, politely
decline to respond.';
```

Beachten Sie, dass wir explizit angeben, wie das LLM unsere Anfrage verarbeiten soll, indem wir detaillierte Anweisungen zur Verwendung bereitstellen.

Die Sprache für »/examples« festlegen

Im vorherigen Beispiel, das Abbildung 10.29 gezeigt hat, haben wir die Sprache Go als zweites Argument an den Prompt mit `@api finder /examples` angegeben. Allerdings verweist unser Prompt nicht explizit auf die Programmiersprache. Dies ist ein Vorteil, der sich aus der Verwendung der KI ergibt, die Anfrage zu behandeln. Sie leitet zusätzlichen Kontext und Bedeutungen ab, die wir nicht explizit angeben müssen.

Der Code am Ende der Datei instanziiert den Chat-Handler und fügt ein Symbol hinzu, das wir im Chat verwenden können:

```
// create participant
const apifinder = vscode.chat.createChatParticipant("chat-tutorial.
api-finder", handler);

// add icon to participant
apifinder.iconPath = vscode.Uri.joinPath(context.extensionUri,
'apifinder.jpeg');
```

Die Hauptverarbeitungsfunktion wählt den Prompt aus (je nachdem, ob wir uns auf die Kernfunktionalität stützen oder den Befehl `examples` verwenden). Dann kombiniert er den Prompt und alle vorherigen Nachrichten, sendet diese an das Modell und streamt die Antwort:

```
export function activate(context: vscode.ExtensionContext) {

    // define a chat handler
    const handler: vscode.ChatRequestHandler = async (request:
vscode.ChatRequest, context: vscode.ChatContext,
stream: vscode.ChatResponseStream, token: vscode.CancellationToken)
 => {
        // initialize the prompt
        let prompt = BASE_PROMPT;
        if (request.command === 'examples') {
            prompt = SAMPLE_CODE_PROMPT;
        }
        // initialize the messages array with the prompt
        const messages = [
            vscode.LanguageModelChatMessage.User(prompt),
        ];
        // get all the previous participant messages
        const previousMessages = context.history.filter(
            (h) => h instanceof vscode.ChatResponseTurn
        );
        // add the previous messages to the messages array
        previousMessages.forEach((m) => {
            let fullMessage = '';
            m.response.forEach((r) => {
                const mdPart = r as vscode.ChatResponseMarkdownPart;
                fullMessage += mdPart.value.value;
            });
            messages.push(vscode.LanguageModelChatMessage.Assistant
                          (fullMessage));
        });
        // add in the user's message
        messages.push(vscode.LanguageModelChatMessage.User
                      (request.prompt));
        // send the request
        const chatResponse = await request.model.sendRequest
                             (messages, {}, token);
        // stream the response
        for await (const fragment of chatResponse.text) {
            stream.markdown(fragment);
```

```
        }
        return;
    };
```

Diese Erweiterung lässt sich ganz einfach testen: Öffnen Sie den Ordner in VS Code, installieren Sie die Abhängigkeiten mit `npm install`, kompilieren Sie den Code mit `npm run compile` und führen Sie die Erweiterung in einer neuen VS-Code-Instanz aus.

> **Einen Teilnehmer mit dem Debugger ausführen**
>
> Die wahrscheinlich einfachste Methode, Ihren Teilnehmercode zu testen, besteht darin, ihn in eine VS-Code-Instanz zu laden, die `npm`-Befehle auszuführen und dann die Option *Start Debugging* im Menü *Run* zu wählen, um eine neue Instanz von VS Code zu starten. In der neuen Debug-Instanz ist der Teilnehmer installiert und aktiv, sodass Sie ihn in der Chat-Oberfläche dieser Instanz verwenden können. Anweisungen finden Sie in der Datei *README* im Repository (*https://oreil.ly/QXsC_*).

Wie bei den anderen Erweiterungstypen sollten Sie zusätzliche Änderungen vornehmen, bevor Sie die Erweiterung in die Produktion überführen. Unter anderem sollten Sie sicherstellen, dass die Authentifizierung wie erforderlich funktioniert. Die Dokumentation zu VS Code (*https://oreil.ly/UH18y*) beschreibt die Implementierung viel detaillierter. Dort finden Sie auch Informationen zur Veröffentlichung Ihrer fertigen Erweiterung im Marketplace von VS Code (*https://oreil.ly/HGZkA*).

Fazit

GitHub-Copilot-Erweiterungen von VS-Code-Erweiterungen für Copilot bieten eine Möglichkeit, die integrierten Funktionen von GitHub Copilot zu erweitern. Auf diese Erweiterungen kann über die Copilot-Chat-Oberfläche und das Präfix `@` zugegriffen werden.

Der Backend-Code für Copilot-Erweiterungen lässt sich auf zwei Arten aufbauen. Agenten verkörpern die flexibelste Option, im Allgemeinen aber auch die komplexeste Implementierungsvariante. Erweiterungen, die die Skillsets-Architektur verwenden, können einen oder mehrere Skills auf dem Backend aufrufen, um zusätzliche Informationen zu erhalten. Ein Skill kann so einfach wie ein API-Aufruf sein.

VS-Code-Erweiterungen für Copilot setzen auf der Plattform von VS Code auf. Sie haben vollen Zugriff auf die zugrunde liegenden VS-Code-APIs und sind auf VS Code angewiesen. Aus Sicht der Benutzerinnen und Benutzer bieten sie VS-Code-Chat-Teilnehmer, die den integrierten Funktionen wie `@workspace` und `@terminal` ähneln.

Der Backend-Code für Erweiterungen kann in mehreren Sprachen implementiert werden, darunter JavaScript, TypeScript und Go. Für Erweiterungen, die den Agent-Ansatz und JavaScript verwenden, bietet GitHub eine frühe Version eines SDK, mit dem sich die Programmierung vereinfachen lässt und das Hilfe bei der Überführung in die Produktion bietet, wie zum Beispiel bei der Authentifizierung.

Copilot-Erweiterungen (die entweder als Agenten oder als Skillsets implementiert sind) benötigen eine GitHub-App, um die Verbindung zwischen der Copilot-Chat-Oberfläche und dem Backend-Code zu überbrücken. Obwohl beide mit GitHub-Apps arbeiten, unterscheiden sich ihre Konfigurationen. Agenten stützen sich auf eine einzelne Callback-URL, die in der App definiert ist. Apps für Skillsets erfordern zusätzliche Inferenzdetails in Ihrer Konfiguration, damit die KI den Prompt auf den korrekten Skill-API-Endpunkt abbilden kann.

Da Copilot-Erweiterungen eine GitHub-App nutzen, können sie in jeder Copilot-Chat-Oberfläche laufen, einschließlich in einer IDE oder auf GitHub. Im Gegensatz dazu stützen sich VS-Code-Erweiterungen für Copilot auf VS-Code-APIs und -Funktionen, sodass sie nur in dieser Umgebung lauffähig sind.

Index

E

F

G

H

U

V

W

X

Y

Z

Über den Autor

Brent Laster ist ein weltweit tätiger Trainer, Autor und Speaker zu den Themen KI, DevOps und verwandten Bereichen. Als ehemaliger Entwickler und Direktor verfügt er über langjährige Erfahrung in der Zusammenarbeit mit führenden Technologieunternehmen. Er ist Gründer von Tech Skills Transformations, einem Unternehmen, das sich darauf spezialisiert hat, Menschen dabei zu helfen, ihre technischen Fähigkeiten auf ein neues Niveau zu heben. Brent entwickelt und leitet Schulungskurse zu GitHub Copilot und unterstützt Unternehmen bei der Einführung dieses KI-Assistenten.

Kolophon

Die Vögel auf dem Cover von *Einführung in GitHub Copilot* sind Purpurkopfkolibris (*Oreotrochilus chimborazo*), auch Ecuador-Andenkolibri oder Chimborazo-Bergkolibri genannt. Diese Kolibriart kommt fast ausschließlich in den ecuadorianischen Anden vor, wobei ihr Verbreitungsgebiet bis in Teile Kolumbiens hineinreicht. Ihr Hauptlebensraum sind Graslandschaften in den Bergen in Höhenlagen zwischen etwa 3.500 und 5.200 Metern.

Der Purpurkopfkolibri wird etwa 12 Zentimeter groß und hat einen langen, gebogenen Schnabel. Männchen und Weibchen unterscheiden sich deutlich in ihrem Aussehen: Männchen haben eine leuchtend violette Haube, eine strahlend weiße Brust mit einem schwarzen Streifen in der Mitte und schillernde grüne Flecken auf den Flügeln und dem Körper. Eine Unterart hat zusätzlich einen türkisfarbenen Fleck am Hals. Weibchen und unreife Männchen sind viel unscheinbarer, mit grünlich-braunem Gefieder und einem helleren, gesprenkelten Bauch. Sie sind oft in der Nähe von Chuquiraga-Sträuchern zu finden, deren orangefarbene Blüten eine der Hauptnektarquellen des Purpurkopfkolibris sind.

Der Purpurkopfkolibri gilt als nicht gefährdet, da seine Population stabil ist. Viele der Tiere auf den O'Reilly-Covern sind vom Aussterben bedroht. Doch jedes einzelne von ihnen ist für den Erhalt unserer Erde wichtig.

Die Umschlagillustration zu diesem Buchs stammt von Monica Kamsvaag, sie basiert auf einem Stich aus der *Royal Natural History* von Richard Lydekker. Das Design der Buchreihe stammt von Edie Freedman, Ellie Volckhausen und Karen Montgomery. Den Umschlagsentwurf haben Susan Thompson und Michael Oréal erstellt. Auf dem Cover verwenden wir die Schriften Gilroy Semibold und Guardian Sans, als Textschrift die Linotype Birka, die Überschriftenschrift ist die Adobe Myriad Condensed, und die Nichtproportionalschrift für Codes ist LucasFont's TheSans Mono Condensed.

Die Softwareentwicklung von morgen beginnt heute

Addy Osmani

Vibe Coding professionell

ISBN 978-3-96009-284-1
2026, ca. 304 Seiten, ca. 34,90 €

Auf *dpunkt.de* auch als Bundle (Digital & Print) erhältlich.

In diesem Buch lernen Sie, wie KI die Softwareentwicklung verändert – von Prototyping und Web Apps bis zu Qualitätssicherung und Sicherheit. Addy Osmani erklärt, wie Sie mit Tools wie GitHub Copilot und OpenAI Codex produktiver arbeiten, KI-Code optimieren und Prompt Engineering, Modell-Tuning sowie agentenbasierte Entwicklung meistern. Mit Praxisstrategien und Vibe-Coders-Toolkit für die Developer-Zukunft.

O'REILLY®

Deutschsprachige O'Reilly-Bücher erhalten Sie im Buchhandel sowie unter **dpunkt.de**.

Kompakte & intelligente Einführung

ins Prompting und in LLMs

Jens Olaf Koch

Prompting – kurz & gut

ISBN 978-3-96009-264-3
2026, 318 Seiten, 19,90 €

Auf *dpunkt.de* auch als Bundle (Digital & Print) erhältlich.

In diesem Buch lernen Sie, wie Large Language Models funktionieren und wie man sie gezielt steuert. Es erklärt, wie Prompts aufgebaut sind und zeigt Best Practices und fortgeschrittene Techniken wie System- und Meta-Prompting sowie den Einsatz benutzerdefinierter GPTs. Mit vielen Praxisbeispielen, Tools und Cheatsheets – ideal für alle, die ChatGPT & Co. professionell nutzen wollen.

O'REILLY®

Deutschsprachige O'Reilly-Bücher erhalten
Sie im Buchhandel sowie unter **dpunkt.de**.